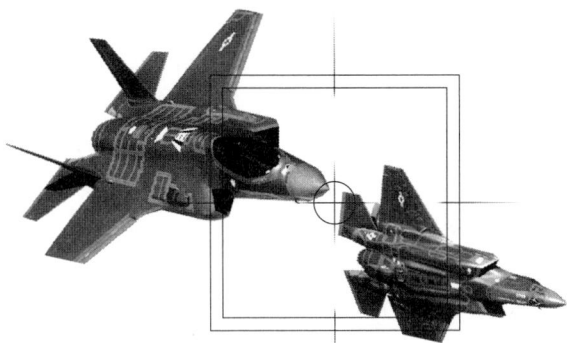

制空权时代

[以色列] 马丁·范克里韦尔德◎著　　王祥兵　李婷婷◎译

THE AGE
OF
AIRPOWER

新华出版社

图书在版编目（CIP）数据

制空权时代 /[以] 范克里韦尔德著；王祥兵，李婷婷译.
——北京：新华出版社，2012.12
书名原文：The Age of Airpower
ISBN 978-7-5166-0302-4

Ⅰ.①制… Ⅱ.①范… ②王… ③李… Ⅲ.①制空权—研究 Ⅳ.①E816

中国版本图书馆CIP数据核字（2013）第007688号
著作权合同登记号：图字01—2012—1841号

THE AGE OF AIRPOWER by Martin van Creveld
Copyright: © 2011 by Martin Van Creveld
This edition arranged with ARTELLUS LIMITED
through BIG APPLE AGENCY, INC., LABUAN, MALAYSIA.
Simplified Chinese edition copyright: © 2013 by XINHUA PUBLISHING HOUSE
All rights reserved.
中文简体字专有出版权属新华出版社

制空权时代

作　　者：[以色列] 马丁·范克里韦尔德　　译　者：王祥兵　李婷婷

选题策划：黄绪国　　　　　　　　　　责任编辑：江文军
责任校对：刘保利　　　　　　　　　　责任印制：廖成华
封面设计：臻美书装

出版发行：新华出版社
地　　址：北京石景山区京原路8号　　邮　　编：100040
网　　址：http://www.xinhuapub.com
经　　销：新华书店
购书热线：010 - 63077122　　　　　中国新闻书店购书热线：010 - 63072012

照　　排：臻美书装
印　　刷：河北鑫兆源印刷有限公司

成品尺寸：170mm×240mm　1/16
印　　张：24　　　　　　　　　　　字　　数：325千字
版　　次：2013年3月第一版　　　　印　　次：2018年6月第二次印刷

书　　号：ISBN　978-7-5166-0302-4
定　　价：48.00元

图书如有印装问题请与出版社联系调换：010-63077101

对本书的评论

　　在《制空权时代》一书中，国际公认的军事专家马丁·范克里韦尔德生动地描述了空中力量从最辉煌的场景到濒临衰落的处境的历史，指出它是不断变化的战争性质和未来越来越非人化的、由计算机控制的武器的受害者。

——英文版原书说明

　　空中力量是20世纪战争的前沿，其历史往往被以一种胜利主义者的口吻讲述。耶路撒冷希伯来大学的名誉退休教授范克里韦尔德以一如既往的洞察力和自信承认了空中力量往日的辉煌，然后讲述了故事的另一面——被空中力量的发烧友们忽略的那一面。即使在全盛期，空中力量的成就也是有限的：陆军和海军并未消失。半个多世纪以来，空中力量的作战效能一直一端受到热核武器的限制，另一端受到低强度冲突的限制。一边是公众和政府对战争最低伤亡率的日益增长的需求，一边是数量有限的目标，空中力量遭受到双重的打击。随着飞机的成本和复杂性急剧增长，它们不再是消耗性设备。并且，随着飞行员在计算机引导、地面控制的飞机上变得日益被动而非驾驶飞机，空军文化正在腐蚀。马丁·范克里韦尔德指出，直升机和无人机代表着空中力量的未来，该提法未免极端，但也不能视之以异想天开而不予理睬。

——美国《出版商周刊》

一本对美国一度引以为豪的军事力量的批判性著作，结构精巧、研究深入、描述动人，势必会在感兴趣的人群中引发大量争议。

——美国《图书馆杂志》

范克里韦尔德的新书总是很有味道。以往关于空中力量一直有很多研究，但都不如本书这样具有对背景的全面而敏锐的感受力。

——美国《外交事务》杂志

马丁·范克里韦尔德的新书当然极具启发性……它全面地研究了航空战争从20世纪初到今天的兴起和发展。没有一场冲突或空中力量的变种躲过了范克里韦尔德可怕的法眼。他研究了海军航空、直升机、远程驾驶飞机（无人机）和外空武器。本书与范克里韦尔德的其他著作一样，值得在所有严肃的军事研究者的书架上占有一席之地。

——美国《克利夫兰实话报》，2011年5月17日版

马丁·范克里韦尔德的书总是值得一读。《制空权时代》集历史的考察、独特的评论和大胆的预测于一体。空中力量的支持者和批判者都应当读读这本著作。

——《纽约时报》，2011年4月30日版

当代军事领域的一流理论家之一、马丁·范克里韦尔德的最新作品是一部关于空中力量的宏大而全面的叙述。作为一部历史性更甚于理论性的作品，这部事例丰富的著作的撰写风格朴实无华，间或带有作者标志性的风趣。《制空权时代》成功地证明了作者的主要论点……不论人们认为它是什么。

——英国《生存》杂志，2011年8～9月号

序　言

戴旭

　　1903年美国莱特兄弟发明了飞机，人类活动范围从二维变成了三维，进而，人类的战争方式也从二维空间发展成了三维空间，这成为二十世纪的历史带给人类的最大变化之一。

　　第二次世界大战之前，石原莞尔、山本五十六等日本海陆军精英都看到了空中力量对战争的巨大影响，试图将日本的百年国运系于空中力量之上，他们的努力也确实使日本在二战之初风光一时，然而由于大战略的失误和国力差距，日本空中力量最终被美国彻底打败，日本遭受了来自空中的原子弹袭击，而美国则借此一战成为世界唯一的空天帝国。

　　美国的标志是一只白头海鹰。作为从英国的海外殖民地独立出来后成立的国家，美国从建国之初就立足于开拓新的边界。向着地平线出击，是美国自建国以来一贯的理想。于是，美国的陆地疆界从与印第安人接壤的西部边陲，一路向西到达太平洋之后，美国又通过一系列战争，建立了世界上最强大的海军，控制了世界四大洋。通过遍布全球的军事基地和众多被一手掌控的盟友，从物理空间上，美国的霸权已经覆盖全球。但出于向着地平线出击的本能，在技术的支撑下，美国又发现了空天空间。

铁路线、坦克火炮和钢产量构成陆地帝国形态的物质基础，航母舰队、海外基地、海空一体战构成了海洋帝国形态的物质基础，而空天帝国形态则是以信息化和后工业化的航空航天技术为支撑的。当美国完成了陆地帝国、海洋帝国的进程之后，其世界帝国的形态开始向空天帝国转变。

三十年前，托夫勒曾经提出后工业时代的特点，即权力和生产的分散化、小规模化和手工化。当时处于改革开放初期的中国人没几个人能听明白，而现在，伴随着美国空天帝国形态的形成，人们也许该悟出其中的真味了。陆地帝国时代，帝国之间的碰撞是钢铁和火药的碰撞；海洋帝国时代，帝国之间的碰撞变成了含金量更高的造船业之间的竞争，而到了空天帝国时代，全球所有的卫星加起来，其用钢量都不足一艘航母上的用钢量。而以激光武器等为代表的新一代革命性武器呼之欲出，在激光武器面前，一切目标都是静目标，延续千年的热兵器面临淘汰——这还只是空天帝国时代的一个军事技术体系的威力。

军人的使命是打胜仗，为此要学习对手的长处，认识自己的不足。因此，研究美国制空权的发展史，进而解开美国建立空天帝国的秘密一直是我心中念念不忘的学术任务。美国空军在2010年发布了《技术的地平线》报告，在报告中有"美国空军的默林（西方传说中亚瑟王的巫师）"之称的美国空军首席科学家J.A.达姆详细解读了未来20年美国空军的技术发展重点和对威胁的挑战。达姆认为，随着技术的发展，美国空军已经再一次成为"游戏规则"的制定者。虽然美国未来将面临恐怖分子、失败国家和崛起的传统强国如中国、俄罗斯这几类不同的威胁和挑战，然而这几类威胁对于美国空军的技术能力要求是没有冲突的。这一报告颠覆了之前人们的传统认识，也包括《制空权时代》中马丁·范克里韦尔德所作出的空中力量正在濒临衰落的结论。

通过在轨卫星，美国每隔5分钟就可以对地球进行一次全面扫描；依靠天基信息系统，美军从发现—打击—摧毁的时间链从海湾战争期间的三天缩短到科索沃战争中的101分钟，到伊拉克战争中缩短到了12分钟。凭借空天技术,美国更是基本控制了全球的航空航天市场。根据美国的技术路线图,2010年到2020年,将实现天基激光武器集成飞行试验、第二代空天飞机/可重复使用的火箭运载器投入使用、微卫星群投入使用。到2020年左右,实现导弹防御系统、天基激光武器、天基合成孔径雷达、空天战斗机、通用航空飞行器具有实现实战部署。这意味着美国空天帝国的形态将在10之内实现新的升级。

在实战准备方面,2001年美国退出反导条约。2001年1月美国国防部在科罗拉多州施里佛空军基地秘密举行了代号为"施里佛2001"的太空作战演习,这是美军首次以控制太空为目的的全国性军事演习。2002年美国开始实战部署导弹防御系统。2004年8月美国空军公布《反太空作战行动纲要》。2005年美国战略司令部建立太空和全球打击联合功能司令部,并于2006年重组为全球打击和一体化联合功能司令部,负责全球打击能力的指挥和控制。2009年全球打击司令部正式运行,驻地为路易斯安那州巴克斯代尔空军基地。2010年美国成功试飞X37B太空战机。另外,美国还开发出HTV"猎鹰"高音速飞行器、X51高超音速导弹等一系列的实验性装备,初步形成了在一小时内摧毁在全球任何一个角落的目标能力。美国空军上将奇尔顿宣称,2016年将实现全球快速打击系统的实战化部署。

随着2016年的临近,美国拥有其他国家无法匹敌的体系破击能力,这一能力是一种瞬时打击的能力,能够在1小时内摧毁小到一顶帐篷、大到洲际导弹发射阵地的各种目标;这一能力是一种远程打击能力,能够不凭借海外基地,仅仅从本土发动对全球范围目标的远程攻击;这一能力是一种隐蔽突防的能力,能突破对方的防空体系,让对方的防线形同虚设;这一能力还是一种精确打击能力,能像手术刀一样切除有效组织、瘫痪体系,而不附加不必要的毁伤。

成本的低廉化、应对任务的灵活化、空中执勤的长期化、打击的瞬时化、空天地海一体化……种种变化都预示着美国的空中力量即将发生本质的改变。陆权的意义是控制一块土地和该土地上包括人口在内的一切资源。海权的意义是控制通行权，是控制以海上交通为方式的商业或军事的海上交通线。而随着新技术的大量应用，制空天权（马丁·范克里韦尔德的制空权概念过于狭隘）则完全是一种三维空间包围地球表面二维空间的态势，是一种全方位的扩大自己的自由、限制对手自由的近似无限的权力。以此看来，制空权不但不会衰落，反而会在不远的未来发生形态的蜕变，美国也将凭借新的制空天权进一步巩固自己世界帝国的位置。

随着激光武器、新型无人机系统、微型卫星群等技术概念以及联合太空作战、全球快速打击等作战概念的出现，美国正在日益增加空中霸主的地位，并在加快将空天帝国的形态从1.0版本发展到2.0版本，拉大与其他国家的时代差。

正如火枪淘汰了中国功夫、坦克淘汰了哥萨克骑兵，在美国完成空天帝国形态的转变之后，美国的征战成本将微不足道，而美国超时代的战争收益将无法估量。美国进入愈战愈强的正循环状态，而与此同时，一切和空天帝国存在时代差的权力形态都必将面临被迅速击灭的危险。南联盟、伊拉克、利比亚和阿富汗已经成为第一批牺牲品。

对于美国、美帝国，我没有任何畏惧感，但出于职业军人的本能，对于他们军事技术、工业和战争理论的进步，的确始终有着强烈的紧迫感。我希望我为之献身的祖国和军队奋起！

目 录
CONTENTS

前　言

　　归根结底，也许最直观、最有力的证据是图像。一个不知姓名的"一战"机枪手站在他的飞机的机头上，随时准备向靠近的敌人开火。他的同时代人——英国王牌飞行上尉艾伯特·鲍尔（Albert Ball）——自豪地一手抓着他击落的德军飞机的引擎罩，一手抓着螺旋桨；一架齐柏林飞艇正飞往英国某个城市进行轰炸；一架"二战"德国Me-109战斗机及其地面机组人员在一片法国麦茬地里，而另一架同样型号的飞机正在俄罗斯的泥地上滑行；1943年在得克萨斯州沃斯堡市（Forth Worth）一家加固型工厂里，一眼望不到头的B-24"解放者"（Liberator）中型轰炸机正在组装；荷兰阿纳姆（Arnhem）2万盟军伞兵正在降落时惨遭德军屠杀，而另外1.5万名士兵正在乘滑翔机着陆；1945年8月6日，从B-29轰炸机上投掷的第一颗原子弹在广岛上空爆炸。

　　图像胜过千言万语，它们展示了空战源于何方、如何随着时间的变化而变化。但这不是一本仅仅关于过去的书，它还努力放眼未来。我们知道——或者以为我们知道——我们身处何方。但是，我们要去哪里？是不是像许多人相信的那样，空中力量注定会从胜利走向胜利？抑或空中力量已经发展到了如19世纪伟大的军事理论家卡尔·冯·克劳塞维茨（Carl Von Clausewitz）在他的《战争论》中所说的"顶峰"？如果它有一个灿烂的未来，那么这个未来会是什么样的？或者它已经走到尽头了吗？如果是这样，能取代它位置的会是什么，如果有的话？

我说的"空中"既包括海军航空也包括太空。对于前者，我一直弄不明白为什么许多书不把它包括进去——仅仅因为它所倚重的飞机是以舰船为基地，并且/或者经常执行一些不同类型的任务。毕竟，基于陆地的航空经常要用来对付海上目标，反之亦然。仅仅因为日本飞机是从航空母舰上起飞的，我们就应该把珍珠港排除在讨论范围之外吗？我们应该排除中途岛、莱特湾和马岛海战吗？至于太空，有必要指出，直到第二次世界大战的最后几年，当最早的弹道导弹开始从发射点穿过太空打击目标时，它都没有在战争中发挥任何作用。此后，太空力量迅速扩展。这一方面是因为太空行动补充并协助了空中行动，一方面是因为前者正在稳步取代后者的位置。不消说，只能先通过空中才能最终到达太空，所以NASA代表"美国国家航空和航天局"（National Aeronautics and Space Administration）不是没有道理的。总之，太空行动和空中行动已融为一体不可分离，这个事实也反映在了本书的讨论当中。

我使用"空中战争"这个词时不仅仅指战争和战斗，也不仅仅指参与战斗的飞机和驾驶它们的飞行员（几乎没有女性，但那些确实参加了的也没有被忽视）。相反，我还包括了设计、开发和生产这些飞机以及召集、培训和指挥飞行员的组织机构。也就是说，我努力从尽可能多的不同角度来分析问题。如果叙述不能做到这些，它就不可能完整，而忽略这些事就肯定会导致对历史的严重误读。克劳塞维茨说"战斗之于战争犹如现金支付之于商业活动"；然而，任何只包含现金交易清单的对商业活动的描述不仅没抓住要点，并且事实上也是没有任何意义的。

本书纲要如下：第一部分"融入蓝天"简单介绍了直到第二次世界大战爆发时空中战争的兴起和演变。第二部分"史上规模最大的战争"考察了第二次世界大战期间的空中战役和军事行动。第三部分"史无前例的战争"考察了冷战对抗，当时另一次世界大战似乎一触即发，然而却终究没有爆发。第四部分"小型战争"（向H. G. 威尔斯致敬，他于1905年出版了同名作品）探讨了1945～2010年期间由各个小国或针对各个小国而非超级大国间进行的空中战争。第五部分"人民战争"[向我的朋友鲁伯特·史密斯中将（Rupert Smith，已退休）致敬]考察了长达一个世纪以来，人们试图利用空中力量的各种形式来打击叛乱、游击部队、恐怖主义等各种类似的"非三位一体"的战争的历史。最后结论部分"衰落"，内容不言自明。

感谢许多人对我撰写本书的帮助。事实上，挪威皇家空军的约翰·奥尔森（John Olsen）中校给我提供了灵感，他让我为他正在编辑的一部论文集写一篇有关空中力量史的文章。约翰还阅读了本书的手稿并作了评论。另外，澳大利亚皇家空军中校（已退休）亚伦·斯蒂芬斯（Alan Stephens）以及曾就职于罗马北约防务学院（NATO Defense College）、约翰·博依德（John Boyd）的传记作者格兰特·哈蒙德（Grant Hammond）博士也阅读了手稿并给予了评论。亚伦和格兰特都向我提供了一部分他们在空中力量方面的卓越研究成果。

承蒙格雷戈里·阿勒基（Gregory Alegi）允许我阅读他有关1911年意大利—土耳其战争期间的空战的文章。我原来的学生陆军上校（退役）莫舍·本·大卫（Moshe Ben David）博士借给我一部分他为撰写博士论文而收集的很难弄到的关于空战法律的早期著作。维也纳军事史展览馆（Heeresgeschichtliches Museum, Vienna）的沃纳·弗洛里奇（Werner Froelich）向我解释了奥地利在早期战争中使用热气球的尝试。莫妮卡·玛尔格里妮（Monica Malgarini）（也是北约防务学院的）帮助我搜集了有关1911年意大利—土耳其战争的资料文献。管理希伯来大学埃德尔斯坦图书馆（Edelstein Library）的哈瓦·诺文腾（Hava Noventern）帮我找到了一些关于飞行起源的内部出版物。

承蒙曾任职于慕尼黑德意志博物馆（Deutsches Museum）的伊娃·莱尼克（Eva Reineke）帮我找到关于飞行先驱威廉·鲍尔（Wilhelm Bauer）的资料。我在华盛顿的多年好友罗伯特·托姆斯（Robert Tomes）在我有一段时间几乎要放弃的时候给予我鼓励和资料。里维卡·耶米娅什（Rivka Yermiash）博士不仅拥有众多美德，还拥有飞行员执照，并且是空中作战的专家，承蒙惠允我大量使用了她在我指导下写的博士论文。同样，亚基尔·亨金（Yagil Henkin）也让我参阅他或许是关于罗德西亚独立战争的最好的博士论文。我以前的另两位学生泽埃夫·埃尔龙（Zeev Elron）和利兰·欧弗克（Liran Ofek）帮我找到了大量资料，要不是他们帮忙，我肯定会忽视这些资料。

尽管我查找信息的一些要求对那些工作人员来说似乎很怪异，但是我一次都没有遭到拒绝。相反，他们中绝大多数人都想尽办法帮助我，甚至主动提出阅读文稿。毫无疑问，对那些失去对人性的信念的人来说，这就是拯救之道。

第一部分
融入蓝天：1900～1939

军事航空是如何产生的？它对"一战"有何影响？它在"二十年停战协议"期间的发展情况如何？这些问题的答案广为人知，但其他许多问题却要么消失在时间的洪流中，要么几乎迷失在档案馆的尘灰中。下面我们将简要地回答这些问题，从起点处开始，并一直延续到"二战"之前的最后几年。

第一章　前史与开端

　　从实践角度来看，可以说载人飞行始于法国的约瑟夫·蒙哥菲尔和艾蒂安·蒙哥菲尔兄弟（Joseph and Étienne Montgolfier）。1783年他们进行了热气球的首次公开演示。同年，美国驻法国大使本杰明·富兰克林（Benjamin Franklin）见证了蒙哥菲尔兄弟有一次用气球载人飞行，他后来表示希望这项新技术能用于和平的目的。一个世纪之后，天文学家卡米尔·弗拉马里翁（Camille Flammarion）就这些最初的飞行试验写道："在整个人类历史上，没有一项发明赢得过更多的掌声。没有一位人类的天才获得过更大的成就。数学和物理科学得到了一次最引人注目的证明……人类成功地实现了对自然的控制……他们占领了天空。"

　　1783年，雅克·查尔斯（Jacques Charles）发明氢气球，它几乎立即取代了效率较低的热气球。氢气刚由英国科学家亨利·卡文迪许（Henry Cavendish）发现，据悉其重量仅为相应体积空气的七分之一，被称为"可燃气"。接下来几十年，冒险家们（大多来自法国）一直在用氢气球进行更长更远的飞行，并为了纪念氢气球的发明者而把它称为"查尔里尔斯"（Charliers）。1803年，一位有着比利时血统的职业特技人员艾蒂安-加斯帕德·罗伯特（Étienne-Gaspard Robert）和一位叫作洛伊斯特（Lhoest）的德国物理学家在汉堡用气球起飞，并上升到海拔23000英尺。后来他们这样形容这次经历："我们所感受到的痛苦就像那种当你把头埋在水下时的痛苦。胸腔似乎膨胀开来……全身的血管鼓凸凸的，看上去像浮雕。大量血液涌入我的头部，以至于我感觉好像我的帽子对我来说变得太小了……当气压计显示为1/400时（那是地面标准气压的五分之二），我们感觉更加糟糕……我身心都陷入了某种麻痹状态，在这种状态下我们觉得自己看到了通往死亡的道路。"

然而，很快就证明"查尔里尔斯"差不多把下个世纪轻于空气飞行的种种技术可能性都透支殆尽了。氢气球既无法操纵，也不能自由升降，许多气球飞行员试图纠正这些缺陷。有人加上了扑翼和一个操纵尾翼。托马斯·杰斐逊（Thomas Jefferson）描述过某种"吸住空气并以此控制自身平衡的螺旋桨"，并表达了"或许可以把它用在……氢气球上"的愿望。还有一些人试图采用桨或者帆，甚至还有人计划驾驭鹰来牵动气球，方法就是把美食挂在伸在鹰前面的杆子末端，引诱鹰不断向前飞。到1870年，人们把气球飞行员称为"牛皮大王"或是"空气商人"，至此，气球飞行员已经和江湖骗子无异。

直到19世纪80年代内燃机发明之后，随着飞船（如此命名是因为它可以在空中飞）的引入，摆在人们面前的技术难题才得以解决。法国人又一次在这个新领域中占据了领先地位，1886年，一艘法国飞船从布洛涅（Boulogne）飞到英格兰的雅茅斯（Yarmouth）。但如今，永远与飞船连在一起的名字却并非法国人而是一名普鲁士伯爵：费迪南德·冯·齐柏林（Ferdinand von Zeppelin）。齐柏林对飞行的兴趣可追溯到美国内战时期，他当时以美国官方观察员的身份目睹了内战。但在1890年从军队退役之前，他并未专门从事这项工作。直到1900年7月，第一艘齐柏林飞艇LZ1才进行了处女航。飞艇以三角形支撑桁架为基础而制造，外面覆以织布，很快，各种机件就组装成了一个庞然大物。出于安全、控制和维修的考虑，气体装在独立的气囊里。有一条狭窄的通道使船员能够进入飞船的任意位置。动力由汽油机提供，操纵则通过尾翼实施。

　　与此同时，重于空气的飞行情况怎样呢？它在原理上是可行的，这一事实很难否认。不说飞鸟，你只需观察一下孩子们玩的风筝或陀螺之类的玩具，通过拉紧绳子来使上面的推进器迅速旋转，它们就能升到空中。的确，假如说关于飞行有任何不自然之处，那也是轻于空气的装置，而非重于空气的装置。19世纪人们一直在努力实现重于空气的飞行。当时有人这样写道："如果说有什么想法如同暴君般专制的话，那就是人能解决飞行问题这一观念。人们一旦有了这个想法，就会不顾一切地想要实现它。" 1860年之前，英国专利局平均每年收到一项与飞行有关的申请，但该数量很快就增至7倍，飞机在今后所具备的几乎全部特征在这一时期都已出现。与此同时，1891年以后奥托·利林塔尔（Otto Lilienthal）成为第一个用滑翔机飞行成功的人，他从勃兰登堡距诺伊鲁平（Neuruppin）不远的一座山上滑行下来。那儿有一块差不多被遗忘的纪念碑，标明了他进行试验和最后摔死的位置。

　　接下来的伟大突破与另一对兄弟有关，但这回不是法国兄弟而是美国兄弟。维尔伯·莱特（Wilbur Wright）和奥维尔·莱特（Orville Wright）都上过一段时间中学，但都没有毕业。他们读到过利林塔尔（Lilienthal）的实验，并知道自己国家有个塞缪尔·兰利（Samuel Langley）在1896年成功地试飞了一架蒸汽推进的无人飞机模型。莱特兄弟的机器是一个用木头、电线和布做成的双层架子，配有一台定做的汽油机，能从相反方向驱动两个"推式"推进器。为了减少重量和负载，用横杆代替轮子做起落架。莱特兄弟的关键贡献在于操纵装置：前面装有水平操纵装置，尾翼上有垂直舵，第三个装置实现侧翻，开始用能"弯曲"的翼做成，后来用副翼代替。所有这些使他们能控制自己的飞机，而此前没有一名试验者能做到这一点。1903年12月17日，这个新玩意儿从北卡罗来纳州的基蒂霍克起飞，12秒内飞行了120英尺。

　　莱特兄弟一开始就试图把他们的发明卖给各国军队。这并不新鲜。1783年，第一批"查尔里尔斯"刚一出现，其发明者就在给《巴黎日报》（Journal de Paris）的信中写道，飞机"对军队发现敌人的位置、运动、行军以及部署十分有用"。事实上，还没到这年年底，阿姆斯特丹和巴黎就出版了一本20页的小册子，鼓吹利用气球从英国出发占领直布罗陀。

氢气球也能用来吓唬吓唬敌人。拿破仑——当时他是波拿巴将军——1798年在埃及就做过这么一次有趣的尝试。他占领了埃及，当时正在进行游击战。拿破仑试图安排一场气球飞行来恐吓埃及人。穆斯林学者阿布达·拉赫曼·阿尔·雅巴提（Abdl Rahman al Jabarti）目睹了这件事，他形容说："他们声称这个装置就像一艘船，人们坐在里面飞向其他国家来获得情报——吹得神乎其神，这不可能是真的。而结果呢，正好相反，那玩意儿就像是家务仆人给节日和喜庆场合做的风筝。"

气球在埃及的表现令人失望，拿破仑下令取消气球作战部队。这犯了一个大错：假如他在1815年6月的滑铁卢之战中拥有气球，可能就会在布吕歇尔（Bluecher）元帅逼近的行军纵队赶到并从侧翼包抄过来之前发现敌人，他还可能会安排格鲁希（Grouchy）元帅"丢失"的骑兵军队来对付这些纵队。拿破仑皇帝大概仍旧不会因此而赢得这场战争，但极有可能避免这次战败。其他人的思想比拿破仑更加开明；整个19世纪上半期，不同国家的发明者们都在继续进行试验。

气球作为军事装备有许多缺陷。由于不知道它会飘向哪个鬼方向，必须把它系在地上，这限制了气球上升的高度，使地面部队能向它开火。另外气球还不易运输，得花很长时间充气，与地面部队通信困难。天气不好时不能运载观察员，甚至根本无法起飞。但所有这些缺陷都未能阻止奥地利人在1849年利用气球来收复叛乱的威尼斯。在环城湖的保卫下，威尼斯很难用火炮进攻，空中袭击简直是命中注定的方案。两百个热气球被制造出来，每个都携带了一枚小炸弹。人们把气球从"沃凯罗号"（Vulcano）轮船上放飞出去，希望它们降落在城里，引起伤亡和恐慌。然而，风向不对使他们的努力几近彻底失败。只有一枚炸弹在城内爆炸了，甚至这一枚也未导致伤亡。

到19世纪中期，所有未来派小说都会多多少少提到一些异想天开的飞行装置，而其中不少就是打算用在某种战争上的。阿尔伯特·罗比达（Albert Robida）的《20世纪的战争》（1887）尤为有趣。他描写到一场大战，它将发生在1945年，其间采用了许多后来出现的发明，包括潜水艇、火焰喷射器、生化战争，还有坦克。这位被称为"科幻史上最具天赋和原创性的大师"的罗比达，甚至还预言到两个群体之间的争论：一部分人想用飞行器打击军事目标，另一部分人则认为用飞行器打击民用目标最有效。

美国内战期间，双方（尤其是北方）都大规模使用了气球，这主要是因为出现了两种新技术：电报通信和摄影术。前者使地空通信成为可能，后者则实现了更为精确完整的侦察记录。在引入气球上，赛迪斯·S. C. 罗威（Thaddeus S. C. Lowe）是美国最重要的先驱。内战刚一爆发，他的实验就引起了林肯的注意。在次月的布尔溪（Bull Run）第一次战斗中，罗威加入了东北弗吉尼亚军队。他成功地起飞，表现优异，却不幸降落在敌军前线后面。由于受伤而无法行走，罗威在妻子和其他人的帮助下才得以获救，并安全脱险。总统深信气球军队能在战争中发挥有益的作用，因此便组建了一支，并任命罗威为指挥官，即联邦军气球队总驾驶员。罗威用他的四个气球（后来增至七个）参加了半岛战争。至少在1862年5月弗吉尼亚的费尔奥克斯（Fair Oaks）战争中，他提供了关键情报，挽救了一部分联邦军队。此外，他还参与了夏普斯堡（Sharpsburg）和弗雷德里克斯堡（Fredericksburg）的战役。不说别的，气球本身就构成了对敌人的一个困扰，会使敌人感到暴露在外而被迫采取应对措施，比如夜晚行军。正如邦联的一名将军E. P. 亚历山大（E. P. Alexander）所写的："即便侦察兵看不到任何东西，他的气球也会使我们被迫隐藏行动，就这一点来说他们花在气球上的钱也值了。"邦联军也成立了一个较小规模的气球队。但是，由于一开始没有生产氢气的设备，这支气球队只能依靠热气球。人们现在把它称为"蒙哥非尔"（Montgolfi è re），以纪念其发明者。

1870～1871年，法国人在巴黎围困期间出色地利用了气球。他们先成立了搜集情报的气球队，接着在巴黎与外界隔绝以后又正式成立了气球部队。四个月当中共有66个气球起飞。由此在首都和政府[先在图尔（Tours）成立，然后在普瓦蒂埃（Poitiers）]之间维持了某种联系。但是，所有试图用气球往巴黎城内传递信息的尝试都失败了。另一种利用气球的方法是往城外运送重要人物，其中包括莱昂·甘贝塔（Léon Gambetta），他后来短期担任过一阵总理。气球的有效性得到了证明，但仍然很不确定，这不仅因为设备极为原始，还由于德国人向气球发射炮弹，此外还得考虑天气的风险。气球一旦起飞，没人知道它会在哪里降落。

军用飞行仍然局限于轻于空气的设备，但它已经开始由冒险家进行的有些稀奇古怪的行为慢慢变成更为严肃的事情。1884年，法国、英国、俄国、意大利、西班牙和德国军队都成立了配有相应设施的气球队。1892年，美国军队也紧随其后。法国人把气球带到了印度支那，而意大利人则把气球带到了埃塞俄比亚，在那里意大利人最后被打得一败涂地。英国在南非使用了气球。在莱蒂史密斯（Ladysmith）和马弗京（Mafeking）围城战、斯皮恩山（Spion Kop）战争以及帕阿德伯格（Paardeberg）战争中，气球成为英国火力发射的辅助设备。一名布尔俘虏甚至说，如果他和战友能抓住气球驾驶员的话，他们会杀了他：因为气球驾驶员迫使他们只能从一个掩体"匍匐前进"到另一个掩体。

1898年，美国陆军通信兵把唯一的气球带到古巴。几十年之后，美军历史学家声称该气球当时侦察到了圣胡安山（San Juan Hill）上的一条小径，并引导了炮兵袭击那里的西班牙驻军。她认为，这一功绩是胜利的"决定性因素"。而西奥多·罗斯福（Theodore Roosevelt）却有不同的想法，他在这场战争中成功地指挥了莽骑兵（Rough Riders），在回忆录中他写道"那时停在空中的系留气球……还不如没有"。另一位作者解释说，由于太靠近前线，"未受训练"的气球飞行员吸引了敌人的炮火，"这引起了一部分地面部队对气球部队的不满情绪"。战争部站在罗斯福这边，他们解散了气球小分队，直到1907年才恢复。

19世纪结束时，空战引起的死亡乃至大规模死亡的前景也开始引起律师和外交官的注意。为了讨论对空战的限制问题，第一次国际裁军会议于1899年在海牙召开，此次会议的目标是在保存军事"有效性"同时把人员伤亡降至最低。俄国是支持限制各种形式空战的主要国家，他们希望以此弥补其在技术上的落后。俄国的呼吁得到了一些小国的支持，比如葡萄牙、比利时和荷兰。相反，法国、德国、英国、意大利和美国都对轻于空气的设备的军事潜能表示出浓厚兴趣，并授意其代表们反对禁令草案。

后来美国改变了注意，让其代表威廉·克罗泽（William Crozier）上尉发表了一个极其虚伪的演讲：

对我来说，很难出于人道主义的动机为这一行为提供辩护，即禁止使用气球投掷射弹或其他爆炸物。对如何使用那些人们提议永久禁止使用的武器，我们毫无经验。假设我们发明了使用气球的实用方法，谁能说这样的发明不会……决定胜利从而……减少战争的罪恶，并转而支持我们所寻求的人道主义考虑呢？

换句话说，只是因为现有的技术途径还未能达到很有效或很精确的水准，才有效地制约了在空中进行军火投掷。但是，如果出现了更好的空中武器，就必须重新考虑禁止使用的事情。无论如何不应禁止一方或另一方速战速决，并由此获得和平的恩惠。代表们满意地接受了这一"爱丽丝梦游仙境"①式的逻辑。会议通过了一项决议，禁止"在五年

----

①编者注：《爱丽丝梦游仙境》（又名爱丽丝漫游奇境；英语：*Alice's Adventures in Wonderland*）是英国作家查尔斯·路德维希·道奇森以笔名路易斯·卡罗尔于1865年出版的儿童文学作品。故事叙述一个名叫爱丽丝的女孩从兔子洞进入一处神奇国度，遇到许多会讲话的生物以及像人一般活动的纸牌，最后发现原来是一场梦。

以内，利用气球或其他具有类似性质的新方式投掷射弹和爆炸物"。

实际上，这一声明仅仅意味着暂停使用。再次引用克罗泽的话，武器将来会更加"完善"。它们将能够"定位要摧毁的生命和财产的关键位置"；哪个国家愿意放弃如此美妙的武器？1907年第二次裁军会议召开时，对那些希望禁止或限制空中轰炸的人来说，情况变得更糟了。禁令只在措辞上做了一丁点改变。英国对此作出了主要贡献，他们当时觉察到自己在军事飞行的发展上落后于其他国家，正开始担心所谓的空中威胁。即便这样，禁令也要等到下一次会议中才能生效——一场再也没有开过的会议。英国的阿瑟·哈里斯（Arthur Harris）中将在1939～1945年对城市狂轰滥炸，杀戮平民，与其他人相比有过之而无不及。他后来评论说："关于在战争中使用飞机这件事，情况就是如此，毫无国际法可言。"

与此同时，艺术却总是先于生活实际。1907年，著名的英国作家H. G.韦尔斯（H. G. Wells）出版了小说《空中战争》（*The War in the Air*）。小说描写道，下个十年里的某个时候，德国皇帝利用齐柏林飞艇舰队对美国发动了突然袭击。最大的飞艇沃特兰特（Vaterland）长2000英尺，时速达每小时90英里。"一大群飞艇一个接一个腾空而起，使人们觉得一大批古怪而可怕的怪兽即将入侵一个全然未知的世界。"这支飞艇舰队击沉了美国海军的大量舰船，并对纽约实施轰炸，迫使其投降，但"意志坚定的"美国人拒绝放弃。"以莱特模型为基础秘密研制的"美国飞机舰队突然出现，并对齐柏林飞艇进行反击。由于齐柏林飞艇的主要设计目标就是轰炸，无法进行自身防御，被美军击落了下来。但日本和中国现在结成了联盟，并加入到反对美国的战争中。其他欧洲大国也参与进来。甚至"远在南美"的人也开始发生内讧。飞行机器的非凡舰队——轻于空气的设备、飞机，日本一方则是大量小型轻便的装着赛璐珞机翼的"剑客"——飞到空中进行交战。

韦尔斯这样形容仅仅一个炸弹的效果——"火光一闪……古怪而笨

拙的弹跳……若隐若现的啸叫……下落的大量砖块……灰尘和黑烟":

就这样，纽约大屠杀开始了。这是第一个被空中战争的……巨大威力破坏的……伟大城市。纽约就像前几个世纪中无数被轰炸的未开化城市那样被摧毁了……飞艇所到之处，城市土崩瓦解，就像一个孩子摧毁他用砖块和纸片做成的城市那样。飞艇下方，留下的是废墟和炽热的大火……下面的纽约很快变成一个喷发着深红色火焰的大熔炉，无人能从中逃脱。汽车、火车和渡船，一切交通工具都停运了，在乱作一团的昏暗中，除了燃烧的火光，没有一丝光亮能为惊慌失措的逃亡者指明方向。

伦敦、巴黎、汉堡和柏林也遭受了轰炸和摧毁。把现代化世界联结在一起的"脆弱的信任之网"被破坏了，其结果则是全球的混乱。

事后看来，韦尔斯预示性图景中最令人震惊的一点可能就是，极力夸大了的多达"几千艘"装备传统炸药的飞艇所能引起的破坏力。书中有一处写道："他们（德国人）用几个手雷很快除掉了一英里以内的所有别墅。"与在他之后的许多人一样，韦尔斯似乎完全错误地估计了遭受空袭的平民可能的反抗方式。他没有意识到像汉堡这样的城市拥有多大的恢复力，而且，与他的预计相反，社会规则会促成这种恢复。

就在这一时期前后，制造不受风力影响的轻于空气的设备的问题终于显现出了解决的希望。相应地，1905年法国军队购买了第一艘半刚性飞艇，单次能以每小时25英里的速度航行60英里。1905年，意大利军队也购买了第一艘飞艇。同年，利用飞船进行空中轰炸目标的首次试验也悄然开始。法国也在朝这个方面不断努力。受此刺激，俄国、奥地利和西班牙军队也购买了飞艇。但最重要的进展还是由德国完成的，特别是我们前面已经提到过的齐柏林伯爵。1908年，他成功地说服军队购买了他的第三艘飞船LZ3，至1914年8月，他共向陆军和海军出售了14艘飞船。但其中有几艘或是坠毁或是退役了，因此在战争爆发时实际服役的飞船数目为5艘，外加从平民那里征用的3艘，当时这已经代表了任何一个国家拥有飞船的最大数目了。

飞船最大的优势始终在于能够实现极远的航程，而无须降落、加油或更换飞行员。在空中，飞船的操作比飞机更为简单和安全，但地面上的情形则正好相反。最大的齐柏林飞艇的容积超过250万立方英尺。飞艇放完气之后还重达50吨，在作战间歇期，要把它保存在巨大的机库中。执行任务时，系留的齐柏林飞艇很容易受侧风影响。在早期，因起飞或着陆而失事的概率要大于飞行本身，因此有些机库建在巨大的回转台上，就像是那种用于修理机车的回转台。在库克斯港（Cuxhaven）附近，德国海军建了一个叫诺贝尔（Nobel）的军事基地，其中有两个"双胞胎"机库，能同步进行360度旋转。每个机库长596英尺，后来又扩大到655英尺，宽98英尺，高229英尺。机库总重量达4200吨，全部由八个巨大的起落架支撑。一艘飞艇要执行军事任务，首先必须生产、储备并充入大量气体——所有这些程序都需要大量很复杂的设备。给一艘普通齐柏林飞艇充气需要一天半至两天时间。五艘舰队如果同时出动，德国海军需要组织起至少4000人。更糟的是，飞艇上升的必备之物氢气有严重隐患，任何一个意外的火星都可能把这整个新奇的设备变成燃烧的地狱。

与此同时，重于空气的飞行机器在战争中的使用情况如何呢？从莱特兄弟进行了首次机力推进的飞行开始，到他们第一次试图把该"飞行物"卖给美军而被美军拒绝为止，时间已经过去了一年多。莱特兄弟深信唯一可能买他们机器的就是军队，因此他们努力在欧洲寻找门路，据机枪的发明者马克沁（Hiram Maxim）所说，在欧洲，人们随时准备购买能帮助他们切断对方咽喉的任何工具。兄弟俩试图卖给英国，但海军和陆军都拒绝了他们的好意。然后，他们到了法国，先是被指责为骗子和撒谎者——既然不是法国人，他们不是骗子和撒谎者还可能是什么？但风向很快转变了。1909年，维尔伯以一系列成功的飞行证明了他们的家族飞行器（the family machine）性能现已大为改善，在此以后，战争部门至少购买了7架飞机。在随后的演习中，驾驶布莱里奥

（Blériot）和安托瓦内特（Antoinette）单翼机的飞行员不但证明他们能控制飞机，还进行了空中摄影，并利用无线电报向地面指挥官传输了空中侦察结果。法国展现的非凡技艺令其他国家深信不疑，并紧随其后。但法国在组织上很明显是不专业的，许多飞行员甚至不是军队成员，而是带着行李箱志愿加入的富有平民。飞机和飞行员承担着侦察、联络和通信任务，但由于受天气和发动机失效等的巨大影响，其本来可能具备的优势也几乎消失殆尽。

但是不管怎么样，必定还会有一些人对此念念不忘。法国演习之后不久，英国改变了想法，不但购买了飞机，还成立了航空委员会（Aerial Navigation Committee）。这是首个专门负责军事航空研究的政府实体部门，后来由此产生了位于法恩伯勒（Farnborough）的皇家航空工厂（Royal Aeronautics Factory）。在国外，各国的"空中军力"也在持续扩张。至1910年，德国拥有5架军用飞机，英国4架，俄国3架。意大利、奥地利、日本、比利时和美国各有2架。法国拥有的飞机不少于36架，比所有其他国家的总和还多。但是，关于哪种类型的飞行机器更适合军事用途的争论还在继续。正如一名德国军官在1908年所写的："莱特兄弟研制的设备的性能总会比气球落后一大截。"

正如引进一项新技术通常会发生的情况那样，不断变化的新样式粉墨登场，一时令人眼花缭乱。每种样式都只制造了很少的几架，大部分样式在还没下发到部队之前就被淘汰了。总体而言，从那时起到现在，要求太高反而难以成功一直是空军的关键问题之一。法国的"布莱里奥十一世"（Blériot XI）就是一个完美的案例。法国共制造了132架飞机，在当时这可是个了不得的数目，但它们共有12种不同的型号，结构、载客量（有一座、两座和三座之分）和发动机功率各不相同。飞机在服役期间，功率从25马力增至140马力。这些型号包括"军用"型、"火炮"型、"工程"型（设计成简易拆卸的结构，以便于运输）、水上飞机，还有一种叫作"敏捷高速的布莱里奥"（Blériot roulant）的短翼训练机型，虽然还不能飞，但很有可能是最早的飞机模拟器。

到1914年8月，各大国战争装备情况如下：

国家	飞机	飞船	气球
德国	232	5	16
奥匈帝国	48	3	12
法国	165	10	10
俄国	263	4	46
英国	63	–	–
比利时	16	2	2

与数量同样重要的是组织、指挥和控制、基地等各种设施，以及训练。大多数国家一开始把"空军军力"设置在陆军和海军之间，但除此之外它们在组织设置上鲜有共同之处。一些国家空军附属于骑兵部队，因为骑兵部队素有负责侦察的传统。另一些国家中空军则成为炮兵的一部分，为所谓的"高水平部队"提供火力引导，有时它们也构成另一种"高水平部队"工程兵的一部分（法国一度让空军分担这两项职能），要不然就像德军那样担当运输部队，或像美国那样作为信号部队的分支。

一般来说，空军指挥实行某种双重系统。由设在上述任一军种中的监察团照应这些基地和各种飞行设备，并负责采办、技术发展、各种人员培训以及诸如此类的事务。但在战时，不同飞行设备的编制则隶属于其所属或服务的军种。指挥一个军种的将军可能拥有为其配备的一个飞机连，军级指挥官拥有一两个气球，负责一个战舰连的海军少将拥有一艘小飞艇或一架水上飞机。只有英国还在"一战"爆发前就成立了一个空军军团，即后来皇家空军的前身。

与轻于空气的设备相比，为飞机建设基地要容易得多。虽然也必须考虑天气因素，但如果有一个大致连续平整的表面，飞机几乎能在任何高度的平面上起飞和着陆，几乎不需要进行专门准备工作，如果一个轮子或支架坏了，也常常当场就能修好。与后来出现的飞机相比，小机身和低速度意味着，其起飞和降落的距离很短。但是，即便维护一支相当小的军用飞行机群也还需要其他东西：至少必须建设机库，并提供维护和维修设备；必须安装燃料箱，建立临时军火供应站，为相应人员提供住处；还有必要购置一些气象设备（不管多么原始）。为了防止在战时成为目标物，基地还必须隐蔽。必须为整个建筑群建立通信网络。最后，还必须建立能维持基地供应的后勤系统。

最早的飞行员只能自我训练，而这种"训练"不可避免会导致事故，其中不少还是致命性的。第一批培训军用气球操作员的学校成立于19世纪80年代中期，除了教学员飞行以外，还指导他们学习气象学和使用电报。二十年后，第一批正式的飞行学院开放了。最初的飞行员部队规模都很小，并且是实验性的，因此人员选择往往也很随意。当时所有军队都依赖从志愿者中选择飞行员，对什么样的人能成为最佳飞行员看法尚不一致。有些人试图从以往的地面装甲兵部队中选择飞行员，另一些人注重运动协调能力以及在无氧情况下能在敞开而没有供暖的机舱中进行高空飞行所需要的身体素质；还有一些人则强调飞行员应能够执行必定会很孤独的任务，这就要求他们具备适宜的脾性。一位英国观察员发现飞行员"很奇怪地具备某些相似点——相当热切与好奇的面孔、前额窄小而不是宽阔，双眼位置有些靠近……与那些'老子弹面孔'（the old bullet face）要怎么不像就有怎么不像：坚韧刚强而不咄咄逼人、不轻率鲁莽"。最有问题的素质大概就是德国人特别强调的"好战"：不仅因为很难设计客观的测试，还因为常常可能会对相同的结果作出不同的解释。

为了了解如何进行训练，下面以邓肯·格林内尔–米尔恩（Duncan Grinnell–Milne）为例加以说明。1915年，刚过18岁的他志愿加入位于肖勒姆（Shoreham）的飞行训练。机场是一些空地和几个机棚。开始几天用来检查机器，观察教员起飞和着陆，海阔天空地谈谈本行业务。两周后格林内尔–米尔恩才开始第一次飞行，然后每天起飞几次，习惯飞行的感觉并学习进行控制。有效飞行时间超过3小时20分之后，他就可以单独飞行了。接下来几周他常要驾驶不同的飞机。有一回发动机突然失灵，他必须在一块空地上紧急迫降，所幸化险为夷，毫发未伤。整个学习期间，在地上时他都要学习关于传动装置和发动机装置的知识。偶尔他和受训的同伴还得听"还算严谨的空气动力学讲座"。最后有一场口试：一些关于飞行学的问题，一些关于发动机的问题，还有一个摩尔斯电码测试——痛苦的磨炼就此结束。

1915年，当格林内尔-米尔恩及其同伴获得飞行章时，距世界上第一场空战结束已有四年了。如今，1911～1912年意大利—土耳其战争遗留的全部东西就只是一些模糊的回忆了，而在当时，它曾引起人们强烈的兴趣。这里我将主要引用一本1913年的书，作者为威廉·H. 比勒（William H. Beehler）准将，他称自己为"美国驻柏林、罗马和维也纳大使馆前大使"，此外我也参考了一些较近的著作。战争的起源必须置于大国政治的背景下——战争爆发时，原先由土耳其帝国控制的大片地中海区域现已被英国和法国掠夺，而意大利也想分一杯羹。其时，利比亚由一帮7000人左右的土耳其老百姓组成的军力加以防卫。后来又有2万阿拉伯志愿者加入，并很快证明他们即便在缺乏组织的状况下也是最好的战士。他们迅速熟悉了土耳其，表现得有节制、狡诈而又残忍。土耳其一方加强了主要港口的防御，但防御工事和火炮都过时了。意大利一方由卡罗·卡尼瓦（Carlo Caneva）指挥，拥有4万人和11架"法国式飞行机器"。土耳其军力的弱小众所周知，人们预计这应当是一场短暂的决定性战役——哪一场入侵战争不是如此？1911年9月28日，敌对行动拉开了序幕，意大利海军封锁了利比亚，并要求的黎波里（Tripoli）投降。在没有得到回复的情况下，于10月轰炸并占领了该城镇。但是，的黎波里和其他沿海城市的陷落仅仅使土耳其军队向广袤的国土内部撤退，对于结束战争却无济于事。

为了准备战争，意大利迅速集结起一个飞机小分队，9架飞机全都是单座。发动机功率为50马力左右，每架飞机耗资约为6000美元。10月12日，两艘船运载着这支军力离开那不勒斯，并于10月16日抵达。22日，战斗打响了。后来在这场战争中，意大利又向班加西（Benghazi）、德尔纳（Derna）和托布鲁克（Tobruk）这些小得多的偏远城镇派遣了更小的飞机分队，每个分队由2~3架飞机组成。随着飞机数量缓慢增加，飞行员、军官和人员也渐渐增多。地面设施包括一块不规整的四方形平地，里面的障碍物都清除掉了，有时还用栅栏围起来。为了克服软沙地的不利条件，一些基地用木条首尾相连，铺设成长375英尺、宽75英尺的跑道。后来一些跑道还设置了夜间照明设备。四周分布着帐篷，作为不同飞行机器的机库——大型金属的框架用来放置飞艇，较小的放置飞机。再加上一所医院、一个警卫队和必不可少的顶上装有高架天线的无线电报设施，基地的图景就完整了。空对地和地对空无线通信的实验已经开始了，但它们还是太过笨重，无法被普遍采用。

接下来几个月中，意大利飞行员打破了一长串纪录，包括：军用飞机首次飞越敌人领土（10月22日），首次用飞机部署海军炮火（10月28日），首次在战时采用无线电报进行空对地和地对空通信，首次试图进行空中轰炸（11月1日），首次在战争中使用空中摄影术（11月23日），首次夜间飞行的战争行动（1912年3月4日），以及首次很不成功的夜间轰炸试验（6月11日）。发展到现在，如果天气和可靠性允许的话，穿越沙漠的意大利行军纵队一般都是由飞机护卫的，他们的任务是提前勘察侧翼，并在空中侦察敌军埋伏情况。一些飞行员能从基地往返飞行长达75英里——这在当时被认为是很远的距离。

意大利人虽然享有完全的制空权，但他们并不能完全靠自己做到这一点。一部分原因是技术上的限制。在没有无线电的条件下飞越未标记的地域，飞行员必须忍受信息隔离的痛苦和导航的巨大困难。对这种原始飞机来说，风沙也太大了，这限制了飞行员的能见度。用作炸弹的奇佩利（Cipelli）手榴弹距理想目标还远得很。飞行员必须把重约5磅的手榴弹夹在膝盖之间，用一只手控制飞机，另一只手拉开安全闩。大多数手榴弹未能打中目标，在沙土上毫无破坏力地爆炸了，还有一些则打中了非作战人员。这不但证明事与愿违，促使民众投入叛乱分子的怀抱，还引起了国际舆论的强烈谴责。意大利人声称，这种谴责是受"伪人道主义思想"而驱动的。

尽管遭遇突袭，但敌人很快开始了反击。10月25日，莫伊佐（Moizo）机长驾驶的飞机在飞行时被击中，他也成为重于空气的飞行器被击落的第一个飞行员，据报道他的"尼厄波尔"（Nieuport）飞机上有三处损伤。这种防空火力虽然还很原始笨拙，却已迫使意大利人往更高处飞行。另一方面，负责空中作战的军官也可以用这一事实安慰自己：伤亡是很小的。1912年8月25日，彼得·罗曼齐尼（Pietro Manzini）上尉成为第一个在战争中牺牲的飞行员，而他的死亡也不是因为敌人的行动，而是由于飞行事故。两周以后，莫伊佐由于发动机故障被迫降落，成为历史上第一个被俘的飞行员，但这一荣誉不知是真是假。利比亚的军事行动还在持续。只要在距海岸40英里之内，意大利人能毫不费力地占领视力所及的任何地方。但是，每当他们占领以后，行踪不定而又十分灵活的敌人就会在笨重的行军纵队前面逃到沙漠之中。由于缺乏供给和水，意大利人开始撤退，这时阿拉伯游击队就会从隐藏的地点冒出来，发动突然袭击。每次袭击都带来新一轮伤亡，其中不仅有常规的死伤人员，还有被刺死、钉死和阉割的人员。

如果说使用飞船有所不同，那也证明是只会带来更多的问题。意大利有两艘飞船，分别于12月3日和16日抵达的黎波里。但是，飞机能被放置在简单的帐篷里，飞船却需要更大的机库，并且飞船在途中还被损坏了。因此，飞船直到1912年3月初才开始军事行动，当时战争早已转变成消耗战。飞船能够携带较重的炸弹，其持久性也更适合为行军纵队提供护卫。另一方面，飞船对敌军炮火的抵抗力则远远不如飞机——结果带来了一连串的祸患。飞船执行的最重要的一场军事行动发生在1912年4月12日，它们帮助意大利人在西边很远的小村庄兹瓦拉（Zuara）侦察到土耳其人的位置。但是，企图占领该地的地面进攻失败了。在持续12小时的军事行动之后，两艘飞船几乎无法飞回75英里以外的的黎波里。

1912年10月，驻利比亚的意大利军力达到10万人，其中空军可能有几百人（包括地面机组人员）。据说在整场战争中，他们总共执行过整整712次出击，投掷下几百枚炸弹。他们对最终胜利的贡献微不足道——事实上，最终胜利并不是在利比亚完成的，而是由于巴尔干战争的爆发转移了土耳其人的注意力，这场战争逐渐消耗了土耳其人在利比亚的资源。1912～1913年的巴尔干战争和始于1910年的墨西哥解放战争中少量飞机投入使用。大多数飞机并非由交战国的军人飞行员驾驶，而是由外国志愿者或者自带飞机的雇佣兵驾驶。军事行动也因此倾向于随机而散漫。不论意大利军队在利比亚战争中表现得多么不足，意大利早期空军仍然成为世界上同类军种中最具经验的军队，但这场冲突仍然没有终结人们对轻于空气和重于空气的装备孰优孰劣的争论。比勒以官方观察员的身份从事写作，他认为"意大利是第一个在战争中使用飞机的国家。飞机在意大利海军航空行动中取得了可观的成功，但并没有人们想象的那种武器的威力强大"。奇佩利手雷更是毫无用处，战争进行得越久，意大利人自己也越倾向于用传单替换手雷，号召敌人投降。

飞行设备的确表现优异的一个领域是侦察。这不仅因为飞机获得了敌方的情报，还因为它们使意大利人得以在空中绘制出利比亚的部分地图。正如卡尼瓦评价可供他支配的不同情报来源时所写的："我们唯一可靠的信息来自我们的飞行员用自己的眼睛看到的东西。"在此过程中，摄影术的使用起了很大的辅助作用。人们获得的最重要的经验可能就是，使用单座飞机来执行侦察任务并不比用它进行空中轰炸更为合适。飞机投弹任务还可以通过安装炸弹投放装置得以简化，但侦察飞行任务最好还是在一名独立观察员的辅助下执行。问题在于，配备观察员需要发动机功率更大的双座飞机。而且，虽然飞机没有受到空中袭击，但并不证明它能抵抗地面炮火。将来还是有必要给最易受攻击的部件加上装甲。

大多数当时的观察员所忽略的，但后来证明极为重要的一点就是，空中力量在战争的每个阶段所起的作用并不一样。正如我们所见到的，意大利的飞机和飞船（飞船更是如此）都是在的黎波里和其他沿海城镇陷落之后才到达利比亚的。到达以后，在随后的战争中起初表现得十分有用，如提供敌军集结情报，辅助海军炮手进行火炮瞄准等。后来土耳其人分散开来并转入游击战，意大利军队不但整体效能降低了，其飞行分队的效能也下降了。很简单的一点首先是意大利人没有足够的人员来覆盖这个巨大国家的哪怕仅仅一小部分。随着时间的流逝，土耳其—阿拉伯敌人虽然在技术上很落后，却学会了对付意大利空军的办法。他们要么进行火力反击——偶尔还能打中——迫使意大利人飞得更高一些，从而不能充分发挥观察地面物体和用手榴弹袭击的功能；要么把基地掩盖起来或者换成夜间行动。意大利人试图从空中轰炸基地，效率往往很低，而实际上，那些基地常常就是几个帐篷，可能还有几匹拴在地面桩子上的骆驼。还有一些情况下他们的飞机击中了错误的目标，导致双方暴行日益增多。

一位英国观察者欧内斯特·贝内特（Ernest Bennett）写道："阿拉伯人看到飞船时没有表现出任何不安的迹象。"他认为意大利飞机常常能带回有用的情报，但大多数轰炸都是不精确的，"极为无效的"。然而，在比勒看来，战争有力地"证明了飞机和飞船在战争中不可或缺的必要性"。作为很可能是当时最重要的报纸，伦敦《泰晤士报》推断说，将来没有一个国家会在没有"充分"的空中军力的情况下进入战争。

虽然最终损失微不足道，但在利比亚，大多数情况下条件都很原始，执行军事任务和驾驶当时还很脆弱的机器还是需要韧性、勇气和智慧的。最重要的是，它要求一种即兴发挥的能力，这将使后来的空军瞠目结舌，后者拥有极为高端的设备，精细的劳动分工，严格的进程和细分到秒的时刻表，其中规定了每项任务的每个方面的最小细节。另一方面，战争也证明了新兴的空中力量的局限性以及人们对它的期待被极大地夸大的可能性。

第二章　通过考验

第一次世界大战的枪声响起的时候，可以马上投入战争的军人大约只有一千五百万人。同时，随着武器的进步——主要是速射炮和机枪，军队被迫进行躲避掩藏而分散开来，所以他们不是仅仅集中在一个战场，而是分散到各个前线，绵延数百英里。仅有的几个高级指挥官东一个西一个，谁也摸不清战争的整体局势，搞不清楚友军在什么位置，他们在做什么，正在朝哪个方向行进，以及他们的意图是什么。而有关敌军的情报更是支离破碎。换句话说，如此大规模的军队浩浩荡荡投入战场，却对自己和敌人几乎一无所知，这是史无前例的。

在这种局势下，空军可以说是雪中送炭。当然，与后来出现的飞机相比，当时的飞机既原始又脆弱不堪，能力非常有限。把这些飞机用于侦察，许多问题接踵而来，特别要命的是天气的影响以及在复杂的地形上空飞行时难以辨认出细节。还有一个问题是敌军、友军难以分辨。但不管怎么说，飞机的优势很明显：不受地形障碍影响，能以非常快的速度覆盖很大的空间。有人作过估计，飞机在四小时内能完成的事情，骑兵部队需要24小时才能完成。并且，飞机不局限于前线，而能深入到敌人的后方获取情报。

最富戏剧性的事情发生在9月3日。当时德军一心要打败法国，决定放弃施里芬计划（the Schlieffen Plan），把军队转向东南方，从而把右翼部队暴露给巴黎，法国正是靠飞机获得了这一重要情报。早在8月31日德军开始行动的那天，法国骑兵部队的勒匹克（Lepic）上尉正在贡比涅（Compiègne）西部侦察，他看见一支德国军队正在向贡比涅前进，而不是向南方的首都挺进。当天晚上，又获得了另一条信息，这次是从一位死亡的德国军官那里弄到的一张沾血的地图，这位德国军官的编制在德国第一集团军的总部。这张地图表明，在第二天，德军四个军的军力并不是向巴黎进发。9月3日早上，法军飞行员瓦托（Watteau）中尉证实了有关敌军改变方向的消息。他当时正在巴黎北部飞行，看到德国军队正在向东"滑动"——用他的话说。于是又派去了另一架飞机，消息得到了进一步证实。

　　这种任务在当时是司空见惯的。每天都有几十架飞机载着飞行员和侦察兵起飞，侦察下面军队的动向。德国陆军元帅保罗·冯·兴登堡（Paul von Hindenburg）谈起德军为什么能在坦能堡（Tannenberg）战役中打败俄军时说："没有空军就没有坦能堡的胜利。"然而，对于这样的言论仍然要谨慎对待。无论是在坦能堡还是在别的战斗中，飞机仅仅是许多情报资源当中的一种。飞机所获得的情报也并不总被认为是可靠的，德军首席参谋官马克斯·冯·霍夫曼（Max von Hoffman）坚持认为截取俄军的无线电信号至关重要，但是空中侦察有时却让人云里雾里，不知所措。正如其他情报来源一样，飞行员弄到的即使是最轰动一时的消息，有时也是过时的了。就算消息及时到达，也要安排合适的形式，评估其可靠性，然后再放入巨大的拼图中进行整体权衡。所有这些比起以前获取情报的艰难程度有过之而无不及。

　　随着沟壕战代替机动战，情况便改变了。大炮进入了全盛期——当然已不再是50年前的那种大炮了。除非特别例外，现在的大炮射程在6~18英里，依靠远程射击打击炮手看不见的目标。为了纠正炮弹落点，还派上了配备双筒望远镜的空中侦察员。但是，飞机的劣势很快显示了出来。如果猛烈的炮火持续几天甚至几周，飞机的忍耐力便非常有限。要待在空中，它们就必须不停地飞行，这意味着侦察员的视角会不断地变化，与地面的通讯也很成问题。鉴于这种情况，人们又想到了气球。气球不仅更适合侦察，而且如果用绳子拴住的话，还能与地面进行电话联系。气球真是太有用了，很快地没有哪个军队不使用它。

第一次世界大战的飞机脆弱不堪，还很难操作，要在上面用步枪对着地面瞄准射击，那真是要多糟糕有多糟糕。不管怎么样，步枪太长太重，在飞机上狭窄的空间里根本无法自如地使用。手枪没有这些缺点，但手枪的射程太短，精确度也不高。几个月后，飞行员一个个牢骚满腹，互相指责，大家才意识到解决的办法就是一架或若干架机枪。但是问题是机枪是径直朝前射击的。第一个解决这个问题的是法国飞行员罗兰·加洛斯（Roland Garros），他的方案中包括给飞机的螺旋桨包上一层盔甲，这样螺旋桨就能经受住不断穿过叶片的子弹。他的座驾被击落后，他成了德军的俘虏，他那套简陋原始的保护系统被荷兰飞机制造商安东尼·福克（Anthony Fokker）进行了改进。福克发明了一种使螺旋桨叶片与机枪子弹穿过叶片同步的方法。一种新型的飞机——战斗机便应运而生。战斗机与当时正在使用的侦察机不同之处在于它只载一人，而不是两人。1915年晚些时候，第一批战斗机投入了战场，开启了空对空战斗的时代，而空对空作战现在几乎已经绝迹。真正战斗机的出现很快使战斗机集结成合适的编队，德军在1916年8月首先创建了战斗机编队，并参加了索姆（Somme）河战役后期阶段的战斗。

通常，飞行员在巡航时通过视觉接触而相互遭遇。这时飞机的性能将起到关键作用。最重要的性能是速度、航程、高度（以及迅速达到此高度的能力）、操纵性以及火力。速度和航程能使飞行员随心所欲地开始或结束一次战斗。高度使飞行员比他的对手飞得更高，并能从一个意想不到的方向朝对手猛扑过去——如果可能的话，最好从云层中或是太阳的方向。要想占据有利位置，比如位于敌机的后面，进入敌机旋转的尾流中，或是位于敌机的腹部下面（攻击双座机的特佳位置），良好的操纵性是必须的，这也有利于飞行员逃跑。火力由一架（后来改成两架）机枪提供。而所有这些性能都在很大程度上取决于发动机的动力，这是战斗机一切性能中最重要的变量。从1914年到1918年间，战斗机发动机的动力增强了一倍还多。可提升的重量增加了百分之四十五，最大速度提高了大约百分之三十。

既然发动机的动力总是有限的，战斗机其他的性能也就此消彼长，参差不齐。再者，每个设计师都有自己的偏好，很难说哪架飞机的性能更优越一些。在差不多同一年生产的飞机中，可能没有哪一架在各方面都出类拔萃。人们能做到的总是会有局限性，并且，如果机器不行，即使有最优秀的飞行员也是白搭。而另一方面，如果总体性能都不相上下，那么那些对他自己的以及敌人的飞机的性能了解得最透彻，并且知道如何最好地发挥这些性能的飞行员通常能胜出。空中战斗让人精疲力竭，飞行员即使是在零度以下的气温中战斗，回来时仍然全身被汗水浸透。飞行员的代价有些骇人听闻，1917年4月，英国飞行员参加第一次飞行战斗之后的平均预期寿命只有8天。尽管王牌飞行员的寿命略长一些，但他们也仍岌岌可危。有过53次胜仗这一骄人战绩的法国王牌飞行员乔治·居内梅（Georges Guynemer）牺牲时只有23岁，他在牺牲前受过两次伤，被击落过八次。到1917年春天，德军开始给飞行员发放降落伞，在这之前，飞行员是不发降落伞的。

与地面战争不一样，空中战争是由一小群志愿兵发起的，即使在"一战"最后一年，也没有哪一个国家培养的飞行员志愿兵超过8000人。战斗是在高速的状态下进行的，双方以高达220英里的时速向对方靠近。战斗持续的时间很短但很疯狂，飞机发疯似的向各个方向俯冲、旋转、机动飞行。有时，飞机撞在了一起，有些德国飞行员确信苏联飞行员是故意猛撞过来的。以下对当时发生的情况的描述，就非常具有代表性：

一名飞行员在作战期间，可能看到一架名为"破坏者"（Hun）的垂直俯冲下来的战斗机、一架SE5战斗机、尾随SE5之后的又一架"破坏者"战斗机，而在他头上，还有一架英国侦察机。这四架飞机以每小时200英里的速度迅猛地冲了过来，机枪嗒嗒嗒地疯叫着，机尾喷射着烟雾，可这四架战机突然又散开了。最底下那架"破坏者"的飞行员燃着大火冲向了死亡的不归路，如果他还没有死亡的话。他的胜利者看上去摇摇晃晃，突然猛地一跃飞了出去，就像鳟鱼被钓竿钓到后在线端跳跃，然后，飞机翻转过来，肚皮朝上，打着令人晕眩的漩涡旋转着朝地面猛冲下去。第三架德军的战机急速移动，突然转向，紧接着这急遽的四重奏中的最后一架轰的一声爆炸了……这一幕持续了大约十秒钟，接着又被又一轮进攻的尖锐的嘎嘎声打断。

空战的特性——加上飞行员一般都是年轻的、顶尖的志愿兵这一事实——把飞行员变成了英雄。媒体把他们的照片刊登出来，对他们的功绩无休止地加以报道。他们在各种庆祝场合都是座上宾，被授予勋章，接受媒体采访，受到权贵们接见。比如，曼弗雷德·冯·里希特霍芬（Manfred von Richthofen），也就是"红男爵"，是所有德国王牌飞行员中最著名的一位，曾经和德意志的皇帝聊过天。飞行员显然对这次谈话并没有留下什么深刻印象，后来他写道"谈话完全是一边倒，我们大谈特谈空中防御"。王牌飞行员还会收到粉丝们寄来的堆积如山的信件，其中很多信件包括各种各样的建议，从生孩子到结婚，什么样的建议都有，当然顺序不一定是这样的。詹姆士·麦卡登（James McCudden，1895～1918）少校是英国获得维多利亚十字勋章的五位飞行员之一，有一天他走进伦敦一家餐馆，"女士们……蜂拥而上争着要靠近他，热闹得就像在柜台讨价还价一样，而终于和飞行员在一起的女孩简直觉得自己就是示巴女王（the Queen of Sebba）"。

关于"空中骑士"的文字有很多，这些文字理应使本来很恐怖的战争没那么恐怖了。确实双方的飞行员都会往对方的基地散发信息，向敌人提出挑战，激起他们驾机起飞，像中世纪的骑士那样到空中进行战斗。被俘的飞行员也确实通常会受到体面的待遇，而那些在敌人前线牺牲的则会得到体面的葬礼。有时俘获者会保护被俘的飞行员，不让当地人攻击他们。交战双方会要求获得关于失踪飞行员的信息。他们还会要求得到他们被俘人员的衣物和装备。敌人若碰巧在挨近的地方一起着陆，会非常礼貌地互相打声招呼。

但是所有这些美化都难掩更阴暗的一面。许多空战都是以突袭为基础的。如果说有什么能使优秀的飞行员鹤立鸡群的话，那就是他们能在敌人毫无防备的情况下攻击后者，并在他察觉是怎么回事之前杀死他。据说，居内梅在一起交通事故中差点撞死一位妇人，妇人骂他是"杀人犯"，他回答道，"女士，您知道吗，您说得太对了"。快速度加上敌对方之间几乎完全缺乏交流，使双方很难让对方投降免死"而不背叛自己国家的利益"，另一位法国王牌飞行员热内·冯克（René Fonck）如是说。并且，为了防止虚报伤亡数字——无论是有意的还是无意的，各方面会采取措施核实伤亡人数。许多飞行员乐于看见他们的对手机毁人亡。总的说来，"骑士风度"使本来恐怖的空中战争没那么恐怖了。同样，也许"每场战斗都是个人性质的，这是男人与男人的对抗，双方拥有对等的武器和对等的机会"这一信念使飞行员们能够对他们的杀戮工作心安理得。

由于英国、法国和德国总共生产了所有飞机的四分之三还多，空战主要集中在西线。今天东线占点优势，明天西线占点优势，但是通常这种优势（如果真有所谓优势的话）只持续几个月。从战术上说，可能西线最突出的特点是风向经常由西往东吹，这样就减少了德国飞机的航程。而另一方面，这种风向又有利于飞机返航或是在己方阵线内紧急着陆。德国东部地势平坦，没有几座标志性的高山，这使得在东部航行比在西部更困难。东部飞过的飞机比在西部飞过的要少得多，这也意味着在东部空中作战发挥的作用要小一些，德军宣布的胜利中只有不到0.5%是在东线取得的。东线的另一个特点是那里没有几条现代的交通大动脉，比如铁路。因此，驻军基地或停机坪一旦被击中，对前线的影响立竿见影，破坏巨大。广阔的空间又没有什么大城市和工业中心，这也意味着防空力量的薄弱。在南方，意大利人在数量上享有决定性的优势（他们与奥匈帝国的生产量之比几乎是四比一，并且，不像他们的敌人，他们只须在一个战线作战）。但是多山的地形使侦察比通常的要更困难些，而侦察是飞机支持重大地面战役最重要的方式。其他战区，比如阿尔巴尼亚战区、马其顿战区、加利波利战区、巴勒斯坦战区和伊拉克战区都各有其特色。

从1918年早期开始，空中较量的天平倾向了协约国这一边。在当时，尽管原材料的匮乏迫使德军有时候偷工减料，但是德军似乎仍然维持着技术的优势。德军对敌人数量优势的另一个对策是在训练上精益求精。德军飞行员在进行特别的战斗训练前要接受65小时的飞行训练。与此相对照的是，战争的某些时候，英国飞行员送往前线时只接受了少得可怜的17小时的飞行训练。这种反差因为这一事实而变得雪上加霜：德国飞行员在自己的领土被击落，可以回去立即重新参加战斗，而协约国的飞行员必须向东横穿前线，极有可能会被俘虏。所有这些都解释了为什么德军只损失一架飞机就能击落协约国的两到三架飞机。从整场战争来看，无论与法国还是英国相比，他们损失的总兵力的比例都要小一些。

从战争的最开始，飞行员有时就会用卡宾枪对着下面的敌人一阵乱扫。一名加拿大飞行员威廉·毕晓普（William Bishop）以击毙被核实了的72人而成为协约国战绩第二高的战斗机飞行员，他描述了他是如何做到的，"我满腔仇恨……把每一颗我能发射的子弹"射向30英尺下那些"野蛮人"的"惊恐万状的面孔"。然而，按照时任驻法国皇家飞行军团指挥官——而后成为皇家空军（RAF）第一指挥官——的休·特伦查德（Hugh Trenchard）将军（当时就已经是将军）所写的，飞行员并没有系统地选择目标，也不打算把空中作战与地面作战协调起来。1917年春天，情况开始改变，德军撤退到了兴登堡（西格弗里德）线，使协约国不再需要那么多的飞机来侦察大炮，而可以把更多的飞机分配给地面进攻。而且，由人员、机器、马匹组成的移动纵队远比躲在掩体中的步兵更容易攻击。用英国后来的一位空军元帅索尔托·道格拉斯（Sholto Douglas）的话说："低空飞行的进攻……是一件悲惨而危险的事，并且毫无用处。"甚至在战前，一些观察员就已经明白，用于地面进攻的飞机应该把最易受到攻击的部位用盔甲保护起来。到战争进行到一半的时候，飞机发动机的力量已经足以实施地面进攻了。这些飞机被称作"战斗飞机"，设计得既可用于机枪扫射也可以扔小型炸弹，尽管精度常常成问题。英国人理所当然地认为，任何一名战斗机飞行员都可以参加地面作战，德国人不像英国人，他们对飞行员提供专门的训练。因此德国飞行员在1918年3月的进攻中发挥了重要的作用，德国最高指挥部想借此进攻结束战争，然而终未得逞。

后来情况完全倒转过来了。1918年5～7月的伟大战斗中，协约国（包括美国）的飞机证明其同样强大，它们先是阻击了德国第二梯形编队部队，后来德军企图撤退时又不断地进行骚扰。巴伐利亚李斯特军团（List Regiment，阿道夫·希特勒曾在该军团中任密探）1918年7月底在撤退中横渡马恩河时，军团的史学工作者这样描述其经历：

飞行员……侦察我们的位置，然后投下炸弹。他们用机枪扫射步兵、炮兵以及行进中的纵队。他们时不时还会飞到我们的防线后方，向阻拦气球开火，气球燃烧着坠落到地面上……然而，最让人胆战心惊的还是装备有杀伤炸弹的飞机……25架，30架，更多架飞机突然出现，然后每架飞机扔下40颗炸弹。我们对步兵的火力已经无所谓，对炮火也已经适应了，但是这些飞行员却使我们的军队魂飞胆丧。为了躲避炸弹爆炸时低空飞出的可怕的碎片，我们只能爬上树。

为了保护自己不在前线和通讯区域遭受到飞机的对地攻击，军队发展了一些最早的对空防御措施。当时使用的枪支中有一些（主要是76毫米口径的）每分钟能够发射25发子弹，使空中飞满了铅弹头。当时人们对空中防御措施的评价褒贬不一，有人说几乎没有一点用，也有人说非常有效。有一个例子能说明问题，最著名的王牌飞行员"红男爵"里希特霍芬不是在空战中战死，而是被一架澳大利亚的机枪从地面打死的。所以至少，因为要对付地面的反击，飞行员要瞄准自己的武器变得比以前困难多了。

在"一战"前的那些年头，许多作家和记者考察了所谓的战略轰炸的可能性，即对人口密集地区和工业中心进行轰炸。许多人与韦尔斯在其《空中战争》中的观念如出一辙，认为如果进行战略轰炸，破坏力会非常大，极度恐惧的人们会迫使政府谋求和平。但这一切很大程度上只是乌托邦式的一厢情愿。战争爆发时，只有德国的齐柏林飞艇能够长时间停留在空中，作长距离飞行，适量地装载一些弹药。比空气重的飞行器太小了，航程也非常有限，不可能对敌人构成真正的威胁。特伦查德评估了1915年中期的局势后，得出结论说"结果与所付出的努力、与所招致的危险、与所扔炸弹的数量太不相称了"。

当然，结论并不总是这样的。由于德军也采用了战略轰炸，要求报复的呼声一浪高过一浪。1916年，协约国的飞机袭击德军41次，打死151人，打伤237人。1917年，袭击的次数增加到81次，而1918年的次数继续增加。到1918年夏，协约国的飞行中队几乎每个夜晚都在发起攻击，从6月到11月之间，单是英国就投下了500吨的炸弹。这种狂轰滥炸让人触目惊心，但它与前线发射的几百万吨的炮弹相比却是小巫见大巫。军事目标中一定会包括那些用来生产、储存或是运输战争物资和部队的军事设施。

当时最重型的轰炸机是英国亨德利·佩奇公司（Handley Page）生产的V/1500，被称为"柏林轰炸机"。一共生产了32架，但是投入使用太晚了，没有在战斗中发挥积极的作用。这个庞然大物长达62英尺，翼展达到126英尺。装有4个劳斯莱斯发动机，每个功率为375马力。除机组人员外，还能装载4架或5架机枪。尽管飞行高度和速度（最大时速为97英里）只比以前的型号稍胜一筹，但载弹量却上升到了7500磅，几乎是当时任何一架飞机载弹量的两倍。虽然炸弹的重量增加了（战争快结束的时候，英军还在用重达1650磅的设备进行实验），但是要发现目标并将它们摧毁却非常困难。即使在1917年，从1万英尺高空扔下的炸弹误差随便就可能达到3000英尺。实际上遭殃的并不是哪座城市，而是整个地区，其结果只能是骚扰，而不是真正意义上的战争行动。

除飞艇（更多意义上只是昙花一现）以外，德军在飞行器方面的发展与协约国一方基本保持一致。正如协约国一样，德军刚开始进入战争时并没有适合完成投弹任务的飞行器。也正如协约国一样，这一事实并没有阻止他们尝试。像敦刻尔克（Dunkirk）、南锡（Nancy）、吕纳维尔（Luneville）、贝尔福（Belfort）、贝桑松（Besancon）、图尔（Toul）和凡尔登这些城市，经常因为城内的军事目标而遭致袭击。然而，能够轰炸伦敦的双引擎飞行器直到1916年中期才开始投入使用。德军仍不满意，又转向四引擎的"斯塔肯"（Staaken）R-VI轰炸机。它能运载两吨多一点的炸弹飞行大约500英里。到"一战"快结束时，一共制造了18架。它们开始时用于东线战场，后来又用来对付英国，在英国投下了总共30吨的炸弹。但是这些飞机的损失非常严重，1918年5月，由这些轰炸机进行的袭击任务都被取消了。

德国对飞艇的投入比西方协约国要大得多。飞艇主要用于侦察，但在陆地上空飞行的飞艇被证明是彻头彻尾的失败，而海军用的飞艇名声则要好得多。1915年1月19日，德国海军最高指挥部（Navy High Command）派遣了第一批三艘齐柏林飞艇去进攻东安格利亚（East Anglia）海岸的小港口雅茅斯（Yarmouth）。结果其中一艘出现引擎故障，不得不放弃任务。第二艘成功地打死两人，正好一男一女。第三艘偏离了航向，误飞到了另一个小镇，不过最终还是在这个小镇重复了第二艘的战绩，也打死了两个人。但是海军并没有因此而泄气。随着更多性能更优越的飞艇的问世，空中袭击的频率上升到平均每两周一次。到1918年8月退役为止，飞艇共投下了大约275吨的炸弹。

与轰炸机相比，飞艇最大的优势是它们的有效载荷——从1915年的3吨增加到3年以后的6吨多。而且它们还有极远的航程，有些德国指挥官甚至梦想要用飞艇去轰炸纽约。而另一方面，飞艇庞大的体形和低速度使得它们更容易被发现并摧毁。解决的办法显然只有飞得更高一些。但是齐柏林飞艇上升到1.7万～2万英尺的高空时便会出现机械故障。发动机失去动力，用赛璐珞做的窗户会裂开，控制缆绳会因冻结而不能移动。更糟糕的是，德军当时没有氦气而被迫用氢气填充飞艇。一旦使用燃烧弹（1916年开始使用），整个机组人员想要逃脱死亡厄运的概率是极其渺茫的。并且，即使飞艇躲过了战斗机，情况依然不容乐观。1917年10月启程进行所谓无声袭击（无声是因为齐柏林飞艇飞得如此之高，很难被发现，更不用说对抗了）的11艘飞艇中，只有7艘返回了基地。到"一战"结束时，服役的82艘齐柏林飞艇仅剩下9艘。

在前线或紧挨着前线使用的防空设施对高空飞行的轰炸机和飞艇起不了什么作用。真正需要的是那种关于敌人正在靠近的预警、敌人的飞行高度和飞行路径。通常这种预警由某位侦察员提供，他通过视觉和听觉方式来获取情报。英军甚至使用盲人来做这件工作，认为盲人能比明眼人更好地听到并分辨声音。有些防御设施部署到了防线上，以保护（或至少寻求保护）整个战线的人，就像地面的壕沟起到的保护作用那样。德军和法军在阿尔萨斯-洛林（Alsace-Lorraine）都有包含了两国间边界的防线。或者，防线集中部署在一些像城市这样特别重要的点的周围。由于越来越多的轰炸在夜间发生，电探照灯派上了用场。防空设施代表了整个"一战"期间最重要的一个发展领域。德军把用高射炮击落的协约国飞机的总数量定为1590架。后来，空中防御成为空中力量支持者必须考虑的一个因素，而这往往在很大程度上违背了他们的意志。

除了民用防御之外，对抗战略轰炸的另一种方法是搅乱战斗机群。例如，在"一战"后期，英军实施了一套程序来保卫重中之重的目标伦敦。敌人进攻的消息一经观察到，30秒内就可以通过电话传到中央作战室。在这里，敌机（用被称作"对立物"的彩色小木块代替）在地图上被标示了出来。然后，向防空炮组和战斗机飞行中队下达命令。反复的训练最终能使战斗机在接到命令后的两分半钟内起飞。从这时开始，一切都取决于战机能以多快的速度到达敌机的高度。不幸的是，这正是协约国飞机设计师落后于人的一块短板。成功的概率可能很高，也可能会很低。爱德华·阿什莫尔（Edward Ashmore）将军是当时负责伦敦防空区（London Air Defence Area）的军官，估计在他派遣下升空的每8架战机当中有一架会遭遇到敌机。他们用机枪进行还击，有时能赶跑或摧毁敌机。然而，为了躲避或击落防御者，侵略者会解散编队，分散飞行。在1918年早期，参与任何一次袭击任务的德国轰炸机中，10架有一架会被击落，还有一架会因为某种事故而损失。尽管难以获得真实的数据，但很明显，轰炸作战给飞机和人员都带来了沉重的消耗。德国的原材料和劳动力日益捉襟见肘，最终发现战争难以为继。

对战略轰炸越来越重视的最明显的标志就是对它进行越来越多的资源投入。英国是一个岛国，比其他任何一个国家都更专注于发展轰炸机。1918年，他们在西部战线拥有86支飞行中队，其中12%适合远程作战，该数据与德国的同类飞行中队相近。如果1919年的计划付诸现实，成立于1918年的英国皇家空军本应拥有179支飞行中队，其中超过三分之一会配备轰炸机。除开备用的不算，轰炸机的总数本来将会上升到1000多架，远远超出21世纪全世界的空军中仍在服役的轰炸机的总和。由于每一架轰炸机所需要的人力和物力远远超出一架战斗机，以上这些数据实际上低估了建设英国轰炸机新兵种所需的投入。

和在陆地上一样，在海洋，战前一些军官把飞机仅仅当成玩具，并信誓旦旦地说它们永远都不会派上什么大用场。但是大家对飞机的期望仍然很高，在年轻军官中更是如此。反潜艇战争中飞机的使用受到了特别的关注。1914年12月，时任英国海军大臣的温斯顿·丘吉尔（Winston Churchill）写道：

陆上飞机的目标从来都没有像海上飞机的目标一样确定和重要，海上飞机若装载鱼雷，就能在进攻大型军舰的战斗中发挥决定性的作用。在海上，敌人的舰船在距离很远时就能被观测到，甚至超出了海上飞机的航程。海上的这些侦察设施给海上飞机提供的视野比给陆上飞机提供的要宽广得多，甚至在信息领域也是如此。陆上飞机还会不断地受到来自地面、丛林、篱笆后等隐蔽位置的步枪和炮火的攻击。

　　因此丘吉尔在任职海军大臣时竭尽全力建设海军航空，征用资金，在海军部设立航空部，沿东海岸和南海岸建立空军基地，四处购买飞机。到1914年夏天，他有了50架飞机，绝大部分都以离海岸不远的陆地为基地。这些飞机要用来保卫海军的核心设施，特别是油料站以及东海岸和南海岸的港口。其他的一些飞机被指定为舰队的千里眼，定位任何一艘靠近的德国战舰，然后带领舰队投入战斗。

　　其他国家的发展也大致如此。比如，奥匈帝国早在1909年就建立起了一支海军航空部队，然而却并未意识到自己在航空领域的领先地位。1914年，这支部队拥有22架海上飞机，其中就有被认为是当时世界上最好的"洛纳"（Lohner）飞船。就在1915年5月意大利参战后一天，这些海上飞机轰炸了位于威尼斯的军火库。与此相对照的是，德国海军只在1913年涉足了重于空气的飞行领域。后来德国沿波罗的海和英吉利海峡建立了军用机场，用飞机协助潜艇巡航或返回港口。在主要的交战国中，就发展海军航空而言，法国落在了后面。直到1912年，法国海军才开始创建航空服役。到参加第一次世界大战时，法国仅有8架海军飞机。

　　甚至在1910年以前，配备浮板而不是起落橇或轮子的最早的水上飞机和飞船就已经开始在建造了。然而，它们的表现与陆上飞机相比几乎总是不尽如人意。并且操作这些飞机也经常受到限制，因为它们只能在相对平静的海面上降落。显然，解决的办法只有把飞机停在船上。有几支海军把商船改装成浮动的飞机库，配备吊车，把飞机吊起来放到水面，完成任务返回后又把飞机吊回原处。在1914年12月25日，三艘这样的英国船只派出9架水上飞机袭击了齐柏林飞艇基地库克斯港（Cuxhaven）。部分由于天气原因，部分由于机械故障，最后只有7架到达了目的地。它们扔下一些小型炸弹，但没有造成什么破坏。回来时除了一架之外，所有其他飞机不得不在海上进行迫降，尽管飞行员都被救了上来。后来又进行了一次袭击，结果比第一次好不到哪儿去。

1915年2月，从英国"皇家方舟号"（Ark Royal）航空母舰起飞的飞机引导海军炮击位于达达尼尔海峡（Dardanelles）的土耳其防御工事。然而，航空母舰航行速度太慢，成为了潜水艇的活靶子，因此不得不撤退。在8月12日，它的替代者上起飞过一架飞机，这架飞机在海上发射了第一枚鱼雷。飞机在狭窄的海域或海岸附近飞行，从海洋到陆地、从陆地到海洋来回侦察和搜索炮手，偶尔扔下几枚炸弹或是鱼雷，多少能有一些杀伤力。然而，1916年5月，德国公海舰队离港巡航而引起日德兰海战时，这个消息是从截获的德军无线电信号中得到，而后传送到英国海军总部的，并不是来自于飞机或飞艇。从此以后，正如一位作者所写的，双方的舰队（双方战舰之和超过200艘）以每小时合在一起56英里的速度"像盲人驾驶汽车一样"互相靠近。理论上飞行在3000英尺高空的飞机或飞艇能够发现60英里以外的敌人。而实际上，在这一地区，海平面的能见度远比高空中的能见度要高。这次行动的早些时候，从"恩加丁号"（Engadine）水上飞机母船上起飞的一架飞机就给海军司令戴维·贝蒂（David Beatty）（他的战斗巡洋舰组成了英军的先锋部队）发出了警报，告知看见了一些德军的轻型巡洋舰。但这位飞行员没有看见伦哈德·舍尔（Reinhardt Scheer）海军司令率领的主力军，所以与其说他帮助了贝蒂，倒不如说他误导了他（贝蒂还以为猎物就要到手了，冲杀过去结果却吃了一场败仗）。身处危险的瞭望台的瞭望员仍然至关重要，但是他们只能在12英里或更小的范围内才能发现舍尔的舰队。

德军在过去的几个月中一直在计划飞艇的出击。可是，他们的计划一次又一次因为天气而耽搁：他们的飞艇无法起飞。好不容易终于在5月30日出发时，逆风却使5架可用飞艇中的4架留在了地面，与舰队结伴而行的那架飞艇也由于大雾而成了瞎子。德国派出一架海上飞机执行另一次侦察任务时，低矮的云层又迫使飞机返航。最后是航行在主力军前面的一艘鱼雷艇发现了英国皇家海军的本土舰队。无论有没有齐柏林飞艇的协助，舍尔都完全没有察觉到英军的行动，以致在一个多小时内（这时候已是5月31号的傍晚）两次与集结的英国大舰队（Grand Fleet）撞了个正着。他后来这样描述这些不愉快的经历，"突然间漫天遍野，从北到东，都陷入一片火海"。有两次，舍尔靠急速转动舰身而死里逃生。幸运的是，流动的雾阻止了当时可能在场的英国飞机追击他。两支舰队第二次分开后不到一小时，天就黑了下来，使英国舰队跟丢了对手。直到第二天德军才最终同时让四架齐柏林飞艇飞上天空。但是，天气非常不稳定，只有L-11和L-24两架侦察到了英国大舰队的一些踪迹。即便如此，在茫茫雾气中，他们仍会时不时跟丢了舰队，从而无法辨认船只并提供有关航向的可靠信息。

如果没有其他大型战斗，空中力量所能做的最大的贡献可能就是反潜艇作战。从1914年下半年开始，英德双方在英吉利海峡上空经常发生空战：一方竭力协助其潜艇完成任务，另一方则绞尽脑汁进行阻挠。皇家海军的战机依靠轰炸泽布吕赫（Zeebrugge）和奥斯坦德（Ostend）的军事基地来尽可能减少潜艇的威胁。再往西却是另一幅画面。由于德军飞机的航程飞不了这么远，甚至齐柏林飞艇在这里都难得一见，英国海军飞行员掌握着这里的制空权。他们花了无数个小时来给船队护航，看着它们驶往自己的家园岛屿。有一组数据显示，平均来说，每飞行6000英里就能发现一艘潜艇。即便如此，并不是每一艘被扔了几个小炸弹的潜艇都能被击中，更不用说被击沉了。困难摆在那里：要炸潜艇，这样的炸弹太小了。但是要增加重量就不可避免地会降低飞机的航程和耐力，所以这个问题即便是更强大的发动机也不是总能解决的。尽管气球和飞艇没有这样的问题，但是它们庞大的外形经常使它们还没有发现潜艇时，就已经被潜艇瞄上。战后，一组德国的数据显示，在沉没的146艘潜艇中，只有7艘是被飞艇或飞机击沉的。

尽管如此，飞艇和飞机能够迫使潜艇下潜，从而大大降低潜艇的速度和耐力（潜艇只能在水下待大约十个小时，然后就必须浮出水面给电池充电），最重要的是，它限制了潜艇寻找和跟踪目标的能力。在潜望镜深度巡游的潜艇处于半盲状态，如果躲到更深的地方，则完全失去观测能力。因此，海军航空对反潜艇战斗和船队安全所作的贡献，尽管与遭受的损失相比而言不算巨大，但还是很了不起的。到"一战"最后几个月，皇家海军航空队（Royal Naval Air ServiceRNAS）的指挥官们是如此自信，这时只要骚扰一下敌人就能达到目标，因此参加任务的飞机在起飞时普遍不再装载炸弹，因为炸弹会减少他们的航程以及在空中停留的时间。船队只要有飞机护航，就差不多能免受潜艇的攻击。

协约国其他国家走了一条大致相同的道路，尽管作战的规模要小一些。例如，意大利海军的空军只派遣了从1911~1912年战争中剩下的86人、25架飞机和两艘飞艇参加"一战"。但是能够操作即使像这样不起眼的一些设备的组织几乎都没有。在战争期间，这支军队得到了极大的扩展，加入了海军的水面舰队和潜艇队，企图把奥匈帝国的水面舰队控制在亚得里亚海，后来它确实成功实现了这一目的。最后参战的是美国海军空军。1917年11月，在比斯开湾（Bay of Biscay），一队美国飞机首次执行反潜艇任务。四个月后，一架美国海军飞机扔下深水炸弹，得到的评价是"可能会带来损害"。到战争结束阶段，美国海军航空在沿着法国海岸和不列颠群岛的一系列基地执行任务，使海域——特别是爱尔兰西北的海域——对德国的潜艇来说非常不安全，乃至无处藏身。

但是反潜艇巡航工作和护航任务仅仅代表了海军航空极其纷繁复杂的任务中的一部分。到1918年11月11日停战协议最终签订时，这些任务包括从海岸到海洋和从海洋到海岸的联络（原则上海洋到海洋的联络也是可能的，但是我还没有发现有任何飞机用于这一任务的实例）；各种各样的防空工作；布雷以及排雷，探雷并标明具体位置，然后进行摧毁；舰队侦察；为船只到船只、船只到海岸、海岸到船只的开火行动探明位置，使炮火命中目标；支援两栖登陆（在加利波利和波罗的海）；轰炸敌军船只和海军基地；以及对敌方水面舰队发动第一次实验性的鱼雷攻击等。这些任务带来了巨大的技术进步，几乎成为此后几十年中技术进步的全部内容。

单独的战斗遍地开花，著名的如1918年7月从英国"暴怒号"（Furious）航母上起飞的飞机对德国库克斯港附近的军事基地发起攻击，成就极为壮观。两艘齐柏林飞艇在机库里被摧毁，尽管英国代价惨重——9架飞机只有2架返回——但从几十英里之外都能看到氢气燃起的大火，负责发动攻击的人又不无快感。同时，诋毁海军航空力量的人会拿德国"戈本号"（Goeben）战列巡洋舰的奇遇来说事。"一战"爆发时，它被困在了地中海，在那里，英国和法国的海军以四比一的军力优胜于奥匈帝国的海军，但它却成功地逃到了君士坦丁堡，后来又从君士坦丁堡出海到达达尼尔海峡、黑海和爱琴海。它不断地受到协约国飞机的攻击，曾经有一次被几百枚"可怜的小炸弹"瞄准，但仅有两枚击中。事实上，它差不多一直毫发未伤，直到最后在鱼雷的攻击下停止了运转。同样他们还辩称，日德兰海战中英国大舰队发射的80枚鱼雷（由潜艇而非飞机发射）中有79枚偏离了目标，因此携带鱼雷的飞机也不可能真正对敌人构成威胁。

无论当时还是现在，这样的争论都有点犹太法典的味道。与"戈本号"巡洋舰事件得出的"教训"相反，我们完全可以说，要是当时地中海的英国皇家海军在战争开始时干掉哪怕几架敌人的侦察机，"戈本号"也永远不可能到达君士坦丁堡。如果海军上将们（和元帅们）不是那么保守的话，海军空中力量是否本可以发展得更快一些——这样的争论也是毫无意义的。事实上，海军空中力量最让人称道的一点也许恰恰就是它发展的速度。最能说明问题的可能是这样一个事实：法国海军航空队参加"一战"时只有8架飞机，32名飞行员，到战争结束时，有1264架飞机，37艘飞艇，702名飞行员以及6470名空军士兵。再到海峡对岸看看，英国皇家海军航空队参加"一战"时只有93架飞机，58名飞行军官和589名飞行士兵。而三年半后，这些数据分别增长到2949、5378和49688。到1917年9月，皇家海军航空队拥有不少于7艘专门的航空母舰，满载时可以搭载31架飞机，并且在接下来的几个月中，这两个数据将分别增加到12和67。

这些数据证实了空战另一个非常重要的方面，也就是经济因素在其中所发挥的作用。1914年前，对各种飞行设备的民用需求在很大程度上一方面受限于富有的业余爱好者，一方面受限于职业运动飞行员和特技替身演员。然而，战争的爆发改变了这种局面。首先，由于全面战争的巨大需求，军需市场比以往在更大程度上盖过了民用市场。其次，虽然飞机的性能突飞猛进，但这不再是简单的打破纪录或是运载特技替身演员的问题了。相反，各种各样的武装力量开始对飞机产生了浓厚的兴趣，因为飞机已经能够批量生产，并且能够由批量生产的飞行员驾驶飞行。批量生产需要承担更大的经费支出，需要每个雇佣工人具有更大的生产力。可以用几组数据来说明这些发展：1914年，法国的飞机工业是世界上规模最大的，雇用了3000名工人。德国和英国相应的数据分别是2500和1000，而美国只有168——美国飞机的军需市场还几乎为零。两年后，法国有6.3万名飞机工人，英国有4.2万名。到1918年，美国的飞机工业雇用了17.5万名工人。战争爆发时，德国军事部门估计德国的飞机制造商能够每月提供100架飞机。而四年后，差不多在同样的时间内，法国和英国各能生产2300架和3000架。工业的增长解释了为什么交战国能够承担如此巨大的消耗。1914年，英国每个月必须更换33%的飞机以填补损耗。

由于当时一架飞机从设计图纸到生产线通常只要几个月的时间，任何一架超过一年飞龄的飞机都有可能被报废。发动机需要更长的时间开发。它们不仅需要精确的工程学和专门的机械工具，还需要许多珍贵的原材料，主要是不含铁的金属，而这些材料对各个交战国来说，都不是轻易就能获得的。结果，德国的飞机有时得等上几周甚至几个月才能找到合适的发动机。天平的一端是法国。尽管法国工业化程度最高的那些省份中有许多都饱经战争肆虐，但法国仍然比其他所有交战国都生产出了更多的发动机和飞机。这个奇迹的部分原因是法国的主要军力集中在前线而不是深远的后方，不需要生产四引擎的飞机，生产的双引擎飞机相对来说也不太多。另一个因素是法国人所说的rusticité，即"乡村风格"。他们青睐于简单的甚至是原始的、但便于制造的设计，而不是那种需要更多的劳力、更好的修饰的复杂尖端的设计。这也许还有助于解释为何这三个主要交战国中，法国从比例上来说损失了更多的飞机。天平的另一端是德国。他们永远是质量第一，但即便如此，在战争最后一年，他们的努力也因为橡胶和铜等原材料的匮乏而受到限制。他们对齐柏林飞艇的重视也从飞机上分流了大量资源。在战争期间，因为种种原因，法国（67987架飞机）和英国（58144架飞机）生产的飞机都比德国（48537架）要多。这是一个事实，尽管就工业潜力而言，德国比这两个国家都强。

还有其他一些差别也使交战国各有千秋。比如，奥匈帝国有不少有才能的发明家和设计家，其中最著名的是费迪南·保时捷（Ferdinand Porsche），他后来因为创造了大众甲壳虫汽车而闻名遐迩。但是无论他的飞机多么优秀，这个多瑙河帝国都没有高度发达的工业，战争期间仅仅生产了5431架飞机，在它的军队参与作战的各个战区都需要别国的支援。俄国的情况与奥匈帝国差不多，它们有一些很有天分的工程师，特别在重型轰炸机领域。但俄国也不具备大批生产这些飞机的工业基地，和所有其他协约国一样，俄国从法国进口一部分发动机。即使这样，仍然很难使空军保持飞行状态，因为缺少足够的供应和维修设施。意大利在"一战"中比在"二战"中情况好得多，据说生产的飞机比奥匈帝国和俄国生产的飞机之和还要多一倍。总数量估计达到2万架，甚至还有一些供出口。到后来，美国飞机工业的突出特点是偏好巨大的发动机，其中最著名的是由帕卡德（Packard）生产的，飞机都不敢完全打开油门，怕振动会把机身撕裂。但是参加战争的时间很短，所以只制造了1.5万架飞机。整场冲突中，法国、英国、意大利、俄国和美国生产的飞机超过了同盟国生产的飞机，比例大约为三比一。

与要出厂的飞机的数量和质量同样重要的是组织的问题，特别是必须在陆军和海军之间分配航空资源。先来看看拥有最强海军力量的英国，开始时英国陆军部和海军部完全是各行其是，互不搭边。双方都没有意愿要协调原则、设备、训练、作战甚或是通讯。在海军内部，丘吉尔几乎把航空当作他的私人爱好，但这也没有让事情有所改观。当敌对行动爆发时，陆军立即派遣尽可能多的飞机和人员飞往法国。结果，早在1914年9月，海军就被要求，如果齐柏林飞艇真来袭击的话，由海军负责对付这些飞艇的袭击。从那时起直到1917年（这一年进行了一次改组），唯一参加过这个任务的陆军飞行员们还没有完成他们的训练。轮到英国开始组建自己的战略轰炸部队的时候，祖国和前线天各一方，不得已，这个任务也委托给了海军。

由于在资金、人员和飞机等方面不断有争吵，针对这一背景，英国政府成立了史莫兹委员会（the Smuts Committee），这样命名是为了纪念南非领导人扬·史莫兹（Jan Smuts）。1917年8月，委员会发布了报告，现在许多人把它称作军事航空的《大宪章》。报告特别指出"航空机队能够远离并独立于陆军和海军开展广泛的行动"，还指出"就目前所能预见到的，将来航空机队在战争中独立使用的规模绝对不会受到任何限制"。因此，报告建议创建"一支统一的空军，承担起现行正在安排的服役任务，这样能完全保证实力，建立陆军和海军之间最亲密的关系，同时承担分配或临时调配给空军的种种责任"。这些程序如期完成后，1918年4月，新的部队——皇家空军部队以及新的空军部终于诞生了。但是陆军元帅们和海军元帅们之间的冲突并未停止。其他政府都不能把陆军将帅们和海军将帅们的思想统一起来，让他们以英国人为榜样，团结一致。取而代之的是，空军在这些国家各军种中的地位都在稳步上升。

以德国野战航空部队（Feldflugwesen，Field Aviation Service）为例。它的主要任务是给前线提供合适的飞机，然后派军官到全国各地指导各个工厂。其他任务包括建立一套完整的选拔、训练以及管理人员的系统；建造并维护地面设施；发展战术、撰写公文；以及运行专门的天气预报和导航服务，没有这些服务，就没有所谓的空军。德国野战航空部队还会往每个野战部队总部派驻自己的代表，这些代表和他们要去指导和协助的指挥官之间就权力如何准确地分配难免会起冲突。但是所有这些都仅仅适用于帝国陆军。自始至终，与野战航空部队并列的是与之相对应的海军机构，当然包括大名鼎鼎的齐柏林飞艇。美国没有能把陆军和海军航空置于统一的指挥下，但情况不会比绝大部分其他国家差到哪儿去。但美国与其他国家不同的是，它甚至没有在陆军内部建立起统一的空中指挥，而一直把航空兵当作陆军通信兵的一部分。

最后，空军有多成功？投入到空军的巨大资源在多大程度上是合理的？联想到作为第一次世界大战空军标志的齐柏林飞艇，这个问题就非常容易解答了。正如1918年年末一位英国消息灵通人士所说，它们最多在协助公海舰队时有一些价值，除此之外，"它们似乎辜负了德国人民把它们当作毁灭性工具的期望，也未能证明投在它们身上的巨额开支是合理的"。对于德国军队用于战略轰炸的重于空气的远程飞机来说，情况也差不多一样。我们知道，在整个战争期间，战略轰炸杀死了1414名英国人。作为对比，仅1913年一年死于交通事故的英国人大约有2000人。甚至战争还在进行时，特奥巴登·冯·贝特曼·霍尔维格（Theobald von Bethmann-Hollweg）总理就告诉兴登堡说，轰炸的心理效应并未如我们所期待的那样——削弱了英国人的士气，却反而可能助长了他们的士气。英国总参谋长、陆军元帅威廉·罗伯逊（William Robertson）也这么认为。

无论是由齐柏林飞艇还是由飞机进行的袭击，的确牵制了英国大量的资源，到战争末期这些资源累计达到2万名兵士和290挺机枪。把齐柏林飞艇和轰炸机都算在内，进攻方与防御方飞机的比例接近一比一。但是，必须记住双方的飞行器是不一样的。每艘齐柏林飞艇和每架轰炸机的造价都比一架战斗机要高，特别是就它们所需要的发动机数量而言。每一艘齐柏林飞艇或轰炸机搭载的训练有素的机组人员也会多出几倍，而一旦他们的机器被击落或是发生意外坠毁，他们丧命或被俘的概率也要大得多。这一切权衡清楚之后，与整个战争的投入相比，投入到

制空权时代

保卫家园上的资源就只不过是九牛一毛了。德国人在1918年转向生产战斗机，他们自己也得出结论说得不偿失。

尽管协约国从来没有使用飞艇来轰炸城市，但可能在它们这一方得与失的情况也不会有太多的不同。到战争末期，英国的战略轰炸机（包括5个夜晚执行任务和4个白天执行任务的飞行中队）一共执行了650次飞行任务。在执行任务的过程中，损失了302架飞机，287名航空人员或牺牲或失踪。他们投下了585吨炸弹，把法国投下的炸弹算在一起，这些袭击共炸死729人。让几名训练有素的机组人员把一吨重的炸弹带到天上，把它们运到经常是几百英里的距离以外，然后去杀死一个多一点的敌方平民（729除以585等于1.25），这几乎没有任何军事意义。

为了解释这种投入，英国官方历史声称，"一战"最后两年内，空军对萨尔河（Saar）地区弗尔克林根（Volkingen）钢铁厂的攻击使德国损失了约30680吨钢铁。但德国1913年在这种重要原材料的产量上就已经达到了1760万吨。20世纪20年代，德国的一份调查把协约国轰炸对德国造成的损失定在2350万马克，与1918年时战争每天消耗1.8亿马克相比，这确实是小巫见大巫。简单计算一下就能发现，单单就损失的轰炸机而言，进攻的代价比它对敌人造成的损失要高昂得多。

德国对空防御组织的规模与英国相当。在顶峰时期，也就是"一战"末期，这个组织雇用的人数达到2万。和英国一样，他们当中许多人都是老人或残疾人，现役军官的人数只有200。这些男人——与"二战"不同的是，当时还没有几名女性——掌管900门大炮，454只探照灯以及500只气球。防空总部还指挥着330架飞机，由于英国轰炸机的数量从来没有超过120架，因此每一架轰炸机都要使差不多三架战斗机忙个不停。同样，这些数据有些误导。首先，我们已经注意到了，轰炸机比战斗机造价贵得多，而且它们的机组人员从一次任务返回去执行另一次任务的概率要低得多。其次，德国的许多战斗机驻扎在前线附近，而不是在远离前线的某个岛屿上，它们也可以用来执行其他的任务。

再靠近前线一些，情况就不一样了。整个战争期间，双方为获取对方的情报而使用的方法五花八门，无奇不有。如果天气晴朗，空中力量仍然是唯一能深入敌方的情报工具，在短时间内覆盖广大的空间上则更是如此。它在发现敌人炮火方面的作用虽然也极其重要，但正如德国人在1918年的攻势中所表明的，这并不是绝对必需的。"一战"中期阶段，有时候会派遣五架战斗机去保护一架侦察机，这一事实表明了侦察的重要性。相反，在法国的军队中，侦察机的数量比其他所有飞机加在一起的数量还要多。飞机在发现敌人炮火方面发挥着很大的作用。这并不是说飞机在执行这些任务时总是成功的，不仅是1918年3月的德国军队，四个月前英国人在康布雷（Cambrai）也成功地掩藏了他们的进攻准备，实现了偷袭的目标，尽管敌方飞行员的眼睛很锐利。他们在晚上集结，利用公路而不用铁路运输，最终偷袭成功。当然，像很多时候一样，天气也帮了忙。并且，大多数时候，空军的打击力（也就是它的杀伤力和破坏力）无论在陆地还是在海洋上都是有限的，1916年的索姆河战役再清楚不过地表明了这一点。尽管英国差不多完全掌握了制空权，但是他们却吃了败仗。对抗固守的敌人，飞机显然不会比炮兵和步兵更有效，很可能效果还会更差些。

仅仅只有在某一方离开战壕，并展开运动战时，空军对地面的支援才能发挥更大的作用。这方面的例子包括1918年德军的春季大攻势（那年的晚些时候德军撤退了），以及陆军元帅埃德蒙·艾伦比（Edmund Allenby）指挥的1918年巴勒斯坦战斗的最后一个阶段。近距离空中支援（CAS）的麻烦是，由于要求面对敌人时飞机要飞得很低，在所有形式的空战中，这是代价最高的。一次又一次的任务中，近距离空中支援报告坠毁的飞机，牺牲、被俘或失踪的飞行员甚至比空战还要多。不得已而求其次，许多空军指挥官转向前线后方的空中封锁，攻击军事基地、通讯线路等——法国人特别擅长这种作战。

这把我们带到了空对空战斗这种最广为人知的空中战争形式。

制空权时代

· 42 ·

最开始这种战斗几乎是无意中出现的。然而一旦飞机在侦察和发现炮火方面所发挥的作用得到认可，由双方飞行员驾驶的飞机在空中遭遇，并尽一切可能在空中消灭对方就是不可避免的了。空战的特殊性质——机器与机器的对抗、人与人的对抗，还有很多人在睁大眼睛翘首观看——使许多人对空战更加刮目相看。空战的结果比其他战场的战斗更容易量化，这一事实无疑也为空战的声名帮了忙。结果是战斗机操作员（后来就是这么叫的）的头上围上了一层光环，而这光环往往是以牺牲其他同样重要的机组人员为代价的。结果通常是空战的作用因为涉及其他一些类型的任务而被过分夸大了。在很多地方，甚至直到今天情况依然如此。

第三章 远见、组织和飞机

理论上，空中战争和普通战争没有两样，都不过是为达到目的的一种手段，一种理性却又很残酷的活动，它被理性地实施以达到某种理性的目的。然而，在现实中，战争完全不是这么回事。战争是人的大脑的一种产物，受到各种社会、文化和心理因素的影响，在所谓的黄金航空时代，这一点体现得再明显不过了。人们举办竞赛和会展，颁发奖杯，每天似乎都在打破纪录，大家都渴望得到媒体的赞美。人们对这个主题的兴趣非常浓厚。查尔斯·林德伯格（Charles Lindbergh）1927年驾驶飞机横渡大西洋，回来后受到了史无前例的隆重接待。人们对飞行的兴趣如此之大，甚至一些看上去很平淡无味的事，比如用飞机递送邮件（在当时可是很危险的活动），也会成为媒体大书特书的对象。

甚至在法国，一个比其他任何国家都更具有和平主义（也有人说是失败主义者）倾向的国家，这种趋势也很明显。约瑟夫·克塞尔（Joseph Kessel）在他1923年的畅销书《机组人员》（*L'équipage*）中描述了飞机机组人员不同寻常的经历，重点描写了他们在执行任务的间隙时放荡不羁的生活——酗酒，吸烟，赌博，招妓（包括业余的和职业的）。克塞尔特别擅长描绘他们玩世不恭的外表下的柔情，当他们面对这个由茫然的平民和自以为是的军事官僚构成的腐朽世界时，正是这种柔情把他们结合在一起。《机组人员》一共印了82个版次，也为作者在法兰西学院赢得了一席之地。在德国，这种体裁最著名的代表作家是拥有蓝勋（Pour le Mérite）奖章的恩斯特·荣格（Ernst Jünger），在回忆录《钢铁风暴》（*In Stahlgewittern*）中，他反复地表达了对飞行员生活的羡慕。那时许多作家都竞相赋予他们的人物以所谓的"航空意识"（Luftbewustsein），他只是其中的一位。然而，如果有一个国家强调军事航空最重要的地方不仅仅在于它是一种战争和征服的工具，也是使整个国家精神复兴的一种方式，可以想见，这个国家就是法西斯意大利。贝尼托·墨索里尼（Benito Mussolini）把自己树立成榜样，1920年他拿了飞机驾照，以后经常驾驶自己的飞机。1923年他声称，尽管不是所有的意大利人都能学习飞行，但所有人都应该羡慕那些能够这样做的人，并跟上国家航空的发展。他的两个儿子，布鲁诺（Bruno）和维托里奥（Vittorio）也都成为军事飞行员。但"领袖"仍不满足。1940年6月，他使意大利陷入第二次世界大战时，最先发布的命令当中有一条是给他的女婿加莱阿佐·齐亚诺（Galeazzo Giano）的，要求他辞去外交部部长的职务，而改开飞机执行作战任务。

当然，这种与超人和受苦的神秘联系在民主国家要弱化得多，因为民主国家中的英雄很少能和我们其余的人太过不同。然而在英国，尤其是在美国，有无数小说和电影描述利用空中力量来打击民主、资本主义和整个进步的各种各样邪恶的敌人。还有电影颂扬男性的英雄功绩，颂扬那些漂亮的女性历经许多挫折和坎坷后答应成为男性的战利品。霍华德·休斯（Howard Hughes）的电影《地狱天使》（*Hell's Angels*）于1930年发行，这是当时最昂贵的电影。再往东，苏联也急于像所有法西斯政权一样塑造一种新型的男性形象。布尔什维克的军事飞行员（绝大部分是男性，但也包括一些女性）掌握了现代技术，随时准备为他们的社会主义祖国献出自己的生命，如果他们不能成为布尔什维克超人的新典范，那还有谁能成为呢？这块土地上最有权有势的人都看到了家里有个飞行员的好处，这其中就有安那斯塔斯·米高扬（Anastas Mikoyan）的儿子斯德潘（Stepan），尼基塔·赫鲁晓夫

（Nikita Khrushchev）的儿子来奥尼（Leonid），以及斯大林自己的儿子瓦西里（Vassily）。作为一个整体，他们拥有"斯大林之鹰"的美誉。他们完成他们的"每日英雄事迹"，在"国父"宽厚仁慈的指导下追求"人类进步"。以下是由（或者为）一位创造纪录的飞行员写的一条典型的宣传语：

> 他是我们的父亲。苏联的飞行员把苏维埃航空叫作斯大林航空。他教导我们，抚育我们，他把我们当作依偎在他胸口的孩子，告诉我们哪里有危险，他让我们走正道，为我们的成功欢欣鼓舞。我们苏维埃飞行员每天都感受到他慈祥的、专注的、充满父爱的眼神。他是我们的父亲。自豪的父母为他们的每个儿子说上充满爱意的、发自肺腑的、鼓舞人心的话语……他把他的猎鹰送上蓝天，无论他们在何处遨游都注视着，归来后，又把他们慈爱地抱在胸前。

这就是当时那些"航空先知们"要让他们的声音让全世界听到的文化背景。大家都认同的是航空是人类历史上最具有革命性、影响最深远的创新，正如一位军官作家所说，航空已经"在由于冰盖消退引发的人类各种事件的浪潮中带来了变化，结果会导致墨西哥湾洋流改变方向"。问题是如何尽可能地发挥航空的作用。也许我们应该以前面提到过的休·特伦查德为开端展开叙述。从根本上来说，特伦查德是一位践行者，而不是一位理论家。正如他对一位下属所说的，"我写不出我想说的意思，我也说不明白，但是我希望你能够理解我是什么意思！"然而，他是世界上最大的也是第一支独立的空军的第一任指挥官，所以他的想法举足轻重。

在战争期间，特伦查德强调战略轰炸的重要性，并大大扩充了轰炸机军力。后来他继续奉行这一路线。站在特伦查德这一边，必须要说，与一些更为极端的空想家不一样，他从来不相信英国皇家空军会取代其他军种，然后单靠自己的力量赢得"下一场与某个欧洲国家的伟大战争"；相反，英国的目标是使陆军能够占领敌国，而不是制造一种不再需要陆军的局面。

在大西洋的另一边，对空军最著名的拥护者是比利·米切尔（Billy Mitchell）将军。他见过特伦查德几次，非常崇拜他。跟特伦查德一样，他也是一位真正的英雄。1918年在圣米耶尔（St. Mihiel）进攻中，他指挥着不下1500架英国、法国和美国的飞机。他的代表作是《空中国防论》（*Winged Defense*），出版于1925年。我们从他的书中认识到，世界正站在一个新纪元的入口。在这个新纪元里，"所有人的命运都受到空中的控制"，正如在过去，我们的命运先由那些发展出陆地通信的人控制，接着又受到海上"伟大的航海家时代"的控制。飞机"突破了所有关于前线的观念"，能够携带"最强有力的武器深入（敌对）国的心脏"，而不需要先打败保卫那个国家的陆军军队。利用毒气，飞机能使它们选择进攻的任何地方的"工业彻底撤离并终止"。"这将剥夺陆军、空军甚至海军赖以生存的手段……将来，只需要空军威胁说要轰炸一个城市，就能使该城市完全撤离，使军火和供给工厂的所有工作陷入停顿。"

后来美国陆军航空队（U.S. Army Air Corps，1926年7月改为美国空军）的领导们终于认同了他的观点。他们贯彻这一思想的主要工具就是航空兵战术学校，1931年成立于阿拉巴马州蒙哥马利的麦克斯威尔空军基地。它的作用就像一个漏斗，所有现役人员如果要想有机会晋升到更高级别，就必须通过这个"漏斗"。在20世纪30年代期间，陆军航空队能给胜利作出贡献的唯一方式就是深入敌人后方去轰炸目标。即便如此，还是有一个困难。"一战"期间，英国对德国城市和工业设施的战略轰炸，温和一点说，并不是很有效。确实，正是这个原因使特伦查德声称，在这种类型的战斗中，遭受到心理创伤与生理创伤的敌人人数之比为20：1。但是美国人从来就不喜欢这种主张：用自己掌握的工具对平民加以不加区别地滥杀。必须找到其他办法。并且，至少在理论上，另一种方法如期地找到了。陆军航空队修改了在远离前线处发动战略轰炸的这一条款，决定对工业设施进行轰炸。然而，他们很快就面临着两个问题。第一，即使对最大的工厂实施精确打击，也很难击中目标。第二，完全不能肯定，对于一个有着无数分散在全国各地的工厂和其他设施的大工业国，这种打击方式是否真能奏效。最好的情况下，结果也会是一场旷日持久的消耗战。

为了应付第一个问题，与在"一战"期间敌我双方都最终采取的通常做法不一样的是，陆军航空队决定只在白天派出轰炸机。为了应付第二个问题，航空队认识到：敌人的经济并不仅仅由无数独立的工厂构成，而是一个错综复杂的系统。所有工厂都相互连接在一起，其中哪一个联系的环节越多，哪一个就越重要。所以解决办法就是确定最重要的工厂，然后把它们摧毁，其余的工厂就会瘫痪，大崩溃便会接踵而来。

最后——在许多方面也是最重要的——一位空中力量的鼓吹者是意大利的朱里奥·杜黑（Giulio Douhet），他的代表作是《制空权》（*Il dominio dell' aria*），出版于1921年。杜黑注意到了空军快速增长的重要性，并呼吁委以空军"独立的进攻任务"，换句话说，就是要建立一支独立的空军力量，与其他两个更古老的军种平起平坐，而不是成为它们的一部分。空中技术的发展碰巧与其他科学领域的进展同步，结果出现了威力前所未有的炸药、毒气和细菌。因此不仅可以使用普通的炸弹，还有可能用化学战和细菌战"破坏（敌军的）整个国家"。

然而，空中战争与在陆地和海洋上发动的战争是不一样的。"飞机的行动和方向是完全自由的，它能在最短的时间内由任何一条认为便利的路线直线飞向或飞离罗盘指定的任意一个点。飞机在空中飞行，在第三维空间自由移动，地面上的人对它无计可施。"战争行动不再局限在炮弹射程内，而将会扩展到"交战国成千上万英里处的所有陆地和海洋上。不再有地方能让生灵安宁地生活，战场也不再局限于实际的参战者"。对于意大利而言，这意味着如果再发生一场冲突，即使"我们在阿尔卑斯山部署最强大的军队"也毫无意义。而另一方面，空战也开启了无限的可能性。

另一个因素也必须考虑进去。最近几十年已经见证了火力的发展，"事实是武器的每一次进步都是对防御者有利的"，但"一个不容争辩的原则是战争中只能是进攻方获胜"这一想法仍然大有市场。空中力量正是在这时介入进来，由于飞机无与伦比的航程、速度、行动的自由性以及集中火力攻打选定目标的能力，需要20个防御者来抵抗每一个进攻者，而这显然是不可能的。空中力量的本质在于，它就是一种攻击性工具，并且是进行猛烈的进攻，这是使用空中力量的最佳方式，实际上也几乎是唯一的方式。在任何进攻中首要的任务就是夺取"制空权"，杜黑认为制空权是指"处在能阻止敌人飞行而又保持自己飞行的能力这样一种位置"。一旦夺取了制空权，其余的相对来说就变得简单了。

那么空军首要的是必须包含轰炸机，虽然杜黑确实承认了"战斗力量（即战斗机）与敌人可能的实力成比例"的必要性。轰炸机能以强有力的打击拉开战争的序幕，目标是"摧毁支撑敌军航空的机动中心、维护中心和生产中心"。紧接着攻击"铁路枢纽和库房，位于交通枢纽的人口中心，军事仓库以及其他生死攸关的目标"，使敌人的机动性陷入瘫痪。轰炸"最重要的平民中心（会）使恐惧在整个国家蔓延，并迅速瓦解（敌人的）物质和精神抵抗力"。最重要的是攻击大城市的市中心。在每个国家，平民的士气是战争链中薄弱的一环。"以下就是可能发生在市中心辐射半径250米区域内的景象：在几分钟之内，多达20吨的高爆炸弹、燃烧弹、汽油弹如雨点般落下。首先会发生爆炸，然后会燃起大火，然后是致命的毒气……几个小时以后，夜幕降临，火焰会蔓延，毒气会使所有生命瘫痪。到第二天，这个城市所有的生命都会终止。"

早在20世纪20年代，几位苏维埃空军指挥官就支持建立独立空军的想法，尽管他们当中还没有谁走得像杜黑那么远——积极号召利用空军毁灭城市。1931年，雅科夫·伊万诺维奇·阿尔克斯尼斯（Yakov Ivanovich Alksnis）被任命负责红军的空军部队。阿尔克斯尼斯是总参谋长、陆军元帅米哈伊尔·图哈切夫斯基（Mikhail Tukhachevsky）的亲密同事，自认为是杜黑的信徒，而图哈切夫斯基本人也支持利用空中力量在敌后开展"深入的行动"。1936年阿尔克斯尼斯在苏联共产党第八次代表大会作报告时吹嘘说，红军的空军部队——那时还没有独立的空军——是世界上最强大的，其中百分之六十由轰炸机构成。然而，1938年阿尔克斯尼斯被逮捕并以常规的斯大林式的方式被枪决了。他的死亡，与图哈切夫斯基（阿尔克斯尼斯曾被迫参加他的军事法庭）的死亡一道，标志着向近距离空中支援（CAS）和所谓的"飞行的大炮"迈进了一大步；在整个"二战"期间，苏联红军的空军部队在所有的空军中一直是最具战术意识的。

另一个迟迟没有接受杜黑的理论的重要国家是德国。诚然，希特勒的纳粹空军确是作为一支独立的军队建立的，与陆军和海军享有同等的地位，但这并不意味着德国紧步杜黑的后尘。他们同意，空军因其速度、灵活性以及火力集中的能力，是一种非常重要的进攻利器，也同意空军的首要任务是夺取制空权，但是他们不能接受他把重点放在轰炸平民目标上；对他们来说，那只是若干选项之一，并且不一定是他们最喜欢的那一个。相反，他们更喜欢近距离空中支援（他们叫作"直接支援"）以及最重要的空中封锁（"间接支援"），来打击位于通讯区的军事目标。这些目标很可能比后方的工厂和城市要小得多，难击中得多，因此，这意味着应该集中在白天行动。

避免平民轰炸的决定来源于这样一个事实：从老毛奇（Moltke the Elder）的指挥开始，普鲁士—德国军队就已经形成了对联合军种作战的强烈依赖。既然目标是击败敌军，如果可能的话，可以通过大规模的"作战"行动来实现这一点，最后以一场歼灭战为终结。这里暗含的一层意思就是，歼灭战过后，需要安抚敌人的城市，而不是像特伦查德所建议的在之前安抚，也不是像杜黑所做的，完全取代敌人的城市。同样很重要的一点是，德国是一个大陆国家，有着漫长的陆地边界，这也意味着有许多陆地上的敌人要攻打。在这一点上，它和苏联类似，但是与英国和美国却很不相同；或者，也与杜黑自己的国家意大利很不相同，因为意大利形成了一个狭长的半岛，并被阿尔卑斯山与欧洲内陆分离开来。

在所有这些当中，当时空战发展出的真正有新意的方法是空降打击。该领域的先锋是苏联和德国。苏联的第一个空降编队在20世纪30年代中期建立，目的是要派遣他们深入敌人后方行动，攻击敌人总部和军事基地，抢占通讯中心，煽动恐慌和混乱。作为一种待遇，苏联让1936年的外国军事来访者观看了一个苏联空降营空降的壮观场面，这些来访者中有后来成为英国陆军元帅的阿奇博尔德·威斐尔（Archibald Wavell）。到达地面后，他们集合起来，抢占了一个“敌人”的飞机场。然后其他的飞机到达，运来配备有轻型火炮和卡车的另外两个营。苏联人还尝试使用滑翔机到达他们的目的地。尽管德国的空降部队比苏联的规模小得多，但他们也可追溯到20世纪30年代中期，当时他们有了合适的运输飞机——Ju-52运输机。第一个小分队包括伞兵，他们平常也训练过用滑翔机到达他们的目的地。后来另一个小分队也是由Ju-52运输机运送的。和苏联的情况一样，这些伞兵的指挥官们也进行了无数次实验，目的是让他们通过解决一些问题（比如保持供应，给他们提供运输和一些重型武器）来进行持续行动。但是，无论在德国，还是在其他地方，这些目标都没有完全实现。

许多人欢呼空中力量是恢复人类活力的一种途径，还有一些人则在考虑如何最大限度地把它用于战争和征服，但很可能更多人因为想到飞机可能会做的事不寒而栗。H. G. 韦尔斯在他的《空中战争》中指出，他所担忧的更糟糕的是，可能还会使用毒气。“在未来的战争中，”一位匿名作者在1923年期的《海军观察》（Naval Review）中写道，“像伦敦这样的大城市会遭到来自空中的攻击……有着500架飞机的机队，每架携带500枚10磅重的，比如说，芥子毒气炸弹，那么可能在炸弹投下的几分钟内造成二十多万人伤亡，一百万人陷入恐慌。”正如后来一位英国的历史学家所说的，“关于未来轰炸战争的世界末日观念充斥着'一战'和'二战'之间的那段时期"。这一观念不仅仅局限在贩卖轰动效应的大众媒体当中。以下是1932年11月10日斯坦利·鲍德温（Stanley Baldwin）在英国众议院所陈述的：

> 现在全世界正在弥漫着一种恐惧感……我个人认为……空战是这种恐惧的罪魁祸首。

> 直到上次战争，平民都没有遭受到战争带来的最大的危险……在下次战争中，你们会发现任何一个飞机可以到达的城市都可能会在战争的最初几分钟内遭到轰炸，这种轰炸带来的破坏程度是上次战争无法想象的……我想……走在街上的人最好意识到地球上还没有什么力量能够保护自己免遭轰炸，不管人们对他说什么。轰炸机随时会穿空而过。

在整个"文明"世界，新闻短片播放着在中国和西班牙的战争中的镜头：燃烧的城市，被毁的房屋，横七竖八的尸体。这些进程的高潮是对格尔尼卡（Guernica）的攻击。格尔尼卡是西班牙东北部一个名不见经传的巴斯克人（Basque）小镇，当时只有5000人口。它的军事重要性——如果有的话，就是它掌管着几条道路和一座桥梁。1937年4月，它受共和党控制，尽管人们对此持有怀疑，弄不清是否真有共和党的军队驻扎在城内。4月27日，那座桥受到属于德国秃鹰军团（Condor Legion）和意大利皇家空军（Regia Aeronautica）的飞机的5波攻击。硝烟散尽后，人们发现这座小城被炸得面目全非。可是，那座桥——真正的攻击目标，却依然屹立不倒。绝大多数现代研究估计当时死亡的人数在250～300，约为"一战"中最致命的一次空袭死亡人数的两倍。当然按照后来的标准来看，这次行动的规模实在是太小了——投下的炸弹不超过40吨。整个事件最重要的地方在于这座小城受到了媒体大量的关注。比如，伦敦的《泰晤士报》每天撰文报道这次轰炸，连续报道了一周。当时，帕布洛·毕加索（Pablo Picasso）刚刚接到一个任务，为将要在巴黎举行的20世纪技术进步博览会画一幅油画。他开始工作，画了一幅油画，这幅油画捕捉到了惊慌、恐惧、无助，或许，最重要的是，捕捉到了战争特别是空战所能带来的极度的混乱。此后，这幅命名为《格尔尼卡》的油画声名鹊起，以至于许多人认为它是整个20世纪最重要的艺术作品。

英国首相内维尔·张伯伦（Neville Chamberlain）为了向自己的内阁成员解释他在慕尼黑会议上的绥靖政策，他告诉他们：

他在伦敦上空沿着泰晤士河飞了一圈，想象德国的轰炸机沿着同样的路线飞行。看着脚下延伸的千百万个家庭，他问自己，他们能为这些家庭提供多大程度的保护？他感到我们今天没有任何理由发动一场战争。

会议一结束，捷克斯洛伐克已经交出了苏台德地区，他就解释说他一直想避免"人民挖地道，躲避毒气攻击，一天二十四小时无论白天黑夜都战战兢兢，担心死亡或毁灭随时降临到自己头上"。在法国也一样，绥靖政策的出台也主要是因为对空袭的恐惧。与此相对比，在莱茵河东岸，无法想象身居要职的人会发布这样的想法。但是，实际上的情形并没有多大不同。

同时，那些相信会带来世界末日的组织的发展情况如何呢？第一次世界大战结束以后，世界上绝大部分的武装力量，包括它们的空军，都进入了精简时期。按照《凡尔赛条约》的规定，受影响最大的重要国家是德国。德国完全不允许再拥有自己的空军，这一事实完全可以被看成对一个超常发展的军种的礼赞，因为就在不到十年前，许多人还仅仅是把飞机当成一种玩具。但是，其他国家的空军和航空工业的发展也好不到哪儿去。1918～1920年期间，美国的飞机产量从1.4万架下降到328架。英国在战争期间建立起了所有国家中最强大的空军，战后，其空军服役人员裁减了百分之九十，而飞机更是缩减了惊人的百分之九十九。

让局势雪上加霜的是，陆军、海军都不愿意诚心地接受皇家空军的独立地位，海军更甚。作为总参谋长，特伦查德竭力阻止他们插手空军。办法之一就是说服内阁答应让他的军种承担"和平时期的平凡任务"——具体包括到英国在中东和非洲新近获得的地广人稀的帝国领地上维护治安。然而，其他两个军种还一直在这个问题上纠缠不清。1937～1938年，海军成功恢复了对以航空母舰为基地的飞机的控制权——尽管尚未获得对陆基海军航空的控制权。为了阻止陆军插手，皇家空军始终坚持战略轰炸优先于近距离空中支援和空中封锁。甚至在战争的开始几年中，德国极力利用闪电战打败英国，空中防御也理所当然地被赋予了最高优先权，英国却仍然忽视这些空战的方式。结果在需要采用这些空战方式的时候，没有一个机构、没有一条原理也没有相应人员适合此目的，因此，一切又得从头开始建设。

在其他地方，第一个建立起独立空军的重要国家是意大利，1922年墨索里尼上台掌权后很快就建立起了意大利皇家空军。法国空军1934年获得独立地位。一年后德国的纳粹空军也成为了一支独立的军队。但是到1939年，三个重要国家苏联、美国和日本在这个方向还没有什么动静。无论如何，建立独立的军队并不能解决所有的问题，即使在那些采取这种解决办法的国家也是如此。以意大利为例，可以肯定，意大利空军负责全国所有的空中军事资源。然而，由于其中绝大部分高级军官都是以前的陆军军官，他们不欣赏海军航空所发挥的作用。结果，海军所得到的全部也就是几架行将淘汰的侦察机。更糟糕的是，无论什么时候海军（还有陆军）要求空中支援时，他们都必须经过位于罗马的最高司令部（Commando Supremo）这个弱小无能的机构。意大利从来没有发展鱼雷飞机（这是一个严重的缺陷，因为这种飞机很快就成为所有武器当中最恐怖的），也没有建设拥有俯冲轰炸机的飞行中队——专门为执行空对海任务而加以训练、配备和组织。因此意大利皇家空军只能从高空对敌人船只进行轰炸，结果证明是没有什么效果的。

在德国，把纳粹空军建立成为一支独立的军队也引起了多少有些类似的问题。从魏玛时期开始，德国就根本不允许有任何空军力量，因此不可避免的是纳粹空军中有许多高级指挥官都源于陆军，例如，它的第一空军总参谋长瓦尔特·韦弗（Walther Wever）将军以及后来的陆军元帅阿尔伯特·凯塞林（Albert Kesselring）。他们两人都极有能力，但是他们都不欣赏海军的特别要求。纳粹空军的创始人赫尔曼·戈林（Hermann Goering）总司令坚持"一切飞行的东西都是属于我的"。结果，在1939年，海军航空部队只拥有200架军用飞机，并且几乎全部基于陆地，且有很多都已经过时。一些专门的训练课程，比如海上航行和侦察、反舰艇攻击、布雷，等等，还是刚刚开始着手制定，能够由飞机运送的鱼雷直到1941年才投入使用。难怪许多德国高级海军将领的回忆录中都有一段长长的抱怨，责怪德国空军未能支援潜艇战。水手们一直愤愤不平，20世纪50年代中期西德国防军创建时，他们故意选择英国飞机，为的就是要让飞机与他们的空军同事使用的美国装备不相容。

前面我们已经注意到，苏联、美国和日本没有建立独立的空军。在苏联，这可能与从未形成战略轰炸机部队这一事实有关。这个责任在于斯大林，有些研究者把有关苏联军事的所有错误都归咎于他。毫无疑问，这位苏联独裁者犯了错误，这也许就是其中的一个。但是，从整个第二次世界大战来看，如果苏联投入更多资源来建设一支独立的空军，而不是集中力量建设陆军以及需要用来支持陆军的空军，苏联真的就会做得更好吗？他们是否应该把更多的重点放在战略轰炸上？苏维埃最高指挥部的将帅之列是否应当吸纳进来一位飞行陆军元帅朱可夫（Zhukov）、一位飞行陆军元帅科涅夫（Konev）或一位飞行陆军元帅萨波什尼科夫（Shaposhnikov）呢？美国和日本可能也是学了英国的模式，它们在1941～1945年实施的空中行动本可以比实际上更有效率、更有效果，不过这已无从考证。

从军种间的关系到各军种的独立组织，我们会看到几种非常不同的模式。对于英国皇家空军，最重要的几个部门是战斗机司令部（Fighter Command）、轰炸机司令部（Bomber Command）、海岸司令部（Coastal Command）以及1943年以后成立的运输司令部（Transport Command）。顾名思义，海岸司令部专门执行基于陆地的海军行动。尽管它与轰炸机司令部截然分开，但这两个部门在某种程度上是可以互换的。一方面，海岸司令部经常请求轰炸机司令部协助其反潜艇作战，比如轰炸潜艇的掩体，或是布雷。另一方面，轰炸机司令部有时需要海岸司令部出动几架飞机参加战略轰炸任务。这些部门专职保卫不列颠岛屿，而皇家空军另有相当大一部分兵力总是会驻扎在海外。每个战区的部队受空军总司令的管辖，而空军总司令又为战区司令员服务。每一个海外部门都理所当然配备有合适比例的各种类型的飞机。

在美国，保卫国家不受海上攻击（包括反潜艇作战）一开始是美国陆军航空队（U.S.Army Air Forces，USAAF，1942年3月得名）的任务。陆军总参谋长乔治·马歇尔（George Marshall）将军承受了好几个月的压力，才成功地使他的下属交出一些轰炸机给海军，以协助他们完成任务，这一点生动地说明，陆军航空队的指挥官拥有多少自主权。随着战争的持续和扩展，绝大部分陆军航空队的作战部队都部署在海外，他们在那里组成巨大的编队，称为航空队。因此在英国有第八航空队，在地中海有第十二和第十五航空队，在中国有第二十航空队，在太平洋有第二十一航空队。所有这些航空队都主要由轰炸机构成，辅以各种战斗机、侦察机和运输机部队。第九（战术）航空队是个例外，它也驻在英国，全部由战斗机组成。

与此相反，苏联和德国都没有为大规模的战略轰炸而组建空军。相应地，它们没有通过指挥部来组织那些兵力，而是通过军队、军和团（苏联）或海军舰队、军和师（德国）来组织的。每个编队本身是完整的，包含几种不同类型的飞机，当然它们包含的各分队就像许多积木一样，可以进行变化。他们有自己的总部、标志以及地面部队。每一个舰队、军队、军、师和团都能够按照环境的要求从一个战区转移到另一个战区。内部线路以及极为相配的组织和训练系统帮了大忙。一个很好的例子是德国空军十队。1941~1942年间，空军十队正从挪威飞往地中海再飞往苏联然后又返回地中海，一路带着所有的装备，极好地展示了纳粹空军迅速变换基地而又避免过多损耗的神奇能力。

随着同盟国对德国的轰炸增加，德国于1943年成立了一个新的指挥部，以负责战斗机的管理。在苏联，这样的事情从未发生过。通常每一个集团军——或者，按苏联的说法，每一个前线团，都分配有一个航空舰队或空军部队。区别在于苏联主力航空编队一直是红军的一部分，从属于他们支援的地面高级指挥官。相反，德国纳粹空军把行动指挥权牢牢地控制在自己手中。正如一名高级指挥官战后所写的，德国空军既不是陆军百依百顺的妓女，也不是随时待命的救火队——哪怕一点最小的火也要去扑灭。他还说，需要补充的一点是尽管海军对空军抱怨连天，但空军与地面部队的合作总的来说是非常好的。

需要回答的另一个问题是如何组织每个国家的对空防御，在这方面英国和德国又提供了非常不同的模式。在英国，对空防御组成了陆军的一部分。而在德国，对空防御属于德国空军的一部分。通过促进机枪、气球与战斗机之间的合作，德国的这种解决办法很值得称道，其他许多国家也相继采取了这种办法。在苏联，防空炮兵属于红军的一部分，就像空军本身就属于红军一样。然而，必须注意的是，这些做法以及其他国家的一些多少有些类似的做法仅仅只适用于他们各自的国家。野战部队无一例外都有系统的对空防御系统，包括探照灯、移动火炮和重机枪。这也适用于海军，他们使用重型和轻型火炮来防御基地。

1939年9月，据说德国的战斗序列中拥有4509架飞机。英国有4111架，法国有3392架。即便不算波兰在内，同盟国的飞机数量也要超过德国，达到1.6∶1。意大利在1940年6月加入战斗时有大约2300架军用飞机。然而即使不考虑质的差别（因为这更多是暂时的），这些数字也说明不了什么。比如，自从德国准备打闪电战，仅仅保留百分之二十可服役的飞机作为储备力量。与此形成反差的是，英国作为储备力量的飞机要比在前线部队作战的飞机多，从而为持久战做了更充分的准备。与一个空军机构所使用的飞机质量相比，准备就绪率是反映该机构质量的最

第
一
部
分　融入蓝天：1900～1939

好指标之一。各国空军的准备就绪率不尽相同。德国空军的3609架头等飞机中可以服役的只有2893架；英国皇家空军中这两个数据分别是1911和1600。法国遭受着缺乏合格飞行员之苦，而意大利显然未能积累足够的弹药和备用部件的储备。墨索里尼的飞机的维护如此之差，他以至于在定期写给希特勒的信中半抱怨半吹嘘地说，他得自己做这一工作。

世界各国的空军组合或重组之际，技术也在以令人目眩的速度进步。1920年"施耐德杯"（Schneider Trophy）水上飞机竞赛的获胜者是意大利制造的"萨沃亚"（Savoia）S.12bis。由500马力的安塞尔多（Ansaldo）发动机提供动力，它以平均每小时105.97英里的速度飞完230.68英里的比赛航线。1931年最后一次举办该竞赛时，获胜者是英国的"超级马林"（Supermarine）S.6B水上飞机，配备了可怕的2350马力的劳斯莱斯（Rolls-Royce）发动机，把纪录提高到每小时340英里。后来还是这架飞机，飞行时测到的时速为408英里。与速度同样重要的是飞行高度。1920年的世界记录由一架美国飞机创造，它飞到了3.3万英尺的高度。十年后，该纪录提高到4.3万英尺。1925年远程飞行的世界纪录是1967英里，四年后此纪录改写为4911英里。当然，这些表现是极端情况，需要由精心挑选的人员来驾驶和操作特别定制的飞机才能达到。即使在1931年，没有几架战斗机的发动机超过600马力，或是速度远远超过每小时200英里。但这些数据和这些竞赛毕竟是事实，它们确实创造了这样一种印象：技术正在飞速进步，并引发了人们极大的热情。

直到1931年，绝大部分军用飞机只不过是对"一战"后期研发的飞机稍微改进的型号。这是一些用木头、织物和钢丝制造成的双翼飞机，配备有固定的起落架和敞开的机舱。但是，变化已经开始，最重要的就是转向了金属制造。苏联的"图波列夫"（Tupolev）TB-1轰炸机就是最早的尝试之一，这是世界上最早的全金属轰炸机。到那时，飞机的性能得到了改进，具航空动力学优势的可伸缩起落架说明飞机的复杂性和重量都增加了。八年后，除了轻型联络机和炮火侦察机，只有少数飞机还有固定起落架。推动性能改进的一个最重要的因素是不断增强的发动机。1937年，苏联"伯利卡波夫"（Polikarpov）I-17的克利莫夫（Klimov）M-100发动机发展到了860马力。仅仅一年后，英国第一架喷火式战斗机模型机上的莫林（Merlin）发动机的马力测定为1030，与戴姆勒-奔驰（Daimler-Benz）601 D发动机的1050马力几乎一模一样，戴姆勒-奔驰601 D增加到这个马力，为的就是赶上它的对手梅塞施米特（Messerschmitt）Me-109发动机。这两种发动机都是12汽缸、V字形、液体冷却型，很明显，这说明两个国家选择的工程学原理和动力学是一样的。

很明显，所有战斗机中第一架配备火炮的就是上面提到的"伯利卡波夫"I-17。紧接着是英国的"飓风马克"（Hurricane Mark）II C战斗机，它携带了不少于四门20毫米火炮，Me-109战斗机也是如此。到1941年，喷火战斗机也装备了这些武器。到1944年晚些时候，第一架喷气式战斗机——德国的Me-262战斗机投入使用，它配备了甚至更加强大的武器装备，包括四门30毫米火炮。至少还有另外两架战争末期出现的德国战斗机[即"斯图卡"（Stuka）俯冲轰炸机的新型号和"福克-沃尔夫"（Focke-Wulf）Ta-152战斗机的实验型号]装备了37毫米火炮。前者用来摧毁坦克，后者按设计是要尽可能迅速、经济地在空中摧毁敌人。北美P-51"野马"（Mustang）战斗机是一款优秀的全能型战斗机，配得上它的绰号"空中凯迪拉克"，但是这款战斗机携带的武器准备从来没有超过六挺0.5英寸的勃朗宁机枪。当然，不像其他战斗机，这款战斗机的目标不是要击落轰炸机，而是要击落为轰炸机护航的战斗机。

"喷火战斗机马克"（Spitfire Mark）IX最大时速为408英里，可以到达4.4万英尺的高度。Me-109G战斗机的这两个数据分别为406和3.94万。绝大部分轰炸机的性能要差得多，即使它们能上升到那样的高度，也会受到其载荷的限制。而且，由于它们有好几个发动机，重量要大得多，机动性也没法跟战斗机相比。但是，如果考虑到它们所要满足的要求很不一样，那么轰炸机的技术进步与比它们个头小的竞争对手相比同样让人印象深刻。1931年的"图波列夫"TB-3轰炸机有四个发动机，每个为715马力，最高速度为每小时179英里，飞行高度为1.25万英尺，不过载弹量只有令人失望的4800磅，航程为2000英里。其他国家生产的轰炸机中，也许最广为人知的是美国的B-17。这款轰炸机绰号为"飞行堡垒"，是为了满足陆军航空队能在白天进行"精确"轰炸的需求而建造的，于1936~1937年间首次亮相。它有四个莱特（Wright）R-1820旋风九汽缸星形气冷发动机，每个达到1200马力。这架轰炸机最高速度为每小时267英里，最大航程为3400英里，载弹量多达1.76万磅。飞行最高高度为3.56万英尺——没有几架轰炸机能飞这么高。

不用说，这么短的讨论太过简化。不仅有单引擎战斗机和双引擎战斗机，还有无数地面进攻飞机（尽管它们后来在战争期间日益被高性能的战斗轰炸机所取代）。战斗轰炸机最开始只有一个发动机，轻型和中型轰炸机有两个[零零散散地还有三个发动机的，比如1937年意大利的"西艾-玛切蒂"（Siai-Marchetti）SM-79轰炸机]，而重型轰炸机有四个。德国人研发了一种著名的俯冲式轰炸机"斯图卡"（Sturzkampfflugzeug，字面意思是"坠落的战斗飞机"）Ju-87用于近距离支援。1941年，配有雷达的夜间特别战斗机首次亮相。其他飞机——如英国的"蚊式"（Mosquito）战斗机——最开始是设计用来侦察的，但改装后也可以携带火炮和炸弹。还有其他一些情况正好相反，比如给战斗机和轻型轰炸机配备照相机。即便这个列表也没有把轻便侦察联络机和运输机考虑进来。

技术进步也不仅限于新飞机。例如，可抛油箱（尽管会使飞机性能有所降低，却能极大地延长飞机的航程）首次在西班牙内战中得到使用。到1939~1940年，许多飞机装上了自密封油箱。到1941~1942年，配备气泡式座舱罩的战斗机首次亮相，为飞行员提供了大为改善的全景视角。或许是最重要、但一定是最复杂的革新是"诺登"（Norden）投弹瞄准器，它以发明者荷兰裔美国工程师卡尔·诺登（Carl Norden）命名。这种机械装置当时属于绝密，受训的机组人员必须宣誓，如有必要，要以自己的生命来捍卫秘密。其实美国陆军航空队大可不必如此煞费苦心。1937年，诺登的一名雇员来到了德国。他为德国空军重新制造了这种设备，生产出了一种简化版的瞄准器。在实践中，这种设备的性能低于它的理论性能。但它仍然是一种非常了不起的进步，其后续型号的瞄准器在朝鲜战争和越南战争中都得以应用。

"二战"爆发的时候，一些更具革命性的革新，比如喷气式发动机和直升机，正处在发展的早期阶段。这两项革新当中，第一项在"二战"的最后阶段投入使用，尽管早在1939年以前有些原型就已经用在飞机上，而第二项还从来没有。虽然各国强调的重点有些不一样，但单从技术上来说，最先进的国家是美国、英国和德国。最重的轰炸机是由美国人制造的，美国既有丰富的工业资源，在太平洋地区又有最长的距离需要涵盖。满载弹药器械后，一架B-29轰炸机重量达到141000磅，而英国"兰卡斯特"（Lancaster）轰炸机的重量仅有其一半。虽然它也能装载差不多相同重量的炸弹，但航程和飞行高度要小得多。德国人从来没有研制出一架好的重型轰炸机。有一段时间他们的敌人甚至美国海军都在给他们的战斗机装备火炮，而美国陆军航空队则继续依赖机枪。

其他国家落在了这些领跑者的后面。"一战"期间，法国军事航空的发展居世界第一，可是它的后续发展没有跟上，所以到1939年它不再是一个有力的竞争者，这也是第二年法国遭遇了"奇怪的失败"的最主要的原因。1930年以后，意大利也落在了后面。直到1935年左右，苏联才有能力在军用飞机的性能上与西方竞争。但是，后来，苏联犯了一个典型错误：过早地从研发转向批量生产。结果，苏联红军参战时，所用的飞机大部分都是已经过时了的。而就一些辅助性的设备来说，比如无线电设备，着陆和航行辅助设备以及其他一些类似的设备，情况还要糟糕。后来苏联在某种程度上赶了上来，特别是开发了一些强大的、防护得很好的地面攻击飞机。但是苏联的飞机之所以能赶上德国空军，也只是因为德国把最好的飞机撤到了西线。

对于日本人来说，事情的发展正好相反。在两次世界大战之间的那些年里，西方的观察家们习惯于贬低日本的任何东西，并把他们看作未完全开化的人。他们在1939年的诺门罕战役（Khalkin Gol）中遭受的挫败对提高他们在世人眼中的地位当然没有任何帮助。所以后来他们在开战中使用非常优良的飞机[包括最重要的"零式"（Zero）轰炸机]时，世人才会感到更诧异。不过，后来，他们落在了后面，特别是在无线电以及其他类型的电子设备方面。日本在生产雷达上所作的努力是如此不足，以至于同盟国后来几乎都没有意识到敌人已经掌握了雷达。最后再说一说，德国人和日本人相同的地方是，他们都失去了最开始时的优势。到战争结束时，他们所有的飞机除战斗机外都过时了。对于这个事实，没有人比负责德国空军技术部的恩斯特·乌德特（Ernst Udet）将军更清楚。1941年11月，他开枪自杀了。

我们前面分析了三位伟大的航空先锋的作品。这三人当中，没有一个当过海军，或是对海军航空有什么特别的兴趣。可以理解，考虑到来自另外两个军种的压力，特伦查德主要关心的是要保证凡是能起飞和飞行的东西都归属于他自己的军种。在很大程度上，他实现了他的目标，直到1937～1938年时，他的继任者才不得不在成立海军航空兵部队上作出了一些让步和默许。1925年2月，比利·米切尔在国会面前信誓旦旦，宣称海军航空兵部队"甚至对来自毫不起眼的一群飞机的进攻都抵抗不了"。在《空中国防论》中，他写道，海岸防御已经"不复存在"。在未来，所有水手能做的就是"控制……飞机巡航半径之外的水域，（但是）这些区域在不断地缩减，因为飞机的飞行能力在不断增强。他们不可能再像以前一样轰炸或封锁海岸……"结果，"水面舰船作为开战的一种方式……将会逐渐淡出"。在整本书中，米切尔对航空母舰只字未提，对水上飞机也仅仅略为提及。

最后，杜黑对海上问题的兴趣甚至还要小一些。在第一版《制空权》中，他对这个主题提都没提。受到他的同僚官员的批评后，在第二版他才努力更正这种不足。"如果我们处于统治我们自己的天空的位置,"他写道,"我们也就自动处于统治地中海的位置……空中行动既可以用来打击陆上目标,也可以用来打击海上目标,但是反过来却是不正确的,因此,有理由认为空中行动是唯一能独立于其他行动而执行的行动。"从意大利起飞,飞机能够控制整个地中海地区;然而,与一些批评家(特别是国内的批评家)不同的是,杜黑理解到了,在海洋这个相对受到限制的空间以外,情形大不相同。由于他不相信意大利能与英国作战并从其"囚笼"(如墨索里尼后来所说的)中逃出来,他认为没有必要讨论航空母舰,尽管他不可能不知道别的国家正在制造航空母舰。这些国家与广阔的海洋毗邻,依靠漫长的海上通讯,看问题的角度是不一样的。不管米切尔和其他人怎么说,飞机已经开始统治海岸及内海,能够统治广袤海洋的时间也指日可待。水面舰艇部队会继续存在,而且,如果他们不盲目的话,一定会把飞机扩编进来。

第一次世界大战期间,海军使用了两种能从水面操作的飞行器,一是水上飞机,一是飞艇。但不论它们设计得如何优良、使用如何成功,物理法则都决定了它们的性能将永远落后于基于陆地的不用漂浮在水面的飞机。为了提高性能,有必要建造一种全新级别的舰船,能够让飞机在上面起落。从"一战"幸存下来的七个主要交战国中,意大利因为受地中海的地理环境制约,从来没有研制过这样的舰船。苏联和德国也因为各自的原因没有开发。法国倒是把原来一艘战舰改装成了一艘航空母舰,但是改装刚一完成,就被判定为是不成功的。

这样,这个领域就完全留给了三个有着最大海军和最长海上通讯线的国家——英国、美国和日本。战争刚一结束,就有专家开始声称战舰时代已经过去,航空母舰时代应该取代它们的位置。有一位退休的海军上将,他曾是一位知名的枪炮专家,给伦敦的《泰晤士报》写了封信,声称:

可悲地、邪恶地、肆无忌惮地、故意地浪费英国纳税人的钱的罪犯，这就是我给英国政府贴的标签，如果他们批准了制造那两艘战舰的话……皇家海军正面临着战争的新形势，我们不再是防御或进攻的第一线。空军才是……

如果我们拥有几艘航空母舰巡守在海洋上，速度几乎是战舰的两倍，战舰就只能乖乖地待在家里了，而在刚刚过去的战争中确实是这样。

大西洋对岸，一些美国军官也同样直言不讳。但是这并不能阻止那些所谓的战舰将军们为保存他们的海上堡垒而据理力争。尽管他们也承认航空母舰对为舰队提供防御、侦察、发现炮火来说是不可或缺的，但他们认为航空母舰对战舰的作用是辅助性的，不应该寻求取而代之。然而，他们也只能放慢而不可能阻止战舰最终被抛弃和遗忘的进程。1918年9月，第一艘装备大型飞行甲板的船只"百眼巨人号"（Argus）航空母舰建造完成，但已经太晚了，不能见证"一战"。同年，皇家海军建造了第一艘有特定目的的航空母舰，10850吨的"竞技神号"（Hermes）航空母舰。紧接着又建了2.25万吨的"勇气号"（Courageous）和2.95万吨的"光荣号"（Glorious）。

美国的第一艘航母"兰利号"（Langley）轻型航母被定为一艘实验性船只，因此不能按照《华盛顿条约》中美国所允许拥有的航空母舰吨位来计算。（《华盛顿条约》于1922年签署，用来限制大国的海军武器装备。）继"兰利号"之后又建造了"莱克星顿号"（Lexington）航母以及它的姊妹航母"萨拉托加号"（Saratoga），吨位测定为3.6万吨。根据美国的传统，这些船只配备了让人恐怖的发动机，定级为不少于18万马力，是"光荣号"的两倍。即使这个数字都算是低估了，在1930年的测试中，这些航母的功率达到了21万马力甚至更多。它们的速度达到了闻所未闻的差不多35节，赢得了"快速航母"的绰号。在太平洋的另一边，日本第一艘航空母舰"凤翔号"（Hosho）于1921年加入舰队。"凤翔号"排水量只有8000吨，主要用于进一步尝试和实验。十年后，"赤城号"（Akagi）和"加贺号"（Kaga）航空母舰加入了进来。排水量分别达到3.38万吨和3.82万吨，介于英国航空母舰和美国航空母舰之间。到这时，美国对英国施加压力，敦促英国允许中止1902年与日本签订的条约。随着20世纪由20年代进入30年代，这三个大国都在为太平洋上的冲突积极做准备，当时有许多人都看到战争正在逼近。

与航空母舰的发展一样重要的是海军航空的发展，但是这里有一个隐情。我们已经看到了，未来的空中力量的"笃信者"们（人们就是这样叫他们的）感兴趣的主要是战略轰炸。因为空间和重量的限制，航空母舰上不能操作轰炸机。这就使舰载飞机实际上精简为三种类型：用于联络、侦察和炮火侦察的轻型飞机；对付敌人飞机的战斗机；也许是所有反潜武器中最有效的鱼雷轰炸机。由于轰炸机排除在外，第四种类型——俯冲式轰炸机——登场亮相。尽管它携带的军械器材很少，但是要准确得多；从1万英尺高空上进行水平轰炸时，命中率通常是十分之一，而俯冲式轰炸机的命中率通常是水平轰炸的四倍。无论哪种类型，与基于陆地的飞机相比，绝大多数舰载机的突出特点都是它们那可以折叠的机翼。1913年这种机翼首次亮相，它们意味着更大的重量，更小的力量和更复杂的技术。但是，在多数情况下，如果要想充分利用舰船上有限的空间，它们是绝对必要的。

正如英国伟大的海军作家朱利安·考贝特（Julian Corbett）在20世纪初写的，海军有三个主要任务：阻止侵略，保卫祖国；保护自己的贸易，攻击敌人的贸易；在海洋上"投射力量"。由于这三个在两次大战间就拥有航空母舰的国家的地理限制因素非常不同，也由于它们有非常不同的国家目标，对这三个国家进行对比是很难的。先来看英国，它是一个很小的海岸岛国，完全依赖于对外贸易。它的帝国领地和供给来源遍布全球。这些事实迫使皇家海军，包括其航空母舰和舰载飞机，到遥远的战区展开行动，如大西洋战区（到目前为止最重要的）、地中海战区以及印度洋和太平洋战区。更糟糕的是，皇家空军和皇家海军之间长期不和，使舰载航空受到了严重忽视。最后，皇家海军参加世界大战时虽然拥有7艘航空母舰，还有6艘正在建造，但它们操作的飞机却早已过时了。幸运的是，开始时英国的敌人德国和意大利都没有航空母舰。但是，如果日本进攻，英国将没有航空母舰可以用来反击。

美国的情形则全然不同。与世界其他国家相比，美国也算是个岛国。但是，正如它的强敌阿道夫·希特勒曾说的，美国和其他大陆之间的距离，以及它的面积，这些意味着侵略美国的可能性只发生在不正常的军事想象中。美国的外贸对于其生存的重要性与英国的外贸完全不能相提并论。美国海外寥寥的几个殖民地相对来说也不重要。可以肯定的是，地理位置决定了美国的海军力量被大西洋和太平洋分割开了，唯有靠巴拿马运河的联结。同样也毫无疑问的是，如果战争爆发，美国最紧要的任务就是保持太平洋上的航线畅通，以保卫前哨基地如夏威夷、中途岛和菲律宾。第二步就是集中攻打日本的通信线路，以切断其海上通讯，因为日本甚至比英国更依赖于海上通讯。第三步也是最后一步，就是占领靠近日本本岛的军事基地以收紧包围圈，或许准备发动一场进攻。

在20世纪30年代下半期，美国舰载航空部队的素质可能比日本舰载航空部队的素质还要低一些。到1937年，美国的海军将领们仍然还在用差不多同样老掉牙的双翼飞机更换另一架老掉牙的飞机。按照美国典型的方式，他们相信只要给飞机装备不断变得强大的发动机，就能弥补结构上的缺陷。直到1938年，新型的全金属低单翼机已经开始在世界各主要陆军和空军中服役，美国海军才最终醒悟过来，开始认识到双翼机无论多么强大，都不可能是新型单翼机的对手。从那时起，局面渐渐有所改观。但是受海军青睐的制造商格鲁曼公司（Grumman Corporation）提供的飞机有点胖嘟嘟的感觉，这使该公司获得了一个绰号，叫作"炼铁厂"。到1941年12月，美国海军与其他国家海军之间的差距小了一些，但仍然存在。

最后还得说一下，日本对外贸易的依赖程度至少与英国是一样的。为了保卫自己的海上航道，同时攻击敌人的航道，"凤翔"号航空母舰必须在太平洋和印度洋上的广阔水域里活动。但无论如何，它都能够自如地集中大部分舰船对抗主要敌人美国，而不必像英国那样真的要把舰船派遣到世界的另一端。得益于多年集中力量的发展，到1941年，日本的舰载飞机比英国拥有的任何舰载飞机都要先进得多，甚或比美国的也要先进一些。它们更加现代、轻巧、快速，机动性也更强。日本还有一个极其重要的优势就是它的91型鱼雷，它射程很远，速度极快，弹头也很大，比英国和美国的所有鱼雷都更优越，罕有可以与之匹敌的。

"凤翔号"最大的优势还在于它的机组人员所受的超强训练以及在与中国作战期间所积累的经验。他们的训练中包含一项叫作"格斗技能"的内容，不仅包括驾驶好飞机的能力，还包括领导能力、沟通能力以及更多其他能力；在被允许加入他们的飞行中队之前，日本飞行员接受的飞行时间是其他军队中他们的对手接受的飞行时间的四倍。由于在训练中死亡被认为是可以接受的，甚至是一种必须，是一种英雄行为，有些军官后来抱怨说，与他们在训练中需要忍受的相比，战争真是太轻松了。这意味着，到他们参加第二次世界大战时，一些日本飞行员已经有资格自称为王牌飞行员了。与他们的日本对手相比，英国海军飞行员在加入飞行部队前接受训练的时间只是他们的三分之一，故此他们不是日本人的对手也就不足为奇了。

由于航空母舰不能操作轰炸机，它们从海洋向陆地"投射力量"的能力很有限。不过反过来说，只要航母在远离陆地的地方待着，自己就能保持安全，因为基于陆地的战斗机没有那么远的航程，不能对它们构成威胁，而轰炸机不够准确，也不能造成真正的威胁。在靠近海岸的地方，情况却不一样。舰载战斗机通常比基于陆地的战斗机性能要低，而且，船只还可能遭受潜艇和水雷的攻击。因此航空母舰尽其所能避开海岸水域，它们在公海是最安全的，在那里，它们最危险的对手是类似的舰队。但在公海行动会引来其他一些风险。从航空母舰出现后最初的那些日子开始，那些负责人就被这样一个问题所困扰：这些庞大、昂贵的船只，自身保护能力弱小，又没有机枪，碰到敌人的战斗舰队该怎么办？由于航空母舰拥有侦察机，理论上这种情况是永远不会发生的。而在实际上，天气因素、必须在战机出动之间暂停以加油和装弹以及人为操作失误等，意味着有时这会发生。如果确实发生了，结果可能会是灾难性的，举个例子，1940年的挪威海战中，英国"光荣"号航空母舰就是被德国的重型巡洋舰击沉的。

从所有这些情况可以得出的结论是，航空母舰如果没有护航就永远不要行动。根据具体情况和可用性，护航可能包含有主力舰——在早期，经常会有"谁为谁护航"这样一些问题——驱逐舰、护卫舰和潜艇。如果舰队执行远程任务，还可能需要供给船。对大规模护航和支援的需要使航母战争成为一项耗资巨大的任务，这当然是为什么航母战仅限于三个国家的又一个原因。航母战也使局势异常错综复杂。整个20世纪30年代，海军一直在思考的一个关键问题就是，如何保证所有的舰船不是挡住相互的去路，而是尽可能高效率地互相支持。

1939年英国拥有15艘战列舰和巡洋战舰，7艘正在运行的航空母舰。美国1941年晚些时候的数据分别是18和8。日本分别是13和11，当然这些航空母舰比美国航空母舰（特别是战后建造的）要小得多，飞机也要小一些、轻一些。这意味着每一艘航空母舰可能装载多达90架飞机；单是美国海军就有1000多架能在航空母舰上起落的飞机，尽管这些飞机并不都是最新式的。虽然新旧之间的平衡一直在变化，但是每个国家仍然有海军军官坚持认为战列舰是舰队的核心，而航空母舰仅仅是一个附属。飞机和各种各样轻型舰船和潜水艇一样，非常重要，甚至是必不可少的，但并不是舰队的攻击力所依靠的真正力量。

杜黑曾经争辩说，以仅仅一艘战列舰的价钱就能拥有大量的飞机，而且，每次出动，它们扔下的炮弹重量是任何战列舰发射的重量都无法相比的。而现在，人们把他的话反过来说了。他们这样计算，单单一艘水面舰艇能够装载的弹药吨数就与大量飞机所能装载的一样多，而无论是炮弹还是鱼雷。1936年有一位军官声称，飞机攻击舰艇时，其被舰艇的防空炮火击落的概率是百分之九十四。与此相对照的是，飞机消耗的弹药中，命中率只有百分之一。一个人的意见反映了他的兴趣，而他的兴趣又反映了他的社会地位和所接受的教育，这是一个颠扑不破的道理。就航空母舰的军官们来说，他们不遗余力地使他们的上级相信，未来主要是——如果不完全是——属于他们自己这个军种的。

对航空母舰投入最多的两支海军，即美国和日本的海军，隔太平洋相望。这两支海军正在酝酿一场殊死的战斗，19世纪美国的海军战略家阿尔弗雷德·赛耶·马汉（Alfred Thayer Mahan）描述了这场海战。其目标就是要夺取制海权，以此拉开切断海上通信线路和投射力量的序幕。结果双方都得出结论，航空母舰除执行护航或反潜任务以外，不应单独行动，而要结伴而行，以最大限度地增强打击力，同时减少每艘航母所需的护航数量。相反，英国由于其地理位置以及希特勒海军的弱小，对于在公海进行大规模舰艇行动这一前景的兴趣要小得多。因此人们更可能看见英国的航空母舰在为船队护航或逐猎潜艇时单独行动。

在结束这一章的时候，让我们回顾一下这三个操作航空母舰的国家。英国因其地理位置，是其中唯一一个面临迫在眉睫的空袭危险的国家，它在海军和空军发展的优先顺序选择上反映了这一事实。而其他两个国家则并非如此。正是这个因素——而不是什么骨子里的保守——解释了为什么战争爆发后，英国在部署现代舰载航空方面落在了后面。

第四章 从战争到战争

　　正如我在另一本书中所写到的，我们可以将1919～1939年间发生的战争划分为两类：开化的战争与未开化的战争。其实，这也是当时的人自己看待这些事件的方式。前者指在有一定战备的国家间或者国家内部所进行的战争，交战双方一般都是组织良好的国家，使用的也是组织良好、管理官僚化、统一的武装力量，与平民百姓截然不同。后者是指自称为"开化"的国家发动的针对亚洲和非洲地区一切"未开化"人民的战争。这章将要讨论在前一种战争类型中空中力量所起的作用。至于它在后一种类型中所起的作用则将留到本书最后加以讨论。

　　第一次"开化的"战争是直接由1917年革命发展出的俄国内战（1917～1920）。我们来把头绪理清一下。仅在1918年，英国就生产了3万多架飞机，然而，从1914年8月战争爆发到1918年《布列斯特—立陶夫斯克条约》（Treaty of Brest-Litowsk）签订的三年半时间内，沙皇俄国武装力量却总共只获得了7400架飞机（其中还有1800架是进口的）。5500个发动机中，有4000个是从国外引进的。更糟的是，沙皇俄国的许多飞机制造企业都是在外国资金的援助下建立的。革命战争爆发不久，这些资金就开始回撤，最终导致生产停滞。到1919年年初，由于红军与白军（双方都有沙皇俄国与外国势力的干涉）在许多地方相互作战，整个国家几乎陷入彻底的混乱。

这一时期，空中行动是由一小部分随意组合的飞机执行的，战争双方的航空工业都算不上高度发达，因此，他们很少有充足的备件，甚至经常无法正常维护飞机。双方力量分散在广袤的空间和距离内；以沙皇俄国为例，从列宁格勒到1918年土耳其人试图占领的巴统（Batum），航程有1200英里。沙皇飞机大约有三分之二落入白军之手，尤其是那些在西南前线[奥德萨（Odessa）]和高加索山（Caucasus）作战的白军。对红军来说，更糟的是，同时与他们交战的一些外国势力和波兰人都有自己的初级的空军。

与红军交战的各种部队都是在外线作战，并且彼此分离，因而只能零零散散地使用空中力量。由前沙皇、前德国、前奥地利、波兰、英国、法国、美国飞行员混编的空勤人员并没有起到作用，结果却是波兰人最有效地利用了他们的飞机。1920年8月，他们出动190架次飞机，对华沙附近的米哈伊尔·图哈切夫斯基（Mikhail Tukhachevsky）的苏联部队投放了9吨炸弹。更重要的是，将密码编译与空中侦察相结合使波兰能追踪到图哈切夫斯基部队的动向，进而节省经费；但是在那时他们仅有大约60架这类战机。

最初，红军只有238架作战飞机。战争期间，他们控制的工厂（特别是彼得格勒、莫斯科和基辅的工厂）给他们提供了另外670架。布尔什维克有内线作战的优势，但是除此之外，他们的境况并不比对手要好。他们派出12架飞机与摩尔曼斯克的盟军作战，30架飞机到捷克地区投放小册子，30多架前往伏尔加的察里津，即后来的斯大林格勒。前面提到的对华沙的进攻中，仅一次行动就出动了大约200架飞机。他们甚至轰炸了波兰陆军元帅约瑟夫·毕苏斯基（Jözef Pilsudski）的指挥部；然而，这次行动与之后的任何一次行动一样，都无法阻止进攻以失败告终。据说飞机在1920年年底收复克里米亚的战斗中发挥了作用。损失（特别是由事故造成的损失）极为惨重。也许，从红军人数达到大约250万~300万这一视角来看，我们能更好地看待这一切。他们中绝大多数部队都是步行或骑马，飞机仅仅是九牛一毛。

这一时期的第二次"开化的"战争是西班牙内战。1936年7月17日，西班牙军队的一些部队加入了右翼准军事部队并发动政变，却以失败告终；尽管夺取了一些地区，但是皇家部队在马德里和巴塞罗那打败了主要暴动力量，从而开始了长期而极端血腥的暴力冲突。西班牙军队中，被授予最高勋章的最年轻的将军弗朗西斯科·佛朗哥（Francisco Franco）也加入了。他从加那利（Canaries）飞到西班牙属摩洛哥，担任当地部队的指挥官。上任后不久，他就派代表向希特勒与墨索里尼要求援助。二者都给予了正面回应——我们知道，希特勒是被戈林说服，利用这次机会传播法西斯主义，同时检验刚成立的德国纳粹空军。于是，第一艘装着装备的船于7月31日驶离汉堡。几天之后，从非洲到西班牙的前所未有的空中运输开始了。从这一时期到10月中旬，由于反政府武装取得了制海权，空中运输十分频繁。德国和意大利的飞机在地中海上运送了大约2万名士兵，同时还有270吨武器弹药。9月底，西班牙的德国纳粹空军已经增加到几千人，与他们并肩作战的还有意大利皇家空军的部队。但是德国与意大利并没有得偿所愿，因为早在10月，苏联军队与装备就开始抵达并装备另一方。

苏联很早就取得了空中优势，它的飞机很快就构成了整个共和空军的90%。民族主义者希望尽早结束战争，所以一开始关注的焦点是首都。第一次对城市的空袭是在10月27日，一架Ju-52运输机投掷了6枚炸弹，导致16人死亡，60人受伤；这时还没有反空袭力量来进行还击。苏联指挥官，34岁的犹太-立陶宛人雅科夫·弗拉基米罗维奇·斯穆什克维奇（Yakov Vladimirovich Shmushkevich），代号道格拉斯，在首都周围部署他的部队进行还击。11月15日，他们开始了第一次反击，并击落了一架意大利侦察机。德军被红军的威力所震惊，建立了"秃鹰军团"（Condor Legion）。军团由三个中队的轰炸机群、一个战斗机群、两个中队的侦察机群以及两个中队的水上机群组成，总共有136架飞机，还有一个信号营、一个防空营和两个地面补给营。这些武装力量最多时达到了1.2万人。意大利军团更大，多达7万～8万人以及759架飞机。意大利军队在第二次世界大战时也是如此，因而很快就成为无数笑料的主题。

　　除了用降落伞或滑翔机着陆——虽然这两种方式当时仍处于实验阶段，并未被真正尝试过，敌对双方还是完成了几乎所有可以想到的空中力量能实现的任务。此时，对重要城市进行战略轰炸，即德军所谓的地毯式轰炸，吸引了大部分的注意力——尽管用随后的标准来衡量，所投掷的炸弹数量不足一提。空中力量经常参与的其他行动包括联络、侦察、通过轰炸和轰击进行的近空支援、阻断、伤员撤离及运输。最初，由于苏联给共和军提供飞机和飞行员，共和军占据上风。用一位报道冲突的纳粹作家沃纳·贝博阁（Werner Beumelberg）的话来说，他们把对手拖进了"艰苦而血腥的战斗"。然而，1937年年底，德军将其最先进的Me-109战斗机、He-111轰炸机和少部分Ju-87俯冲轰炸机投入了战争。德军飞行员也发展了新的战术，包括著名的四指队形，由两对战斗机组成一个松散的、不对称的、错开的机群，能在空对空战斗中相互提供支援，因此，红军伤亡惨重。1938年8月，斯大林决定将"战隼"（Falcon）战斗机全部撤退，但这却没能阻止他在红场进行的胜利阅兵。尽管苏联飞机仍然存在，后来都由共和军的飞行员驾驶，但从这以后，德军和意军迅速取得了制空权。

　　这绝非一次小规模战争。地理上，它跨越西班牙的20万平方英里领土。死亡人数最终达到60万。此外，战争不是在某个殖民地国家，而是在欧洲本土进行。在战区很容易进行进进出出的交通运输，也很方便做到远距离发送及接收信息；出于这些原因，也由于战争显著的意识形态特征，它不仅受到军事专家的紧密关注，各种非军事记者也蜂拥而至。对苏联而言，这证明了战略性轰炸的无效性，也进一步强化了集中军力于地面支援的决定。德国纳粹空军、意大利皇家空军和法国空军都得出了相似的结论；不管杜黑和其他人怎么说，轰炸机并非总是能克服困难，并且也并非总是有效。但是，德国可以继续发展飞机及制定准则，意大利和法国却都不能。

在美国，时任美国空军（USAC）助理参谋长的阿诺德（Henry Hap Arnold）准将是关注西班牙内战的少数指挥官之一。他在为1938年5月刊的《美国空军》（*U.S. Air Services*）撰写的一篇社论中解释道，这场战争——他将之描述为发生在一个不太发达国家的一次单纯的内部冲突——并没有包含任何战略轰炸；因此，他补充道，在这点上并没有引起人们对美国空军准则的怀疑。主官都这么说了，其他美国空军军官附和这一评价就不足为奇了。他们不允许现有观点受到质疑；应该说，他们确实认识到了空中交通的重要性。英国皇家空军同美国空军一样，都没有准备让其准则受到各种事件影响，特别是在像西班牙这样一个被认为是三流的、偏僻的国家里发生的事件。在最有声望的杂志《皇家空军季刊》（*The Royal Air Force Quarterly*）中，这场冲突几乎被完全忽视。然而，至少一些英国官员同意德军的观点：战略轰炸的结果令人失望，没有护航的轰炸机极少在敌军的战斗机之下幸存下来。更重要的是，正是这些官员想要进一步迫使皇家空军最高指挥部把战斗机而非轰炸机置于优先权首位。他们这样对皇家空军进行武装，为随后的大不列颠之战做了准备，几乎挽救了这个国家。

然而，许多当代人对西班牙内战给予的关注超过了同时代的其他所有武装冲突——要知道这类冲突绝不只有这一次。1937年6月，日本帝国的军队入侵中国。在接下来的几年里，这为他们提供了宝贵的经验，在某种程度上类似于西班牙内战对德国纳粹空军的作用。尽管中国军队装备落后、训练较差，但是中国地面部队数量远远多于敌军日本的地面部队，但是在空中，事情就不是这样了。日本高度发达的工业使他们的优势一直保持在4∶1。日军还有更优良的组织和指挥安排。尽管日本有这些优势，但中国幅员辽阔，中国人顽强抵抗，以致日本部队从来没有完全取得制空权。他们一次又一次地以为取得了制空权，可以集中支援地面行动并对中国城市实施恐怖轰炸，但是中国飞机一次又一次从天而降，突然逆转局面。一些中国飞行员是如此的热血澎湃，以至于企图撞击敌机。

战争初期，美军陈纳德上校（Claire Chennault）认为日军飞行员能打、经验丰富、训练有素，并且攻击性强。后来，情况发生了变化；与他们出了名的纪律严明相反，日军作战变得有些混乱甚至草率。他们太过蔑视敌人，在飞过目标时，炸弹舱开着，在投弹前使四个通道变成三个。日军飞行员在其他方面吸取教训也很慢，德军飞行员在西班牙革新了战斗机战术多年之后，日军飞行员仍然以由3架飞机组成的紧凑V阵型进行战斗。和在西班牙的德军和意军一样，日军知道轰炸机不总是能通过难关；与敌机面对面作战，如果要将损失控制在可接受的水平，就需要有战斗机编队护航。和德军和意军一样，日军也知道飞行员报告中有关攻击地面部队或是工业目标的结果经常被夸大：遭受到的损失要么较小，要么能很快修复。最后，也和他们未来的轴心同盟国一样，他们被迫认识到轰炸城市也有所局限，到处是烧毁的房屋、尖叫的妇女和死去的儿童。比如1940年夏天，重庆（当时是中国的首都）遭受了2000吨炸弹的轰炸，只剩下一片碎石瓦砾。然而，日军的"胜利"并未转换成政治行动，这种方式也绝不能瓦解中国人民。种种迹象表明，正如在西班牙，攻击反而增强了当地人民的抵抗意志。

日本这些年的政策只能被认为是愚蠢的，因为它几乎同时与四个主要邻国——中国、苏联、英国和美国发生冲突。空中力量在每场冲突中都起到至关重要的作用，现在我们必须把注意力转向第二场冲突，也就是人们所说的诺门罕（Khalkin Gol）战役，这场冲突起源于苏联与新成立的日本伪满政权之间就边界位置而引发的争端。1939年春天，冲突演变为两国间全方位的战争。日本关东军在满洲大约有500架飞机，苏联远东军的则可能更多。双方的飞机在试图对相对较小的目标精确投掷炸弹时都遇到了一些常规问题，也出现了其他一些问题，如缺乏保证飞行员在高空工作的氧气设备、无线电不足，等等。双方的空军都只是战斗序列的一小部分。苏联武装部队由数以万计的地面部队组成，又一次占据了绝对优势。

冲突的前几周，双方都发现广袤的距离、平坦开阔的地形、导航的困难以及天气的反复无常极大地阻碍了空中行动的开展，但是这些不利条件并未阻止他们在空对空战斗及地面袭击任务中采用飞机。由于西伯利亚和满洲都没有大城市，袭击都局限在军事目标上。当战争逐步升级，战争性质也随之发生了改变。苏联并没有零零散散地开展行动，而开始在大规模的集中队形中使用飞机。当莫斯科未来的救世主格奥尔基·朱可夫（Georgi Zhukov）将军在8月份发动最后的进攻时，他用了3个步枪师、2个坦克师和2个独立坦克旅，总共约500辆坦克——1918年以来所有战争中坦克数量最多的一次，同时还采用了200架轰炸机和300架战斗机。轰炸机从6000～8000英尺的高空排山倒海般地发动了一波又一波攻击；在这一高度，他们通常能够在日本防御飞机打到之前逃脱。如果万一被打到，日本就会遇到苏联的战斗机护卫队，进而引发激烈的空对空激战。关于损失的评估报告经常有出入，然而，毫无疑问，几个星期激战之后，日军被彻底打败。

日俄战争似乎并没有引起当代人多少兴趣，但发生在苏联与芬兰之间的战争则不然。考虑到交战国的面积相差是如此之大，军力平衡不可避免地会一边倒；不仅地面如此，空中也是如此：苏联在战场上据估计有900多架飞机，芬兰仅有大约200架。芬兰的武器装备中，最新式的是荷兰制造的"福克"（Fokker）D.XXXI战斗机和英国生产的中型"布伦海姆"（Blenheim）轰炸机。当时，这两者都是响当当的战机，但是不幸的是，它们分别只有41架和18架。随着战争的进行，芬兰从许多国家定制了别的飞机；其中最重要的是法国制造的30架"莫拉纳-索尼埃"（Morane-Saulnier）战斗机，其最快速度达到每小时302英里，造型优美，操作性能极佳，配备的武器包括一门20毫米加农炮和两架7.5毫米机关枪。既能用作截击机，也可以用于地面袭击，它们比战场上所有其他飞机都更优越。尽管极易受防空火力攻击，但它们仍然作出了卓越的贡献。

1939年11月30日9时20分，苏联发动了空中突袭，选择的目标是赫尔辛基（Helsinki）和其他一些城市，目的是一举瓦解敌方士气。苏联首先散播传单，然后投掷炸弹。然而，如往常一样，苏联的计划制订者过高地估计了炸弹的摧毁力。这些和随后的突然袭击只对怀渤湾（Vyborg）头部的一个小镇——维堡（Viipuri）造成了严重破坏。另外一个备受青睐的目标是一个用来进口外国战争资源的位于芬兰图尔库（Turku）的港口。在之后的三个半月里，据说红军空军总共袭击了516个不同地点的2075个非军事目标，造成大约650名芬兰人死亡——平均每天6人——2000人受伤；2000多座建筑遭到破坏，5000座被摧毁。用美国前总统胡佛的话来说，俄罗斯恢复了"成吉思汗式的品行和屠杀"。

芬兰飞行员组成了一支精英部队，但是仍然无法与苏联部署的兵力相匹敌，因而只能通过发展极具攻击性的战术来寻求解决之道。与他们的敌人不一样，芬兰飞行员与德国纳粹空军有着密切的联系（芬兰飞机也画着纳粹徽标，只是武器指向相反的方向）。他们吸取了西班牙战争的教训，采用了四指阵型，效果相当不错，据说击落的苏联飞机比他们损失的要多十多倍。一如既往，防守者的优势在于可以恢复更多被击落的飞机和飞行员。防空防御（采用了强大的德国88毫米枪）和极好的防御规则有助于实现这一点。

地面战争被描绘成"冰冻的地狱"，是有其理由的。在严寒中，苏联纵队朝目标缓慢行进，风暴常常使情况变得更糟，结冰的薄雾笼罩着绵延不尽的冰冻的森林。这里，能见度常常为零，无论是协助地面部队还是阻碍其前行，空中力量都几乎无计可施。战争的最后几个星期，能见度有所提高，空中力量能发挥更大的作用。即便如此，芬兰的曼纳海姆防线（Mannerheim Line）到那时为止仍固若金汤，最后必须用更像"一战"中的各种方法而非随后的闪电战中的方法来攻破它。季莫申科（Semyon Timoshenko）将军1940年1月被任命为指挥官，他出身较低——红军似乎都出身较低，肩膀宽阔，一本正经，偶尔有些粗暴。由于拥有对芬兰4∶1的优势——不少于60万名士兵和2000辆坦克——他用大量重型火炮对敌方阵地发动了成千上万次的炮击。紧接着密集炮火的是大规模的步兵，他们的任务在于把"闯入"转变为"突破"。以凡尔登为例——可以当作一种模式，战争一旦开始，飞机的作用就不可避免地被边缘化。尽管可获得的最详细的记录声称苏联拥有"绝对的空中优势"，却只字未提他们利用这种优势做了什么；同一份记录在其他地方指出，地面与空军间的通讯极差，妨碍了地面部队发挥作用。

我们思考这些战争时，也许所有人都会同意的一点就是空中力量的重要性在不断提高。然而这一广泛认识并没有自动告诉人们，它对任何国家、在任何时刻、实现任何意图到底有多重要。正如我们所看到的，西班牙经验确实有助于德军和意军发展各自的空中准则，但未能促使它们从根本上走向新的发展方向。由于德军的技术与工业能力要强得多，获益也就更大。同一时间内（1936～1939），以美国空军和英国皇家空军为首的许多空军都完全拒绝吸取西班牙内战的教训，而是以各种"非我发明"（Not Invented Here，NIH）的借口，继续在直觉而非理性的指导下各行其是。

另一方面，所有大国中，只有苏联在战争中获得的经验对自身空军的准则与装备起到了真正决定性的影响。由于持有地面力量高于一切的观点，1937～1938年决定放弃大规模战略轰炸、支持地面进攻与阻击很可能是正确的，但是这既不能弥补斯大林始终拒绝建立一支独立空军（不仅仅作为大型编队的空中火力援助，而能够做更多的事）的过失，也更加无法弥补他的指挥官未能研究和采纳最先进的空中作战战术的失误。直到1943年年底，红军才开始认识到原来可以把地面部队与空军整合成一体。如果这些能证明什么，那一定是证明了顶层的军事决策是多么艰难和不科学。那时如此，今天依然如是，尽管为了这一目的出现了不计其数的新奇方法论。

第二部分
史上规模最大的战争：1939 ~ 1945

　　1939年9月1日，纳粹德国发动第二次世界大战，在这前一天，希特勒的副官兼纳粹德国空军指挥官赫尔曼·戈林（Hermann Goering）命令德国飞行员遵守战争法，确保只攻击军事目标，广义上说就是任何对敌军作战行为起重要作用的关键目标。不到六年后，美国战机在广岛这座并无重大军事意义的城市投下了有史以来威力最大的炸弹，据估计导致75000名平民死亡，史上规模最大的战争也因此戛然而止。在这期间，空中力量发生了哪些改变？它又是如何从一种形态转变成另一种形态的？

第五章　从胜利到僵持

历史上，发动战争的速度不可避免地取决于士兵的体能和他们所骑动物的体力。铁路不适合战术转移，这点直至第一次世界大战也少有例外。尽管1939年首次出现的机动化及装甲部队较铁路要好得多，但在1939年前后，极少有如此庞大的编队一天行进超过12英里；甚至在2003年，美军拥有绝对的制空权，并且几乎没有遭到地面抵抗，但他们从科威特到巴格达300英里路程还是花了3个星期。与之相比，空中力量，即使是"二战"初期相对原始的空中力量，也能在几小时或更短的时间内将战争推进到敌人后方。毫无疑问，它已成为指挥官尽快实施最有力打击的最喜欢的方式。

战争的头两年，空中较量主要表现为纳粹德国空军发动进攻和同盟国试图予以还击。波兰是同盟国中最先感受到现代空中力量的强大威力的国家。战争伊始，波兰空军与德国空军的比例为一比六，同时受到三面夹击，波兰空军和其他军种一样毫无还手之力。事实上，在及时疏散了最先进的装备之后，波兰空军能做的最好的事情就是避免在地面遭到毁坏，但是飞机库、维修车间、临时军火供应站这类保障设施无法轻易移动，它们全都遭到了袭击，即使没有被完全摧毁，其能力也大为减弱。战争开始两天后，波兰空军就已经被肢解成几乎没有任何中心指挥的小分队，但空军仍然竭尽全力继续战斗，尽可能多地出动他们的463

架飞机（大多都已过时），结果绝大部分都被先进得多的纳粹德军飞机击落。这是十分英勇甚至伟大的举动，但却不能称之为战争。

入侵波兰的两支德军部队都有一个纳粹空军编队支援；每个编队由各种型号的飞机以适当的比例混编而成，并且通过特别训练的联络官与地面部队协作；每个编队还有直接受其指挥的机动化供给纵队和机场建设中队。装甲先头部队前进时，这些编队跟着一起前进，由值得信赖的Ju-52提供一部分空中支援。一旦纳粹空军控制了天空，他们就会将绝大部分精力用于阻断敌军。他们在前5天就发动了近5000架次的出击，主要目标是波兰的铁路网和行进纵队，基地、军需库等军事设施也遭到了袭击。"斯图卡"俯冲轰炸机会不时提供近距离支援，帮助突破一些威胁到坦克行进的强化防御带。

这些袭击中当然会有难民遭到袭击，有时是有意为之，有时不是。绝大部分德军仍然遵从戈林8月31日发布的命令，看起来是遵守了战争法。当然，他们这样做并非出于他们所说的"人道主义的愚蠢行为"，上帝禁止他们这样做；而是因为他们的"作战"原则要求摧毁敌人的武装力量，以便为其他一切创造条件。直到战斗后期，波兰拒绝投降时，纳粹空军才大量使用小燃烧弹对华沙进行系统的轰炸；由于缺乏更先进的投放方法，燃烧弹必须由士兵用铲子从Ju-52运输机的舱门倾倒出去。

7个月后，1940年4月，纳粹空军将注意力转移到丹麦和挪威。英国已经计划好在纳尔维克（Narvik）着陆，为了先发制人，纳粹空军必须在高度保密的情况下筹备行动；结果，德军由于情报太少，不得不使用贝德克尔旅游地图。对纳粹空军和其他德军武装力量而言，占领丹麦周边都没有特别的困难，这里不予讨论。然而，挪威位于海的对岸，皇家海军的优势比在"一战"时大得多。事实上，德国选择的最初几个登陆点距离大不列颠群岛比距离他们自己的港口要近。所有这些使这次行动变得十分冒险，几乎有些胆大妄为；要不是纳粹空军，甚至都不会考虑执行这次行动。

第十航空军（X. Fliegerkorps）是入侵部队的空中组成部分，包含360架轰炸机、50架俯冲轰炸机、50架单引擎战斗机、70架双引擎战斗机、60架侦察机、120架海岸机，以及多达500架的Ju-52运输机。战役以在奥斯陆（Oslo）、阿伦达尔（Arendal）、克里斯蒂安桑（Kristiansand）、埃格尔松（Egersund）、斯塔万格（Stavanger）、卑尔根（Bergen）和特隆赫姆（Trondheim）的海上登陆拉开了序幕。在此期间，也对奥斯陆、斯塔万格和特隆赫姆实施了空袭。首先，由纳粹空军的轰炸机和双引擎战斗机集中攻击挪威的空军（绝大部分被在地面摧毁）和敌人的防空防御体系，然后，部队通过跳伞或借助运输机登陆。奥斯陆的防御者成功击沉了德国最具威力的战舰之一"布吕歇尔号"（Bluecher）；但最终占领这座城市的是在附近机场着陆的一支军乐队，他们在行进中未遇到任何抵抗。与之对比，由于特隆赫姆的飞机场不是德军的首批袭击目标，因此他们迅速在雪地上建成了一条可以让Ju-52着陆的飞机跑道。

德军控制了飞机场，现在的主要问题是如何利用可以获得的运输力量来空运更多的补给，以供纳粹空军的飞机使用。这一问题在几天内被解决了，德军得以勘察战区，获取关于敌军行动的情报，在途中袭击驶往挪威的英国船舶，阻止英国建造自己的临时飞机场。纳粹空军还能在与撤退的挪威部队的战斗中给地面部队提供有效支援，尤其是在奥斯陆与特隆赫姆、奥斯陆与卑尔根间的山谷中。纳粹空军唯一无法做到的是阻止英军的撤退，这主要是由于缺乏专业的海军航空力量以及纳粹空军不在夜间行动。

理论上，在西线对峙的两支部队比在挪威的要势均力敌些。德军有3578架战机：1563架轰炸机、376架俯冲轰炸机、1279架单引擎战斗机、311架双引擎战斗机和49架亨舍尔123双翼机作为战斗机（Schalachtflieger）或近距支援飞机。这些战机中，有2589架可以参战，而同盟国的4469架战机中只有1453架可以直接作战。为何同盟国战机在法国只有32%投入战斗，而德军用了整整72%的战机来对抗它们？

其中的奥妙之处我们将很快予以解答。回顾1914～1918年的第一次世界大战，法国最高指挥官坚信，这是一场持久战，能坚持到最后的一方就会取得胜利，因此，他们将几乎四分之三的战机驻扎在德军无法抵达的后方。不幸的是，这也意味着这些战机对抵御德军入侵毫无助益。的确，所谓的"奇怪的失败"的最大特点是法国空军在战役结束时拥有的战机数量比战役开始前还要多。从质量上来说，纳粹德国空军与英国皇家空军不相上下，但比法国、比利时和荷兰的空军要高级。法国空军确实拥有一些现代化战机，比如"德瓦蒂纳"（Dewoitine）D.520战斗机，堪比"梅塞施米特"战斗机。然而，出于以上考虑，在重要的场合它们极少投入战斗。

说真的，德军的真正优势并不在数量或飞机质量上，而主要在于他们统一的指挥、富于想象的谋划以及投入战斗的无比活力，希特勒告诉他们，这将决定德意志帝国未来一千年的命运。这里也有两个空军编队，各对应参战的两个主要集团军，B和A。这两个飞行编队都由各种战机混编而成，拥有自己的地面组织和防空防御。在挪威，首波袭击是打击荷兰飞机场，目标在于摧毁抵抗的空军，使其防空防御失效，进而占领飞机场，以便为纳粹空军所用，也就是说，从后方夺取保卫国家东边的格雷贝防线（Grebbe Line）。与此同时，在鹿特丹空降伞兵部队，以夺取马斯河（River Maas）上至关重要的南北走向的铁路桥。

事情并不像计划的那样顺利。荷兰空军和防空炮火竭尽全力，但是很快就被压制住了。然而，海牙附近的荷兰地面部队阻止了德军占领飞机场，与此同时，鹿特丹的战友也成功击落了伞兵。希特勒在5月13日的11号指令中承认，为了抵制纳粹国防军地面部队攻破格雷贝防线，荷兰的反抗富有技巧且意志坚定。直到德军轰炸了鹿特丹，导致980人丧生，并摧毁了城市大部分地区（他们后来宣称这纯属意外）之后，荷兰才投降。

在南方，纳粹德国空军在比利时和法国东北部也集中轰炸了飞机场和防空防御设备。《国防军公报》（*Wehrmacht communiqués*）宣称，开战12天内，德国在地面和空中摧毁了将近2000架同盟国飞机。这个数据极有可能夸大其词，但第一个星期过去之后，纳粹空军几乎取得了绝对的制空权，这一点是毋庸置疑的。在地面，阿尔伯特运河（Albert Canal）和保卫运河的艾本·艾美尔（Eben Emael）堡垒封锁了通往比利时的道路。德军意识到它们的重要性，并花了数月加以研究，最后利用滑翔机，将部队降落在堡垒顶部（在那里防御火力无法射击到它们）。它们犹如从天而降的一道闪电，成功地打通了通往地面部队的道路。同盟国飞机随后试图摧毁运河上的大桥，尽管花费巨大，但还是以失败告终。

在更南方，纳粹空军覆盖了德国主要的迎鼻崖地形，或冲断层地形，这种地形横贯阿登雷斯（Ardennes）丛林，该地区的道路狭窄且曲折，几乎不能承受庞大的德军——从最重要的先头部队到后方梯队延绵60多英里，导致严重的交通拥堵，而同盟国空军部分由于纳粹空军在上空行动，部分由于自己迟滞不前，未能利用好这个歼敌良机。德军先头部队一抵达默兹河（Meuse），就遇到了陡峭的河岸和坚固的防御工事，因此请求俯冲轰炸机予以支援。约有300架战机投入行动，轮流飞行。过后的调查显示，和在波兰一样，"斯图卡"俯冲式轰炸机引起的物理摧毁并没有一开始设想得那么大，同样和在波兰一样，它们对接受支援的一方——这回是法国军队——的心理影响很大。

一进入法国北部的开阔平原，受到空中掩护和支援的德国坦克就迅速向西推进。5月19和22日，法国部队企图再次对冗长而脆弱的德军侧翼发动反击，但它们的努力再一次被纳粹战机侦察到并一举击败，当时这些飞机正以阻击模式飞行，与地面部队合作并不很紧密。这个教训将在未来一次又一次得到证明。对付"三位一体"部队，在空中具有一定自由的空军的最佳利用方式肯定不是近距离空中支援或战略轰炸，而是阻断拦截敌军。这里，"三位一体"部队是指由国家所有、有统一的官僚组织，并且与政府和群众都明确分开的空军。另一方面，阻击最好在敌军无法藏匿或找不到遮蔽物的平坦开阔地带进行。

在敦刻尔克，纳粹空军未能阻止30多万名英法联军的撤退，遭受了开战以来的首次真正意义上的挫折。这主要是因为英军从在法国的战斗中保留下来的850架战机——这些战机大部分为战斗机，现在可以在英吉利海峡与德军作战。英国皇家空军变化颇大，部分拜特伦查德所赐，部分由于当前政府希望阻止德国加入战争，它已于1937～1938年间停止服役，但仍然承担了大量对敌方中心城市的战略轰炸行动。此时，一桩解围的事件出现了：从1935年开始进行的雷达实验正步入正轨，它们几乎从一开始就很成功。通过及时发现敌方飞来的轰炸机，以让战斗机紧急起飞并迎战，雷达改变了自杜黑时代以来人们对战争整个本质的理解。

于是，空军部通过控制资金和工厂，迫使皇家空军几乎彻底改变了发展方向。战斗机指挥部这个长期受皇家空军冷落的"继子"，突然获得了高于一切的优先权。那个时代最先进的战斗机"飓风"（Hurricane）和"喷火"（Spitfire）都开始以极速增长的数量在组装线上批量生产，"喷火"构造简单，尤为容易制造。英国拥有更大的工业基地，这也是为什么早在1940年英国就能比德国制造更多的飞机的一个原因。英国生产的战斗机数量超出德国1～2倍。与此同时，沿英格兰东海岸和南海岸，一系列雷达站被迅速建立起来。一个基于1915～1918年用于保卫伦敦的指挥控制系统把这些雷达站与总部联系在一起。英国运气很好，当德军开始攻击时，这个系统正好可以投入使用。

对英国的空袭始于1940年8月13日，用希特勒的话来说，目的是"在尽可能短的时间内……击败英国空军"从而"为最后征服英国创造必要条件"；和在波兰、挪威、低地国家和法国一样，其首要目标是"空中飞行物、地面军事设施和后勤组织"。然而，说得容易做到难，防御方一如既往拥有重要的优势。英国皇家空军将大部分飞行中队驻扎在纳粹德国空军航程之外的英格兰北部、西部和威尔士；德军需要协调差异很大的轰炸机和护航战斗机，与此相比，英国派遣战斗机与之抗衡相对要简单得多。在英国上空被击落的德军飞行员无一例外都失踪了，相比之下，英军飞行员如果能成功地迫降或跳伞，常常能够再次投入战斗。阿尔特拉组织（Ultra）偶尔会提供援助，该组织负责监测、拦截和破译德军、特别是德国空军的无线通信。然而，最重要的一个原因或许是德军（他们的飞机是用来进攻而非防御的）未能意识到海岸警戒雷达在战斗中起到的关键作用。如果他们首先袭击了那些雷达站，并持续攻击，阻止其修复，则结果可能会大不相同。

战争的转折点出现在9月初。英国皇家空军给纳粹空军特别是他们的轰炸机造成了重大损失，使他们不得不把轰炸从白天改为夜间。但"二战"如"一战"时一样，夜间行动的轰炸机无法像白天那样精确地打击目标。对重要军事和经济目标的袭击完全靠运气。信号由一支误击伦敦的德军中队发出。作为还击，1940年5月就任首相的丘吉尔派出皇家空军轰炸柏林。至于他是否一直在等待这样一个机会，希望迫使德军改变目标、减轻他那几个核心成员的高压仍然存在争议。当然，希特勒绝对无法接受对他所在的首都进行攻击。对主要由"疯狂的少女"组成的观众的"歇斯底里的掌声"，他发誓会给予千倍的报复。

这些事件也许能以不同的方式加以诠释。直到9月初，希特勒和戈林对英国皇家空军的状态都不甚了解。一方面，他们大大低估了英国皇家空军的力量，认为它们已是强弩之末；另一方面，英国的战斗机又源源不断。与此同时，秋天携着风暴正迅速来临，这表明从海上进攻不再可行，他们因而转向轰炸城市目标，丘吉尔为这个决定编织了一个完美的理由。所谓的闪电战一直持续到1941年5月10日，导致4.3万平民丧生，其中一半是伦敦人，单在伦敦就摧毁或破坏了100万座房屋。然而，事实上，德国并没有执行这一任务所需要的重型四引擎飞机，尽管他们建立了一支主要由轻型和中型轰炸机组成的空军作战力量。但最后，闪电战对英国经济的影响是有限的，仅1.7%库存的飞机遭到破坏。1940年各关键项目（比如电力、铝、铁矿石、飞机、炮筒和炸弹）的产量都较1939年有所提高，并且1941年还在持续走高。

最重要的是，英国的抵抗的意志没有泯灭。1938年开始大规模实施的民事防御措施相当有效，从而使伤亡降至之前一直预期的很小一部分。英国战斗机和防空防御的成就，以及每日报道中对德军损失的有意夸大都很振奋人心。当然，还是有很多抱怨，尤其是在受到严重袭击的伦敦东区，但是，轰炸绝没有改变英国继续抗争的决心，这也是自"二战"以来反复传诵的一个佳话。尽管有人牺牲或受伤了，有时还是大批大批的，但是没有几个人如悲观主义者预测的那样失去心理平衡。城内这些遭到轰炸的人受到的伤害要大得多，抱怨也多得多，然而，由于他们逐渐恢复过来，竭尽全力做好自己的事，政府后来很少听到抱怨，直到几乎没有剩下什么可以用来疲于应付的。

"一战"期间，除了一部分德军潜艇，地中海几乎成为协约国的内海。1940年6月10日，意大利的参战改变了这一格局。除了来自苏伊士运河或直布罗陀海峡并前往马耳他的船队以外，协约国的海上运输被迫中止，直到1943年才得以恢复。结果，墨索里尼大肆吹嘘的空军深受准备不足和低效率之苦。他的女婿，外交部部长加莱亚诺·齐亚诺（Galeano Ciano）在日记中恶意地写道，意大利皇家空军与意大利皇家海军之间的相互憎恨有时看起来更甚于对英国的仇视。意大利皇家空军告诉墨索里尼，它们在地中海已经消灭了"英国海军力量的50%"，然而事实上却没有造成丝毫破坏。意大利皇家海军抱怨道，它的姊妹军种对舰船进行了6小时的轰炸。1940年9月，意军入侵埃及，但3个月后狼狈地返回了利比亚。同年10月，意军入侵了希腊，但不久后就仓促撤回阿尔巴尼亚。在这两个战区，倒霉的意大利皇家空军都竭尽所能了。它们为地面部队提供近距离支援——在巴尔干山脉，这意味着不顾极为恶劣的天气条件进行行动——运载一部分人员和补给物资。事实上，一切都是徒劳。到1941年年初，700架驻扎在利比亚的意大利飞机中，只有1/10仍然可用。

意军在海上的情况也很糟。他们反复试图用轰炸机在高空袭击英军战舰，却没有产生任何效果。真正有效的是英国舰载鱼雷轰炸机在塔兰托（Taranto）港发动的一场筹划缜密、执行良好的袭击。1940年11月

11～12日夜间，约有一半意大利战舰被打得长时间不能作战。直到1940年12月至1941年2月，德军派遣第十航空军和之后闻名遐迩的非洲军团陆续抵达，才改变了武装力量平衡。偶尔有一些部队借助运输机飞越地中海。正如我们已经看到的，纳粹空军在创立时并没有海上作战理念，然而，它们对英国舰船的俯冲轰炸袭击较之意大利空军可以说无比精确。从西西里基地起飞的德军轰炸机也在地中海的马耳他封锁了英国"永不沉没的航空母舰"，这些飞机对航母发动了无数次坚决的打击，有时几乎迫使它投降。

春季，由纳粹空军支援的德国国防军对欧洲东南部发起进攻。希特勒在19号指令中解释道，其所要达到的目标之一是阻止皇家空军使用希腊基地，因为这会威胁普罗耶什帝（Ploesti）的罗马尼亚油田。结果，第一个受到影响的国家是南斯拉夫，该国在3月27日爆发了亲英革命，对德国的计划产生了威胁。首都贝尔格莱德遭到严重的轰炸，军事和非军事目标都概莫能外。随着战役的展开，纳粹空军在倒霉的敌人面前拥有了绝对的制空权，从而可以高效地利用飞机扰乱80多万南斯拉夫军队的移动和部署。

在希腊，德军也有绝对的制空权。他们把飞机用作飞行的大炮，首先轰炸梅塔克萨斯防线（Metaxas Line），然后是希腊和那些阻断或试图阻断更南山谷的英军占领区。这个战区的距离相当大——从保加利亚—希腊边境到伯罗奔尼撒半岛的最南端，超过300英里。与先前的情况一样，德军最令人印象深刻的特点是他们能夺取敌人的机场，并将后勤组织向前推进，以便立即用上这些机场。比如，当陆军总参谋长弗兰兹·哈尔德（Franz Halder）将军在4月22日飞至塞萨利的拉里萨（Larissa in Thessaly）时，他发现那儿的飞机场已经全面投入使用。

正是这种能力使德军得以上演最为壮观的空战：希腊行动结束后仅仅3周，德军就于5月20日占领了克里特岛（Crete）。首先，德军在岛上不同地点空降了几批伞兵，夺取主要飞机场。行动最终是成功的，但执行的过程极为困难，并导致了伞兵部队的惨重伤亡。接着，Ju-52

中队引入了库尔特·施图登特（Kurt Student）将军的空中部队。这些运输机中有一部分不得不在海滩降落，因为本应着陆的机场的安全还未得到保障。在这个过程中，许多飞机由于事故或敌军炮火而受损。德军部队刚一着陆，就如同恶魔般开始战斗。然而，他们几乎没有什么重型武器，除了一部分摩托车外也没有机械化交通，因此处于极为不利的地位，而伤亡人数也持续上升。这次行动仍以胜利告终，主要是由于纳粹空军在5月22日的反舰任务中阻止了英国援军抵岛，这反过来又使乘意大利货船的德国山地部队能够成功登陆，历时就这样被决定了。

战役一结束，希特勒就告诉德意志国会，"德国士兵无所不能"。然而这一场景背后的真相却大不相同。早在32年前，具有非凡预见力的作家H. G. 韦尔斯就正确地指出了空中力量能引起"巨大的……破坏"，但是无法"占有、监管或保卫"地面资产。希特勒十分同意他的看法，面对伞兵部队如此惨重的伤亡，他告诉施图登特他们的好日子结束了。从那时开始直到战争结束，他们只是被当作最好的步兵来使用。然而，地中海海岸和岛屿的大部分地区，包括利比亚、西西里、伯罗奔尼撒半岛，当然还有克里特岛都还在轴心国手里，这使驻扎在这些地区的纳粹空军差不多完全封锁了英国航运的海上通道。只要意大利皇家空军仍然在场，他们就不算什么。直到1942年10月的阿拉曼战役（the Battle of El Alamein）才最终改变了态势，德军在地中海战区的命运，才几乎完全随希特勒抽调给该战区的纳粹空军的力量大小而起伏变化。

纳粹空军因其作战方针、前方观察官和指挥空对地行动的大量经验，极为擅长支援非洲军团。相反，英国皇家空军尽管有足够的战机适合这一目的，但一切都得从头开始学。直到1941年6月，英国试图解除德军对托布鲁克（Tobruk）的围攻期间，英国皇家空军和美国第八陆军总部还相隔80英里，建立合作几乎不可能。到1942年中期，事情才开始出现转机。这两个总部搬得更近，建立起适当的交流，前方空中观察员也装备了指定的雷达，这些措施使英国皇家空军回应空中支援请求的平均时间从3小时减少至35分钟。因此，地毯式轰炸在瓦解隆美尔（Erwin Rommel）到达苏伊士运河的最后一次尝试中发挥了至关重要的作用。此后，德军指挥官直接体验到了空中力量的威力，并将其作为整个战略的关键因素。不用说，皇家空军数量大大超出纳粹空军也有助于这一点。

与当时发生在苏联的重大事件相比，地中海的只能算是一场配戏。希特勒为打败斯大林而部署的军队数量超出隆美尔麾下部队的35倍左右。这场史上规模最大的战役从1940年12月着手严密的准备。正如往常，纳粹空军不隶属于地面部队，他们的任务只是与地面部队配合，以"消灭"苏联。1941年6月22日巴巴罗萨（Barbarossa）战役打响时，戈林集中了2713架战机（轰炸机、战斗机、近距离支援和运输机），其中2080架可以投入战斗。这些数据不包含639架联络侦察机（551架可用）。整体上看纳粹空军的战斗序列并不比前一年大，其组成也没有大幅调整。考虑到将要占领地区的幅员是多么辽阔，而红军数量又是多么庞大，这很令人吃惊。

纳粹空军情报机构一直倾向于轻视苏联的一切，他们估计红军只有大约10500架飞机，其中还有7500架（或2/3）驻扎在欧洲，可能有1360架侦察机和轰炸机，2200架战斗机。德军认为其中绝大多数都不如他们自己的战机，而这个观点事实上也是正确的；他们还认为苏联的辅助装备（如雷达、导航设备）还处于初始阶段，这一点上，他们的观点又是正确的。苏联组织被认为人员冗杂、权力过度集中而又僵化；苏联的训练低于标准水平。然而，他们认为一旦占领苏联西部省份的工业中心，苏联的生产（包括飞机生产）就会崩溃，事实上这一观点却是错误的。后来证明，这是他们所犯的一个最大的错误。

和在波兰、挪威和苏联西部一样，纳粹空军通过对苏联飞机场的毁灭性突袭来发动战争，到第一个星期结束时，受袭机场数量达到130个。然后，德军战机，尤其是"斯图卡"战机，每天执行多达4次、5次、6次甚至7次行动，相对简单的飞机结构、训练有素的地面人员以及一种允许9架以上战机同时加油的特殊设备使这些惊人的数据成为可能。德国武装部队最高指挥部骄傲地宣称，他们以仅仅150架战机的损失消灭了4017架苏联战机。到7月9日，苏联在一个极不寻常的声明中承认3985架战机被摧毁，而且许多损失都发生在地面；整个红军轰炸机中队在没有护航的情况下铤而走险，试图阻止纳粹国防军，结果都被击落。不论精确数据是多少，很明显，德军以极低的代价轻易获得了制空权。早在6月25日，纳粹空军就开始分派一部分出击任务，通过专门袭击苏联交通系统来支援陆军的地面行动。

由于纳粹空军的主要档案在战争结束时都被销毁，剩下的都是各个部队零散的记录。以轰炸航空团为例（该团由Ju-88轻型轰炸机组成，驻扎在前线的中心地区，构成了第二航空军的一部分），德军宣称从6月22日到9月9日，共摧毁356辆火车和14座桥梁，中断铁路交通322次，对部队聚集地、兵营和军需库（德军将其称为对地面部队的"间接"支援）发动了200次袭击；另外，采取近距离空中支援的方式，该轰炸团宣称摧毁了30辆坦克和488辆机动车，对火炮驻扎点发动了90次袭击。由Me-110双引擎战斗机组成的另一个特别轰炸航空团，宣称在一段较长的时间内摧毁了50辆火车、4座桥梁、148辆坦克、266支机枪和3280辆各种类型的车。

为此纳粹德国空军也付出了代价，8月10～21日期间，第八航空军试图通过切断从莫斯科到列宁格勒的主要铁路来援助地面部队，损失了10.4%的战机，另外还有54.5%受到损伤，但还可以修复。和在"一战"时一样，平原地形使导航极为困难，但这也意味着对手难以找到掩体，从而有利于侦察。然而，在其他方面事情出现了较大转机。红军最强大的编队中，有许多不是靠士兵和马的体力前行，而是机动化行军，因此比以前的人更加依赖后勤补给。在苏联的整个欧洲部分只有5.2万英里铁路，其中许多还是单轨的，因此，扰乱铁路网要比在西方更发达地区容易，对地面部队造成的影响也更大。另一方面，同样是平坦的地形，加上苏联极少有道路是铺设过的，这意味着它们难以成为空袭的理想目标。在西方，常常可以通过将村庄夷为瓦砾以阻碍地面部队行进，但在苏联这样的办法是不可行的。

然而，德军面临的最严重的问题是作战战区的广袤无垠。随着德军向东行进，前线不断增长，像漏斗般延绵1000～1500英里。德军却没有足够的飞机（更不用说地面部队）来彻底勘察、征服、占领和主宰如此广袤的土地。这里到处都覆盖着广阔的森林，为地面部队提供掩蔽，使空中侦察一无所获，整个部队如魔法般消失了。到这时，纳粹空军的作战方式已经得到了全面发展。尽管有一部分空袭针对的是大型工业城市，如列宁格勒、莫斯科、布里斯克（Bryansk）、奥廖尔（Orel）、图拉（Tula）、哈尔科夫（Kharkov）、罗斯托夫（Rostov）和敖德萨（Odessa），但他们在这些城市中都遇到了防空防御的意外的猛烈抵抗。总的来说，这是德军（或至少是陆军最高指挥部）在战场更愿意把注意力集中在红军上的另一个原因。他们的目标始终不仅仅是坚持和消耗，而是利用更高级的组织、更高端的情报、更优越的机动性和更先进的指挥与控制系统来使战争向敌军编队纵深插入，使之彼此分离，如果可能的话就迫使他们投降。

在所有这些行动中，给纳粹空军指派的任务是取得制空权（如我们看到的，战役初期就已完成）、侦察和阻断。有时他们也集中尽可能多的战机，赶在进攻地面部队之前直接对目标进行大规模打击，通过这些方式，空军协助占领了北部前线的诺夫哥罗德（Novgorod）和塔林（Tallinn）。1942年夏天，在一次最后的大规模进攻中，纳粹空军在克里米亚的塞巴斯托波尔（Sebastopol）扮演了类似的角色。俯冲轰炸机十分精确，指挥官获胜的决心也很坚定，以至于他们有时会在德军部队上空600英尺内投掷炸弹，哪怕这意味着会有一些伤亡来自友军炮火。一位"斯图卡"俯冲轰炸机飞行员——汉斯·乌尔里希·鲁德尔（Hans-Ulrich Rudel），因炸毁至少519辆苏联坦克而闻名，他的功绩如此之高，以至于德国特意为他设计了一整个系列的奖章。

到9月底，系统运行得空前良好。整个苏联军队都被包围了，被分割成一片一片，并遭到猛烈打击。数以百万的红军牺牲、受伤或被俘，战利品足够装备几十个师，成百上千平方英里土地被占领，这些土地上的人民和许多经济资源也随之流出苏联。然而，这时回报开始越来越小。一个原因是德军通信线路已经拉得太长，出现了持续的后勤保障问题，这对竭尽全力迅速尽快向前推进基地的纳粹空军来说是无法避免的。10月雨季到来，还伴随着霜冻。雨将所有的道路都变成了无尽的泥淖，使大部分地面行进完全停了下来，而霜冻阻碍了所有的军事行动，极大地降低了效率。

在前线后方，许多已失去所属部队的苏联士兵拒绝投降。他们在树丛中寻找遮蔽物，形成了人数逐渐增加的游击部队。德军花了一些代价才发现，这种行动方式比飞机或大部分其他重型武器更为有用。德军损失较大，飞机和其他重型武器都无法起到作用。这些因素导致纳粹德军在整个前线的行动都受到了阻碍。希特勒不得不开始反思他们的价值观，他告诉哈尔德，斯大林的那群低等的斯拉夫人太原始，无法理解自己被打败，将来有必要更慢、更有计划地前进。纳粹空军的问题越大，就越不能支援陆军正在计划的深入敌后的大胆行动。陆军的行动越不勇敢和深入，纳粹空军就越形同一个可移动的火力旅，在前线北部地区尤其如此。已经围困了大城市列宁格勒的德军注定会在这里持续停留长达三年之久。

关于红军空军这一时期行动的资料相对较少。我们知道，斯大林对他的部队与芬兰战争时表现不佳有所警醒，他意识到猎鹰航空部队的缺点，并竭尽所能地加以更正。可以肯定的一点是，他的准备旨在先于德军发动袭击。但是，假定有充足的时间——我认为，应当是1～2年而不是所宣称的几天或几个星期——他会更好地利用他们，与另外200多个师的红军一道在后方打击希特勒。事实上这次进攻使苏联陷入了飞机场和通讯基础设施的大扩张之中，而这根本是不可能完成的。结果是预警命令抵达太晚，数以千计的战机还翼尖对翼尖地停靠在停机坪，损失惨重，由此引起的混乱可能更大。历史上从来没有哪支空军遭受过比这更严重的灾难。

几个星期甚至几个月以来，红军只能发动一些零散的缺乏协调性的战斗，他们十有八九徒劳无功，有时简直是孤注一掷。比如，他们派出大量过时的轰炸机袭击德军的先头部队，但整个飞行中队却像火鸡般被击落。德军情报正确地认识到，大部分问题都是由指挥系统集中化引起的。另一个问题植根于这样一个事实当中：战争前，红军的准则（无论是集中战略轰炸还是支持纵深行动）一直是纯粹的进攻性的。战斗突然爆发，莫斯科的红军最高指挥部吃了一惊，不知道如何将飞机用于防御。斯大林的干预——如果失败则可能面临近在眼前的可怕惩罚——也起不了什么作用。

到7月中旬的斯摩棱斯克（Smolensk）战役时，红军只剩下不到2000架可服役的战机。和在中国一样，也出于许多类似的原因，苏联的空军行动从未完全停止。不是所有的飞机场都能被定位而遭受袭击。不是所有的袭击都带来无法挽回的损失。大量飞机在地面被摧毁，以致苏联一度甚至出现了已受训的飞行员过剩的局面，他们常常在最原始的条件下作战，随时都可以起飞，只是他们的战机，比如I-16、Yak-1和MiG-3战斗机以及LaG-3地面支援机，无法与"梅塞施米特"战斗机匹敌。用制造商最开始的一句话概括，LaG-3甚至有"必定消失的棺材"之称。飞行次数不如敌军，机动性不如敌军，火力也不如敌军，飞行员有时只能以孤注一掷的方式与敌机同归于尽。他们经常这样做，以至于人们为此发明了一个技术术语——"故意撞击"（taran）。许多人牺牲了，一些人幸存下来了，还有极少数的则被当作苏联的英雄。

最后，和地面的同志一样，苏联的空军指挥官吸取了教训。但想想却是以怎样的代价啊！当年年底，德军最高指挥部宣称已经摧毁了不少于20392架敌机。作为对立面的说明，该数据非常接近苏联资料中所说的21200架。纳粹空军损失了2505架飞机，另有1895架遭到破坏，但由于德军是进攻方并且不断占领越来越多的领土，他们一定能够比苏联恢复或修复更多的战机。因而，纳粹空军以近5：1的总优势胜出。然而，纳粹空军已经开始感受到英国空军在西线进攻的威胁，这最终使他们被迫彻底转入防御。

对德军来说更糟的是，1941年，他们的飞机产量要比苏联低——11776架对15735架——只比1940年略高。诚然，苏联飞机的性能仍然较差，许多都有各种技术缺陷：油漆剥离、电缆被咬住、发动机机体开裂、机枪装置不当，等等。一旦苏联用完了之前过剩的飞行员，而在当时的条件下很难培训继任者，其结果便是飞行员素质下降。但是，多亏斯大林在日本有一位一流的间谍理查德·佐尔格（Richard Sorge），他知道日本不会计划攻击苏联。结果，德军不得不把包括空军在内的军力分散到几个不同战区；而苏联则能集中几乎所有力量打击一个敌人。到年底，恶劣的天气、简陋的机场、其他地面设施，以及在难以置信的道路上铺设的长得不可思议的通信线路，已经使纳粹空军蜕变为自己以前的一个影子。

第六章 工厂之战 智慧之战

第一次世界大战开始后，一些交战国开始大规模地机动作战，之后发展成一场消耗战。第二次世界大战开始后，一些交战国也开始大规模地机动作战，"二战"也随之发展成一场消耗战。这不是因为前线长时间僵持——事实上并未如此——而是因为敌对方国土太辽阔，或者说统治了极为广袤的陆地和海洋，以至于甚至最大规模的战争行动，比如列宁格勒战役以及随后的一些战役，都不足以带来决定性的结果。一次又一次，前线刚稳定下来，而进攻者——通常是同盟国中的某一国——不得不一切从头再来。消耗战就不可避免地意味着持久战，持久战就必然意味着要求工厂起到至关重要的作用。

1939年，美国的工业实力最强。如果用3表示美国的工业实力，那么位列第二的德国是1.2，英帝国是1，苏联、日本、法国和意大利分别为0.8、0.5、0.3和0.24。美国、英国、苏联这一方与德国、日本、意大利这一方的工业实力差距为2.4：1。当然，工业潜力并不能直接转换成空中力量。取决于地理位置、国家目标、敌军及盟军特征、准则等其他因素，一些交战国将重点更多地放在了空军而非陆军和海军上。一些交战国将目光转向较小且便宜的单引擎和双引擎飞机上；另一些交战国，由于各种原因，生产了许多庞大笨重而又昂贵的四引擎飞机。这些飞机混合的精确比例并不一定是固定的，而会随着时间剧烈波动。简单来说，一方面，对各国生产的飞机数量进行详细比较既不可能，也毫无意义；另一方面，由于上帝经常支持强大的部队，尽管存在诸多困难，我们只能一试身手，没有别的选择。

这里，无须过多提及这两个最小的国家：法国和意大利。从1937年到1939年年底，法国生产了4288架飞机，德国生产了19136架，而英国生产了12920架。1940年，法国被战争击垮，但是阿米奥（Amiot）、莫拉纳-索尼埃（Morane-Saulnier）和波泰（Potez）这些法国航空公司仍然继续运作，当然也为纳粹空军的战斗序列作出了一些贡献。然而，出于各种原因，他们的生产力极低，组装一架相同的飞机，在法国花费的时间是在德国的四倍。因此，德国能获得的由法国制造的飞机相当少，从未超过每月100架。对德国来说，法国铝土矿和铝的运输更加重要，如果没有这些关键的原材料，德国飞机产业根本无法如此扩张，也无法维持这么长时间的产量供应。

尽管法国经济在某种程度上支持着德国航空工业，但意大利及意大利皇家空军却是德国航空工业的负担。在法国，生产是在很小的工厂进行的，机床稀缺，试图使用大量半熟练工人来提高产量的努力也并不成功。飞机产量在1940年下半年达到峰值——每月超过300架，即便如此，航空发动机制造商拒绝大型汽车发动机生产商进入该领域，这意味着提供给飞机机体的发动机几乎不够用，最终迫使德国不得不插手干预。1941年年初以后，情况发生了逆转。许多发动机都是由奔驰公司持证生产的，每月产量从600台几乎翻倍到1100台，但飞机机身的产量却开始下滑，刚开始降幅缓慢，随后急剧下降。1943年，法国整个国家都变成了一个战场。南部被同盟军占领，而北部仍在德军手里。于是，生产一蹶不振，意大利皇家空军也随之崩溃。

1939～1945年这六年里，日本只生产了79123架飞机。1944年产量最高，达到28180架。甚至到了战争末，日本的机床只有15%是通用设备而非专用设备，原因——同时也是结果——是日本帝国的大部分工业（包括航空工业）都分散在数以千计的小公司甚至家庭作坊当中，它们都成了大公司的转包商，因此，生产率很低——1941～1945年，日本的生产率从美国的44%降至只有18%。和其他国家一样，部队间的竞争消耗了大量劳动力，也造成很难理性地使用剩下的工人。考虑到美国仅在1944年就生产了大约10万架飞机，并且在珍珠港遭袭前都未与德国开战，我们似乎有些难以理解日本领导人是如何幻想赢得这场力量悬殊的战争的。

德国战时经济发挥作用的方式，它是不是刻意只提供闪电战所需物资而不生产更多，以及为什么那些年间的产量是那么多（或那么少），等等，都是大量文献评头论足的主题。这里要说的是，戈林曾说德国"只有被激怒了才会武装"，最初德国也并没有打算大力扩张飞机工业。我们看到，德国1941年的飞机产量是11776架，下一年只增至15409架，这比美国、苏联和英国的64706架的产量要少很多。1943年，德国飞机产量出现激增，达到24807架，1944年更增至39087架。当然，即便如此，德军的飞机产量也无法接近敌军的产量。

按规定第三帝国由元首（Fuehrerprinzip）统治，根据领导原则，所有级别的决定都由元首一人作出，而希特勒本人则站在权力体系的顶端，作出其中最重要的决定。实际上，由于希特勒犹豫不决的领导方式，实际上权力分散得惊人。战前和战争期间，这都给上层人物留下了许多空间来彼此争夺势力范围。在飞机制造领域，戈林身为纳粹空军的航空部部长和空军总司令（还有许多其他头衔），和空军监察长艾哈德·米尔契（Erhard Milch）勾心斗角，他骂米尔契"就是我放的一个屁"。米尔契试图对主要制造商亨克尔（Heinkel）、梅塞施米特（Messerschmitt）和容克（Junkers）发号施令，但他失败了，因为这些公司以及其他公司的头头利用希特勒喜欢展示自己对技术的理解这一点，都很容易接近希特勒。理论上，他们应当和空军总技术官乌德特合作。实际上，就如乌德特死前所抱怨的那样，根本没有人听他的。结果，早在1939年前很久，各方都各行其是，为了人力、能源、原材料和厂房等物资而互相为敌。

战争期间各方一直在竞争，从而导致主要原材料——铝的使用效率极低以及没完没了地重复，许多设计原型从未投入生产；另一个结果是，不停的修改扰乱了生产计划。最糟的也许是1941～1942年后，许多飞机型号都已过时。1943～1945年期间，英国人和美国人制造技术明显领先。在这样的背景下，德国的产量在1942～1944年间翻番几乎是个奇迹——即使这部分是通过把双引擎改成工业要求更低的单引擎机器来实现的，这也是一个决不能小觑的奇迹。德国人知道，他们在数量上无法与对手匹敌。一般情况下和在空中，他们的作战方针是通过集中对付敌人部队来克服这个困难，在敌军没有将优势资源全部动员并投入战争之前打败他们。

1939～1941年的闪电战没有能带来停战，德军通过生产新一代革命性武器以求得力量的平衡。最重要的是，世界上第一架作战喷气式战斗机Me-262诞生了。用一名飞行员的话来说，Me-262赋予"飞行"这个词全新的意义；如果早先Me-262充足，那么就能完全遏制盟军的轰炸。V-1和V-2却都没有这么成功，V-2由陆军研制而成，可称是一项辉煌的技术成就，但是由于不够精确以及携带的弹头相对较小，它无法回报其巨大的投资；而V-1是空军特意为了与陆军竞争而研制的，对最后的胜利并未起很大作用，但是无论怎样，它便宜很多。

这让我们想到真正重量级的英国、苏联和美国。1940～1943年期间，英国制造的飞机比德国要多很多，更不用说比日本。1945年，相同的状况再次出现，德国和日本的战争经济都接近崩溃，此外，不列颠之战一取得胜利，英国就又开始生产更多的重型轰炸机，从这个意义上说，他们用质量取代了数量。在1940年、1941年和1942年，英国比德国使用更少的人力建造了更多的飞机。早在1942年3月，能够送到新成立的苏维埃联盟（Soviet Ally）战场上的战斗机就已过剩，然而，如果仅此就认为合作顺利且最有效，那就大错特错了。在德国，皇家空军和海军在谁先获得多少架飞机上意见不合，而1938年成立的航空委员会作为两者共同的利益代表，在解决分歧上也收效甚微。一些更严重的错误都已在早先出现。英国空军部极大地高估了德军飞机的产量，竭尽所能想尽快缩小差距。为了达到目的，空军部迫使皇家空军接受各种类型的轰炸机，最后却发现这些轰炸机都是已经过时的，或是早先被击落而不得不撤销的机型。重新装备生产线来制造新一代需要时间，因为这意味着生产的缓慢或停滞。这也就是英国能够从防御纳粹空军转为战略轰炸，却发现可用的力量完全不够的原因之一。

　　让我们看看最大的参战国——苏联和美国的情况。在战争的前六个月，苏联失去了大片领土、人口、原材料、能源和工业潜力，其中一部分被摧毁，一部分由德军先头部队占领。面临这样的困境，苏联还能维持甚至扩大生产，只能称之为奇迹。这主要是因为苏联西部所有工厂都撤离到了乌拉尔东部。然而，相比其他军种，红军空军也有一些优势。由于地理环境以及海洋在冲突中所起的作用有限，苏联从来都不需要建立一支真正强大的海军，也就不存在建设海军所存在的各种难题。经过慎重考虑，红军只制造了一种重型轰炸机，甚至这种飞机能装载的炸弹也只有美国B-17的一半。这种轰炸机只建造了几架，除了在柏林进行了几次骚扰性袭击之外，这些轰炸机主要用于战术和作战目的，比如在1943年的库尔斯克战役（Battle of Kursk）期间就是这样。苏联确实制造了一些双引擎飞机——"伊尔"（Ilyushin）Il-4、"帕特雅科夫"（Peltyakov）Pe-2、"图波列夫"（Tupolev）"图"-2（Tu）——这些飞机类型又可以分为轻型或中型轰炸机，然而，从战争初期到战争结束，重点都只放在单引擎战斗机和地面支援机上，据说，苏联生产的"伊尔"Il-2急先锋攻击机（Shturmoviks）的数量超过历史上其他任何军用飞机。

　　1941年各国制造飞机总数为15735架，1942年升至25346架，1943年为34900架，1944年为40300架，只在1945年降至20900架。战争持续得越长，重点就越集中到战斗机和地面袭击飞机而不是轰炸机上。这些年内，苏联的飞机每年都要或多或少地比德国生产得多。尽管两个国家都关注陆基飞机，生产的重型轰炸机数量都较少，但是在其他方面却存在许多不同点。德国开发了大量的机型，却只生产了其中相对来说很小的一部分；苏联则不同，他们中止了一些模型的生产，以便空出一些机床和厂房，并且限制了不同发动机的生产数量，将生产合理化，因而1943年制造一架"伊尔"-4只需要1.25万工时，而两年前还需要2万工时。苏联把一些辅助设备和最后的装饰也省下来了，因而与西方相比，苏联的武器（包括飞机在内）总有一些简陋。然而，这并不表示它们性能不佳，比如，急先锋攻击机（Shturmoviks）是"二战"中唯一以这样的方式建造的飞机：它的装甲真正提高了飞机的能力，使机身重量减轻了大约百分之十五，这样的装甲使其很难被击落。即使一部分苏联飞机的性能相对较低，但至少它们就算被击落也损失不大，因此也就是可用的。

如同巨人一般地耸立，"二战"中最成功的飞机制造者——实际上包括飞机相关的其他所有东西——是美国。1940年，美国总共生产了12804架战机，1941年为26277架，1942年为47836架，1943年为85898架，1944年96318架，1945年49761架。因而，在顶峰时，每5分24秒就能生产一架飞机，并且，飞机的型号可能比其他任何国家都多样：小飞机、大飞机、单引擎飞机、多引擎飞机、战斗机、非战斗机、陆上飞机和舰载机。之前从未出现过这种情况，之后也未发生过，并且几乎可以肯定的是将来不论什么时候都不会出现相似的情况。

和其他国家一样，这并不代表各种生产因素都已经达到完美的协调一致。我们仅从一本书的书名——《华盛顿的混乱》（*The Mess in Washington*）就可以排除这样的想法。看看书的目录就能发现，航空业遭遇了劳力短缺，灾难性的员工流动率（常常是由雇主互相挖熟练工引起的），1943年夏天甚至发生了生产危机，导致B-17s轰炸机的制造出现严重问题。1940年5月，当富兰克林·罗斯福总统提出1942年"5万架飞机"工程时，似乎是异想天开的数字。珍珠港事件后，他将目标提至每年12.5万架，也毫无事实根据。和其他国家一样，推迟生产一些飞机，特别是B-24"解放者"（Liberator）轰炸机，意味着飞机最终能够部署时已接近淘汰，这就是为什么许多飞机都用于大西洋反潜，还有一些则改装成运输机的原因。然而，这些问题最终都因为其他任何国家都不具备的大量优势而显得并不重要了。

"二战"中，美国是主要交战国中唯一一个领土没有遭到入侵和轰炸的国家。大萧条之后，美国国内出现了大量闲置的制造能力和同样多的剩余劳动力，因此，从1940年到1942年，劳动力上升到900万。比较人口总数的话，美国比其他主要交战国需要的人力更少，因而相对而言拥有的劳动力也就更多。1944年，美国飞机产业雇用的工人比其他任何国家都多。一般来说，美国工厂，尤其是飞机制造工厂，比英国、德国和日本的规模大很多（尽管和苏联相比，差距可能没有这么大），在该领域的生产力也比德国和日本高很多。

我们可以用另一种方式看待这些数据。5个主要交战国中，有2个在1939年参战，1个在1941年年中参战，2个在1941年年底参战。以1940～1945年为例，我们发现，在这六年里，美国生产了309761架飞机，德国生产了109586架，英帝国生产了143234架，苏联生产了147836架，日本生产了74646架。本章前面的内容中已经作出估计，如果1939年美国工业潜力为3，那么德国、英帝国、苏联和日本的工业潜力就分别为1.2、1、0.8和0.5。结合这两组数据，我们发现德国生产的飞机要少于估计的那一份，英帝国生产相对较多，苏联更多，日本也多出其份额。这个计算忽略了许多因素，包括各国调动资源的程度及生产的飞机类型。但我们仍可得出结论，相对于其总体工业潜力，除德国以外所有主要交战国都比美国生产的飞机要多。

令人惊讶的是，最强调空军武器的国家竟然是苏联，甚至在1944年美国产量达到峰值时也一样。仍然采用相同的计算方法，同年，苏联应当生产25648架飞机，但实际生产的数量却超过了40300架。这些数据是对经常听到的说法——苏联基本上是一个陆上大国，既没有将足够的资源用于空中力量，或许也未能完全领会空中力量的重要性——的一个有益更正。事实似乎是，相对于可以利用的资源，苏联比其他国家更加致力于创建和维持空军。不同之处是苏联计划和使用空中力量的意图是在前线和相对靠近前线的后方。"二战"中德国阵亡的士兵中有3/4死于红军之手，说明也许斯大林的选择并不是那么糟。

空中战争是工厂之战，同样也是智慧之战。战争持续的这些年里，所有交战国都不辞劳苦地收集对方的空军情报。为了收集情报，它们使用各种可能的方法，包括（只列举一些）仔细审阅媒体、代理商报告、飞行员的报告、被俘敌方飞行员的报告；还有技术情报（找出关于敌军飞机的特征）、图像情报、信号情报（SIGINT收听敌人无线电信息）、电子情报（ELINT，从敌人无线电传输频率了解敌人，他们的来向等），还有很多很多。这些方法中几乎没有（如果不是完全没有的话）"一战"中没用过的，在"二战"中，这些方法更是被变本加厉地使用。增加了特殊装备后，情报搜集也更加成熟。一个最佳的例子就是超轻型传输阵列天线（Ultra），即后来名声大噪的拦截、破译并利用德国无线电交通的英国计划。空军的"牙齿"（指战斗部分）由飞行部队组成，比陆军更依赖无线电，这当然并非纳粹空军的错，和海军相比，他们的过错在于松懈的通讯纪律。

各种空军情报机构获得的信息有些正确有些错误，这不足为奇。几乎所有人（除了苏联人和日本人之外，从一开始他们就不相信）都弄错了的一件最重要的事是，战略轰炸要想产生实际影响，到底需要作出什么样的努力。仅仅只是决定什么因素对德国经济更关键，就比所有人预期的还难。结果是一次次的失望和频繁地从一个目标转移到另一个目标，更不要说造成的不必要的损失，除此之外，情况复杂多变。从1935年开始，英国人就大大地高估了德国建设纳粹空军的速度，先是导致绥靖政策，之后是各种可怕的预测和加速改良自己的军备。德国方面则刚好相反。在大不列颠战役中，纳粹空军不仅未能领会到雷达的作用，还低估了皇家空军剩余战斗机的数量，这是一个真正致命的错误。更糟的是，毫无凭据地想仅仅通过对平民实施恐怖轰炸就迫使一个幅员辽阔的强国投降，这种基本观点是错误的。

由于天生自负，德国在1941年面对苏联时出现了低估敌人的倾向，1941～1942年面对美国时再次出现这一倾向。在这两个例子中，纳粹空军对敌人在准则、训练和技术上的弱点的判定大体是正确的，比如，他们从未步美国空军之后尘，相信轰炸机在战斗机面前坚不可摧——无论轰炸机的装备多好、飞行纪律多严整。德国空军参谋部未能理解、从而也没有考虑的，是时间和动员带来的巨大变化。情报的失误还不止这一点。早在1944年，有证据表明"野马"战斗轰炸机正由B-17轰炸机护航深入德国和德占领区，戈林一开始却认为是他的情报官在胡言乱语，并痛斥了他们。太平洋战区也发生了类似的事情，尽管日本决策者的确收到了关于敌人在空中更优势的警告，但他们还是选择了相反的看法。

随着战争进程的改变，各种情报的重要性有增有减，比如，苏联密码的难以破译众所周知，并且，红军比其他部队更加依赖陆上运输，从而通过信号情报和电子情报能够获得的关于红军的信息也有所限制。纳粹空军在为巴巴罗萨行动备战时，主要依靠图像侦察，他们为此选择的装备是Ju-86——一种以柴油为动力、排气式、涡轮带动的双引擎飞机，于1939年首次测试。它可以飞到42640英尺高空，后来一些机型还可以飞到52500英尺，但只生产了很少的几架。与之相比，著名的英国德·哈维兰公司（de-Havilland）的"蚊式"XVI战斗机只能飞到39400英尺。

后来，德国的攻击耗尽了气数，它在空中面临着同盟国不断增长的优势，他们发现执行这种侦察的能力几乎彻底消失。这种状况导致的后果是灾难性的，比如，它使同盟国得以保守诺曼底登陆地点的秘密，从而促成登陆的胜利。同盟国在空中的优势还导致隆美尔（他在北非经历了这样的结果，负责德国防御）企图在海滩登陆地点迎敌，而不是把军力集中在后方，随后再进行反击。在欧洲和远东，同盟国又是另一番景象。战争持续时间越长，同盟国飞行员就越能飞越敌人领土，给每一寸土地拍照。而且有完整的专家团队来冲洗并诠释这些照片。他们把技术变成了一种高度专业乃至有些神秘的艺术。

情报战对获取和维持技术优势至关重要。飞机的发展，以及更多难以计数的飞机内部技术的改进，正以空前绝后的速度相互促进。除原子弹（它的出现要到更晚一些时候）以外，科学对该领域作出的最重要的贡献很可能是上面提到的雷达的引进。直到今天，雷达仍然是空战必不可少的工具。从那时起，雷达已经扩展到海战、太空战和地面作战（尽管速度相对较慢，但肯定会这样）。英国和美国在这一领域是领先者，德国和苏联稍微落后，而意大利和日本则几乎没有发展。

第一座作战雷达装置安装在大型地面站中，用来进行对敌机接近的早期预警和追踪友机。此后，雷达也开始用于引导防空炮火，从而导致了第一批计算机的诞生。同盟国甚至还在防空火炮弹壳内安装了一种小型雷达装置，使防空弹不仅在撞击到目标时才爆炸，还可以在飞到目标附近上方时爆炸。大约同时，能装在飞机上的更小的雷达装置也出现了。1943年春季，盟军海岸指挥部以这种方式利用了短波雷达，使它在与德国的潜艇战中发挥了至关重要的作用。反过来，地面雷达、防空火炮雷达和双引擎夜间战斗机的雷达的结合也日益紧密，使纳粹空军与同盟国的战略轰炸战持续了一年。战争后期，雷达也被装到轰炸机上，用来穿越云层，但是其作用却不太可靠。由于水以完全不同于陆地的方式反射无线电波，雷达在找寻海岸附近目标上发挥的作用最大。然而，到1944年12月，雷达才能可靠地识别像柏林这样的大的城市目标。

真正的斗智不仅包括引进新的设备，还包括发明其他设备来与之抗衡。雷达对于拦截敌机——尤其在夜间——至关重要，但雷达从一开始就会暴露自身的地点。因此可以制造（也已经制造了）一些设备来警告飞行员他们正被当作目标。抗衡雷达的一个方法是使用至少能吸收一部分雷达波的涂料，另一个方法是投掷大量特意切成一定尺寸的锡纸，使雷达屏幕上出现大片的云，从而使行动者看不见。雷达并不是电子飞机或对抗电子飞机使用的唯一形式，引导轰炸机轰炸目标的导航装置同样也十分重要。这些方法刚一引入，对付其行动的方法几乎就已想出。当然，从想法到行动部署，需要更长时间。

随着后续设备的引入，每一束无线电都成为富含信息的宝藏，其中不仅包含了信息的类型、产生这些信息的设备，而且经常与敌人的能力和意图有关。反之亦然，这一点同样适用于从敌方领空上击落的飞机，这些飞机要么装有雷达，要么装有反雷达装置。敌机一被击落或是坠毁，技师队就会蜂拥而至，他们试图解开谜团，审问幸存的人员，立即着手寻找抗衡或复制它们的办法。差别在于，从1942年下半年开始，越来越多的盟军飞机穿梭在轴心国的领空，相反的情况却越来越少。因而，自相矛盾的是，这种优势变成了劣势，无线电近发音信的命运证明，这绝不只是理论问题。同盟国1942年就已经发明无线电近发音信，却延迟到1944年年底才使用，因为他们害怕它有益于敌人更甚于有益于自己。

虽然不是所有问题都需要科学上的突破，但其中许多都需要大量的技术创新。反潜艇战争领域中就有一个极好的例子。德军在大西洋的潜艇常常白天沉到水下，夜间就上升到水面来追踪猎物。潜艇一旦被侦察水面舰艇的机载雷达发现，就会被照亮，这样同盟国海岸指挥部的飞机就能立刻确定其深度变化。轰炸机被明亮的德国城市干扰，使问题变得很困难。一旦清除了这个障碍，也就是说，一旦发现搜寻潜艇需要的是探照灯而不是某种信号灯，飞机就不得不留出足够的空间来安装探照灯和它所需的发电机，其次，还需要找到清理碳灯产生的烟的方法，这些都解释了为什么花了大约一年半的时间才将想法付诸实践。

情报和技术优势是一回事，有效使用并将其转化成军事成果又是另一回事。由于空战通常在相对简单的环境中进行，因而比海战和陆战更容易分析，人们早在"一战"时就试图将数学运用在空战分析上，旨在用科学计算取代基于试错的猜想，改进性能，并减少伤亡。这一领域的先锋是英国专家兰彻斯特（Frederick W. Lanchester）。1939～1945年期间，他的科研工作发展成为运筹学，而这种技术最著名的实践者则是美国的数学家和博弈学家冯·诺伊曼（John von Neumann）以及两位英国人——后来获诺贝尔奖的物理学家帕特里克·布莱克特（Patrick M.S.Blackett）和专门研究灵长目动物的动物学家索里·朱克曼（Solly

Zuckerman）。

运筹学能够回答（或者至少提供了更好的回答工具）以下问题：保卫飞机的最佳方法是不是增加大炮或装甲；多少飞机可以执行任务，多少飞机留作备用；在什么情况下采用何种编队可以将伤亡最小化；用多少飞机来对付不同的目标；在飞行中采取哪条路线；用哪种弹药开火或投掷。运筹学在计划和部署防空防御、后勤系统、训练日程，以及最重要的通信系统方面同样有用。

下面是一份文件概要，其中详细说明了将运筹学运用到空袭潜艇中的结果：

1.（由于潜艇只需要25秒就可以沉入水下）袭击路线要最短，并且速度要最快。

2. 可以从与潜艇相关的各个方向实施实际袭击。

3. 所有深水炸弹设置的深度是50英尺，连续投弹的间距为60英尺，携带的所有深水炸弹应该连续投完。

4. 理想的时机是在潜艇或其一部分还可见的时候进行攻击，但是，如果潜艇刚好在投弹之前沉下水时，要给出数据以便飞行员能迅速估计连续投弹应当距离潜艇的最后消失点有多远。

5. 万一潜艇消失超过30秒，其平面位置和深度的不确定性也逐渐上升，成功也就不可能了。

6. 投弹高度不得超过100英尺。

尽管空战几乎比任何其他形式的战争更适合运筹学，但是其发挥作用的大小仍然难以评估。这主要取决于获得多少敌方情报，也就是说，对结果的认识，而这种认识的获得具有不确定性，可能得到也可能得不到。战争期间，双方飞行员都夸大了自己击落的敌机数量。在空对地的战斗中，如果要试图找出某次袭击真正造成的损失，就只会发现与飞行员的报告大相径庭的结果。也不是所有的问题都能通过图像侦察来解决，而且，地面调查只能由占领战场的一方来测度，且往往难以执行。此外，将军们身份意识都极强，极为自负。正如哈里斯的信函所表明的，他们不一定准备好了接受"由一位平时专长于研究高等猿猴性别错乱的平民教授提出的万能方案"。

和在许多其他方面一样，交战国间在这一点上存在许多差异。五大主要武装力量中，最乐于向运筹学专家寻求建议的是英国和美国部队，而这并非偶然，英美社会军事化程度最低，军人在平时受到的尊敬相对较低。罗斯福和丘吉尔任命科学顾问，他们的一些下属也以他们为榜样，最后，有一位科学家在身边使唤成为一种地位的象征。而另一些国家情况却完全不同。希特勒从未有过科学顾问，结果，就如他自己所评价的，他不得不向邮政局局长咨询核爆炸的可能性。德国和日本的许多将军都过于自负，不愿听取平民的意见。在这方面关于苏联的信息很少，但苏联总体上应该介于这两者之间。苏联总是有杰出的数学家和棋手。另一方面，由于国土面积较大以及人民受教育水平相对较低，许多人只比农民稍好一点，而苏联倾向于采用有点粗暴的方式来解决军事问题。在这样一种氛围下，运筹学的技巧在战争行为中发挥的作用也许比较小。

结果，同盟国在空中战争中获胜了，就像在地面和海洋的战争中一样。当然，情报人员、科学家、技术人员和作战研究人员都促成了最后的胜利。极少有人会怀疑，数量优势是最终因素，在这方面，一些证据来自运筹学之父本人。我们再次回顾5大交战国的工业潜力，双方差异为（3+1+0.8）比（1.2+0.5），即2.8：1。再次参考飞机产量，其差异为599964架比130902架，几乎是4.6：1。即使把倒霉的意大利算进来，这些数据也几乎还是这样。兰彻斯特在他的一个最著名的方程中指出，在现代战争中，要抵消1：2的数量上的劣势，军队所需要的不是通常所认为的2倍于敌人的优势，而是4倍。在这个案例中，如果一方的数量是另一方的4.6倍，那么就需要不少于4.6×4.6=21.16的质量优势。如果假设这一点大致正确，那么真正的奇迹就不是为什么盟军最后赢得了战争，而是轴心国势力如何能坚持这么长时间。

第七章　缩紧包围圈

　　"二战"和"一战"的一个相似之处在于，最大规模的战争行动都是在欧洲大陆上进行的；另一个相似之处是，大部分战斗都是在海上进行的。到1943年春天，潜艇战也许是德国有可能打败英国并迫使英国投降的唯一方法。相反，英国幸存下来，以及英国和更辽阔、更强大的盟军美国用军力对付德国（和意大利）的能力，都取决于它们对海上航线的控制。尽管地中海只不过是一个不起眼的战区，但最终却正是制海权决定了战局的成败。两次世界大战的不同之处在于，从1918年到1939年，军事航空的发展速度远远超过了军舰和商船。"二战"爆发时，关于下述问题仍有许多争执：海军需要多少空中支援；应当如何组织；应当执行哪些任务等。然而，如果没有这种空中支援，海军就无法行动，这条原则已经牢牢树立起来。

　　前面已经提到地中海，稍后再说太平洋，在这里，我们集中讨论大西洋。和1914～1918年一样，1939～1945年期间，如果没有横贯大西洋的海上航线，英国就无法生存，投降只不过是迟早的事。和1914～1918年一样，起决定性作用的不是双方舰队进行的马汉式的遭遇战，而是长期的消耗战。战斗主要由轻型海军分队和与之共同执行任务的飞机完成。和1914～1918年一样，英国首先做的事是恢复护航系统并封锁德国，而德军则利用潜艇舰队实行反封锁。

从空中力量方面来看，战争是非对称的。无论在哪里，英国都能使用并且确实使用了飞机——包括从地面起飞和从航空母舰上起飞的——来搜寻德国潜艇及其他一些偷偷穿过封锁线的武装和非武装潜艇。不论海军和皇家空军的关系怎样，它与海岸指挥部的合作总是堪为模范的。同时，部分由于地理位置（英国仍然堵在帝国海军和公海之间）的原因，部分由于帝国海军与纳粹空军之间的古怪关系，德国海军——即帝国海军——几乎没有来自空中的支援。在基尔的海军战争指挥部，由于缺少空中支援，海军总参谋长主要依靠无线电测向、电子情报和信号情报来接收诸如：同盟国将护航启程，什么航向，目的地在哪儿，等等警报。潜艇艇长定位目标的能力大为（也许是致命性的）减弱，他们不得不在水面上花更多时间，而在水面上，他们又极易遭到舰船和飞机的袭击；如果遭到飞机袭击，他们只能潜入水中或开炮。有些潜艇直到1943年才开始携带炮弹。

从同盟军角度来看，反潜战争中最糟糕的时候是1942年上半年与1943年下半年。最糟糕的月份是1942年6月，盟军损失了70万吨商船运载的货物。这两个时期中，空中力量在遏制威胁上都起到了至关重要的作用。以苏格兰、埃尔斯特、冰岛、格陵兰岛为基地，并沿着北美海岸线从纽芬兰到南部，飞机进行护航并搜寻潜艇。它们或是自己袭击潜艇，投放深水炸弹，或是充当由驱逐舰和其他轻型舰艇组成的猎潜团体的眼睛。时间越长，技术越进步，引进越多的远程飞机，潜艇能相对安全地执行任务的海洋空间就越受到限制。一些史学家宣称，这个因素是同盟国最后胜利的最重要原因。一位德国潜艇艇长向其总司令汇报时说，要成功袭击护航编队，必须在没有盟军飞机时才有可能。

缩小差距的另一个方法是护航航母——即相对便宜的小型航母——和所谓的商船航母。商船航母是商船，常常是谷物船或油轮。它们经过改装可以携带飞机弹射器、一些老式的剑鱼复翼飞机和一两台起重机，一旦飞机完成任务就可以用起重机把它们从水中吊上来。这种简易性和低成本使它们不受"真正"海军指挥官的喜爱；战争一结束，这些海军指挥官就想方设法地淘汰它们。但它们实际上却非常有效。记录显示，商船航母护航中没有一艘商船被潜艇损坏，也没有损失任何一艘商船航母。

还有一些海岸指挥部飞机在英国东部机场起飞，探访潜艇基地，试图进一步了解潜艇的抵港与离港情况，但常常遇到猛烈的防空火力，遭受重创。有许多因素导致潜艇的最终失败，其中最重要的原因可能是1943年春天引入的著名的SCR-517短波雷达设备。尽管它反潜的范围仅限于6英里，但它首次可以装载到飞机上，从而能可靠并精确地定位、跟踪在水面上活动的潜艇，甚至在夜间——潜艇给电池充电以及潜近猎物的最佳时间。轰炸机指挥部在袭击德国时携带了该设备的不同版本H2S，他们担心德军很快就能获得它并研究出反击措施。结果不出意料，德军几乎立即就俘获了一套，但相应对抗设备直到8个月后才制成，正如戈林不得不承认的，这是因为德国在短波雷达领域的科学研究远远落在了后面。

1943年6月以后，潜艇威胁不再在战争中扮演主要角色，这使同盟国开始缩紧对纳粹统治下的欧洲地区的包围，并开始在大西洋上进行大规模运兵护航。之所以没有运兵船沉入海底，是因为有英国皇家空军和美国空军为其提供空中护航。甚至更早以前，1942年11月，盟军就已经在北非登陆。1943年7月，在占领阿尔及利亚和突尼斯后，他们筹划对西西里岛和意大利本土发动进攻。这些都有赖大规模的空中支援，没有空中支援是不可能完成的。每次进攻都由飞机提供关于登陆点的情报以及抵抗敌军的信息，并在海上全程护航；在登陆时提供火力援助，摧毁沿海防御工事，阻断更多来自内陆的德军援军；条件合适并且没有其他办法时运来补给。在西西里岛，他们还空降伞兵帮助海上部队，当然，由此产生的结果有好有坏。

同盟国的飞机不仅促进了战斗和取得了海上胜利，还发动了对德国的战略轰炸。这两者经常是冲突的。在战争中，皇家空军海岸指挥部总是要求更多飞机来支援他们的行动，轰炸机指挥部却反驳说，支援他们只会削弱战略轰炸，而战略轰炸才是驱使德国投降的最有效方式。轰炸机指挥部总司令阿瑟·哈里斯也强烈反对用他的轰炸机轰炸潜水艇修藏坞，而且有正当理由。战争头两年，英国轰炸德国的企图几乎完全没有效果。"布伦海姆"（Blenheim）和"惠灵顿"（Wellington）等二流飞机的导航和轰炸援助极不精确，而德国在不断增加的雷达支援下空中和地面防御能力的异常强大，都是使英国轰炸无效的因素。直到1942年春天，"兰开斯特"（Lancaster）等新式轰炸机开始服役后，局面才有所变化。

除了资源短缺外——纵观历史，有谁不是要求更多的人员和物资？——这一时期轰炸机指挥部面临的主要困难是没有远程战斗机来给轰炸机护航。轰炸机无法有效地防御纳粹空军，被迫主要在夜间——实际上几乎只在夜间——执行任务。轰炸机在夜间执行任务时，一开始极难在漆黑的乡村找到目标，其目标误差经常不是几码而是几英里地。即使解决了这一问题，说得委婉一点，精确性仍然是值得怀疑的。为了弥补这一点，它们通常的袭击目标是中心火车站。燃烧弹和高爆炸弹的特殊混合炸药不断得到发展，这种混合炸弹能引发大火，并摧毁周围的一切。

美国第八空军——先由卡尔·斯帕兹（Carl Spaatz）将军指挥，后来由埃克（Ira Eaker）将军指挥——1943年参战时，刚开始有些轻视盟国英国，而英国则诚心对待美国。正如我们看到的，在两次战争期间，美国陆军航空队条例的主要来源是阿拉巴马州的战术学校。处于这样一个闭塞之地，极少有学校领导允许外国作家、更不用说一名意大利作家来影响他们。有一些油印的杜黑著作节选译本广为流传，但是，它们绝没有到处受到欢迎。甚至有人宣称，应用他的思想会将美国变成一个婴儿杀手。不论是好、是坏，还是无关紧要，美国关于所谓的精确日间轰炸的准则大多是产自本土的。美国空军指挥官坚持，有13把机关枪的B-17轰炸机能在白天攻破防御，打击目标比夜间精确得多。

在经历了几次失败之后，美国人才确信他们找错了目标。其中最严重的是1943年10月14日对施韦因富特（Schweinfurt）的突袭，289架轰炸机中有60架（20.7%）被摧毁，17架不可修复，另外121架损坏了但可以修复。仅在这一天，大约600名受训人员被杀或被俘。这次行动旨在使德国球轴承的生产瘫痪，后者也确实损失惨重，但是，由于这一次以及许多其他场合都没有进行后续袭击，球轴承的生产很快就恢复了。美国的损失如此惨重，以致空军司令阿尔诺德将军被迫暂停对德国进行深入突袭，直到"野马"战斗机于来年2月抵达战场。尽管如此，美国第八空军仍然花了不少时间才改变了自己的战术，他们把飞行员从与轰炸机的紧密关系中解放出来，允许他们无论在什么地方找到德军战斗机都可以驾驶。

　　1943年夏天，纳粹空军接到希特勒的直接指示，把重点从封锁和近距离空中支援转移到保卫帝国上。最后，战斗机中队有70%都派作这种用场，使德国国防军的许多野战编队没有掩护，无法与西部盟军日益增强的空中力量匹敌，而苏联也以自己的方式对抗德国。德国仅存的一些分队通常都由低劣飞机构成，更糟糕的是，许多高射炮（尤其是著名的88毫米高射炮）都有双重目的，结果前线也缺乏反坦克武器。和其他国家一样，德国的防御力量包含战斗机、防空炮组和一些民事防御。和苏联一样，但和英国在大不列颠战争及之后的情况不同，其中的第一批和第二批都由纳粹空军控制，这有利于合作。夜间战斗机中大部分是Do-17、Ju-88和Me-110，它们都不是为了这一目的而设计的，因而到战争后期全都过时了；但作为双引擎飞机，它们全都具有空间大的优势，足以安装雷达装置。飞行员在一系列控制中心的指导下定位目标。飞机一旦逼近，他们首先会在雷达屏幕上瞄准敌人，然后，在射程范围内，用肉眼瞄准。控制中心依次由一系列分层的、搭接的、连锁的雷达设备提供数据，这些设备建于1940年，从丹麦一直延伸到法国中部。到战争最后几天，轰炸机和它们的死敌还在继续互相对抗，双方都在不断改进方法。

　　一直到1943年年初，日间防御还几乎不存在。此后，随着单引擎战斗机，如Me-109和FW-190和双引擎Me-410战斗机处于统治地位，开始出现了系统的日间防御；Me-410的重量足以携带一开始计划用在坦克上的50毫米加农炮。在夜间防御中，当飞机还在60英里以外时（考虑到它们产生的无线电信号极易拦截，它们的到来在更早时就被发现了），雷达设备就侦测到了轰炸机机群。一旦确定了大概的数量、高度、航线和预期目标后，控制者就会警告附近的战斗机中队，并引导飞行员接近逼近的敌人。夜间防御中，双方（特别是同盟国）都尽其所能研究对方，并通过转移攻击、改变方向以及播报错误信息来误导对方。

双方的伤亡都极大——仅英国轰炸机指挥部就有5.5万人员牺牲，该数据代表了所有阵亡军人的1/4以及曾经在哈里斯中队服过役的12.5万机组人员的44%。然而，盟军无论如何都知道，如果幸存下来，他们会被撤换，去执行要求更低的任务。对比之下，德军飞行员都飞到无法再飞时停止，这也是之所以他们死亡人数更多的原因。不止一名德军飞行员记录到（既有当时的记录也有战后的记录），搜寻轰炸机可以十分有趣。阅读大不列颠战争中一名英国参战者的记录，有时也会获得类似的印象。轰炸机机组人员的情况则大不相同，一位美国飞行员——领航员詹姆斯·戈夫（James Goff）中尉这样写道：

我对明斯特上空那可怕的25分钟的具体细节（1943年10月）已经几乎没有多少印象了，一切最可怕的东西都释放出来了。我感觉嘴巴仿佛塞满了棉花，尽管在零度以下，我却出着汗。当我仓促并笨拙地反复从左机头枪移动到右机头枪然后又移回去时，我能记得我在一堆越来越多的弹壳中滑倒和滑动。后来我发现自己已经发射了约1600发炮弹。如果这些袭击确实对德军战斗机造成了任何破坏，我也无从得知，因为它们来得太快又太猛烈。这就像一个可怕的梦魇……敌军战斗机一波接一波……战机的碎片在湛蓝的天空中乱飞……高射炮爆破的可怕的黑烟……飘动的降落伞上的人……我们周围到处都是燃烧的轰炸机和战斗机……25分钟似乎变成了永恒。

随着时间的流逝，轰炸强度也在增加。1941年，皇家空军在欧洲投放了35509吨炸弹；1942年，皇家空军和美国空军投放了57550吨炸弹。1943年投放量为226513吨；1944年投放量为1188577吨；而1945年投放量为477051吨，使总量达到近200万吨。袭击并不总是连续不断的。现在天气已经成为德军的敌人，能使他们中断几天甚至几个星期。

尽管对接受方来说，差异可能并不总是十分明显，但美国人比英国人行进的方式更加系统。他们并没有蓄意毁坏城市，让工人无家可归，而是集中轰炸具体的工业目标。事后看来，收益最大的是对德国的飞机厂、交通系统和合成油加工厂的轰炸。第一种轰炸并未成功导致飞机生产崩溃——事实上，德国的飞机制造在1944年达到顶峰——但是也的确产生了数不清的困难，迫使整个飞机制造工业因为该项目的低效率而涣散。到战争快结束时，第二种轰炸造成了这样一种局面：仍然可以提取出来的原材料和生产出来的材料常常不能组装或投入使用。第三种轰炸给地面部队和纳粹空军造成了沉重的打击，迫使地面部队越发依赖马匹，并且使德国飞行学员无法受到足够的训练，当他们被不分青红皂白地送到空中后，许多人还没有学会控制好自己就被击落了。

"二战"历史中，也许没有哪一场战役比这一场引起的争议更多：英国的还是美国的方法更好？战略轰炸是使用空中力量的最佳方式吗？或者它仅仅是空中力量其他利用形式的一种转向，如近距离空中支援和封锁？目标选择正确吗？或者，是否有一种不同的方法可以导致更好更快的结果？它对德国战争行动的影响是什么，对胜利有多大贡献？战略轰炸在道德上合理吗？从相反的顺序思考，如果对科隆、汉堡、德累斯顿等许多城市的突袭构成了战争犯罪，那么，毫无疑问，对华沙、鹿特丹、伦敦、考文垂和伯明翰的突袭也是。考虑到当时的投弹方式是如此不精确，要期望击中的对象全是——甚至在许多情况下主要是——军事目标是完全不现实的。在迫使希特勒及其政府投降的意义上，轰炸并不具有决定性的作用。但轰炸确实导致了大约35万人丧生，80万多人受伤，10%的人口无家可归，大量工业和交通动脉瘫痪。为了抵御战略轰炸，1944年德国人动用了5.5万支枪及210万人（90万人防御，120万人对破坏进行修复）。由于没有平均数，至于这些数据是大于还是小于战略轰炸本身的成本是无法下定论的。

不论约瑟夫·戈培尔（Joseph Goebbels）的宣传机器能做到什么并且确实做了什么，不论他们对那些"破坏士气"的人随意施加了哪些恐怖措施，轰炸当然不会增强被轰炸方的士气。在即将被占领的柏林，德国妇女互相流传说"肚皮上的俄国人"要比"头顶上（轰炸机中）的美国人"好一些。然而，轰炸并没有使德国人放弃抵抗，更不用说使他们反对其政府——即使在炼狱般的汉堡，社会凝聚力也比任何人想得都要强。街道很快就被清理干净，必要的服务也得以恢复，而且轰炸使德国战斗机飞行员有事可做，如果有必要，还可以为之献身。其中，22岁的海因茨·诺克（Heinz Knoke）在城市被摧毁不久后开着战斗机飞过汉堡，看到"遮天蔽日的烟雾"和"可怕的景象"，他在日记中写道："尽管我的手受伤了，我还是决心回到战场。"到战争结束时，防空防御人员不仅包括男人，还有妇女和孩子；在柏林，一名16岁的希特勒青年团成员在日记中写道，他和他的伙伴是多么骄傲自己能被征召服役，没有人会叫他们懦夫。在这个意义上，轰炸事实上有利于纳粹党增强人们的抵抗意识。

纳粹空军也建立了令人生畏的防空防御。到1942年年底，纳粹空军拥有超过200门重型高射炮和300门轻型高射炮。步兵数量超过10万，就像之前在英国一样，其中的女性越来越多。1942年7～12月，纳粹空军的战斗机共击落了169架英国轰炸机，而高射炮击落了193架。这还只是开始。1943年间，在德国境内部署的重型高射炮数量上升到1300门，轻型高射炮上升到728门。与此同时，防御质量也得到了提高。他们引进了重得多的机枪——口径达到128毫米；建立了能够提供一览无余的视野和开火场地的高射炮塔；增加了日益成熟的雷达设备；与战斗机分队协调从而避免友军伤亡的问题也都得到了处理，尽管从未完全解决。

根据1943年前三个月的数据，战斗机和高射炮消灭的轰炸机数量相同，如果考虑被损坏的飞机，那么后者损坏的敌机数量是前者的9倍。在随后的战争中，纳粹空军战斗机几乎被彻底消灭，高射炮成了德军能进行反击的唯一方式。

1944～1945年，如果盟军没有制造成千上万的轰炸机并将它们派往德国领空，而是集中精力在地面支援，就像纳粹空军在战争早期所做的一样，盟军能更有效地运用空中力量吗？一些作者这样认为，但是很难（如果不是不可能的话）获得证据。也有人从反面看这个问题，有些作者认为，战略空战最大的好处是给德国人民和德国经济造成的损失要小一些，因为它迫使纳粹空军放弃原来的教条，而集中精力捍卫帝国。从1943年中期开始，德国的许多地面部队都几乎没有空中保护，大大方便了盟军在许多前线的进军。最后，美国方法比英国方法更好吗？或者相反？这又是一个难以给出直接答案的问题。一个原因是，现实中精确轰炸不如其支持者宣称的那样精确。根据美国《二战时期陆军航空队官方历史》（*Official History of the Army Air Forces in World War Ⅱ*），战役持续得越久，美国轰炸机发现自己就越接近于皇家空军式的区域攻击。

历史事实无疑是极为重要的，然而，往后看，当时以及以后为这些问题和类似问题提供的答案并没有反映出它们的真正意义。相反，真正重要的是，"二战"结束后几年甚至几十年，它们继续构成思考空战的框架。在本书接下来的部分，我们将有机会从战争中总结这些教训：空中力量在整场战争中应扮演什么角色；应以何种方式作战；应该集中在哪种目标上；可以合理地期待取得什么战果；在道德上是否正义，等等。同时，还要击败德国国防军。

在进攻意大利时，盟军就缩小了对轴心国的包围，首先在萨勒诺（Salerno）随后在安齐奥（Anzio）登陆。如果将意大利战局作为一个整体来看，盟军空军的表现则令人失望。的确，战斗爆发后不久，一位德国将军就指出，盟军在滩头阵地及随后在蒙特卡西诺（Monte Cassino）战斗中进行的空中支援"非常漂亮"。他目睹了轰炸的密集、投放炸弹的精确，以及轰炸所带来的破坏。然而，他也注意到，"轰炸刚结束后立即进入某个地方，会发现，除了少数例外，枪、机关枪和观察工具都完好无损，甚至对人们士气的影响在遭遇到最初的轰炸后也逐渐减弱了，而开始时产生的影响是很大的"。对蒙特卡西诺附近由一场"猛烈的"空袭所造成的伤亡的"精确"核算显示，空袭造成的伤亡要远远低于火炮所带来的伤亡。"显然"，将军总结道，"在某种程度上，只有地面进攻立即利用了空袭对士气造成的影响，空袭才算完成了目标。"

这次战役最引人注目的是，从1943年7月开始到1945年4月结束，盟军在空中总是有十分明显的优势。所剩不多的意大利空军分队在该领域难有什么作为；纳粹空军的飞机越来越多地转向保卫帝国，情况也好不了多少。另一个原因是，盟军的雷达运行良好，因此他们的战斗轰炸机总是能躲避轴心国战斗机的拦截。然而，如果说有哪一次战役展开得如此之慢而又如此困难重重，那么一定就是这次战役了。这绝对是一次名副其实的拉锯战。在所谓的"绞杀行动"（Operation Strangle）中，盟军空军无数次轰炸并低空扫射德国全境的铁路和公路通讯线，几乎完全没有遇到来自空中的防御，国防军地面部队能做的只是部署防空导弹，建立模拟机动纵队、仓库、弹药装载点，等等。然而，盟军空力量从未真正成功地剥夺他们的补给以至使其失去抵抗的能力。特别是至关重要的布伦纳（Brenner）隧道，没有它，意大利的德军不可能生存下来，而这条隧道从未长时间关闭。复杂的地形以及盟军飞行员无法在夜间发动袭击都是其重要原因。

进攻欧洲西北部时，空中力量再次发挥了至关重要的作用。负责制订最初计划的英国将军弗雷德里克·摩根（Frederick Morgan）后来解释了他是如何做的。他手里拿着圆规，排除了不能从大不列颠群岛上的空军基地起飞的战斗机能有效覆盖的所有海岸。这也不仅仅是使用战斗机和战斗轰炸机的问题。总司令德怀特·艾森豪威尔（Dwight Eisenhower）将军急切地想要阻止德军调集兵力来抵抗登陆，决定使用重型轰炸机来摧毁法国西北部的道路及铁路通讯；他还迫切地想要尽可能长时间地隐瞒登陆的确切位置，决定在诺曼底区域每出动飞机一次，就要出动飞机两架次去攻击其他目标。

两位轰炸机将军，美国的斯帕茨（Spaatz）和英国的哈里斯（Harris）都反对这个计划，认为这又一次从他们对德国城市和工业发动战略袭击的任务中转移走了人员和战机。他们宣称这会造成严重的伤亡——包括法国平民——并且对敌人的影响不大。但是，他们的反对被否决了。从3月到7月，7.6万吨炸弹像雨点般轰炸法国的交通系统，最终取得了相当大的、尽管不算彻底的胜利。在登陆日那天，各种战机出动不少于1.2万架次，这在历史上是空前的。索姆河上从巴黎到西部的每一座桥都被摧毁了，这一地区的铁路交通减少了近2/3。艾森豪威尔直到去世仍然深信，坚持把轰炸机控制在手中，并用来袭击法国交通系统是他对登陆成功的最大贡献；然而，事实上，许多破坏都是更小、更灵活的战斗轰炸机的功劳。

登陆成功后，盟军的战斗轰炸机不断在空中巡航搜寻目标，德国的增援被迫慢了下来，几乎只能在夜间行进。7月，盟军准备突破德军的桥头堡，美国与英国轰炸机也对国防军地面部队发动了大规模袭击，试图缩小包围圈，在这方面它们最终也成功了，尽管精确度不高。结果是不计其数的友军伤亡；其中还包括美国陆军地面部队指挥官莱斯利·麦克奈尔将军（Leslie McNair），他当时正过来在散兵坑中观战。

7月31日，战争行动一开始，轰炸机就转去执行战略任务，空中则交给了战斗轰炸机。法国可不是意大利，消息由此不胫而走。不仅盟军在这"一战"区优势要大得多，而且开阔的平原有助于飞行员寻找和袭击目标。并且，这不再是1940～1941年了。北非和意大利的战争教会了英国和美国人如何操作空对地和地对空协同系统。这两个系统都借鉴了德国系统，前线观察员乘坐着特殊的汽车，装备着无线电话，和前线部队在一起并直接与飞行员交流。引用一名德国装甲车指挥官在谈到他们师8月7日试图反攻阿弗朗什（Avranches）失败时所说的话，"它们

[“喷火”战斗机、“台风”（Typhoon）战斗机和“野马”战斗机]成百上千地袭来，对集中的坦克和汽车开火，而我们无法反击，也无法继续前进”。

1945年战后不久就有一场激烈的争论：谁做了什么；袭击到底多有效；空中力量整体而言对战争演进的贡献是什么。这是最激烈的一次，因为所有当事人都当仁不让，都将事情用最有利于自己的角度呈现出来。正如刚才引用的话所暗示的，德国指挥官，特别是在20世纪50年代撰文反对德国致力于加入北约的那些指挥官，想为他们的战败辩护，声称面临盟军在空中压倒性的优势，他们什么也不能做。盟军空中指挥官则想表明他们对胜利所作的贡献是多么必不可少；盟军地面指挥官有时则试图弱化空军的贡献，坚持说飞行员夸大其词。轰炸机飞行员和战斗机“士兵”间的争论使问题进一步复杂化，这还没有考虑到军事历史学家的“客观”介入。

制约战术空中力量效能的第一个因素是天气，不论是用于紧邻前线的空中力量，还是用于离前线后方有一定距离来阻断敌人移动和补给的空中力量都是如此。天气不配合时，就像1944年12月对德国阿登（Ardennes）高地进攻的前几天一样，盟军的战斗轰炸机几乎无用武之地。下一个因素是及时性与精确性。及时性本身又随许多因素而变化，包括可用战机数量、组织、通信以及空军基地与前线的距离。在战争头几年，纳粹空军经常在紧随装甲先头部队迅速向前推进基地方面上演奇迹。英美军队中每名士兵拥有的机动车辆和建设装备要远远多于当年德国士兵所拥有的，这表明英国和美国人也可以做到同样的事。他们作战的规模大得多，接管了德国在法国的废弃机场，恢复机场的工作条件，并为它们提供一切之需，包括设施、补给、通信，等等。

即便如此，地面部队在要求空中支援时，极少能在请求发出后的一个小时之内获得。一个小时要求前方观察员、通信员、空中交通主管和指挥官具有非同寻常的效率。然而，对那些自己发动进攻时，试图保卫自己免遭反击或遇到了意想不到的抵抗的人来说，一个小时似乎变成了永恒；毕竟，在一小时内，坦克可以很容易地越过15英里。当然，通过转移已经在空中的战斗轰炸机可能会大大缩短反应时间，然而，这样做在技术上并不总是可行，而且不可避免地会要求放弃其他任务。而且，这可能会有使空中力量变成地面部队的"侍女"的危险，从而失去其最大的优势，即灵活性和集中力。

由于敏捷性和低空操作能力，毫无疑问战斗轰炸机能够比轰炸机更精确地投放炸弹。在登陆之前，有些专家或许因为受雇于英国皇家空军轰炸机指挥部而另有所图，声称将重型飞机从对德国的战略轰炸中转移出来的政策是多么浪费。他们估计炸毁一座桥就需要1200吨炸弹；美国战斗机指挥部指挥官艾尔伍德·克萨达（Elwood Quesada）少将认为，8架P-47"雷电"战斗轰炸机只要携带这些炸弹的0.4%就能完成任务。然而，这也是误导人的。战斗轰炸机在开阔地带摧毁静止和移动目标方面都极具优势。火车头是其钟爱的袭击目标，因为它不能进行逃避性的运动，受到袭击时还能发射出壮观的蒸汽团。但是，它们在城市里几乎无法做到这一点，因为城市中建筑高耸，街道狭窄，有时就像峡谷一般。

在开阔的乡村，战斗轰炸机对桥梁等大型静止目标比对小型移动目标的轰炸更有效，对野外的步兵——特别在他们站立不动或以密集方式行进时——也比对身处战壕的部队的轰炸更有效；再者，是否能在野外抓到敌人更多的是一个精确协同和时机问题。当战斗轰炸机用于近距离支援时，弹道武器（如机关枪、加农炮）的小口径以及非弹道武器（如火箭）的误差使它们在压制敌军火力方面比摧毁火力源更有效，对付无装甲保护的车比对付装甲车更是如此。在这点上，那些支持封锁而非近距离支援的人无疑是正确的，对第二梯队部队而言更是如此，因为供应给第二梯队的防空炮弹常常比一线部队的少。再次，问题不仅仅是谁对谁错，而在于这些争论有助于塑造1945年"二战"后的世界。最后，能肯定的只有这一点，英美战术空中力量在击败国防军上发挥了相当大的作用。然而，也必须承认，我们无法确知作用到底有多大，或如果它们一方面被指派给地面部队，另一方面被指派给战略空军力量，所消耗的工业和人力资源是否能够得到更有效的利用。

所有在"二战"中阵亡的国防军士兵中有3/4都是在东部前线丢掉性命，想到这一点会有所帮助。与之相比，西线几乎就是一次郊游。到1942年秋天，尽管力量在减弱，也不可能像早年那样发动全程袭击，但德国陆军和支援它的纳粹空军分队依然保持着对苏联的优势。结果获得了一系列壮观的胜利，将他们带到了斯大林格勒和高加索地区的大门口。尽管苏联战机的质量有所提高，但德国的飞行员和组织（包括至关重要的通讯领域）仍处于优势地位。纳粹空军集中兵力，仍然可以在它想要的时间和地点获得明显的空中优势。问题在于，考虑到数量相对较少的飞机和需要控制的广大空间，从来就没有足够的军力来做一件真正彻底的工作。这反映在纳粹空军交通指挥上所作的巨大努力：这一时期，他们出动了21500架次的飞机，行程超过1000万英里，运送了4.2万~4.3万吨补给物资。

纳粹空军决心将仍然盘踞在斯大林格勒伏尔加河右岸的苏联最后残余力量逐出，他们于10月集中了80%的作战力量袭击这座城市。这个月中，纳粹空军的轰炸机和俯冲轰炸机出动了大约2万架次来协助弗里德里希·冯·保卢斯（Friedrich von Paulus）的第六陆军。目标包括残余的小股抵抗力量以及苏联跨越伏尔加河的交通。但是，德军并不能为所欲为，由于敌人抵抗强硬，其可以服役的飞机数量减少了一半。到11月20日苏联开始反攻时，红军空军数量不断增多，他们从伏尔加河东岸基地行动，控制了天空。特别重要的是，德国飞行员不能在夜间辨识目标，接近地面作战会使情况变得更糟。正是出于这个原因，苏联在夜间把大部分援军派往了被围困的城市。

苏联的反攻很快导致德国第六陆军被围困。几个月之前，1942年2~5月，大约9万德军部队被红军截断，在斯大林格勒南部形成两个被围困的孤立地区。这一时期，纳粹空军通过运入补给和替换部队以及运出伤员，保存了被包围的部队。最后，被困部队成功突破包围，尽管这样做耗费了他们许多重型装备。现在戈林告诉希特勒，纳粹空军也许可以重复这一行动，然而，情况却完全不一样了。杰米扬斯克（Demyansk）战斗发生在初春，可以预期天气会越来越好，而斯大林格勒战斗时冬季刚刚来临。在杰米扬斯克的部队生存一天最少需要265吨物资，而斯大林格勒的22万部队却至少需要两倍于此的物资。并且，战斗机从城市飞进飞出的行程也更长。

动员了所有飞机和飞行员，勇敢地面对越来越长的夜晚、恶劣的天气条件以及苏联越来越多的空中与地面的抵抗，纳粹空军使用的绝大部分飞机仍然是过时的Ju-52，他们已经竭尽其所能。然而，在整个"空中桥梁"行动的这一时期，纳粹空军只有一次成功运送了280吨物资，平时的每日平均运送量只有90吨。到后期，由于越来越多的机场被不断前进的苏联纵队夺回，德军只能通过降落伞投放补给，结果许多都遗失或是落入敌手。没有什么可以拯救难逃一死的第六陆军；纳粹空军交通指挥部已经损失了差不多500架战机和大量有经验的飞行员，在投降时又遭到一次再也无法从中恢复的重创。

纳粹空军在东线能有效干预的最后一次地面战斗是在1943年7月的库尔斯克，这一次他们拯救了被包围并且可能被歼灭的德国第九陆军。此后，在空中和在地面一样，情况发生了逆转。在1942年期间，苏联空中力量的质量就已经开始提高；从1943年开始，每架新飞机都装备了一套现代无线导航设备。苏联地面雷达已经可以提前15分钟对靠近的德国战机提供预警，从而极大地方便了拦截，使指挥官不用再进行实时的空中巡逻。斯大林的"战隼"战机终于开始采用交错的四指队形，这是空对空战斗中一项引人注目的进步。

此时，苏联航空业又重新完全运转起来（它们中有许多在1941年仓促撤退到乌拉尔山东部）。部分由于这个原因，部分由于纳粹空军决定集中力量保卫帝国，红军空军拥有了极大的数量优势。结果之一是空对空遭遇战的次数减少，随后在西线也发生了类似的事，德国再没有剩下的飞机和飞行员来继续战斗。

这反过来又表明苏联在绝大部分时间和地点都能够确保制空权，从而能集中力量实施空对地的袭击。和他们的盟军和敌军一样，苏联也开发了一套前方空中观察员系统。它们完全是机动化的，利用无线电话和团级以上地面指挥官联络。战术也得到了发展。在斯大林格勒，空对地协同准备不足导致苏联空中支援几乎彻底失效。现在，在辽阔苍茫、几乎没有特征的区域中往返（绝大部分情况下是往）推进战斗，事情变得容易多了。苏联采用了更小、更灵活的编队，只有3～4架飞机。飞行员学会从西面发动袭击，特别是在傍晚时分，那时太阳光会使德军防御失去判断力。苏联仅有的战术轰炸机、战斗轰炸机和地面袭击战机既执行战场支援也执行封锁任务，在更喜欢战场支援这一点上他们也与西方盟国保持不同。有计算表明，他们所有出勤架次中有40%～50%用于这项任务，几乎和用于制空（35%～45%）、封锁（4%～12%）和侦察（2%～13%）加起来的架次一样多。

在决定性的柏林战役中，苏联的战机从斯大林格勒战役时的1327架增加到7496架。日均飞行架次从斯大林格勒战役的500次增加到库尔斯克战役的2600次以及柏林战役的4157次。但是在斯大林格勒战役中每架战机每天的平均飞行架次是0.37次，两年后，该数据增至0.55，但损失也同比上升。在造出来的3.37万架地面袭击飞机中，超过2.36万架或70%被摧毁，1.24万架由于敌军行动，1.12万架由于各种事故。这些都符合一则报告：战后不久，斯大林吃惊地发现，足足有47%的损失是由事故引起的。这一发现立即导致对各种所谓的肇事者和敌人的不法行为进行调查——尽管调查结果没有记录下来。然而，从某种程度上说苏联也是幸运的，他们几乎所有的战机都只有1个或2个座位，因而人员损伤要比西方盟军少得多，从长远看来，更小的损失转换成了更多的经验积累。

正如以前一样，苏联空中力量对地面行动的影响大小是无法定论的。当然，我们被告知，"1944年后，空中掩护和坦克部队的支援承担了苏联主要的进攻任务，对整个胜利至关重要"；"（前线空军）是在纵深作战中支援坦克部队最机动、最灵活、最具威力的方式"。但是，问题是"至关重要"到底有多重要。德国与西线有关的记录和回忆录常常强调盟军空中力量的作用，当说到红军空军时却说它没多大用处。到最后，德国的将军倾向于轻视苏联敌军，把后者的胜利及他们自己的战败归因于对方压倒性数量优势带来的毁灭性打击，而不是任何战术和作战策略。他们总是说供给系统崩溃了，或者是某个邻近部队退却了，而从不说是他们自己被打败了。对于大多数将军而言，承认苏联在整个战争中的胜利——特别是空战中的胜利——也许是由于质量优势无异于异端邪说；在冷战时期，承认这一点会引来对德国在新成立的北约盟国中的作用的怀疑。

正如我们所见到的，战争早期，纳粹空军在空中行动时获得了一些著名的胜利，但是这些胜利部分是由于敌人的无能，比如在挪威，部分是由于海上和陆地部队就在附近，能够随时过来营救。后一个因素特别重要：没有支援部队，就像在海牙附近发生的那样，德国空中部队很难幸存。在克里特岛，伞兵部队损失惨重，此后，他们只用作地面部队。总体而言，盟军经历也没有很多不同。1943年7月，空中部队协助了西西里岛的登陆，但糟糕的天气导致美国空降部队的散落区域超过50英里；134架英国滑翔机中有47架在海面着陆，人员伤亡惨重。他们的活动没有给意大利军队（后者几乎没打一枪一弹就投降了）和顽强作战的德军留下什么印象。在东线，1943年9月于乌克兰的布基纳（Burkina）爆发并持续到11月的苏联最大的空中作战也不是一次重大胜利。

也许最成功的空战是在1944年6月的诺曼底，英国空降和滑翔部队占领桥梁、十字路口和关键地形，实现了所有目标，在对抗德国的反击时仍然控制着其中的大部分，直到援军到达。他们的美国战友就没有这么幸运，他们七零八落，晕头转向，1.3万人的部队中，师级指挥官只能集中2500人，结果他们的行动只给敌人造成了一些小麻烦。这次进攻标志着滑翔机最后一次用于战斗。对空降部队而言，转折点是三个月之后的阿纳姆（Arnhem）。在这次名为"市场花园"的行动中，参与的美国、英国、加拿大和波兰的部队不少于3.46万人，是所有这类行动中规模最大的一次。然而情报失误导致联合部队遭遇到了纳粹党卫军部队的激烈抵抗，从而未能完成保卫荷兰河上的桥梁的目标，并导致1.5万名盟军伤亡。使事情更糟的是，这是一次耗资巨大的行动。不仅空中交通是最昂贵的交通形式——更不用说损失——而且，组织时需要从可用人力中挑选精英，并给他们提供几个月专门的培训，连续几个月随时待命，直到出现一个使用他们的合适的机会。

到这里，我们对"二战"时欧洲空中力量的作用的描述就结束了。也和在"一战"中一样，战争由消耗构成，没有明显的关键性战役或转折点。之所以出现消耗战，主要是因为双方使用的战机数量十分庞大，远比亚洲和太平洋战区大得多。美国只部署了部分兵力，英国和苏联部署的相对较少，日本作为共同的敌人，生产的飞机比除意大利以外的所有其他参战国都要少。但是，正是在两个战区使用的战机数量是如此之大——甚至使用了可以至少搭载10个人的庞大的四引擎飞机——他们才消耗得起。主要是因为他们消耗得起，他们才能够参与大大小小的对敌行动。相反，武器和有关武器系统太昂贵，数量太少，因此不能遭受损失，也就根本无法用于战争。1945年后的十多年里，这个教训却逐渐被忽略了。

第八章　从航母战到大决战

　　远东战场与欧洲战场相隔数千英里，战争形式也大不相同。地面战争，甚至是著名的马来群岛进攻和占领新加坡，在规模上都相对较小。直到苏联在战争最后几天参战，这些作战最重要的战区都在中国。从1937年以来，空中力量（一部分是苏联的，一部分是中国的，一部分是美国的）在抵抗日本入侵上发挥了相当大的作用。

　　已经有资料讲述了日军在中国的空中力量使用情况以及裕仁天皇的飞行员为何无法在这片土地上击败他们的敌人。中国人的坚持不懈和意志坚定，以及巨大的国土面积和落后的基础设施（这使得可以袭击的目标很少）都起到了很大作用，美国的介入也是如此。美国建造的第一批飞机"寇蒂斯"（Curtiss）P-40战斗机于1940年抵达中国，不久后，大约300位飞行员以旅游者的身份来到中国。1941年夏天，他们开始受训，珍珠港事件之后便正式加入了中国对日本的战争。1942年夏天，这些人并入了美国空军，而之后的"飞虎队"则并入了第14空军。直到战争后期，空军的任务主要分为两大类，一类是防御日军在中国东南进一步前进（包括向美国基地的行军），在这方面，他们很成功；第二类是帮助夺回日军占领的缅甸，从而打开一条从印度贯穿缅甸到达中国的道路。最后，尽管缅甸公路建成并投入使用，但由于缅甸地形十分复杂，这条战略公路没有达到预期效果，相反，喜马拉雅山脉上空的空运——

即大家所熟知的驼峰航线，效果比预想的好得多。战争期间，这条航线向中国运送了不少于65万吨的补给物资，也使它成为历史上最伟大的空中运输的胜利之一。

缅甸也见证了第一次大规模地致力于解除地面部队对通信线路的依赖，改为完全从空中提供。专家和将军们从"一战"结束就已经在思考这个问题了，但真正将计划付诸实践则源于一位古怪的英国军官奥德·温盖特（Orde Wingate）旅长的想法。温盖特希望，领导一个旅左右的军力打入乡村，在前线后方进行游击作战，这样也许可以摆脱日军的控制。1943年2月，大约3000人分为7个纵队出发。然而，行动并不成功，日军情报从一开始就察觉到了，因此日军部队逐渐包围了外界所称的"钦迪特"战士。两个多月后，只有2200人回来，其中600人由于饥饿和疾病而太过虚弱，不能继续参战。损失主要是由空中人员常常不能定位地面部队或精确投放补给造成的，尽管他们已经尽了最大努力。1944年2月，温盖特没有气馁，而是以更大规模的部队再次发动攻击。这次他们是通过滑翔机到达目标位置，从而避免了之前艰难的丛林行进。温盖特死于3月的一次飞机事故，根据陆军元帅伯纳德·蒙哥马利（Bernard Montgomery）所说，使自己被杀是他做过的最大善事。但这次一直持续到7月的行动并不比1943年的那次更成功。情况一度变得十分危急，以致"钦迪特"战士被迫向自己的受伤人员开枪。

太平洋上的战事远比中国和缅甸的重要。1941年12月7日，日本通过对珍珠港进行一次强有力的空袭向美国宣战。日本错误地相信，美国会对任何在荷兰属和英属东南亚殖民地的扩张行为采取军事行动，因而谋划摧毁美国太平洋舰队，使美国不可能介入太平洋战事，或者至少可以推迟到美国恢复以后，而到那时日军已经在太平洋上建立起了自己的防御带。这次行动日军主要依靠载有405架战机的6艘航母，袭击计划周密，完成出色。首先，日军观察到无线电处于静默状态，帝国联合舰队于是从北部接近夏威夷，躲过了侦查，也有效地躲过了美国情报追踪到的战斗序列。接下来巡洋舰掩护着航母，派出舰载侦察机汇报停在珍珠港中舰船的准确位置，以及美国可能采取的任何预防袭击措施。日军现场指挥官海军司令南云忠一孤注一掷，只留下48架飞机保卫舰队。

这一时期美国（和英国）的军事评论员都倾向于低估日本，断言日本战机低劣，日本人都近视，并且患有遗传性的"内耳管缺陷"，使他们难以成为真正优秀的飞行员。现在，当两波战机轰鸣着低飞进入珍珠港——每一波都有大约180架飞机，美国人才从睡梦中惊醒过来。第一波由鱼雷轰炸机组成，日军是在仔细研究了1940年英军在塔兰托对意大利舰艇的袭击之后，才挑选这种飞机作为主要武器的，他们甚至开发了一种特殊的悬空鱼雷，能在珍珠港的浅水中前进。这一波的主要目标是摧毁尽可能多的美军主力舰。这个目标完成后，第二波由轻型轰炸机、俯冲轰炸机和战斗机组成，袭击港湾设施、飞机以及最重要的燃料库。

这次行动是到那时为止历史上规模最大的一次空袭行动，这也解释了为什么美国雷达把逼近的日军战机误认为将要过来增援的美国B-17轰炸机。结果，日军完全出乎美军的意料，他们一开始几乎没有遇到什么抵抗。美军大多数部队仍在营房睡得正酣，而当他们赶到战斗岗位时却发现枪支封存了，弹药盒都被锁住了，这解释了为何日本的第一波袭击只遭到轻微损失，第二波袭击损失却大得多。这些损失使南云忠一放弃了由第一波返航战机发动第三波袭击的计划。结果，袭击并没有击沉美国太平洋舰队的航母。日军并不知道，航母当时碰巧缺席演练。但仍有许多战舰被击沉，加上其他船遭到的损坏，西太平洋实际上成了日本的内湖，在接下来几个月内，日本帝国海军在这里为所欲为。

日本战略家遵循战前制订的计划，将战争分为两个方面，一方面取道菲律宾（和已经处于日本控制下的印度支那）向南推进到英属马来半岛、荷属东印度以及附近一些更小的岛屿，目的是夺取原材料，主要包括橡胶、有色金属、木材和石油；另一方面向东推进到太平洋，目的是尽可能多地占领尽可能远的岛屿，修筑防御工事以抵御美国的反击，当然这也意味着日军准备将这些岛屿用作空军基地。而所有战事中最重

第二部分　史上规模最大的战争：1939～1945

·129·

要的是在中国已经进行了4年的战争。这三个战区互隔数千英里。在这一点上日本与其地球另一边的盟友德国很相似：战术上，他们一开始的进攻十分成功；然而，战略上，历史上极少有国家像日本一样如此高估自己的能力，也许这也解释了为什么海军元帅和联合舰队总司令山本五十六在看到他的国家与美国作战的计划时，曾经写道，他所有能依靠的只有"君主的美德和神的帮助"。

不论日军到哪儿，他们的航空，特别是海军航空就跟到哪儿，并且帮助他们开辟道路。珍珠港事件3天后，86架帝国海军的战机从西贡飞机场起飞，击沉了英国战舰"反击号"（Repulse）和"威尔士亲王号"（Prince of Wales）。丘吉尔亲自派遣这两艘军舰到新加坡，希望遏制日本进攻。原本打算由航母"不屈号"（Indomitable）陪同，但是远东战争爆发时，这艘航母正在维修，无法执行任务。结果这两艘战舰和护卫的4艘驱逐舰离开新加坡去搜寻日军时，没有得到任何空中支援。要不是雷达（恰好未能很好地发挥功效），它们几乎成了瞎子。并不奇怪，它们没有搜寻到日军，相反自己却被日军潜艇发现了，日军用无线电定位了它们的位置、速度、到指挥部的航线和一些其他信息。

在两艘舰艇中，"反击号"相对较老，是"一战"中期下水的，但是，从那之后，它已经整修过好几次，特别是加强了抵御空袭的防御系统。相比之下，"威尔士亲王号"是最有力的舰载大炮海上平台，它融入了最近的防空和反鱼雷防御系统，既有大炮，也有特别设计的水下装甲，但这并未阻止它沦为在公海被单纯的空中力量击沉的两艘主力舰之一的命运。结果，在接下来的海战中，战舰尽管出场，但在航母面前相形见绌。在日本方面，这甚至适用于曾经建造的最大战舰"大和号"和"武藏号"，二者都有短暂却辉煌的服役史，最后都被美国海军战机消灭。在美国方面，这意味着大型武装直升机的主要用处并不在于原本设想的舰队行动中，而是通过轰炸海岸防御为两栖登陆提供掩护。

珊瑚海海战和中途岛海战后来被认为是转折点，它们分别发生于1942年5月和6月。这两场战斗完美地说明了上面的发展。珊瑚海海战起因于日军企图夺取英属图拉吉（Tulagi）岛以及新几内亚的莫尔兹比港（Port Moresby），其最终目标是把保护圈扩大到能够包围在东南亚新攫取的帝国，获取一个基地，日本战机可以由此起飞轰炸澳大利亚北部，威胁澳大利亚与美国的通讯。日本特遣部队MO由3艘航母及护卫巡洋舰、驱逐舰、扫雷舰、潜艇、水上飞机供应船和各种补给运输船组成，而美国特遣部队包括两艘航母以及类似的战舰序列（只是规模小一些），但没有运输船。

这是第一次海战，双方海军甚至从未见过对方。他们隔着很远的距离行动，保持高度的机动性，双方通过无线电拦截和密码破解、雷达（美军）以及陆上和海上空中侦察来搜寻对方。一旦敌人被定位到，如果位置没有误报、目标没有丢失或是被坏天气遮蔽，他们就派出陆上和海上战机。采用的伎俩总是在对方战机正在加油、重新装备因而无法还击时进行追捕，这需要精确地计算距离、速度和时间。这样做需要高质量的实时情报，这种情报不一定总能获得，而需要把握好运气。结果，舰队司令井上成美（Shigeyoshi Inoue）的经验丰富的飞行员击沉的美国舰船比美国飞行员击沉的日本舰船更多，他得以宣告赢得胜利。但是，日军人员伤亡惨重，并且，与敌人不同，他们无法替换伤亡人员。最重要的是，尽管图拉吉岛实际上被占领了，但此次行动更重要的目标——莫尔兹比港——仍在英国人手中。

相比之下，中途岛海战发生在太平洋，日本在这里酝酿第二次海战行动，以加强日本东部周边地区并准备进一步在斐济和萨摩亚群岛登陆。海军司令山本五十六认为已经取得了珊瑚海战役的胜利，希望再一次给美国海军以沉重打击，瓦解美国继续作战的意志。双方部队又一次将精力放在他们各自的航母（也包含3艘日本战舰）上，在广袤的海上针对对方实施行动。他们还通过无线电定位、密码破解、雷达（美国现在在后两个领域已经拥有相当大的且逐步增长的优势）以及海上和空中侦察，竭尽所能互相跟踪。敌军人数、位置、航线和速度都已确定（往往有误差），因而这又是一个袭击对方而避免遭致袭击的问题。这样做，美国受益颇多，尽管他们只有3艘航母来对抗日本的4艘航母，但他们却巧妙利用了中途岛这个"永不沉没的航母"。借此美军可以派出362架战机对抗日军的254架，尽管陆基飞机的行动不是特别有效，但结果还是赢得了首胜。

最后，就像7个月前的珍珠港一样，中途岛海战的结果也出人意料。正如美国1941年12月没有察觉到日军的接近一样，1942年6月日军也没察觉到3艘美国航母的出现。事实上，南云忠一（Naumo）直到他们的飞机从第一次任务返航后的汇报中才知道美军航母的出现。接下来，尽管美国鱼雷轰炸机有一整个中队被击落，但美国俯冲轰炸机还是打败了日军。帝国海军损兵折将，他们损失了4艘航母（美国只损失1艘），此后再也不能发动像中途岛战役这样的大型行动。现在轮到美国部队从两方面进军了，一方从澳大利亚向西北推进，一方从夏威夷开始向西推进，他们共同的目的地是菲律宾群岛，而日本也是从这里开始发动入侵的。美国一个接一个地攻占岛屿，以便到达打击日本本土的距离范围之内，这不可避免地使战争发展成一场持久的消耗战。这场战争中，美国的工业优势无处不在，这使得山本五十六总是担心这种优势会把他的国家击垮。

战争结束两周前，海军事务委员会从战斗中得出结论，一致通过了废弃5艘5.8万吨"蒙大拿级"战舰的计划，其每艘舰上有12门16寸大炮，同时通过了建造50万吨级以上的新航母的计划。这显然标志着一个时代的结束，此后，日本剩余战舰的主要任务是护卫航母，或在准备两栖登陆时轰炸海岸目标。航母的大小逐渐从战争开始时的2万吨上升到3万吨，直到战争后期的4.5万吨。这样一来，飞机越来越大、越来越重，反过来又需要更大的航母……形成一个持续到今天都无法停止的循环，导致成本如天文数字般飙升。它们统治了海洋，或者，在那些无法靠航母统治海洋的人看来，它们在海上横行霸道。

如果航母在陆基飞机的航程之外，并且不考虑潜艇（那应该另当别论），它们是不可战胜的，其唯一的克星就是其他类似的航母。航母只有在被定位和识别，而舰载机无法抵达其他舰船时，才能不经船长允许就启航。中途岛之后的许多次行动中，航母都是舰队的核心。所有其他种类舰船的作用都是保护和支援航母。轻型护卫航母用它们的飞机掩护数以百计的船队载着部队和装备跨越太平洋。菲律宾海大型海战（Philippine Sea，1944年6月）和莱特湾大型海战（Leyte Gulf，同年10月）中，就主要由舰载航空兵通过轰炸、发射鱼雷和炮轰对敌人发动攻势。尤其在莱特湾大型海战中，美国舰载航空兵首先击沉了4艘日军航母，然后阻止了圣贝纳迪诺海峡（San Bernardino Strait）的4艘日军战列舰和8艘巡洋舰来攻打美国的进攻舰队。在首轮战斗中驾驶一架"无畏式道格拉斯"俯冲轰炸机的唐纳德·刘易斯（Donald Lewis）上尉回忆道：

不论往哪儿看，船上的每门大炮似乎都在轰炸。天空中只有一团黑白的烟，烟雾中被击中的飞机燃烧着一头撞进下面的海水中。很奇怪，在这样一种恐惧中，一个人怎么还会如此着迷……我当时采用了一种也许是最野蛮的逃逸战术，在水上低飞，然后迅速有力地把方向舵向上拉向一边，保持一会儿，然后把舵拉到相反一方。我判断无论朝哪个方向飞都没有什么区别……无论我朝哪个方向飞，都会面临严峻的考验。

每当执行两栖进攻时，都有从轻型舰队航母上起飞的飞机保护海军特遣部队。在登陆开始前，它们对海上、空中的抵抗力量以及导弹射程以外的地面目标实施打击。原则上，一旦占领岛屿，航母也能用于把战机转移到岛上，但由于许多陆上飞机不能在航母上起飞或降落，这样做通常需要在航程的两端都配备有相当规模的港口设施。

从质量上看，这些年的进步也令人印象深刻，这方面日军同样越来越无法与敌比肩。战争的最初几个月，美国航母指挥官在协调各类战机及防空防御上遭遇了重重困难，据说这些问题在珊瑚海战役中尤为突显。后来，事情发生了改变。1943年下半年，新的"埃塞克斯"（Essex）级航母开始加入舰队，可以承载100架战机，舰上装满了高射炮。最重要的是，美军充分利用了雷达，一方面用来引导他们的高射炮火力（随着新式方位探测器和弹道计算器的引入，雷达越来越自动化），一方面用于夜间战斗。日军没有同等的尖端武器，很短时间内就发现自己在夜晚处于致命的劣势。特别在莱特湾战役中，这个因素起到了重要作用。在持续的4天中，美国雷达发现了日军在夜间发动的许多关键行动。到这时，日本海军航空兵剩下的唯一质量优势就是他们的"中岛"（Nakajima）C-6侦察机（陆基）航程更远，但即使这一优势也被飞行员大不如前的素质所抵消。

战争，尤其是现代海战，很少只由大型战役组成。潜艇战每天都在发生，海军航空兵也在其中发挥着决定性的作用。正如我们所见，德国海军在大西洋由于几乎完全没有海军飞机而遭到了严重的阻碍。相比之下，太平洋战争中双方都不仅在反潜战中使用了飞机，还将飞机运用在与敌军商船的战斗中。再次，美国海军的雷达和密码破解优势难以估量且还在上升，指挥官也逐渐学会了怎样把水面舰艇、潜艇和飞机编成一张近乎天衣无缝的网络。正如《战略轰炸研究》（*Stategic Bombing Survey*）的作者所说，在这个网络中，"针对大量集中的商船时，舰载空袭是目前为止最具毁灭性的一种袭击方式"。在这当中，用于袭击目标的飞机和潜艇击沉了日本商船舰队的81%。1941～1945年期间，由于原材料和能源进口的减少，日本的工业生产下降了80%。

这时，日本帝国海军航空兵已经失去了精英。随着美国不断引进更先进的飞机，如F-16"地狱猫"（Hellcat）和F-4"海盗"（Corsair），日本发现他们在技术上也开始低人一等。他们的解决办法就是号召有志于为国捐躯的志愿者开着飞机撞向美国的战舰，这在日本历史上是有先例的。这些人绝大部分都是出身良好、热心报国的年轻人。他们开的飞机中有一部分是为了这个目的而经过专门改装的标准战斗机和俯冲轰炸机，里面装满了炸药；另一部分则是专门为这个目的而设计的，由木材做成，使用过时的引擎。他们于1944年8月开始训练，而首次明确认可的这类袭击发生在那年10月的莱特湾。此后，执行自杀性飞行任务的数量逐渐上升，到1945年4～5月达到顶峰。这时自杀式飞机数量开始减少，这并非因为征召志愿者出现困难，事实上他们有很多志愿者，而是因为日军总参谋长开始节约使用飞机，以防止美国入侵。

许多志愿者只接受了最基本的训练，他们错误地去追击各种舰船，而没有集中攻打最关键的航母。为了抵御袭击，航母指挥官开始不断地进行空中巡逻。这是一种昂贵的战术，但由于盟军的技术优势，他们能使许多日本飞行员远离其既定目标。不用说，当每架日本战机出现时，都会遇到防空火炮的打击。日军发动的攻击总数在2800次左右，似乎击沉了35～60艘船只，还炸坏了368艘，导致水手伤亡人数大约为1万名。总的来说，战斗并没有成功。开始时双方军力的悬殊实在是太大了，结束时更是如此。

较小的海军飞机（包括舰载飞机）有一件事永远都做不到，那就是进行战略轰炸。日军在中国试过，但除了恐吓一下像南京这类城市的居民之外，从未达到很好的效果。即便如此，空中威胁也收效甚微，最后帝国陆军部队所能做的就是进入城市，对南京犯下了臭名昭著的滔天罪行。东南亚的岛屿和太平洋包含的名副其实的战略目标极少，日本在战争初期的一连串胜利表明，海军飞机足以协助作战并进而占领这些目标。日军的陆上和海上战机甚至袭击了澳大利亚北部的达尔文市，尽管造成的损失——特别是1942年2月19日的第一次突袭——相当大，但并没有真正破坏小镇作为采矿中心及盟军主要基地的功能。由于缺乏重型远距离轰炸机，日军无法袭击美国西海岸。在3年半的战争中，他们在这方面的努力仅限于发射装载有燃烧弹的纸气球来燃烧加利福尼亚的森林，但也很少成功。

日本人口密集，高度城市化，工业发达，有许多目标适合进行特伦查德、杜黑及其美国继任者所鼓吹的战略轰炸。早在1943年，华盛顿特区的共同目标小组（Joint Targeting Group，其中有部分成员是最杰出的战后国防官员和知识分子）就提到了这些事实，建议对日本城市使用燃烧弹。然而，时机尚未成熟。尽管美国已经开始大量建造四引擎轰炸机，但太平洋如此辽阔，这些轰炸机还无法到达既定目标。1942年4月，16架B-25轻型轰炸机从"大黄蜂号"（Hornet）航母上起飞。但由于它们无法在航母上降落，其计划是飞到日本上空，投掷炸弹后，再前往中国，总航程为2400英里，这已经到达了轰炸机的极限；如果不是遇到顺风，它们根本无法办到。即便如此，每架战机都被损失了，有些是被安全跳伞的机组人员放弃了，有些在目的地紧急迫降，有一架降落在中立国苏联（苏联没有与日本开战）的领土上。有11名飞行员被杀或被俘。这次杜立特突袭——以指挥官吉米·杜立特（Jimmy Doolittle）上校命名——在美国制造了头条新闻，确实，似乎这才是发动袭击的真正原因。出乎意料的是，它提升了美国的士气——表明美国确实可以做一些事情——并暂时扰乱了日本的士气，但是实际上它的结果近乎为零。

新式B-29轰炸机在克服了许多初期问题之后，于1944年上半年投入使用。这些战机可以从中国东部起飞抵达日本，同年6～7月它们开始以这种方式进入日本。但是，要将它们送到中国却困难重重，并且极为耗时。常规路线是从波音公司在美国西海岸建造的机场到夏威夷，再从夏威夷前往澳大利亚、印度，越过喜马拉雅山脉到达中国基地。1944年10月，美国控制马里亚纳（Mariana）群岛后，才有了一条新的航线。即便如此，要使轰炸机能够着陆并再次起飞，还有很多事要做，比如建设跑道，重型飞机至少需要1.5英里长的跑道，比历史上所有飞机跑道都长得多。有了跑道，还需要有停机坪、指挥控制设施、修理和维护设施、仓库以及人员住所，所有这些都以令人惊讶的速度建好了。的确，整场太平洋战争中，美国的主要优势是大量使用推土机在新占岛屿上建设基地。相比之下，日本依靠的是数千半裸劳力在烈日下劳动，结果还要花费数周才能完成美国人几天就可以完成的工程。

第一批B-29于11月离开岛屿袭击日本，他们采用的理论和在欧洲使用B-17时相同，旨在摧毁大型工业设施，但这一努力并未成功。由于有了增压驾驶舱这项技术创举，他们可以在3万英尺以上又快又稳地飞行，但在这一高度，他们直接冲入了后来为人熟知的喷射气流。猛烈的攻击和导航问题也使瞄准非常困难。绝大多数时候，航空兵不知道他们的炸弹落在什么地方。关于这一点还有一个有趣的故事，这么多的炸弹都没有炸到既定目标，而是落入了东京湾，因而日本民间风传盟军决定通过杀死所有的鱼来饿死他们。由于天气原因，许多任务不得不取消或中止，尽管抵抗很弱，损失仍然不可忽略，并且稳定在每次行动损失4.5%。事情一直持续到1945年1月，陆军航空队解雇了现任指挥官，引入一名新指挥官柯蒂斯·李梅（Curtis E. LeMay）少将。李梅还未满38岁，他先在欧洲指挥B-17，随后在中国指挥B-29，是一位专业的导航员和事必躬亲的严肃指挥官。还有一些人不那么礼貌地称他为"头脑冷静的浑蛋"。

研究了局势之后，李梅开展了革命性的一步，他将行动从白天挪至夜间，从而抛弃了陆军航空队从20世纪30年代早期就开始鼓吹并实践的准则。然而，这一疯狂举措的背后却隐藏着逻辑。由于日本雷达还很原始，夜间飞行意味着日军战斗机很难防御来袭的轰炸机。事实上，李梅还要求飞行员卸除防御性装备，从而增加了战机的航程，并能承载更重的军火。另一项改变是低空飞行，这个变化也直接挑战了自1915年德国齐柏林飞艇首次实践以来的战略轰炸的每一条宗旨。轰炸机在不超过5000～9000英尺的高度呼啸而过，必须以很高的角速度飞行，以便地面的炮手根本没时间反应，而不是为了对付时速高达180英里的当代人所称的"狂风"。

这样重组后，346架重型轰炸机于3月9日起飞前往东京。此时东京只有8架战斗机用作防御，整个日本全境也只有300架。在这次和后来的战斗中，日本飞行员竭尽所能但还是被制服了。尽管李梅也许还不熟悉华盛顿联合任务小组的结论，但他已经在战机内装满了燃烧弹，大约投放了2000吨，结果产生了强烈的热浪，把一部分飞机（空载时每架重34吨）冲到了比预定航道高1500英尺的高空。城市此前还只有1300人死亡，这时则成为一座炼狱，至少有8.3万人丧生。该数据相当于汉堡和德累斯顿两个城市加在一起的和。

3月底，名古屋、大阪和神户这三座日本的最大城市遭到了与东京一样的命运。美国通过详细计算来决定需要多少炸弹来点燃某一地区。一名观察员写道，就像"在铺满锯末的地上扔下许多火柴一般"。日本方面不仅人员损失惨重，袭击还扰乱和中止了许多小型企业的生产，而这些企业都是日本大量军火制造公司旗下生产部件的签约商。4月，突袭暂停了一段时间，一方面是因为李梅用完了弹药，一方面是因为，和之前的哈里斯一样，上级要求他把一些轰炸机转移到其他任务上——这次是炸毁日本的海峡及海港。用重型四引擎飞机执行这种任务也算是一种革新，但他们以现已标准化的低飞战术取得了重大胜利。到5月，各种类型的水雷平均每天能击沉3艘日本船只。

5月，对城市的突袭又开始了。随着日本抵抗的减弱，李梅信心满满地把一些行动移到白天以提高准确度。在广岛和长崎投掷原子弹之前，日本死亡总人数已经超过了30万，加上受伤的，很有可能总人口中1%以上在身体上都曾遭受伤害。袭击目标中再次包括了东京和横滨。继56平方英里范围的城市都已夷为平地后，东京也就不再值得袭击，损失降至了可以接受的2%。就像发生在德国以及20多年后发生在越南的那样，重型轰炸机（在冲绳行动的中型轰炸机和战斗轰炸机也加入进来）及时地将注意力转至越来越小的目标。7月，人口在10万～20万的城市都受到了袭击。8月初，最后受到袭击的都是人口仅为5万左右的城市。两个月前，也就是6月，李梅已经提醒过陆军航空队指挥官哈普·阿诺德（Hap Arnold）将军，他快要没有袭击目标了，在日本全境，再没有城市——无论大小——值得一炸了。

也许整个战役最不寻常之处就是行动的巨大规模。在几十次城市轰炸任务中，每一次都由数以千计的技术人员和其他人员筹备，每一次都涉及成百上千的重型轰炸机和空中人员，每一次都在各个方向上飞了1000多英里的航程，每一次都消耗了数百万加仑的燃料。投掷的炸弹从

3月的1.3万吨上升至7月的4.2万吨；如果敌对状态没有结束，到9月，会上升至10万吨。所有这些任务都必须在岛上基地完成，而这些基地实际上不能提供任何食物、供给或者甚至是简单的住处，一切都要从数千英里以外的美国本土运来。美军损失很小，从1月到8月，共损失了大约309架飞机，其中有2/3由事故引起，这也表明日本防空防御已经很弱。然而，由于每架B-29轰炸机造价为60万美元（大约相当于2009年的1100万美元），这绝不令人欣慰。事实上，研制这种战机的花费和制造第一颗原子弹差不多。历史上还没有其他国家执行过这么大的工程。然而，自1945年后，美国的这种能力总体而言也经历了长期的大幅下滑。

同时，更重大的事情正在进行着，这件事如此机密，甚至连副总统哈里·杜鲁门（Harry Truman）也是在成为总统之后才知道的。5月下旬，第509混合大队的飞机和人员开始抵达马里亚纳群岛之一天宁岛（Tinian）。该飞行大队仅由一个轰炸机中队、一个运输中队和一个支援分队组成，从这个意义上说，它是无与伦比的。负责整个机构的是29岁的陆军中尉小保罗·提贝兹（Paul W. Tibbets Jr）。他曾经执行过欧洲和地中海的战斗任务，号称陆军航空队中最好的飞行员。准备长期而又周密，7月31日，他们进行了最后一次演练。提贝兹的15架B-29中有3架带着"小男孩"——高炮发射的铀动力炸弹——的仿制品起飞，洛斯阿拉莫斯（Los Alamos）的科学家们对这颗炸弹充满信心，甚至没有进行测试。其目的地是硫磺岛，它们将在此会合。从那里他们返回基地，将仿制品投到海里，实施必要的机动演习，防止飞机被炸弹的冲击波摧毁，这就是所谓的抛掷轰炸（toss-bombing）。第二枚炸弹"胖子"是一颗更大更重的钚动力炸弹，已经于7月16日在新墨西哥州进行了火力测试，并在8月2日抵达，计划推迟进行的唯一因素就是天气。

尽管广岛和长崎这两座注定要毁灭的城市的居民还蒙在鼓里，他们也正在为这一严峻的考验做准备。两个城市作为制造中心、仓库和登船港都具有军事意义。到那时为止，这两座城市已经被特别选出作为第一批原子弹的测试地点，并详细研究了精确结果。8月5日傍晚，美国在绝密情况下向机组人员简短地下达了命令。提贝兹的飞机艾诺拉·盖伊（Enola Gay）以他母亲的名字命名，于8月6日2点45分起飞。6个小时后，于早上8点40分抵达广岛上空3.2万英尺处。早前已经由天气侦察机勘察了城市，确保一切都能看清楚。意想不到的结果是，地面许多人都相信这第二架美国战机不会有什么危险，这使他们没有进防空洞，从而增加了伤亡人数。现在一切按计划进行，炸弹门打开，"小男孩"投放出去了。57秒后，大约在到达2000英尺高空时爆炸了。此时艾诺拉·盖伊已经飞到11.5英里外，正尽快逃离。即便如此，飞机还是受到了冲击波的猛烈冲击，机组人员担心眼睛变瞎，不得不戴着墨镜观察结果。

当这个遭受灭顶之灾的城市在高达6万英尺的蘑菇云下消失时，7.5万人当场死亡或奄奄一息。后来，又有大约7.5万人死于受伤或遭到的辐射。爆炸点1英里半径内，只剩下一些可以抵御地震的钢筋建筑。然而，恐怖还未结束。3天后，美军在长崎投下第二枚原子弹。这枚炸弹比第一枚威力更大，但由于长崎多山的地形，直接伤亡人数要少很多。死亡和破坏如此严重，美国陆军决定将摄像师在两个城市10万英尺高空拍摄的彩色胶卷封存起来，以便不破坏公众对投放更多必要的炸弹的支持。且不考虑投弹是否应当，有无促成日本几乎立即投降，很明显的是在此之前空中力量从未产生过如此让人望而生畏的效果。值得庆幸的是，人类再也不会这样使用原子弹了。

第三部分
史无前例的战争:1945 ~ 1991

  到目前为止，我们已经从很不起眼的起点开始，讨论了空战的发展历程；到"二战"期间，不管在陆上还是海上，大规模的军事行动如果不把空战考虑进来，不致力于应付空战，就绝不可能获得胜利。到1944 ~ 1945年，德国和日本的命运表明，空战已经具备能够毁灭整个国家的能力。成千上万的人死亡，工业几乎停滞、城市毁灭得如此彻底，甚至鸟儿都不愿意停留，无不印证了这一事实。然而，用《圣经》的话来说，权力无法永远维持。尽管不是所有地方的过程都以同样的方式展开，尽管肯定有起伏，但是回想起来，现在空战力量已经走了六十多年的下坡路了。

第九章　主导因素

空军司令迈克尔·阿米蒂奇（Michael Armitage）爵士和梅森（R. A. Mason）准将在他们1983年出版的《核时代的空中力量》（*Air Power in the Nuclear Age*）一书的引言中写道，空中力量代表着1945年战后的"主导因素"。为了支持所述，他们引用了丘吉尔1949年发表的演讲，"今天掌控天空已经成为军事实力最重要的体现"和"舰队和陆军必须接受已经沦为次要地位的事实"。实际上，"二战"已经证明，在陆上和海上，如果没有适当的空中掩护和支援，大规模军事行动就没有获胜的希望。然而，这些陈述以及许多类似的言论都是错的。事实上，将1945年之后的战争与之前所有的战争区分开来的决定因素不再是空中力量而是核武器。尽管人们在裁军方面作出了努力，但只要核武器仍然存在，那么几乎可以肯定核武器将统领战争的走向。

一旦出现情况，"核子"武器（20世纪40年代末一群科学家这样称呼）就能把武装力量——特别是第一个部署并使用核武器的美国陆军航空队——转变成无可争议的世界主人，即城市的破坏者和死亡的代理人，如果有必要，它们可以使未来的对手回到石器时代。一些决心出类拔萃的空军军官正是这样看的。以安德森少将（Orville Arson Anderson）为例，他是前气球驾驶高度的纪录保持者、欧洲第八空军行动副指挥，战后，他和鲍尔·尼彻（Paul Nitze）、乔治·波尔（George

Ball）、加尔布雷思（John Kenneth Galbraith）等许多杰出人物成为美国战略轰炸研究的核心成员。1946年3月，他这样写道，"由于空中力量是唯一能够对敌人经济实施直接打击的力量，它已经成为最重要的武器，必然会主导另一场战争的整体战略"。美国空中力量必须从陆军的控制中解放出来，像其他许多国家那样，成为一个独立的部门，否则，未来将"充满严重的隐患"。

不仅是1947年9月独立的空军面临这个挑战，美国其他军种也都决心要弄到核武器及运载工具。在接下来的这场斗争中，1949年所谓的海军将领起义是最著名的插曲。问题出在海军是否可以获得几艘新航母，大到足以承载可携带核武器的战机。在一番争论之后，海军部部长弗朗西斯·马修斯（Francis Matthews）解雇了海军作战部部长路易斯·登菲尔德（Louis E. Denfeld）上将，最终海军成功了，被批准建造他们所需要的航母。

与此同时，陆军也决心插手核武器和运载工具的争夺，并用不同的方式达成了相同的目标。"二战"后期，他们已经占领了纳粹党卫军经营的生产V-2导弹的地下工厂，还发现了由沃纳·冯·布劳恩（Wernher von Braun）领导的负责研制核武器的专家组，并将他们带回美国，此后开始集中力量加速开发可携带核弹头、航程上百英里的地对地导弹。20世纪50年代中期，他们集中研制"朱庇特"（Jupiter）核导弹，射程为1500英里，但成果却被拿给了空军。技术上，陆军没有理由不能设计、建造并部署自己的洲际弹道导弹。1948～1955年，布劳恩在美国研制的一些导弹能将卫星带到太空，只要支持空军的艾森豪威尔政府允许他这么做。因此，引入核武器的净效应是使海军比之前更加关注空中行动，同时，也使陆军首次参与到太空行动中。在这一点上，这两个军种形成了空中力量的一部分，从而成为本书的主题。

空军长官们要求垄断核武器及运载工具，而海军和陆军的长官们在描述如果他们没有核武器时会造成的可怕结果时一个比一个说得严重，这些可怕结果逐一变成现实，使他们明白，这些武器不只是比老式武器更有威力。相反，它们是一种全新的类型。核武器即将改变（或许已经改变了）战争的作战方式、作战意图，以及是不是根本就不能打。回想一下，这一信息最重要的早期传达者是伯纳德·布罗迪（Bernard Brodie）。1946年，他还在耶鲁大学任教时，就编了一部题为《绝对武器》（*The Absolute Weapon*）的书，在同名的第一章中，他这样写道：

I. 目前这种炸弹的威力是通过1～10枚炸弹可以有效摧毁世界上任何城市……

II. 对导弹还不存在充分的防御，未来存在的可能性还非常遥远……

III. 原子弹战争中炸弹的数量优势不再能保证战略优势……

IV. 考虑到炸弹的破坏力，世界上生产炸弹的原材料必须充足……

V. 尽管美国作出了有关保留当前秘密的决定，但是其他国家将会在5～10年内拥有大量制造这种炸弹的能力。

这些道理在当时不言而喻，现在仍是如此。如果存在实际上不受限制的破坏力，又如果缺少阻止这种力量发挥效力的任何有意义的可能性，那么战争行为——即为追求自身利益而相互使用有组织的暴力，也就不再有意义。

从学术上说，布罗迪的论文费了一些时间才被广泛接受，甚至到今天，还有人在激烈争论那些观点。为什么会这样，或许有两点原因：首先这场争论和争论所聚焦的武器具有革命性本质，这在人类几千年的历史中还没有出现过。作为最伟大的核战略家，托马斯·谢林（Thomas Schelling）后来解释，核武器真正能做的是切断胜利与生存的联系，因而交战一方可能"赢得"了战争，但仍有大量人口被杀，而他的国家沦为一片放射性的不毛之地；另一个原因是机构的利益，如果战争变得太危险而不能发动，它对于这些国家武装部队的长远影响是很明显的：首先是美国，然后是布罗迪预见的那些会很快加入核阵营的其他国家。对于那些尚未拥有这种用作全国性自杀的武器，最好的情况是，他们可能仍然在准备——不是为了发动战争，而是为了威慑潜在敌人；最坏的情况是，资金短缺会使他们逐渐放弃。

早先，获得1934年诺贝尔奖并在曼哈顿计划中起到关键作用的哈罗德·尤里（Harold Urey）就说过，两个国家同时拥有原子弹比一个国家拥有原子弹更糟糕。但这是错的，在现实中，人们所熟知的"恐怖平衡"很普遍。经历了45年的冷战，美苏两个超级大国的核武库很容易就使所有其他的国家都相形见绌，这就是后来的两极格局。然而，与所有的历史经验不相符——宙斯对斯巴达，罗马帝国对帕提亚帝国，土耳其帝国对哈布斯堡，如此种种直到"一战"和"二战"；也与许多人在1945年后大约第一个十年所深信的不相符，第三次世界大战并没有爆发。根据某些亲历者的叙述，甚至在最千钧一发的危机——1962年10月的古巴导弹危机，第三次世界大战也没有濒临爆发。

最终很明显，作为一个学术概念来理解，"恐怖平衡"或20世纪60年代以来所谓的"相互确保摧毁"（Mutual Assured Destruction）有许多弱点，尽管肯定不会比其他任何构想出来的战略理论更多。它的基本原则受到质疑，而且几乎每年都会受到质疑。这些论争中有许多都严重地夸大了苏联的力量以及克里姆林宫的人要毁灭全世界的执狂，还有一些则是为特殊利益服务的。然而，作为一种"实际存在"的状态[借用东德领导人埃里希·昂纳克（Erich Honecker）的话]，"相互确保摧毁"不仅坚定而且实际上不可避免。确实，任何将20世纪50年代的战略著作与后来著作的比较都很快表明，对"相互确保摧毁"的信念变得远比过去强烈。五角大楼的演习已经证明，即使是在战争演习期间，也很难找到愿意跨过核门槛的官员，更不用说现实中了。

我们对其他国家的核准则不太了解。但事后看来，总体而言毫无疑问的是，这些国家也在进行着相同的过程。在列宁和斯大林领导下，苏联的官方立场一直是一定会在某天爆发一场与西方资本主义的可怕冲突，而社会主义会打垮敌人，走向最后的胜利。冷战的前几十年间，一些苏联领导人，包括前国防部部长陆军元帅安德烈·格列奇科（Andrei Grechko），一直强调他们国家并"没有垄断核武器"。换言之，核战争是可能的。如果美国首先发起战争，苏联完全准备好了迎战并取得胜利。实际上，这一立场并未阻止1956年以来核武重点向威慑转移。威慑反过来首先引出了赫鲁晓夫（Nikita Khrushchev）的和平共处政策，随后又引来了国际关系的缓和。当然，所谓国际关系的缓和不过是一堆辞令而已。我们甚至可以认为，这是西方领导人用来向人民和自己掩盖其国家弱点的一个骗局。1976年以后这种辞令不复为人提起，但"恐怖平衡"仍然维系着。

不仅苏联，英国、法国、中国、以色列、印度、巴基斯坦，可能还有朝鲜，都拟定了必要时使用核武器的准则。至于超级大国，则不时会有关于"核威慑危险淡化"的言论。并且对于超级大国而言，从掌握的证据来看，这些国家的统治者最终被迫得出这样一个结论："相互确保摧毁"是不可避免之路。在这些国家中，会出现某些时刻核武器平衡完全倾向一方或另一方的局面，1960～1970年的中苏对抗就是这种情况，1980～1990年的印巴冲突很可能也是如此。既然对于阻止战争来说，倾斜的平衡事实上与对称的平衡一样有效，因此倾斜的平衡也没有关系。不管有些人说什么，中国和南亚的两个核大国——印度和巴基斯坦——在过去40年里并未发生大型战争。

早先，受各种核准则影响最大的军种是拥有飞机和导弹的空军。后来，当海军部署自己的可携带核武器的战机和潜艇发射的战略导弹时，也感受到了与空军差不多相同程度的影响。三个军种中，影响最小的是陆军，他们在核领域把力量集中在短程的"核融合弹"、火炮和导弹上。然而，这种情形完全是表面现象，重申这一点很重要。在德国，V-2火箭是陆军而非空军开发的。如果美国陆军没有参与到太空行动中并发展相关的硬件设施，这不是因为他们缺乏意志或能力，更不是因为一些基本原则，相反，仅仅是因为国会强加的限制。

为了运送核武器，苏联成立了特别指挥部，即远程航空（Long-

Range Aviation），直接受国防部领导。第一个洲际弹道导弹系统一出现，苏联就开始更多地依赖它而不是人工驾驶飞机。战略火箭军（Strategic Rocket Forces）于1959年成立，几年后合并了远程航空。不算海军的空中力量，这个合并决定使苏联拥有了两支独立的空军。其他国家也根据战略要求和其他因素发展了自己的组织。从所有这些当中得出的结论很清楚：为了运输核弹头，甚至是打击几千里外战略目标的最大核弹头，能够摧毁飞过天空或者通过太空到达目标的一切的独立空军不一定是唯一可能的组织。

美国作为第一个、也是迄今为止最大的核大国，从1945年开始，就一直竭尽所能阻止其他国家获得与美国已经拥有（或已经使用的）的核武器类似的武器。制造原子弹的曼哈顿计划总司令格罗夫斯（Leslie Groves）写道，"如果我们持无情的现实主义态度"，华盛顿应当摧毁任何一个其他"我们没有绝对信心"的国家制造原子弹的能力，并且要赶在"他们的进展足以威胁到我们之前"。由于美国的核优势被看作"损耗性资产"，至少有一部分人公开号召在进展顺利时使用核武器；对世界来说，幸运的是，核武器尚未因此而使用过。连续几十年，美国充分发挥了克林顿总统的国际安全事务助理国防部部长约瑟夫·奈（Joseph Nye）所说的"软实力"，在全世界大肆宣扬阻止核扩散的必要性。

每当其他国家似乎准备拥有核武器时，华盛顿都会提出详细的解释，这样做为什么会对世界带来严重危害；为什么只有少数几个核国家比有许多核国家要好；为什么多极核世界会比两极核世界不稳定；为什么欲加入核阵营的新的候选国比它们的前任更不理性、更不负责、更不值得加入这个阵营。论据各式各样——一会儿是穷凶极恶的共产主义者、一会儿是穆斯林、一会儿是恐怖主义分子。在这个过程中，一度"不负责任"的角色，比如苏联，往往会摇身一变成为"可靠的角色"。而中国的领导人曾经被认为彻底昏了头脑，现在中国也已经逐渐改变其形象，成为一个负责任的战略伙伴，如果这个问题不是那么严肃的话，它几乎是一场喜剧。人们忽视了这样一个事实：数以千计的警告从未实现过——但美国仍固执己见，并且，更让人惊讶的是，使许多其他国家都跟着这样做。

而且，支配"狮子"间关系的因素很快也开始影响到"老鼠"。很短时间内，威慑就开始从上至下起作用。由于担心事态扩大，核威慑不仅越来越多地阻止了核战争，也阻止了大规模常规战争的爆发。结果，自1945年以来，同时拥有（或甚至是据信拥有）核武器的两个国家之间除相互发生一些边界小摩擦外，从未发生过更大的冲突。核武器也支持着恐怖分子，比如在印巴边境。以陆上或海上空中力量为刀刃的大规模武装部队，却成为某种仅仅被用来对抗没有核武器的国家或用在这些国家之间的战争的工具。这与1939～1945年"二战"时的情形大不相同，当时的大国依靠这种力量来摧毁对方，华沙、鹿特丹、伦敦、考文垂、科隆、汉堡、德累斯顿、广岛和长崎等城市的废墟表明，这样做取得了相当大的胜利。

核威慑逐渐减少了空中、太空力量以及所有其他形式的军事力量的使用，但是有点出乎意料的是，核力量也受到了来自另一个方向的攻击。只要大略看一下历史，就会发现，大部分时期内，政治权力和军事控制都集中在相同的人手中。实际上，通常都是军事控制——无论是合法还是非法获得的——构成了政治权力的关键；直至20世纪初，欧洲所有的君主都习惯穿军服，直到18世纪，在很少几个民主化国家，军事与政治才开始分离，由选举产生的平民牢牢地控制了军事。即便如此，又经历了两个世纪的血腥战斗，地球上大多数国家才最终得出结论：无论如何，理论上这的确是最好的系统。

按照"一战"时担任过法国总理的乔治·克列孟梭（Georges Clemenceau）的解释，现在核战争太重要，不能由那些掌管空中力量或任何其他力量的将领们负责。艾森豪威尔是最早感受到这个事实影响的将军之一。艾森豪威尔可能是美国历史上继乔治·华盛顿之后最有名的指挥官，1945年11月，他继任陆军总参谋长，那时的陆军仍包含陆军航空队。甚至在接任前，他的上级杜鲁门总统就亲口保证，在制定有关原子弹的政策方面他没有发言权。结果表明这还只是一长串措施中的第一步。具体细节因时间和国家不同而不同，但意图总是一样的：从将领们特别是空中力量的将领们那里移走威力最大的武器，并确保他们只有在政要们的直接命令下才能使用这些武器，以此剥夺他们的大部分权力。

在第一个核大国美国很快就出现了关于如何才能实现这个目标的激烈争论。甚至在1945年6月第一次核试验发生前，罗斯福总统的战争部部长史汀生（Henry Stimson）就已经成立了一个委员会负责考虑战后武器的控制。委员会的建议后来成为众议院中讨论的梅-约翰逊议案（the May-Johnson Bill）的基础。然而，由于议案提议将原子研究放在军队手中，遭到了科学家（他们要求自由研究）和政客的反对，最终以失败告终。失败的一个因素是有关道格拉斯·麦克阿瑟（Douglas MacArthur）将军命令摧毁一些从日本俘获的核设备的新闻，华盛顿有许多人认为这个决定是蛮横而愚蠢的。1946年1月，一项不同的法案，即《原子能法案》（*Atomic Energy Act*），或以倡议者康涅狄格州的民主党参议员麦克马洪（Brien McMahon）命名的《麦克马洪法案》，在国会中辩论，并于7月通过。1946年8月1日，广岛事件发生不到一年，杜鲁门就签署了该法案。法案批准成立了美国原子能委员会，并指派它负责核武器发展。

对众多将领们（现在独立的空军将军比他们职位更高）来说，这个法案的出现是一个令人不快的意外。可能以前在历史上还从来没有哪个国家的军队被告知他们不允许在和平时期掌控自己的武器——储存、部署，并以他们认为合适的方式演练这些武器。根据原子能委员会主席戴维·利连索尔（David Lilienthal）的说法，他们"假定"自己是决定什么时候、在什么情况下、针对什么目标使用新武器的人，无论未来还是过去都一样。较早时，最强烈的反对来自一位名为斯图尔特·赛明顿（Stuart Symington）的密苏里州商人，杜鲁门已经任命他为空军第一任秘书。但是杜鲁门根本就不接受他的反对意见。"你必须明白"，他告诉赛明顿，"这不是军事武器，它被用来杀死妇女、儿童和徒手的人民，而不用作军事用途，因此我们必须把它与步枪、加农炮等类似的普通武器区别对待。"杜鲁门的逻辑也许是错的，毕竟，1942～1945年，美国和其他一些交战国，已经使用了常规炸弹成百上千地"杀死了妇女、儿童和徒手的人民"。那晚，利连索尔在日记中写道："如果有什么让总统担心的，那就是他是否能相信这些军事部门手中可怕的部队，这些人的所作所为当然是无法让人放心的。"杜鲁门本人似乎也同意，稍后，他写了张条子给"亲爱的斯图尔特"，把他的提议称作"糊涂话"和"空话"。

通过颁布美国总统第9816号行政命令，杜鲁门确保了由代理机构而非军队来控制它们。两年后，1949年8月29日，苏联进行了第一次核试验。由于无法抵御，甚至近期内也不可能抵御，结果导致负责核准则的人强调先发制人的重要性，但是，如何将这一需求与军队不具备对炸弹的保管权相协调？正如利连索尔的日记所记载的，几乎每个月都有一位将军向他提出这个话题，其中就有任参谋长联席会议第一任主席的奥马尔·布拉德利（Omar Bradley）。朝鲜战争爆发前几周，现任新成立的战略空军司令部指挥的柯蒂斯·勒梅，在给空军战斗学院的学员讲话中提到了这种两难处境。他告诉他们，"如果有合适的情报和权限"，他的轰炸机能在敌机动手前发动攻击。他不断提到这个问题；在战争开始的几天内，他告诉空军参谋长霍伊特·范登堡（Hoyt Vandenberg）将军，"我们计划中的一个重大缺陷"是"空中进攻执行的程序也需要命令以及让我可以得到必要的原子武器"。他痛苦不已，几十年后，久已退休的李梅还在提及这一时期。他告诉采访者，不允许他或任何将军有"哪怕一个（原子弹）"可以在必要的时候快速投掷；很明显，把武器委托给像他这样的人被认为"太可怕也太危险"。

然而，即使杜鲁门决定确保国家的核武器只保持在他一个人的控制之下，他也无法忽视现代空战的现实。拒绝核武器由军事部门监管，会形成一种这些武器无法及时击退侵略的局面。1950年7月12日，朝鲜战争爆发3个星期后，达成了一项妥协。那时，朝鲜直接接受斯大林的命令，战争仅仅是一种把注意力从西欧引开的策略。杜鲁门担心苏联可能袭击欧洲，并认为西方不会仅仅用常规方式来制止战争，他命令把核炸弹中的无核部件运到空军在英国的基地储存。几个星期后，在金日成的军队要把美国部队赶出朝鲜半岛的明显威胁下，类似部件被送到太平洋，这意味着这些炸弹能组装，并能更快地投入使用。根据利连索尔在原子能委员会的继任者戈登·迪安（Gordon Dean）的日记，1951年4月6日，面临新成立的中国在朝鲜的进攻，总统加强了部署。在与迪安的单独面谈中，他同意转让当时拥有的大约200枚炸弹中9枚的监管权。然而，他这样做的时候却说在北半球"这些炸弹绝不会使用"。

艾森豪威尔是否进行了核讹诈来结束朝鲜战争无从得知；最后，真正重要的是威胁（如果确实有的话）没有实现，核武器依然没有使用。但在艾森豪威尔的8年总统任期内，美国核武库中的核弹从800枚增至1.8万多枚；那时，美国每年生产的炸弹比杜鲁门时期的军火总数还要多。且不算游弋在海洋上的海军航母，这些炸弹装置（不论大小）现在都分布在相距遥远的各基地，如南达科他州和得克萨斯州、英国和冲绳群岛、西德、土耳其和利比亚。把它们装备到"北极星"（Polaris）和"波塞冬"（Poseidon）导弹发射潜艇上的计划也正在形成，这也使通讯问题更加困难。艾森豪威尔与杜鲁门有很多不同，他不那么武断，更倾向于权力集团，更重要的是，作为"新面貌"（New Look）战略准则的发起者，他决心把核武器及其运载工具（主要是空军的重型轰炸机）变为美国国防的支柱。

在这个背景下，新总统一上任，新成立的参谋长联席会议就开始要求他将核武器的监管权交给他们。1953年5月，压力似乎带来了一些成果。与已经掌握的非核部件相匹配的核部件都交给了军队，特别是空军。接下来，1954年12月1日，艾森豪威尔决定"依照原子能委员会和国防部相互接受的协议，武器的监管权应当交给国防部"。显然，这一命令只涉及海外基地，美国本土的武器仍由原子能委员会集中控制。即便如此，艾森豪威尔仍然对自己的政策持怀疑态度。1955年8月，也许是因为遭受了头一年台湾危机的可怕经历，他指示：所有超过60万吨的武器都应限制在美国完全控制的基地内，并受原子能委员会监管。

所有这些仅仅突出了把分散与迅速结合在一起是多么困难，既要击败苏联可能的首次打击，又要实施非常严密的控制，以排除意外或未经授权的使用。技术上，艾森豪威尔的命令是通过将激活武器所须的核密封舱与武器本身分离、将武器锁好由另外的人来保管钥匙来完成的。从而，唯一可以拿到钥匙的人是原子能委员会在各个基地或航母上的代表。但由于这些代表在所有方面都依赖于基地或航母的指挥官，实际上这个协议意味着民用控制是很弱的，也许只是象征性的。

拉锯战仍在继续，并且因为将军们和海军司令们声称上述协议危害了国家安全而不断火上浇油。1956年，艾森豪威尔似乎已经推翻了自己以前的意见，他不仅同意废除大小型核武器之间的区分，而且把对它们的控制权也交由基地或舰艇指挥官，这些人同时也是原子能委员会的代表。1954年，只有十分之一的核武器归国防部管，5年后，这个数字变为三分之二。然而，艾森豪威尔一直惊恐于核战争的可能结果，他最近的传记作者将他描述成一个完全控制了一切的强硬总统。他也许暗藏着王牌。据他的副官安德鲁上校（Andrew Goodpaster）（后来成为将军）所说，他从未怀疑过，作为总司令，只有他有权利和能力决定何时采用何种方式使用国家的核武器。

尽管这场争论是高度机密的，但是天下没有不透风的墙。20世纪60年代早期，先是许多成功的小说，然后是著名的电影《奇爱博士或我如何学会不再担心并爱上炸弹》（*Dr. Strangelove or: How I Learned to Stop Worrying and Love the Bomb*）（1964）把核战争的后果深深地印在了公众心中。这样一场战争很有可能会真的导致"我们所知道的文明的终结"。那些认为核武器和其他武器一样，应当部署并且如有必要应当使用的人不可能期待获得有利的回应。李梅自己就是这样的人。通过新闻和采访，他一直留在公众视野中，1968年，他还和乔治·华莱士

（George Wallace）一起成为副总统候选人，他被认为是"叼着雪茄的穴居人"。早先4年，也即1964年，共和党候选人、退休的空军将军戈德华特（Barry Goldwater）建议（或似乎建议），应当授权某些美国海外战区的指挥官主动使用国家的部分核武器。他这样做很容易使约翰逊总统的支持者将他描述成一个可能将国家带入世界末日的野蛮角色，这反过来帮助民主党取得了压倒性的胜利；从那以后，其他重要政客似乎都学到了这个教训。

20世纪50年代末到60年代初，从人工驾驶飞机到弹道导弹的转变使可供考虑和回应的时间从几个小时缩短到了几分钟，使问题更为严重。和以往一样，这一次也是由新技术来解围的。早在20世纪50年代中期，对这些技术的研究，即最终人们所知道的"核武器启动连接装置"，就已经在全国各个核研究中心展开了。科学家、原子能委员会、国会的原子能联合委员会，到底谁是始作俑者还不清楚。可以明确的是这是由艾森豪威尔政府提出提案，并要求启动研究的。许多军官明白其中的意义，他们从一开始就不断提出异议，宣称核武器启动连接装置会妨碍指挥控制，他们也把它当作对其忠诚度和职业能力的一种诋毁——在某种程度上，它确实是。

在全国的核武器上安装启动连接装置开始于1962年，当时肯尼迪总统签订了国家安全法案160号备忘录。肯尼迪的国防部部长罗伯特·麦克纳马拉（Robert McNamara）蔑视军队，他认为军队既轻率又反动。如果说这一事实对于启动研究的决定没有发挥什么作用的话，无论如何也在这两个方面发挥了作用：加速了研究的进行，并尽可能保证没有一个指挥官能够独立作决定。所有这些都和始于1962年的新全球军事指挥与控制系统的发展十分一致。

接收核武器启动连接装置的第一批核弹头由美国本土的战略空军司令部部队和陆军的短程核导弹部队持有。就后者而言，这意味着它们能被部署到更前线，因而能在更早的阶段投入行动，而不必担心会被截获。后来美国位于世界其他地方的战略空军司令部中队和海军特遣部队也加入进来。根据一些资料显示，最后加盟的是潜艇运载武器，它们直到1997年才接受了核武器启动连接装置。对所有核力量的最高指挥权由总统在著名的"橄榄球"的协助下执行，"橄榄球"是一个公文包式的装置，如影子跟着漫游者一般和总统形影不离。相反，包括空军在内的武装力量本身却已经退化成核武器的储备及运输工具了。

这些事总是高度保密的，将来也肯定还会继续保密。即便如此，美国的方式还是要比其他任何国家都更为人所知——当然这个事实说明了美国的民主程度，也说明了美国相对来说不可战胜。出于这个原因，但也因为美国是第一个核大国，在技术上仍然处于领先地位，不可避免地被其他国家视为典范。据我们所知，当斯大林第一次获得核武器时，他谨慎地不将控制权完全交由红军，因为他认为有些红军将领是他潜在的对手。相反，指挥官要与克格勃分担责任，克格勃拥有自己的独立系统，作为最高决策机构与国防委员会交流。直到20世纪60年代中期，核武器和运载工具都是分开储存的。直到第二代弹道导弹出现，它们才和运载工具与发射工具放在一起。即便如此，苏联核军力总是处于非比寻常的严密作战控制之下，参战准备极为不足。

最后，冷战后公开的信息表明，苏联已经研制出了自己的核武器启动连接装置。和美国一样，最终决定是否使用核武器的是国家元首和国防部部长，两人各持有二进制码的一半。这些事实解释了为何苏联解体后，新独立的乌克兰、白俄罗斯和哈萨克斯坦都同意放弃它们领土上的核弹头。没有密码，那些核弹头只是笨重而难以控制的金属容器。一旦核弹头没有了，装载核弹头的导弹就一文不值，最后也都一并交还给了莫斯科。

其他成熟的核国家，如英国、法国，都开发了自己的核武器启动连接装置。英国可能获得了美国的一部分技术支持，或与美国紧密合作。关于中国、印度和巴基斯坦如何处理这些事几乎没有任何出版文献，核阵营的最新成员朝鲜更是如此。对于前三个国家，能确定的只有一点，毫无例外，核弹使用的权力不在那些负责发射它们的人手中，相反，它只保留在国家元首手中，元首或许会和其他1~2个人磋商。为了确保最终决定权牢牢地握在他（或她）手中，这些国家设计并实施了各种组织上的、程序上的和技术上的防护措施。印度和巴基斯坦似乎也都将核弹头与运载工具分开存储，但这些国家的核数量要少得多，远没有美国的核弹头和运载工具在全球分布的范围广泛。因此，由于指挥控制问题原则上是相似的，也许比较容易解决，比如，缺乏潜艇发射弹道导弹的国家也不必担心如何与潜艇交流的问题。

　　所有这些国家长期生活在核大炮的威胁之下，这也意味着它们的敌人（不论是真实的还是假想的）也都拥有核武器。到目前为止，这条规则的唯一例外就是以色列。在以色列，时间不那么重要，很可能不是以分钟衡量而是以小时或更多来衡量；因此，至少在一开始，耶路撒冷可能就将核武器保持在拆卸状态，尽管很难令人信服，但这有利于支持其不首先在中东使用核武器的长期承诺。另一个方法是将炸弹或核弹头与运载工具分开储存。然而，为何要如此麻烦呢？国外资料显示，从数量和质量上看，以色列的核军备与英国和法国的不相上下。这个小国家有优秀的科研机构和世界级的计算机产业，能够制造自己的核武器启动连接装置。考虑到来自伊朗的威胁越来越大，要求比过去更快的反应时间，很可能以色列已经开始并完成了。

　　一如既往地，技术细节不如政策和军事内涵重要。1945年首次引入的核武器似乎赋予了军队（特别是负责把核弹发射到指定目标的空中指挥官）决定上千万人生死的绝对权力。然而在现实中，我们很快发现事实正好相反。不论是指挥官还是战略家，从保罗·尼采（Paul Nitze）到亨利·基辛格（Henry Kissinger）和其他人，他们也许都会说，核威慑、恐怖平衡或是相互确保摧毁，确实一直运作良好。不论核体系是两极还是多极，核大国在地理上相隔很近还是很远，武器和运载工具是原始的还是成熟的，军力是均衡的还是倾斜的，实行民主还是极权，信奉基督教、犹太教、印度教还是穆斯林，它都运作良好。它甚至也适用于领导人失去理智（如晚年的斯大林）或喝醉（如尼克松任总统的最后几年）时。

　　核武器一出现，政客们就开始致力于确保应该由他们而不是高级军官来控制它们。在美国，核武器研究从军队剥离后，先是委任给原子能委员会，后来又给了作为能源部一部分的国家核安全机构。在苏联，它由一个名为中型机械制造部的有些隐蔽的组织加以管理。在美国，由于控制和备战性这两个需求相矛盾，将指挥控制权集中到总统手中的程序似乎并未直线开展，而是经历了一些波动。无法知道其他国家是否一样，但可以知道的是，苏联是由克格勃负责监管这些武器。不论确切的安排如何，至关重要的是，他们已经把陆军和海军将领——特别是负责空中力量的将军——降级为身着金穗军装的普通人了。尽管核武器总是随时准备离开盒子，却总是安全地稳锁其中。毫无疑问，在美国（也许也在其他国家），核武器启动连接装置的安装使将军们得以重获对国家最有威力的武器的监管权。然而，这也只是因为监管已经形同虚设，他们不再拥有将核武器投入使用的东西。

　　也许最引人注目的是，在第一次使用核武器之后的60年中，大多数人都认为这些安排是理所当然的，甚至在民主国家，公然质疑这些安排的任何一名指挥官都可能被立即解雇。据说在非民主国家，这种行为会被认为等同于军事政变，后果要严重得多。几乎已经没有人记得当时有许多高级指挥官，尤其是空军指挥官，把这些安排视为对国家安全的威胁，反对它们，竭尽所能阻止其实施。对此也许有人真的会说，"成王败寇"。

第十章 喷气式飞机与直升机

　　尽管核武器彻底变革了空中力量,却又为它戴上了新的枷锁,空中力量至今还在努力挣脱这个枷锁,而我们希望它最好永远不要挣脱。这些是最重大的发展,与之相比,大约同时出现的喷气式飞机和直升机则显得微不足道。诚然,喷气式发动机带来了更有力、更庞大、速度更快的飞机。直升机赋予空军、海军和陆军一些全新的能力,包括可以在任何地点起飞和降落,袭击有些类型的目标比固定翼飞机准确得多。然而,既不是更快的飞机——喷气式飞机,也不是更加灵活的飞机——直升机,影响了空战的基础甚至是发动战争的主要形式。正如我们很快将看到的,新任务没有增加,而一些旧任务却几乎彻底消失了。直到1991年海湾战争时才可以说,包括精确制导武器、传感器、数据传输器,以及它们所依赖的计算机在内的新技术真正彻底地变革了空中力量。

　　早在1910年,法裔罗马尼亚发明家亨利·科安德(Henri Coanda)就建造并试飞了第一架“热喷气”动力飞机。在这架飞机中,与压缩机配合的是一个四气缸的活塞引擎而非驱动螺旋桨。压缩机将空气吸入燃烧室,空气在其中被点燃,然后通过喷管喷出,推动飞机前进。尽管许多发明家在20世纪20年代继续改进这个想法,但直到30年代末他们才开始受到来自各国国防部的真正支持。当时有一点逐渐变得很明显:螺旋桨推进的飞机存在一些固有问题,限制了其速度,意大利、英国和德国都在努力克服这些问题。结果表明，实用喷气式飞机引擎的关键是在排气通道上安装一个涡轮机，并用它来驱动压缩机。本质上，这是一个按相反程序运转的气体涡轮机。到1939～1940年，英国和德国工程师都在努力建造第一艘喷气式飞机，他们提供了两个极为相似的方案：格罗斯特"流星"（Gloster Meteor）和"梅塞施米特"M-262。两者都是直翼、双引擎飞机，并都将引擎置于机翼下方。

第一批"流星"战斗机中队于1944年投入使用，它们在与德国V-1战机的战斗中发挥了很大作用。后来，随着威胁的减小，喷气式飞机转战比利时，参与了最后决战，但没有遇到德国相应的飞机。M-262的故事更加复杂，根据希特勒的军备部部长阿尔伯特·斯佩尔（Albert Speer）所说，希特勒首先命令把它作为轰炸机来生产，其速度将使它免遭盟军战斗机的攻击，它的服役也因此而推迟。不像能够进入整个世界市场的英国，德国在保障那些能使引擎耐受高温的特殊金属上有困难，这一障碍减缓了德国喷气式飞机的发展进程，并导致了很多事故。第一批装备喷气式飞机的中队直到1945年1月才能参战。他们参与了盟军对德国的战略轰炸收官之战，但是，当时这已是一个微不足道而又为时已晚的问题。

尽管第一批服役的喷气式飞机是战斗机，但也许最好还是将它和随后轰炸机的发展一起讲述。正如我们所见到的，重型轰炸机在"二战"时由英国和美国发动的空战中都发挥了极为重要的作用。但是，第一批喷气式战斗机一出现，现有的活塞发动机轰炸机明显就显得太大、太重、太慢而且不好操作了。这些飞机还有一个局限，甚至其中最大的B-29"超级空中堡垒"（Superfortress）都无法从苏联境外的基地抵达苏联境内的目标，更不用说从美国本土。为了克服这些局限，美国空军建造了下一代轰炸机B-36。其最初的型号早在1940年就开始使用，由6个活塞发动机推进，后来的型号增加了两个喷气式发动机，两个巨大的机翼下各安装一个。其基本设想是飞越大西洋，在德国投下炸弹后返航。考虑到行程的困难、飞机的成本——每架飞机为410万美元——以及只能装载大约30吨炸药的事实，只能说这个计划是荒谬的，就像拿着一把锤头只有豌豆大小的长柄小锤站在一英里外想要敲破一只罐子。对于空军以及建造这种飞机的公司来说幸运的是，由于核武器的出现，这种飞机给省下来了，最终仅仅生产了385架。

即使打开喷气发动机，B-36轰炸机420英里的时速也并不比将要取代的B-29快很多。这个速度当然不足以避开既快速又轻便的"米格"-15战斗机——难道"二战"没有表明，如果没有战斗机护航，白天执行任务的轰炸机对付组织良好的空中防御根本毫无胜算？20世纪50年代早期，问题变得十分尖锐，战略空军指挥部只能眼睁睁地被迫放弃白天精确轰炸的准则。人们作出了一些努力进行补救，比如让B-36携带"寄生虫"（parasite）飞机，但没有起到什么作用。更糟糕的是，这时已经很明显，空防的未来不属于火炮而属于地对空导弹，如苏联SA-1导弹和对应的美国"奈基"（Nike Ajax）导弹。要对付这些导弹，洲际远程战斗机——即使能够获得或能被研制出来——也毫无办法。

SA-1和"奈基"都由雷达制导，并且都是为了击落6万英尺或更高的飞机。和历史上的军备竞赛一样，很难说是鸡生蛋还是蛋生鸡。是轰炸机的发展促使了地对空导弹的发展？还是相反？美国空军意识到B-36的缺点后，开始研制其他两种喷气式轰炸机，B-47和B-52。B-47制造了2000多架，但1953年服役的B-47还不够大，不能用来运输第一批笨重的氢弹。尽管问题很快解决了，但飞机还是不能达到洲际航程。这意味着配备它们的飞行联队和中队不得不在遥远的英国、摩洛哥、西班牙、格陵兰、关岛和阿拉斯加州建设基地。要使洲际轰炸机的梦想成为现实，空军不得不等待B-52的出现。

所谓的"同温层堡垒"（Stratofortress）据说是"历史上最令人生畏的空中力量"，尽管这个说法要受到这一事实的限制：它从未用于既定的任务中。这种轰炸机由8个喷气发动机推动，每个机翼下面4个，最大速度可达650英里每小时，作战半径接近5000英里，可以在5万英尺高空运行，能够携带大约30吨炸弹。这些数据指的是1961年服役的最后一款B-52H。这时一开始的涡轮喷气发动机已经被涡轮风扇代替，其航程更长，所需燃料更少。但是甚至这些强大的飞机也不能从美国本土出发抵达某些苏联目标，后来空中加油技术的发展才解决了这个问题。这是一个复杂且花费极高的过程，早在20世纪20年代，美国的弗雷德·基（Fred Key）和阿尔·基（Al Key）两兄弟使一架"柯蒂斯-罗宾"（Curtiss Robin）单翼机在空中飞行了至少27天就实验性地证明了这一点。然而，直到30年后它才获得广泛的应用。

B-52共制造了744架，任何时间服役的峰值大约都为650架，15年来它一直是战略空军指挥部的支柱。它们或是在跑道上保持全面戒备的待命状态，或是像1968年后当事故表明有危险时而进行24小时空中巡逻。如果战略空军指挥部释放包括它们在内的所有设备的全部力量，结果将使苏联、中国及卫星国约3～4亿人民死亡。20世纪70年代，B-52极易成为战斗机和防空导弹的受害者，如果加上电子反击设备和巡航导弹——所谓的防区外武器，能抵达1500英里以外的目标——寿命会有所增加。许多年来，大型飞机都充当战略威慑的标志，并以这种方式体现西方在必要时自我防御的能力。直到2008年，仍有94架B-52在服役。

当时没有任何战略轰炸机像B-52那样成功。美国曾研制过一种超音速轰炸机B-58，其尖尖的机头、线条明快的轮廓和三角形的机翼是特意为了穿透苏联的防御而设计的，这些是之前那些又老、又慢、又笨重的轰炸机所望尘莫及的。然而，它既不能赶上B-52的航程，也不具备B-52装载炸弹的能力，因此只造了116架，并且不像B-52，它从未用于投掷常规炸弹。接下来，美国空军提出了一个更加雄心勃勃的计划——更快的超音速轰炸机B-70。艾森豪威尔反对这个计划，他总问他的空军将领们他们认为要杀死同一个人多少次，最后这个计划被肯尼迪的国防部部长罗伯特·麦克纳马拉取消了。他们有一个无可挑剔的理由：3马赫的战机没有机会逃脱地对空导弹的袭击。此外，当时服役的"民兵"（Minuteman）固体燃料洲际弹道导弹在苏联首轮袭击中幸存下来的概率要大得多。由于对方无法防御，它们抵达目标的可能性也大得多，更不用说成本也更低。

然而，空军总是担心自身的独立性，拒绝放弃这个计划。一段时期内，空军甚至试图让艾森豪威尔认识到制造核动力飞机和用于月球开发的核动力导弹的紧迫性。对于国家债务来说幸运的是，这些异想天开的想法被拒绝了，然而，空军成功研制并生产了几乎一定会是最后两种战略轰炸机的飞机：B-1"枪骑兵"（Lancer）和B-2"幽灵"（Spirit）。"枪骑兵"在里根总统任期内冷战刚刚结束时首次试飞，"幽灵"在冷战结束几年后首次试飞。"枪骑兵"制造了104架，"幽灵"只制造了21架。每一架都是技术进步的奇迹，特别是B-2"幽灵"的隐形结构。然而，到它们服役时，战略威慑的任务久已被洲际弹道导弹、人造卫星发射的弹道导弹和巡航导弹接管，因而这两种飞机从未用于当初设计的任务中。由于制造和操作费用巨大，无论用哪一种来运输常规武器几乎都会是一个大笑话，确实，B-2尤其为许多飞行员所冷落。

没有哪个国家像美国这样重视并制造了这么多重型轰炸机。1944年年底，几架B-29轰炸机飞越满洲里，在苏联的远东地区着陆。机组人员被秘密遣送回国，但飞机却留了下来，由安德烈·图波列夫（Andrei Tupolev）领导的设计局负责对飞机逆向工程设计。基于这些战机苏联设计出了直到20世纪50年代仍在服役的"图"-4，后来，苏联还设计了更大的"图"-95"熊/野牛"（Bear/Bison），在某些方面很成功。它由4个巨大的涡轮螺旋桨发动机提供动力，这种发动机是喷气式发动机的一种变体，通过排除废热气来驱动和推进器连接的涡轮，而不是通过热反应来推动飞机向前。飞机速度达到每小时575英里，飞行高度达4.5万英尺，洲际航程超过9000英里。单就有效载荷而言，"图"-95远不如B-52，前者大约在15吨左右。1958年，美国情报机关估计苏联约有135架这种类型的飞机。从引入到现在，约制造了500架。关于"图"-95的决定性事实是，和B-52一样，它从未用于当初设定的任务，即战时在洲际距离间运载热核武器。也和B-52一样，由于"图"-95的多功能性或由于下一代飞机太昂贵，至今仍有少量飞机在服役。

1960年后，苏联只制造了一架战略轰炸机"图"-160"海盗旗"（Blackjack）。在许多方面，"图"-160与美国的B-1很相似。两种战机都有可变的几何机翼，这种设计以增加重量和复杂性为代价，但使它们能在低速和高速两种情况下飞行。还和B-1一样的是，"图"-160航程太短，无法成为真正合格的洲际轰炸机，从而在裁军谈判中引出了一些难题：美国想把这种轰炸机裁掉，但苏联拒绝了。很明显苏联制造了35架战机，考虑到在20世纪80年代初峰值时期，苏联拥有超过1398枚洲际弹道导弹和912枚潜射弹道导弹，这些飞机不算多。没有一个国家效仿超级大国，将来也没有这种可能。实际上，1945年以来，只有苏联和英国这两个国家制造了一些中型轰炸机。

苏联的中型轰炸机是"图"-16，这是一种能运载9吨炸弹飞行4500英里的超音速飞机。英国制造了3种以上不同类型的飞机："胜利者"（Victor）、"勇士"（Valiant）和"火神"（Vulcan）。它们都是所谓的V形轰炸机，性能与"图"-16几乎一样，目的是通过威胁突袭俄罗斯欧洲地区的人口和工业目标来阻止苏联袭击英国，总共制造了431架，这也代表了一个相对较小的国家非同寻常的努力。法国这边从未研制过中型轰炸机，但他们试图制造一种超音速飞机。结果他们制造了达索的"幻影"（Dassault Mirage）-IV，一种优雅的三角形机翼较轻型飞机。和其他所有轰炸机一样，它也从未执行过战时运载热核武器的任务，或是如战略家安德烈·博富尔（André Beaufre）所说的"摧毁（苏联的）一个军种"。不久，它们就被中程弹道导弹和潜射弹道导弹取代。

就这样，战略轰炸机慢慢衰落，随着1991年战略轰炸指挥部——一度占美国空军主导地位的战略空军指挥部——拖了很久终被废除，这种衰落达到了顶点。作者清楚地记得，事情发生时，飞行员们泪流满面，这是可以理解的。美国的洲际弹道导弹被编入一个新的太空指挥部，剩下的轰炸机和其他"发射装置"一起编入了新成立的作战指挥部。到这时，中型和轻型轰炸机几乎都消失了，这里无法一一列举。苏联的"伊尔"-28、英国的"堪培拉"（Canberra）、法国的"秃鹰"（Vautour）也渐渐消失。也许最好把这三种轰炸机理解为"二战"时期轻型轰炸机[如美国的"米切尔"（Mitchell）和英国的"蚊式"轰炸机]的替代品，它们都由两个装在机翼上的发动机推动，能以亚音速高速飞行，航程相对较长，能运载约3~4吨半的炸弹，设计的主要目的是在前线后进行深度阻击。随着20世纪60年代晚期和70年代早期出现了有效的、可移动的地对空导弹，这三种飞机都过时了，也许最重要的一点是它们没有后继者。

　　接下来我们再看最小的喷气式飞机、战斗机和战斗轰炸机。它们和更大的飞机一样是严格垄断的产物，实际上只有美国、苏联、英国、法国和瑞典这5个国家制造，其他国家，如意大利、德国、以色列、南非，甚至贫穷的欠发达国家埃及都一度参与到这个游戏中，但无一例外因为耗资巨大而退出竞赛。其他国家仍然通过执照许可制造战斗机，并试图通过加入新的航空电子设备来改装从外国购买的战斗机，或是与其他国家合资以分担研发成本。到20世纪50年代早期，第一代战机，如上面提到的"流星"（Meteor）、Me-262、美国的F-80"流星"（Shooting Star）和法国的"暴风雨"（Ouragan）都让位给了能短时间内以超音速飞行的第二代战机。为了做到这一点，有一些二代战机必须小幅攀升然后进行平浅的俯冲，这其中最著名的有美国的F-86"佩刀"（Sabre）战斗机、F-84F"雷电"喷气式战斗机、F-101"超级佩刀"（Super-Sabre）战斗机、苏联的"米格"-15、"米格"-17、"米格"-19战斗机以及英国的"猎鹰"（Hawker Hunter）战斗机和法国的"神秘"（Mystère）-IV战斗机。

　　所有这些都是单座、单引擎、后掠翼设计，其中有多项设计有赖于德国工程师，他们自愿或非自愿地为新主人工作。为了对这种战机的改进有一个印象，这里对F-86"佩刀"战斗机与"二战"中的

P-51"野马"战斗机进行一个比较。"佩刀"最大速度可达到687英里每小时（"野马"为437英里每小时），最高可飞5万英尺（"野马"为4.2万英尺），其最大的优势是爬升速率，达8100英尺每分钟，而"野马"只有3300英尺每分钟。这些飞机能迫使比自己慢的对手接受战斗，而自己在飞行员需要时却能避免战斗。更高的性能使许多新特征（比如改进的瞄准器、压力衣和弹射座）成为必需。然而，除了一些十分轻型的用于地面支援的训练机以外，所有这些战机都仍然配备了速射炮，但机枪终于还是被淘汰了。这些飞机还能运输空对地火箭和一些非制导的铁炸弹。F-86"佩刀"的弹药装载量为2吨左右，约为P-51"野马"的两倍。对大炮的依赖表明，空中格斗仍和"一战"以来一样是空对空战斗的标准。铁炸弹意味着精度有限，并且随着速度的增加而进一步降低。

第三代喷气式战斗机于1960年左右开始服役，它们大部分是三角翼，如美国的F-102"匕首"（Dagger）和F-106"标枪"（Dart）、苏联的"米格"-21、法国的"幻影"和瑞典的J-35"龙式"（Draken）。主要的例外是美国的F-104"星式"战斗机（Starfighter），这是一种非凡的战机，看起来简直就像是带有短翼的火箭，还外加驾驶舱。其中有些型号（比如著名的G系列被复兴的德国空军购走了1000架）驾驶起来非常危险，以至于被人们称为"寡妇制造者"。所有这些战机速度都能达到2马赫多，而相应的代价是要利用加力燃烧室，并会增加燃油消耗，从而限制了耐力和航程。为了携带更多的燃料，提供更高能见度的气泡式座舱罩被去除了，而这是1944～1954年间战斗机的一个典型特点。由于速度和爬升速率是最重要的特征——F-104能以不低于4.8万英尺每分钟的速度射击——不得不牺牲机动性并大大增加旋转半径，这些特征使许多第三代战机不如之前的战斗机适合空中格斗。

前几代空对空导弹[如美国的"响尾蛇"（Sidewinder），等等]的引入使牺牲成为可能，或至少应当使牺牲成为可能。作为目前空中战术的一个原则，飞行员与敌人进行视觉交流的时代已经一去不返，相反，他们依靠的是所有飞机上都会安装的雷达装置，这也在不经意间废除了对白天和夜间战斗机的传统区分。接下来是导弹，在红外制导设备的引导下，导弹可以在更远的射程内击落敌机，飞行员不再必须把自己的飞机对准目标来行动。

实际上，许多早期空对空导弹的效果都不太好，在1965～1968年的越南，只有1/9的导弹能击中目标。一个问题是，由于要依靠雷达，飞机在被肉眼看到之前就暴露了自己的行踪，为了解决这个困难，飞行员通常关闭他们的雷达装置，把飞机调回到初始状态。另一个问题是大炮可以从任意角度射击对手，而导弹不得不从后面发射来击中要害，这意味着导弹的许多既定优势都被抵消了。有时，导弹错过了目标，或者被警觉到它们出现的飞行员摆脱了。这些困难导致设计者反思了设计步骤，并为下一代（或第四代）战斗机同时装备了导弹和大炮。新炮是旋转式的，也被称为"加特林"（Gatling）机关炮，发射速率高达每分钟6000转，但这也意味着这种战机只能携带够几秒钟用的弹药。为了改善机动性，一些战机接受了与部分轰炸机机翼类似的可变几何机翼，如美国的F-111"土豚"（Aardvark）战斗轰炸机；还有一些则拥有所谓的薄翼，如美国著名的F-16"战隼"战斗机。它们更轻，更简单，大大提高了空对空战斗所需的机动性。

20世纪80年代中期，笔者在五角大楼餐厅的一次午餐中，有幸聆听了这套系统的原创者、前上校约翰·博伊德（John Boyd）对其原理所做的解释。他认为，任何战斗机的性能都反映了它的"能量机动性"。能量机动性可以由他发明并测试的一系列的数学公式计算而得。他们考虑了引擎推力、拉力、重量、机翼面积等类似因素，用来预测在不同高度和各种飞行条件下这些因素是如何相互关联的。通过这种方式，他们创立了一种比较不同飞机总体性能的科学基础。

前几代战斗机都是基于稳定性设计的，也就是说，如果飞机受到大气的冲击，它们能够进行自我校正，而20世纪70年代服役的战机却并不如此。为了使能量机动性达到最大化，他们故意使这些飞机不稳定。这种战机总是处于失控的边缘，特别是以亚音速飞行时（战斗机在绝大部分时间内仍以亚音速飞行、机动和战斗，只在紧急情况下才使用加力燃烧室）。依靠植入的传感器和计算机，它们可以停留在高空。在所谓的"无线电飞行"系统中，计算机将飞机控制仪表的状态自动调节为最普通的飞行条件，从而减少了飞行员的大部分工作量，使他（极少数情况下也有她）能将精力集中在重要任务上。实际上，飞行员有时声称，飞机控制他们的程度和他们控制飞机的程度是一样的。为了确保可靠性，飞机配备了三倍甚至四倍能力的计算机系统，然而，所有这些超级尖端的电子装置不得不塞进机上极为有限的空间中，这还不算完：为了使飞机能够承受因自身移动而产生的极高的G力，机身和机翼必须含有先进的非金属混合材料，而这些材料只有极少数几个国家能制造。

到20世纪90年代，除美国日渐减少的旧式B-52仍在服役以外，唯一尚存的战斗机就是战斗轰炸机。战斗轰炸机的发展史可以追溯到1944～1945年，从20世纪50年代开始越来越常见，部分原因是成本不断上升，导致设计师将两种区别很大的性能结合为一种。一个杰出的早期成果是美国海军的F-4"鬼怪"（Phantom）战斗机。它于20世纪50年代研制，主要用于越南。作为战斗机，F-4主要依靠空对空导弹，尽管它也有一门20毫米口径的M-61"火神"旋转炮。它的与众不同之处在于可以运载重达8吨的弹药，比"二战"时期大部分轰炸机都多。它们被融合在两个方向上同时进行；一些战机首先被用作具有空中优势的战斗机，后来改装为地面攻击机，比如美国的F-15"鹰式"（Eagle）战斗机，还有一些战机则相反，如F-16"战隼"战斗机。

然而，甚至战斗轰炸机的数量也在不断减少。为了说明其合理性，一些专家解释道，这种现代飞机在质量上不同于先前的战机，它们装备了更精确的空对空导弹和先进的长波雷达，可以同时与多个对手交锋，能够凭借技术优势获得制空权，使大量战机过剩。这种观点似乎很有吸引力，特别对于善于精打细算的人来说。然而，进一步考察却会发现它似是而非。因为，战斗机相互对抗时，新战机的性能平衡程度几乎总是和以前一样。例如，美国的F-15遇到俄罗斯的"米格"-29时，不会比英国的"喷火"或美国的"野马"遇到德国的"梅塞施密特"或日本的"零式"时更强。换言之，双方的技术优势相互抵消了；结果，1991年和1945年的真正区别在于，如果一场重大战争导致严重的损失，前者制造新飞机、训练新飞行员和提供飞机必需的基础设施需要多花很多年。因此，不断下降的数量的真正含义在于，如果发生战争，使用这些飞机的交战国必须迅速制胜。否则，他们将不得不使用更原始的老式武器和方法，而这在一些战斗中确曾发生过。

之所以说这个论点错了，第二个更重要的原因在于它忽视了战争的本质是一种双方互动的活动。它把敌人仅仅看成目标的聚拢，有些目标更为重要，还有一些不那么重要。一旦确认这些有待确认的目标后，便尽可能实施精确而又经济的打击，而没有考虑到他是一个活生生的、有思想的、能找到并且会找到抵抗方式的人。一个人掌握的方法越有力、越成熟，只从自己的能力出发来考虑的诱惑就越大。这种现象（在空军人员中十分典型，尽管决不仅限于他们）因为广为人知还获得了一个称谓：压模（coning）。实际情况当然大为不同，目标会还击；毕竟，与用来制导空对地导弹击中目标的电子装置非常相似的装置也能为地对空导弹制导。即使还击火力无效，一般也会迫使袭击者采取预防措施，而这会降低其效能。目标还会分散或伪装，或为了分散注意力而加以引诱。像神话中能从人变成动物再变回人的变形人，敌人会调整战术、方法，甚至本质来抵抗威胁。最好的情况下，忽视这些事实的任何人都会发现自己的能力远远落后于理论上可能具备的能力；最差的情况下，他会屈辱地战败。

所谓的第五代战机的最早设计构思于20世纪80年代，而第一架试验机20年后才问世。到那时，每架飞机的研究和开发成本都从十亿美元上升到几百亿美元，结果，认为值得参与军备竞赛的国家越来越少，发展成熟并且投入使用的原型机也越来越少。与之前相比，这些战机的特

第三部分 史无前例的战争·1945～1991

·167·

征是增加了机动性（即所谓的改进了"飞行包线"），极大地降低了雷达的能见度，而其中最重要的是改进了电子设备。飞行员越来越可以通过平视显示器和飞行头盔获得所需信息；计算机使飞机上的所有数据都能与其他战机交换，使所有飞机作为一个协调一致的团队行动。所有这些当中，一个有趣却又很少被注意到的方面在于，在飞行员看来，他看到的电子光点是否代表现实世界中的东西无关紧要。因此空战几乎难以和计算机游戏区分开来，反过来，计算机游戏则很真实地反映了空战。

即便如此，事实是，21世纪头十年研制的大部分第五代战机并不是真正的第五代，而最好将其视为第四代半战机，也就是说，它们代表着对第四代战机的简单发展。例如，英、德、意、西班牙的欧洲战斗机或"台风"、法国的"阵风"（Rafale）、瑞典的"鹰狮"（Gripen）和俄罗斯的"米格"–35。相同点在于它们都有许多变种，每一种都装有不同的发动机和电子设备，能携带为不同任务所针对的不同目标而设计的不同武器。结果，这些飞机没有像以前一样批量生产，而不得不由手工制造，这当然会导致成本大幅上升，如果出现损失，也不可能替代。

美国的F–35联合攻击战斗机的新机身具有隐形特征，并且拥有新的航空电子设备，从这两个方面来看，它的确达到了真正的第五代战机的标准。然而，由于当时将其视为取代无力负担的F–22的一种单引擎飞机，也因为它的推力–重量比低于它要取代的F–16，它的技术水平仍然没有达到极限。唯一一种将空军技术带至前所未有的高度的战机是F–22"猛禽"（Raptor）。F–22是历史上第一架能以超音速飞行而无须借助耗油的加力燃烧室的飞机。由于推力矢量，它能比以前的战斗机在更短距离内起飞并具有极高的机动性，以至于人们都有一些疑虑，担心飞行员能否承受由此产生的全部G力。这种战机专为空对空战斗而设计（尽管根据经验判断，不久后几乎一定会出现具有多功能的其他型号），给其他战机带来了毁灭性的威胁。战斗机飞行员是一个特殊人群，据说他们19岁加入空军，约20年后退役，为了能驾驶战机，他们必须真的做好在必要情况下献出生命的准备。有很多热衷公共关系的人热诚地支持飞行员，他们通过官方网站发布溢美之词，称它是"第一架也是唯一一架一年365天一天24小时的全天候隐形战斗机"，"为21世纪提供了'先看、先射、先杀'的变革性空中统治力"（简单地说，意思是"能首先看到敌人同时不被敌人发现"），也是"美国远征航天部队的关键资本"。

如果这种大肆宣传属实——有些人对此严重怀疑——这些能力和其他许多能力绝对值得拥有。然而，2009年夏天，由国会（国会一度对有关就业影响等方面的反对意见置之不理）支持的美国国防部部长罗伯特·盖茨（Robert Gates）决定把F-22的生产数量限定在187架，不到最初数额的四分之一，以此扼杀这个项目。考虑到（取决于计算方式）目前为止制造的每架飞机都花了纳税人1.375亿～3.40亿美元，这个决定是可以理解的。然而，作为F-22替代品的F-35，预期是每架花费1.25亿美元，花费却呈上升趋势。

耗资巨大解释了为何各大国一度都有好几家大型军用飞机制造商，而现在一般只有一家或最多两家。在美国，洛克希德和波音两家公司吞并了其他所有飞机制造公司；在美国以外，甚至绝大部分公司经常被迫与外国竞争者开展联合项目。许多公司都不单独生产整架飞机，只集中生产一些子系统，如发动机和航空电子设备。它们或是作为为数不多的竞争胜利者的分包商，或是直接为需要更新现有飞机的空军服务。消费者充分利用自身优势，经常坚持由他们自己的公司制造所购买飞机的部件。另一方面，制造商有时拒绝在出口产品上装备某些敏感设备，主要是电子设备。有时，这种前所未闻的产业集中导致了十分奇怪的结果，例如，俄罗斯总统普京曾在某个场合提议研制一种新型战斗机，能将俄罗斯的机身、美国的发动机和以色列的航空电子设备融为一体；显然，没有人试图想过，谁会使用这样一种飞机来对抗谁。很明显，整个过程只能以走进死胡同而告终。

早几十年，即20世纪50年代中期，战术核武器的大小和重量已经减小到这种程度：可以由这个时期的战斗轰炸机[如美国空军的F-84"雷公"（Thunderchief）和海军的F-8"十字军"（Crusader）]运载。后来，任何一架为此目的而改建的飞机都可以运载战术核武器，包括F-4、F-15和F-16等。许多高级指挥官急于尽可能抽身出来，试图把这些武器和大型核武器划清界限，坚称前者和所有其他武器一样，只不过威力更大、破坏性更强而已。但是，武器的升级有其自身的逻辑；尽管一些人试图把它描绘成一种可以控制的、逐步发展的过程，但是没有人能够保证，就算只使用了一种很小的核武器，最终是不是会以用上所有其他更具威力的核武器而告终。

在这种情况下，很少有人会怀疑，由核国家制造并拥有的两种战斗机在作为核国家空军的一部分时不会相互作战。当然，美国的F-86的确在韩国上空攻打过苏联的"米格"-15，但只是因为双方都假装"米格"是由中国和朝鲜飞行员而非事实上的苏联飞行员驾驶的。被俘的苏联飞行员被命令说他们是俄罗斯血统的中国人。艾森豪威尔总统本人也被告知并参与到这个谎言中。在越南，美国制造的F-4遭遇了苏联制造的"米格"-17，但后者是由北越人驾驶的。英国制造的"鹞式"（Harrier）战机在福克兰群岛上空遇到了美国制造的"天鹰"（Skyhawk），也只是因为后者是由阿根廷人驾驶的，这样的例子还可以无限延伸下去。正如其中几个例子所表明的，这个过程对海军航空的影响与它对地面航空的影响一样多；毕竟，如果战争使用核武器，航母的命运将刺激而又十分短暂。最初，只有那些有能力制造最先进的战斗机的国家才有制造核武器的资本。比如中国、以色列、印度、巴基斯坦和朝鲜的例子都说明了这一点，但1960年以后就不复如此了。逐渐地，任何有能力运作一支现代化（或不那么现代化）的空军都能加入核俱乐部，如果他们想这样做的话。到今天，这一规则已经适用于几十个国家，结果对使用空中力量的限制就像一块墨水印渍一般不断扩大。

喷气式发动机也使其他军用飞机发生了变革，如侦察机和运输机。尽管有所例外——比如著名的美国U-2侦察机和上面提到的SR-71

侦察机——但自1960年左右开始，专门的侦察机几乎消失了，它们的地位正在被卫星和无人驾驶飞机取代。除了一些小飞机仍依靠活塞驱动发动机，军用运输机都使用喷气或涡轮螺旋桨发动机，军事运输在动力、速度、航程和装载能力方面得到了极大的提升。美国的C-17"环球霸王"（Globemaster）能承载77吨，相当于"二战"时30架C-47，几乎是20世纪60年代的3架C-141。C-17的高翼和低矮的机身使它可以利用门作为斜道来装运和卸载货物，而无须任何特殊装卸设备。这些特征也使它可以在很窄的跑道上转弯。

所有这些性能都令人印象深刻，它们大大增强了飞机随时随地运输人员和进行补给的能力。然而，在其他方面，空中力量狂热者所热切展现的图景是误导性的。尽管现代运输机体形庞大且能力超强，但是进行洲际运输时，还是无法与轮船匹敌——否则为何还有数以千计的轮船满载集装箱继续在海上航行？而且，在某些方面，飞机越大，问题就越严重。除了总是例外的美国，大部分购买了C-17的国家拥有的飞机数量都很少。由于每损失一架都意味着国家的重大灾难，他们只能极为谨慎地使用这些飞机，反过来，谨慎的要求很难与军事空中运输面临的最大难题——无法保护自己——相协调。

要想庞大笨重的飞机发挥作用，首先有必要保证对它飞行的空间以及基地周围几十平方英里甚至更广的地区加以近乎完全的控制。比如，1991年海湾战争时，美国空军用来运输部队和补给的基地就在前线以后数百英里，在这里，更便宜、更容易获得的民用客机和运输机也可以服务得同样好——事实上，它们确实这样做了；与之类似，法国1994年派去结束卢旺达种族屠杀的部队也是由从俄罗斯起飞的客机运输的。换言之，大规模空中运输不能在前线附近的任何地方操作。相反，离前线越近，对手越强大，飞机就必须越轻型，因而它们能为地面部队运输的东西也越少。

这些考虑的一个突出的受害对象是空中行动。关于"垂直包围"（即切断相当规模的敌军，然后从后面攻击敌人）的梦想到现在已有80

年的历史了。这些行动在"二战"中确实起到了一定作用，但极少——如果有的话——出现支持者所希望的结果。从那时起，韦尔斯有关"空中力量最大的问题是无法控制地面"的预言式的宣告不言自明。由于运输十分容易遭到攻击，空中部队无法像地面部队那样快速地加以增援。结果，梦想依旧是梦想。自1956年后，极少有任何一次空中行动有一整个营以上的士兵参与；本质上，它已经变成这样一个问题：插入少数突击队员执行特殊任务，在敌人集中力量反击前撤离。也许，这解释了为什么在最近一次关于"新世纪空中与太空力量"的调查中，丝毫没有提及空中行动和垂直包围。

在天平较低的一端，军用运输一直由直升机辅助进行。直升机（即一种利用螺旋桨或螺旋体来推动自身上升及向前的装置）的思想至少可以追溯到15世纪末的达·芬奇。在奥尔德斯·赫胥黎（Aldous Huxley）1932年出版的未来派小说《勇敢新世界》（*Brave New World*）中，普通人驾驶直升机也是理所当然的，而实际上，垂直起降（VTOL）的飞机要用旋翼获得足够的速度时才能依靠机翼飞行。第一架旋翼飞机于1923年试飞，它由螺旋桨向前拉或推时，利用自由旋转器增加升力；1938年，一名德国女试飞员汉娜·莱奇（Hanna Reitsch），试飞了全世界第一架完全可操控的直升机。这架直升机由福克-沃尔夫制造，被命名为FW-61，是一架装有前向推进器的双旋翼飞机。为了提高直升机的影响，人们在一个挤满参观者的大厅内举办了一场展示会。"二战"中德军和美军都使用了直升机，但数量很少，大部分士兵很可能从未注意到它们。

从1951年起，直升机都装有涡轮轴，即特别设计来产生最大可能旋转力的燃气涡轮发动机。首次广泛使用直升机的战争是朝鲜战争，它们用于部队和材料的战术运输、伤亡人员撤离、观察以及联络。很快，有直升机听候差遣成为许多指挥官身份的最佳象征。与飞机（甚至轻型机）相比，直升机的最大优势是可以在任何地点起飞和着陆，具有极大的机动性。这些性质本可以使人们很方便地把直升机作为飞行的大炮平台来使用，但实际上，人们只在相当有限的程度上这样做了。主要原因在于，直升机和飞机不同，飞机甚至在发动机关闭后还可以在空中停留一段时间，而直升机极易受到攻击：一旦引擎或螺旋桨严重受损，直升机就会像一块大石那样从空中坠落。一开始的速射轻型炮和重型机关枪和后来的肩扛防空导弹都能轻易将直升机击落。

一些直升机带有装甲，但由于直升机的重量限制比固定翼飞机的重量限制更重要，那么显然直升机装甲是有限制的。解决方法是，给直升机装备远射武器：制导空对地导弹。为此特别设计的机型，如美国的休伊"眼镜蛇"（Cobra）和苏联的Mi-24"雌鹿"（Hind）于20世纪70年代首次亮相。到70年代末，其他一些国家也开始制造直升机。最初直升机的武器包括电视制导和激光制导导弹，需要武器操作员——大部分直升机为两座——跟踪它们指向目标，后来又引进了所谓的"射后不理"导弹（又作"自动导引导弹"，编者注），如"地狱火"（Hellfire）。由于红外传感器和其他电子技术的发展，飞行员和武器操作员能在夜间进行发射。这些直升机每架耗资好几千万美元，难怪大多数国家只购买了很有限的几架。

所谓的武装直升机最初开发于20世纪60年代末，是用作袭击坦克的。因此，20世纪70年代到80年代整个十年期间，人们做了详细的计算以求发现如何最好地组织这些直升机袭击坦克、每一架直升机可以对付多少辆坦克。至少有一本很受欢迎的书指出，通过使坦克获得焕然一新的可移动性，"旋转机翼革命"对地面战争的影响将和坦克在闪电战时代的影响一样。然而，一如既往，现实拒绝遵从理论。尽管冠有"武装"一词的头衔，武装直升机却无法在敌人的战斗机面前幸存下来。即便能确保空中优势，它们也至多用作防御。武装直升机在前线后方（这里敌军火力稀少甚至完全没有）占据隐藏位置，突然起飞，发射导弹，然后消失，或许在其他地方重复这一行动。如果直升机用于攻击，至关重要的是确保该地区没有密集的敌军火力。在没有前线的战争中，只有对手没有防空防御，或对手太弱而无法还击时，才能在极为谨慎的条件下使用它们。如果采取预防措施，直升机性能就会降低；而如果不采取预防措施，就可能会有惨重的损失。

直升机可以在任何地点起飞与降落的能力使它成为理想的联络、快速插入和调离部队以及医疗疏散的工具，确实，伤病员死于伤口的比率的稳定下降的一个原因就是他们能及时被直升机带离战场并送进医院。然而，这些性能却被直升机对维护和备件的巨大需求所抵消。相对起步于20世纪50年代早期的双人或三人直升机，现在的直升机变得越来越大、越来越快。最大的直升机——苏联的Mi-26能运载80人或20吨货物。尽管在性能上有所改进，但就运输能力、速度和航程而言，直升机从未达到固定翼飞机的水平；可靠性也是如此。将直升机和固定翼飞机的优势结合起来的尝试比当初设想的要困难得多，直到最近才有所成就，即美国海军陆战队的V-22"鱼鹰"（Osprey）偏转翼直升机。

现代的飞机不仅比以前的昂贵很多，其中大部分也比"二战"时的战机要求更大和更复杂的地面设施。很少有人记得，直到1945年曾迫使德国屈服的B-17轰炸机仍能从草皮跑道上起飞。但B-29不再能这样做了，如果试图让如今更重、更快的战机照着做，结果将不堪设想。"喷火"或Me-109能在任何沙漠地带或留有残茬的地上起飞，它们的直接继任者——"流星"和Me-262却不能。从那以后，尽管有些飞机比另外一些要求更高，整个局面却几乎没有改善。

一般来说，飞机越先进，所需的维护就越多。事实上，针对每一代新型战机，制造商都清楚地意识到了这个问题，他们总是承诺会在以后的产品中考虑这个问题，并以维护需求更少为目标进行设计。在有些情况下可能确实如此，但它忽视了这一事实：最新的战机都很精密，需要成吨的计算机设备来进行必要的修正、校准和测试。设备要由集装箱大小的拖车拖动，或者植入飞机在战间停放的机库墙内；实际上，整个机库都必须得装上空气调节设备。更糟的是，一旦飞机进入运行状态，许多先前的保证都烟消云散。例如，F-15每小时飞行所需的维护时间比之前的F-4要少，然而，这一优势被F-15的备件是F-4的3倍所抵消，而在寿命周期内为了保持飞行又必须有这些备件。据说B-2每飞行1小时需要119个小时的维护时间，而老式的B-1B和B-52H分别只要60小时和53小时，操作成本也同比上升。原因之一是，为了保护赋予其隐形特征的外壳，B-2必须在空调机库中储存和照管，机库必须大到足以容纳其172英尺的翼幅。多数情况下，这表明飞机只能从距目标几千英里的美国基地起飞。

在被取消前，F-22提供了事情运转方式的另一个例子。美国一开始打算用F-22取代正在老化的F-15机群。随着军方减少了订购数量并作出了延长F-15寿命的决定，F-22成为美国唯一无法与其他类型的战机进行数据交换的战机，从而大大降低了作战性能。毕竟F-22是为了取代老式战机而设计的，而不是与它们共同行动！据估计，单是数据不能交换这个问题就需要80亿美元——每架4300万美元——的补救费用；另一个问题是座舱罩，它最初被大肆宣传，说是为飞行员提供了航空史上最佳的光学效果，结果却失去了透明性，因而必须以制造商预期频率的3倍进行更换。F-22的飞行成本接近5万美元每小时——取决于怎样计算。以单次任务为基础，这个成本几乎是F-15的5倍，F-16的16倍。可是为什么要讲这些细节呢？正如《国际文摘》所表明的，空中力量变得如此昂贵，没有几个国家可以负担得起，只有一个国家（美国）仍在千方百计地以各种方式运行。

战争序列的减少和核扩散施加的限制一起形成了这样一种局面：空中力量的诸多因素距离构成战时"主导因素"还很远。相反，它们似乎处于成为累赘的最后阶段，尽管这还尚未发生。随着竞争者——比如一方面是弹道导弹和环绕地球卫星，另一方面是无人机——的出现，情况愈益糟糕。

第十一章　导弹，卫星，无人机

　　由于苏联制造的洲际轰炸机的能力远远滞后于战略空军司令部的能力，也因为后者的重要性从20世纪60年代中期开始逐渐下降，所以完全可以说，导弹竞赛是冷战时期超级大国间军备竞赛中唯一起作用的。确实，特别是在最初几年中，并非所有在导弹协助下取得的功绩都是出于军事意图。其中有些几乎完全与军事无关，比如美国的载人登月探索。但导弹仍然是这场冲突中的突出标志。双方战斗序列的对比资料通常会附有一些图片，这些状如小子弹的设备在图片上看起来似乎并无多大威胁。

　　自从中国人于公元1200年后不久发明鞭炮，人们就一直在探索弹道导弹的基本原理。1792年，印度迈索尔王国的提普·苏丹（Tipu Sultan）使用了原始火箭来对抗英国东印度公司的部队。19世纪早期，一些小型火箭在某些场合下使用，如以英国发明家威廉·康格里夫（William Congreve）命名的康格里夫火箭。美国国歌中的歌词——"火箭红光闪闪"就是指的这些装置。然而，火箭还不够精确，还不能取代大炮。直到20世纪20年代，人们才开始潜心研究更大的、能到达更高高度、在更长航程内运载负荷的火箭。这项工作主要在英国、德国和美国开展，美国物理学家罗伯特·戈达德（Robert Goddard）在1926～1940年间发射了许多这种奇妙的装置。这些国家同时也是喷气式飞机的发源地，这并非偶然，毕竟，除了目前火箭驱动设备是自己携带氧气，而喷气式飞机从大气中获得氧气以外，它们的基本原理是类似的。苏联也发射过实验性火箭，但其总工程师于1938年被捕使该项目暂告中止。

20世纪30年代初期，德军在这方面处于领先地位，他们的主要研究员是我们已经提及的沃纳·冯·布劳恩。冯·布劳恩是一位贵族，他最初的目标是实现太空旅行——至少他自己总是这样宣称。然而，由于只有德国陆军能提供必需的资金、原材料和研究设备，他就全身心地为他们工作。当时，军队也在设法克服《凡尔赛条约》设置的禁止远程导弹的限制。后来，因为希特勒废除了这些限制，这就成为与戈林及其纳粹空军之间的竞争。布劳恩研发出的最终产品是A-4，能携带2200磅的弹头飞行190英里。为此，飞行高度必须超过50英里，远远高于其他任何飞机，这使它成为第一种穿过太空抵达目标的武器。

1944年9月开始，大约有3000枚德国的导弹射向了西欧和英国的目标。由于导弹以几倍音速飞行，它们抵达的声音实际上在击中目标之后才会传到，因而没有任何预警。防御它们的一种方法是轰炸发射点，但德国很快就重新设计了发射点，使它们可以移动并易于伪装。最后，它们几乎能够在任何地点发射。而最佳位置则是林中空地，或乡间住宅的停车处。为发射所做的准备活动都在树的掩护下进行；发射一结束，这些掩护就恢复原有的状态。对盟军来说，幸运的是导弹并不是十分可靠，其中许多甚至未能接近计划的目标。陀螺制导也极为不精确，平均每次发射导致的伤亡人数不超过一人。实际上，据估计死于制造该武器的劳力要远远超过被导弹实际杀死的人数。这对盟军士气的影响相当大，但我们只能同意历史学家所说的，就成本/收益而言，制造导弹是极为浪费的。

尽管V-2有这么多缺点，但没有人会怀疑V-2指明了未来的道路。此后，人们一直在研究并掌握相关的技术，并在整个20世纪50年代不断取得发展。其威力、可靠性和航程都有所提高。50年代最后几年，第一代洲际弹道导弹在美国和苏联进行了测试。正如我们所见到的，不同的国家对于由哪些组织负责研发、哪些组织负责操作有不同的看法。尽管导弹最终需要的航程和所有战机一样甚至更长，但并无理由一定由空军负责。

可以肯定的是，以圆概率误差（50%的导弹落在距目标一定英尺距离之内的概率）为测度的精度在20世纪50年代也得以提高，并且后来此趋势一直保持。一方面，只为发射几吨爆炸物而将一枚导弹从地球一边发射到另一边意义不大；另一方面，只要稍有先见之明就能意识到，导弹最终会与当时正在研制的更小、更轻的核弹头联姻。这将使它们远为精确，这样一来，正如我们的老熟人休·特伦查德早在1946年所写的，"我们今天所知道的空军（将变得）和今天已过时的战舰一样过时"。

1956年特伦查德死后不久，他的预见就开始变为现实。直到那时，轰炸机相对导弹而言仍有一些优势，比如载荷量大得多（这对于运载早期庞大笨重的原子弹和氢弹来说是必须的），可靠性更高，以及最重要的，从预警到发射所需时间要短得多。一个完全处于戒备状态的B-47或B-52中队能在命令下达15分钟内起飞。在雷达预警的条件下，它们能够快速避开任何来自地球另一边的洲际弹道导弹（尽管还不够快到足以避开从近海岸敌军潜艇中发射的导弹），空中巡航的轰炸机甚至不需要那么快。第一代洲际弹道导弹的情况却很不同。和V-2火箭一样（第一代洲际弹道导弹最终是以V-2为基础发展起来的），它们也使用了液态燃料，不能保持在时刻准备的状态。燃料极具腐蚀性，会蚀穿油箱，其重量会使导弹薄薄的机身变形弯曲而无法使用。

到20世纪50年代末，问题的解决进展良好。一如既往，首先解决问题的是美国人。固体燃料通过所谓的爆燃过程缓慢燃烧，使设计者得以去除与液态燃料发动机有关的大部分复杂配件，如泵、管和控制元件。从根本上说，固体燃料以相对较低的成本提供了非常强大的推力。由此产生的"民兵"导弹能时刻保持战备状态，据说制造商确实允诺了在10年内保障其性能。一旦接到命令，它们几乎可以立即发射。由于发射前几乎无须做什么准备工作，"民兵"得以安装在广泛分布的加固地下发射井中，这使它们很难被不具备直接核打击能力的武器摧毁。鉴于苏联民用工业（特别是塑料制品工业）的落后现状，苏联发现自己很难赶上这些成就。尽管从1970年起，苏联也开始把导弹安装在发射井里，但大部分还是使用液态燃料。它们显然也不太精确，从而迫使苏联集中发展能够运载更大核弹头的大型助推器。

当然，1969～1970年间似乎达成的核均势并不标志着导弹竞赛的结束。它在很大程度上不是由战略（即人们要求什么）而是由不断进步的技术（即什么是事实上或潜在可能的）推动的。毋庸置疑，特殊利益群体也发挥了作用。如果由空军负责，美国洲际弹道导弹的数量不会保持在最终的1054枚，而会是该数字的3倍多。随着新式机载计算机的发展，导弹也日益精确。20世纪60年代末，机载计算机还使每枚导弹可以首先携带几枚弹头（集束多弹头导弹）然后再携带几枚独立的弹头（多弹头分导弹头）。20世纪80年代，令人畏惧的苏联SS-18导弹能够携带10枚以上独立的弹头，每一枚爆炸时能产生大约1兆吨当量；美国与之对应的装备是"MX和平使者"（Peacemaker），它能运载相同数量的较小弹头，但却更为准确。因此，仅仅一枚从几千英里以外发射的导弹，就能真正地消灭地球上任何一个国家。双方除了洲际弹道导弹外，还有潜射弹道导弹。其中威力最大的是"三叉戟"（Trident）导弹，由同级别的潜艇运载，与陆基导弹一样威力巨大。

尽管有几个国家已经部署了中程与中远程导弹，但只要它们装备的是常规弹头，它们的影响和投入就是不成比例的。如果不是幸运地击中了目标，它们就只能起到一点骚扰的价值。要想真正地发挥作用，就必须大量拥有这些导弹，然而这个提议耗费极巨，或者，还可以为它们装备核弹头或生化弹头。即便如此，由于导弹不能在目标上方停留——它们必须径直投向目标，因此作为运载平台后两种方式还很不理想。不管怎样，载人飞机仍然具有一些重要优势：负荷更大，灵活性更高，可重复使用。这解释了为什么甚至在洲际弹道导弹慢慢取代载人轰炸机时，还在继续生产并部署战斗轰炸机，尽管其数量在稳步下降。然而，时间越久，印度和巴基斯坦这类国家就越来越不依赖于载人飞机来运载核武器，而越来越倾向于发展弹道导弹。最近朝鲜和伊朗也是如此，这两个国家一直以来都能够制造并部署中程导弹，尽管它们都不以发达的航空业闻名。

几乎从一开始，人们就制订了通过发展反弹道导弹系统（ABM）来对抗弹道导弹的计划（其中有些只存在于将军和记者们头脑发热的想象中）。然而，洲际弹道导弹的超高音速使这个任务令人生畏。反击对策不难想到，最简单的战术是用更多的导弹来淹没防御，使对方无暇处理；其他办法包括诱骗、多弹头以及旨在扰乱防御跟踪定位系统的电子战。结果，这些计划最多也只是产生了几个原型。在这些被制造出来并经过测试的原型中，有一些非常不准确，必须依靠兆吨级弹头来完成致命的任务，因而可以说给拥有者带来的危险几乎与攻击者一样多。20世纪80年代，里根政府恢复了对该项目的兴趣，结果导致美国、俄罗斯和以色列大量研发防御导弹，并进行了有限的部署。其他国家如印度和日本也表现出对这种导弹的兴趣，他们购买了一些并进行了测试。然而这种导弹系统极为复杂而且昂贵，很难保证其中任何一枚导弹是否已经在实际条件下（比如，要对抗的是飞过来的多弹头而不只有一个）经过了测试，甚至不能保证它们能否进行这些测试。更不用说最新的俄罗斯洲际弹道导弹RT-2UTTKh"白杨"（Topol），据说它携带了专为避开反弹道导弹而设计的机动式再入弹头，并且充分加固，使它可以承受附近发生的核爆炸所产生的电磁脉冲。

根据可以公开获得的资料来判断，截至2010年，在坚决的攻击下，还没有哪个国家拥有一套能为其城市提供百分之百的保护的系统。负责开发以色列系统的那些人完全承认这一事实。鉴于我们所知道的墨菲定律的运作模式，获得这种系统的概率看起来确实很低；在年初，美国的另一次测试由于雷达问题而以失败告终。然而，在一个一枚导弹或炸弹就能造成无法想象的破坏并导致冲突升级的世界中，这种保护是唯一值得拥有的方式。一些分析家指出，通过制造安全的假象并也许因此而促使领导人采取不当的冒险，拥有一个已经部署的系统比没有它还要糟糕。尽管人们声明它是为了带来稳定，结果却可能背道而驰。

各种各样的弹道导弹必须穿越太空从发射点到目标点，但它们并没有充分利用太空。1903年，首先计算出人造卫星的详细数学原理的是俄罗斯科学家康斯坦丁·齐奥尔科夫斯基（Konstantin Tsiolkovsky）。他有点神秘主义，他的目标是实现太空旅行和对其他星球的殖民，并为更为完美的人类种族提供一个可以永久生存的地方。20世纪40年代，人们开始讨论通过转播和增强无线电波来把卫星用于通讯目的的可能性。1946年兰德公司的一项研究《实验性绕地宇宙飞船的初步设计》（*Preliminary Design of an Experimental World-Circling Spaceship*）代表着这类工作的一个里程碑。10年后，考虑到对苏联的常规间谍活动已经几乎完全失效，艾森豪威尔政府开始考虑发射一枚侦察卫星的可能性。这种装置可以取代越来越容易遭到攻击的侦察机；然而，最后却是苏联于1957年10月将第一颗卫星送入了轨道。

苏联的成就令整个世界为之震惊和着迷。据称，它揭示了一个"导弹差距"，政客们（包括我们的老朋友，现已成为参议员的斯图亚特·赛明顿）为了入主白宫，都竭尽所能地利用了这个差距做文章；最终，肯尼迪取得了这场竞赛的胜利。然而，没过多久美国人就回过神来。美国最早的侦察卫星于1961年进入轨道，它们使U–2侦察机可以不再飞越苏联领空，尽管U–2和类似的飞机仍把侵犯其他许多国家（包括友国和敌国）的领空视为理所当然的事。在接下来的几十年里，卫星承担了许多军事用途，其中最主要的是监视（光学、红外、电磁、以重力为中心的、基于雷达的和电子的）、通讯、绘制地图和天气预测。20世纪90年代，全球定位系统的发展使导航成为可能。在每一个都极为重要的这些领域中，卫星越尖端、功能越多、越可靠，放弃旧方法和旧技能的诱惑就越强。由于这个原因，随着时间的推移，对卫星的依赖呈稳步增加之势。

21世纪的第二个10年，出现了一种未曾尝试过的对太空的军事利用，即在太空安置武器。这些武器可以用来对抗其他国家的太空和空间资源，或对付地球表面的目标。关于前者是否值得拥有的问题引起了激烈的争论，人们认为它有可能导致太空的"武器化"。2010年4月美国空军发射的机器人式的X-37 B很好地展示了他们在这个方向上的巨大进展。20世纪60年代，苏联研制成了"部分轨道轰炸系统"（FOBS），但是，它携带装有炸药的氢弹时从未被测试过。这样的炸弹在太空绕轨道飞行具有的一个优势是：从预警到行动的时间大大缩短，并且可以从任意方向发起攻击，而不限于两国之间的固定轨道。然而，"部分轨道轰炸系统"的部署由于1979年的第二个《战略武器限制条约》（*Strategic Arms Limitation Treaty*）而被禁止。既然弹道导弹已经能够实际摧毁地球上任何地点，也许人们感觉到的损失反而并不太强烈。

往前回溯，我们能够自上而下地观察太空对军事扩张的影响。首先受影响的是战略核战争，或者更确切地说，是为核战争所做的准备，因为到目前为止还没有发生过这种战争。卫星常常提供了足够精确地绘制一国地图的唯一途径，也是提供敌军导弹已经发射或正在路上的早期预警的唯一方式。随着时间的流逝，可以说，不依靠卫星进行的操作越来越少。1977年，当时的以色列总理伊扎克·拉宾（Yitzhak Rabin）宣称他的国家不需要卫星，然而自那以后，以色列却发射了几颗，并且越来越离不开它们。最终，每一名士兵和每一枚导弹都有自己的全球卫星定位系统，前者用来定位方向和导航，后者用来对目标进行精确制导。

从另一个方面看这个讨论，可以说部队越现代化，行动的地理面积越大，就越依赖卫星。结果，最大的单个用户就是美国海军。如果没有太空设备，现代化国家的武装部队将如同瞎子、聋子和哑巴一般。通讯、后勤，甚至日常管理都会被扰乱。从最好的来说，其结果是有些混乱的调整期，这段时期内，许多种能力都会严重降低；从最坏的来说，一个国家会遭遇一些分析家所说的"太空珍珠港事件"——完全没有预警的全面袭击。该术语最早出现在2001年有关太空战的报告中，据说这份报告是由布什总统的国防部部长拉姆斯菲尔德（Donald Rumsfeld）亲自起草的。

在世界范围内，基于太空的各种武器的价值据估计已接近1万亿美元。几乎每周都有卫星上天——既有取代原有卫星的，也有执行新功能的。10个国家：俄罗斯、美国、法国、日本、中国、英国、印度、以色列、乌克兰和伊朗，已经用自己的导弹将卫星发射到太空。还有几十个国家也借用其他国家的发射装置发射了自己的卫星。这些设备如果大规模损坏，其影响会立即被感受到，并波及日常活动的方方面面：卫星电话不再工作，电视和无线电广播无法抵达接收者，部分互联网将不再工作，信用卡会变成毫无价值的塑料片，交通网会崩溃，舰船和飞机将发现它们不得不依靠老方法来实现精确导航，此外还有大量令人吃惊的现象。在民用生活中和在军事生活中一样，在一段较长的时期内实施一些零散的进攻会产生严重的问题，一会儿是这个设备无法使用，一会儿又是另一个设备无法使用。而一场经过谨慎的筹划以瞄准最重要的卫星，并同时将尽可能多的卫星摧毁或使其无效的全面进攻，可能会导致社会和经济接近崩溃。

哪种武器能用来攻击另一个国家的太空武器？如果目标是只进行一次摧毁性打击，那么最好的方法是在地球上空爆炸一枚或多枚氢弹。由此产生的电磁脉冲会使任何没有特别加固的卫星失去抵御能力。但是，这样一种攻击会不加区别地摧毁敌我。不仅不可能瞄准任何特定对手的武器，友方的卫星如果没有特别加固和提前保护也会遭受损失；另一种可能性是在物理上击落或摧毁个别卫星，这可以在地面上或一些绕轨道运行的航天工具上进行，在这方面，美国和中国已经研制了所需要的技术。美国对一枚可以从F-15上发射的反卫星导弹进行了测试，后来该项目被取消了，但人们永远不知道是否有一些导弹存放在某处。2008年中国成功地测试了地对空导弹，引起了广泛的关注。苏联很久以前试图研制一种"猎人杀手"（hunter-killer）卫星，能够把其他卫星炸成碎片，但这些努力在1983年都中止了。无从得知苏联此后是否在以其他的方式继续发展。

第三种可能性是采用某种电磁袭击方式。强大的无线电波会扰乱卫星电子设备；激光或高能粒子光束会致盲或摧毁它。原则上，这种袭击既可以从太空发射（即从"非动力"杀手卫星上发射），也可以从地面发射。前者的优势是无须提供穿透地球大气层的动力，而后者产生脉冲的设备的外形和重量都不受限制。确实，围绕基于太空的任何一种武器的一个更有趣的问题总是必要的能量来自何处；而从一个不稳定的航天器上用太空激光和类似的武器瞄准另一个航天器也代表了一个重大的技术难题。

不论是哪一种，对冲突升级的恐惧阻止了美国和苏联战舰在冷战期间互相射击，同样也阻止了这两国把这种技术用于现实中的国家间武装冲突。鉴于其他国家在过去的行为，我们完全有理由预期它们同样也会这样，如在太空中的地位逐步提升的中国和印度。但现在就如释重负还为时太早。反卫星导弹和杀手卫星很可能会因为太过复杂和昂贵而无法由非国家实体秘密制造。然而，上面提到的一些电磁武器也许不是这样。按照现行的国际法，使用这种武器类似于恐怖主义或海盗行为。这种情况很值得思考，也许还值得采取一些预防措施。另一方面，对什么能做显然会有一些限制。考虑到绕地球轨道飞行的大量卫星，非国家实体的所有攻击几乎一定是零散的。其结果不可能会是突然彻底崩溃，但现有的功能会不同程度地或迟或早地退化。

正如已经提到的，也有可能想象反对策的对策。物理加固和电子加固除外，卫星也可以做得像飞机那样隐形，使它们更加难以被跟踪。一个关心其太空设备生存能力的国家也许会这样来设计太空设备：必要条件下，它们应能相互接替对方的工作。卫星小型化使卫星更便宜，这是朝这个方向迈出的一步，并能使卫星以簇群的方式进入轨道并进行操作。这样的国家还可以研制快速替换卫星的方法。这样做也许会牵涉到一些简单的事，如随时拥有一大批卫星和导弹，但这也意味着需要建造某种可靠的、马上可用的、可重复使用的飞行器来把新卫星送入轨道并能接触到那些有缺陷的旧卫星，对它们进行回收或是修复。30年前，人们曾指望航天飞机提供这样一种能力。然而，大家都知道，它未能实现该目的。太空战的推动者也许会说航天飞机早就过时了。

　　所有这些是如何影响空中力量这个我们感兴趣的主题的？太空力量在许多方面是空中力量的自然延续，所以让同样的人和组织同时负责两者绝不偶然。人们不时试图把弹道导弹的发展委托给其他组织，如炮兵，而这样做却带来了灾难性的后果，因为这些组织不习惯和轻薄的材料以及很精密的公差打交道。然而，这件事也有相反的一面。远在外太空，现在已经有很多十分重要的任务以前都是由飞机执行——如果它们确实能够执行的话——而现在都由卫星执行。每年，把卫星送入轨道并利用卫星执行各种任务的国家的数量不断增长。这样带来的一个有趣的结果是职业路线的改变。直到20世纪90年代中期，只有飞行员能够期望上升到空军等级体系的最高端。从那以后，在太空领域作出成绩的军官也不断地加入这个行列。正如老话所说：如果你不能打败他们，就加入他们。

　　离地球表面更近的地方也在进行类似的程序。"一战"中，人们第一次尝试制造机器人式的无人机，英国发明家希望用它们打败齐柏林飞艇；无人机没有飞行员，本应比有人驾驶的飞机升得更快，飞得更高，也能作为飞行员练习的靶子。美国发明家[其中最重要的是凯特林（Charles Kettering），后来成为通用汽车公司的总裁]制造了原始的巡航导弹，用来打击地面目标。它由40马力的发动机提供动力，是"二战"中德国V-1的先驱。1925年，无处不在的空军参谋长特伦查德命令把由陀螺仪操纵的自动驾驶仪安装在当时的小单翼机上。继之而来的新发明[代号为"喉头"（Larynx）]可以从船上和地面起飞，它是用来对抗舰船的。人们也做了一些实验，譬如在伊拉克战争中用它来轰炸村庄反叛者的回击。然而，当时的技术方法无法达到合理的精度要求。1936年，经历许多波折后，该项目被废除了。

　　下一个进行尝试的是德军，他们取得了一些成功。就像陆军发展V-2来与纳粹空军竞争一样，纳粹空军专门发展了V-1来与陆军竞争，但他们开始的时间要晚得多。V–1由脉冲喷气发动机提供动力，这种发动机的燃料不是不断地送进燃烧室，而是以有序的脉冲形式进入。它使V–1的速度大约为每小时400英里，航程为150英里。V–1弹头重量不到1吨。和之前的一些导弹一样，V–1由自动驾驶仪操作。航程由一个固定在鼻子上的小型推进器的旋转数量决定，之后燃料供应被切断，导弹猛冲到地面。

　　导弹很不准确，很难击中一个比大城市更小的目标。为了弥补这个缺陷，有人提议开发有人驾驶的导弹用于自杀式袭击任务，但是希特勒不喜欢这个想法，然而等他最后同意这一建议时却又为时已晚。由于喷射推进式炸弹[也叫"巴兹炸弹"（buzz），盟军以其产生的独特声音来命名]相对较慢，可以像普通飞机那样由基于地面的防空防御和战斗机使用。有些导弹被击落，另一些被迫改变了航线，因为有战斗机小心翼翼地在平行轨道上飞行，并用机翼使导弹倾斜。V–1最大的优势是构造简单和成本低廉，每枚只有3500马克（900美元）。它消耗的燃料不是昂贵并难以操作的乙醇和氧气的混合物，而是简单的煤油。从1944年6月到1945年5月战争结束，共发射了大约8000枚，平均每枚杀死1.34人。尽管没有V–2那么壮观，但是与后者相比，它很便宜划算。

　　20世纪50年代，美国和苏联都研制了巡航导弹，其中有一些达到了作战水准。随着巡航导弹被更快、因此更难击落的洲际弹道导弹超越，美国在这方面的工作就停止了；苏联则研制出了许多模型，用于从空中或海上发射导弹来对付美国的航母特遣部队。因而P–5"五元美钞"（Pyatyorka）估计能够达到约0.9马赫的速度和600英里的航程。为了弥补相对不准确度（圆周率误差大约为2英里），这些导弹携带了20万～35万吨核弹头。真正的转折点出现在20世纪70年代，引进了地形匹配制导系统———一种充分利用机载雷达和计算机来实现更高精度的导航系统。碰巧，更轻的复合材料和更小更经济的喷气式发动机也几乎同时出现；这种"技术的汇合"使全新一代的巡航导弹成为可能。有些导弹悬挂在重型轰炸机下方，从而延长了航程和操作寿命。还有一些则用地面工具发射，或从船只或潜艇上发射，潜艇发射需要不同的制导系统，因为地形匹配制导系统不能在水上工作。

与载人飞机相比，巡航导弹既有优点又有缺点。它们的主要缺点是缺乏可重复使用性，从而增加了成本。另一个缺点是不灵活，不可能从一个目标转向另一个目标，尽管20世纪90年代全球定位系统取代了地形匹配导航系统似乎已经解决了这个问题。巡航导弹用于对付海上舰船足够准确，但至于是否可以打击地面的移动目标还不是很清楚。它们的主要优势是尺寸小，这使它们易于分散与伪装。由这种移动装置组成的第二次打击力量很难被发现并摧毁。此外还必须加上低飞的能力，这使它们难以被拦截。如果一架无人机撞毁或被击落，没有必要担心飞行员，可以省掉营救行动——而这往往是要求最苛刻的。最重要的是，巡航导弹相对简单和廉价，因而许多国家都可以制造。据称，如果有必要的技巧，可以在车库以大约1万美元的成本造出相当有效的导弹装置。

和许多类型的飞机和弹道导弹一样，巡航导弹一开始用于向目标发射核武器。和那些飞机和弹道导弹一样，巡航导弹不止一次被用于这种任务。巡航导弹携带着常规弹头，一直被用于对付高危目标（如防空防御力量）和难以打击的目标（如坐落在城市中心的掩体）。另一种用途是对付阿富汗和苏丹这些国家中真实的或可疑的恐怖分子据点。很明显巡航导弹更受青睐的一个原因在于，人们相信无人操作维持了一种低调的形象，比载人机产生的外交问题要少。不论任务是什么，巡航导弹显然已经取代了更老的竞争对手。考虑到这些竞争对手已经变得越来越昂贵，我们只能期待这个取代的过程继续下去。

巡航导弹有自己的导航设备，无人驾驶飞机则由地面（或由船上或另一架飞机上）的无线电控制，就像模型机那样。据说光是美国陆军在"二战"中就购买了1.5万架，将它们用作辅助训练飞行员和防空炮手的目标；有一些仍在使用，但要价很高。在冷战的铁幕双方，20世纪50年代见证了这种类型的无人机的大量发展。有一些被用作攻击的目标，另一些则作为诱饵误导敌人的雷达。后来，它们在这些任务中的成功表现促进了其作为携带各种侦察设备的平台的发展。越战中也使用了无人机，但没有取得很大成功，下文将会看到这一点。

1982年，以色列入侵黎巴嫩，无人机进入繁盛期。最初以色列希望利用无人机来定位地面敌人，然而使军界多数人大感意外的是，以色列用它们来对付叙利亚在贝卡山谷（Beqa Valley）的地对空导弹群。首先，无人机花了几个月在这一地区上空飞来飞去，以准确定位导弹组，尽可能多地了解它们。接下来，在发起真正的进攻前，把一些遥控飞行器作为诱饵发射出来。这些诱饵使叙利亚打开了雷达装置，从而暴露了他们使用的无线电频率。一旦这一步完成，另一些无人机（也可能是同一批）就被派往雷达装置点并摧毁它们。携带导弹的飞机、装备电子战的直升机和远程大炮也都参与了行动。据说以色列总共只出动了125架次，另有56架次作为支援。以色列还计划了另外60架次，但都取消了，因为事情进展得比预期好。尽管以色列空军司令大卫·伊夫里（David Ivri）将军和叙利亚国防部部长穆斯塔法·特拉斯（Mustafa Tlas）都记载了这次战斗，但细节很少。在以色列一方，可以公开场合获得的一些信息很可能是假情报的一部分。

此后，遥控飞行器以及更大的无人机开始了大规模的利用，几百种不同类型的无人机由不同的国家制造出来，包括一些还不能（也几乎肯定永远不能）生产现代有人驾驶飞机的国家，比如伊朗。遥控飞行器和无人机都以难懂的字母数字组合来命名，继之以简短易记的名字，通常是某种动物或鸟类。有一些飞行器和无人机十分小巧，设计成由吉普车携带，甚至放在单个步兵背上，以帮助他发现附近山上的另一边正在发生什么。大多数尺寸都和大模型飞机差不多，翼幅为15英尺或25英尺，少数有小型客机大小，用于执行远程任务，如"全球鹰"（Global Hawk）这个名字所暗示的。

黎巴嫩战争30年后，最重要的任务可能仍是情报（图像、无线电、红外、雷达、电子和信号）收集，而无人机在这方面比载人机和卫星更有优势。与前者相比，它们的雷达信号要小得多；而且据说一些已经能以更低成本实现真正的隐身。与后者相比，它们能够更接近地面飞行，也能够在同一地区停留相当长的时间。另一些经常提到的任务有通讯、超视距识别、追踪瞄准和电子战，如反雷达工作。有些无人机被用作目标；还有一些，如著名的美国"捕食者"（Preator），能携带并发射空对地导弹，成为有效的无人杀人机器。

无人机——特别是比较大和复杂的无人机——并不廉价。一个原因是它们在很小的空间内装备了现有最精密的电子设备，包括计算机、通信设备和有关的编码设备，所有能想到的传感器，并且越来越多地装上了用来激活武器的系统。据说一架"全球鹰"的单价为3500万美元，如果将开发成本包括在内，该数据还要翻3倍。但并非所有设备都需要重点发展。无人机所需的基础设施要小得多，也简单得多，这是它操作成本只有载人机的5%的原因之一。一些型号很小而且价廉，足以供非国家组织如黎巴嫩真主党购买和使用。另一些由代表政府的工业公司使用——这些政府无法提供花费的无人机。相对较低的成本意味着，随着技术进步和现存型号的过时，和载人飞机相比较，无人机更容易被取代。最后，低成本意味着能够制造无人机的公司也更多。

就像尖端的电子游戏一样，"驾驶"最庞大、技术最成熟的无人机需要高水平的训练和技巧。一些无人机是如此复杂，需要不止一名操作员来处理事务，这当然使事情更复杂。但最终，这样做还是远远不如驾驶常规飞机要求高。然而，专心和协调性是必不可少的，身体素质和好的视力则远没有那么重要。训练通常在几个月而不是几年内完成。任务本身可以在位于远离战场几百英里之外的空调房中完成。例如，一些在伊拉克和阿富汗执行任务的美国空军无人机是从位于内华达州沙漠的总部中"飞出"的。

由于战争最重要的特征——即冒着失去生命和肢体的危险——不复存在，在许多方面，这份工作正好是以前飞行员面对的工作的反面，它更像是一份普通的朝九晚五的工作。自由、冒险感和与众不同感都不见了，而这些都曾是以前飞行吸引人的主要方面。同样，身体上的压力也没有了。人们开着车去上班，进入安全的房间，坐下，在计算机控制系统前换岗。这些控制系统也变得越来越精密，可以自行执行许多任务，操作员只起到监督作用。交完班后，操作员回来，从学校接回小孩，在路上去一趟超级市场，然后回到家抿上一口鸡尾酒，向配偶抱怨看着——当然是通过电视——由自己的行动造成的、将在几秒内死去的人的面孔是多么难受。有些无人机不是用来对付敌人，而是保卫国内的基地，因而引发了操作员是否值得被当作勇士或被视为某种警察的问题。

一些操作员更愿意驾驶"真正的飞机"升空，但另一些宁愿飞机向无人机的转向继续下去。大部分操作员从未驾驶过任何其他一种飞机。这一规则的例外是美国空军，由于自身原因他们坚持只雇用飞行员，即军官。结果，对这个工作来说，许多操作员都资历过高。一个最大的副作用是，各种军事飞行员中女性比例总是极低，而无人机"飞行员"中女性比例要高一些并且在逐步上升。在以色列（他们制造并操纵着一部分最先进的无人机），据说女性操作员的事故率要比男同事低。

一些无人机从飞机上发射或是与飞机紧密协作（比如1982年黎巴嫩的例子）。据说英国人开发了一种软件，可以使飞行员在驾驶自己飞机的同时，还能控制两架以上无人机。大量其他无人机用于独立的任务——这些任务以前都由飞机执行，包括侦察和狙击恐怖分子。总体而言，关于事情往哪个方向发展，最好的指示器就是钱。在21世纪头十年，美国对无人机的投资是20世纪90年代的3倍多；单单在2007～2013年间，对无人机的投资预算就高达220亿美元。战斗机一直在消失，而无人机就像兔子一样迅速繁殖。它们的操作员获得了认可，被编入一条独立的职业轨道上；在美国，他们甚至成功地获得了飞行津贴。印度和巴基斯坦之间的边境上，双方现在都还在克什米尔地区使用无人机。载人机的损失可能带来核升级，但人们一般有此默契：击落一架无人机被认为是可以接受的。

飞行员间一个长期流传的笑话是，没有其他制导系统能这么廉价地由没有技术的工人制造。因此，他们说，总是有对载人机的需求。现实中，事情却不一样。在外太空及近地面，在陆上及海上，在不直接与敌人交战以及越来越多地与敌人直接交战的任务中，无人机的时代到来了。

第十二章 纸上谈兵

到1945年，关于武装冲突的著作已经成为推动战争特别是空战的主要因素之一，1945年之后，这些著作逐渐成为战争的替代品。其主要原因是前面讨论的"主导因素"的存在。另一个起作用的因素是军事机构和民间机构的大幅增加，这些机构致力于研究、学习和讲授战争。只要文本需求存在，供给必定紧随其后。

由于数量巨大，相关的文献很难归类。按照我们的目的，可以将其分为三种。第一种是条令，与真实的战争最为相关。空军和一般的武装部队一样，通常负责制定条令的都是上校和他们的直接助手（包括军人和文职）为上级即将军们工作。一位在这方面颇有经验的空军学者曾经这样对我说，将军们会达成某种"结论"。接下来，由上校来验证这些结论并加以充实。尽管将军从不亲自撰写条令，但公布时却总是有他们的签名。理论上，读者包括各级军官，目的在于帮助他们在国家的武装部队如何理解并履行使命的方式上达成共识。实际上，几乎没有人阅读这些条令，因为它们对显而易见的事物反复阐述，细致入微（比如试图界定空中优势与空中霸权的区别），语言枯燥且经常拐弯抹角，试图涵盖所有可能性。然而这并不代表它没有影响力。尽管很少有人真正熟悉所有细节，但它的基本概念经过各种宣传后，还是有可能广为理解的，尽管有些模糊。

这里必须提及两种其他类型的军事作品。第一种是专业的军事或学术书籍和期刊，它们由正在服役和退役的士兵、国防官员、学者和记者写成。目前除了记者的文章可读性较高外，其他四种文章通常只是为了互相交流。他们真实或宣称的意图往往十分严肃，即要引起对现存的这样或那样的问题的关注，并/或提出问题的解决方案。第二种是军事小说，在我们这里是指主题为空中力量和太空力量的小说，它们通常由这些团体的成员写成，偶尔会有看起来不太可能参与的外人参与进来，目的也是严肃的，即警告未来可能的发展，但通常只是为了销量和娱乐。一部分这类书籍被制作成电影或电视剧，或是相反。不必说，这三种类型存在着相当大的重叠。部分原因是这三者有相同的目标，即给未来提供一个博弈方案，部分原因是这些作品常常涉及同一批人。也不必说，它们并未穷尽军事文献的所有不同类别。

空战中的条令和其他战争中的条令一样，由北约定义为"军队在具体目标下指导作战行动的基本原则"。条令是一种相对晚近的现象。直到20世纪的头10年，武装部队都只有理论和规定而但没有条令。理论主要涉及基本原则，但是它们并不是为特定国家的需求而量身制定的，它们没有规定任何东西，对任何人都没有束缚力。规定有时被称为指示，的确规定了如何做事情，也具有一定的约束力，但它们只处理战争中较低层次的方面，如技术和战术。比如，很难将关于"连级军官和士官的职位"或"纵队中五个中队的团编制"的讨论算作北约定义的那种条令。并不偶然，本书前面讨论的空中力量的两位"鼓吹者"杜黑和米切尔都没有制定过条令；假若他们制定过，大概也会几乎完全不为人所知。杜黑进行理论写作，和条令的区别在于理论试图记下基本的原则，他也尝试写小说。米切尔主要是一位辩论家，但却是更为浮夸并且不具备学术性的那种。就空中力量而言，直到1922年，作为也许是当时最先进的空军，英国皇家空军发布了第一本条令手册，题为《CD-22行动》。

本章将集中关注美国空军最后如何成为最重要的空军。我们已经提到过，陆军航空队首先在20世纪20年代末开始构思其条令，到30年代末，陆军航空队一直坚定地忠于自己制定的条令。这份条令由麦克斯韦尔的教官们执笔和讲授，也许他们的名字早已被人们遗忘，但其条令十分详细和连贯，足以担当这样的荣耀：获得一个首字母缩略词HAPDB（高空日间精确轰炸，high-altitude precision daylight bombing）。有一部分条令省略了"高空"二字，代之以"战略"。无论确切的术语是什么，早在1940年，美国决定把B-36发展为第一架真正的洲际轰炸机（当时还没有喷气式发动机）时，空军条令就已在背后发挥作用。1943~1945年，该条令得以大规模应用。不论陆军航空队做了什么，都必须将其和空军条令联系在一起看待。

由于所谓的"轰炸机小团体"1945年后继续主宰着新成立的空军，条令的基本内容在很大程度上保持不变也就不令人惊讶。毕竟，美国仍是一个全球性岛屿。除了在国外的航母和基地，抵达其主要敌人苏联的最佳方式仍然是重型远程轰炸机。轰炸机的主要目标仍是"敌人"（由于没有发生热战）人口和工业主要集聚地。用一位历史学家的话来说，战略轰炸对空军而言就像福音书对基督教一样，它不仅仅是准则，而且是空军这个组织的生命和它存在的理由。即使核武器的出现也没有改变这种关系。引用1945年9月被特意任命来考察这个问题的斯帕茨·波特（Spaatz Board）的结论："原子弹此时并未保证我们目前关于战后空军的雇用、规模、组织和构成的概念发生了实质性的变化……原子弹没有改变我们关于战略空中进攻的基本概念，它（仅仅）赋予了我们一种额外的武器。"

随着时间的流逝，条令的细节逐步作了修改以适应不断变化的情况。它对于必须预防意外的或未经授权的战争的重视程度大为提高，该问题成为一大篇极其烦琐的规定的主题，以至于有时几乎威胁到了作战任务本身。为了使苏联突袭的可能性最小化，直到1968年，长期的空中巡逻才因为开始显得多余而被废除。白天袭击被夜间袭击取代，高空袭击被低空袭击取代，在现代雷达和地对空导弹的时代，低空袭击被认为更有机会"插入"敌人领空抵达目标。战略空军司令部的军火库增加了防空外武器和电子战设备，导致空军条令进一步变化。轰炸机不必再直接飞到目标上空投掷炸弹；由于武装力量包括成百上千架B-47和B-52轰炸机，每一架都装有一种或几种4.5兆吨到9兆吨的热核武器，没有必要再担心轰炸可能不准确，并且，关于减少平民伤亡的需求，也没有多少余地可以说讨好的话了。

最重要的是，艾森豪威尔总统在任期的最后几个月确保了轰炸机操作计划应当与陆军和海军制订的计划协调一致，表现为一个统一的体系，即著名的"统一作战行动计划"。此后，该计划一直在更新，每隔几年都会有一个新的计划。理论上，其程序由总统启动，自上而下地运作，经过空军系统的各级领导层层传递直到抵达实际的计划者。而实际上，没有几位总统知道或关心它到底是什么内容。相反，计划者以现有的"统一作战行动计划"为起点，仔细研读卫星图像和其他情报资料，它们总是试图以辨别更多目标并列入计划清单中作为自己的成绩。这也是到20世纪80年代中期时目标数量已经上升至令人难以置信的1.6万的一个十分重要的原因。

然而，考虑到涉及的巨大的不确定性，以及如果事情没有精确地按照计划进展带来的可怕后果，所有主要指令和衍生指令、计划、更详细的计划以及作战计划总是包含有强烈的虚构成分。甚至一些负责人也意识到了这一点，其中最重要的一位是乔志·巴特勒（George Butler）将军。他在1991年担任战略空军司令部司令前，指导过计划过程，因而可能比任何其他人知道得更多。后来他说，"这完全是爱丽丝梦游仙境……简直就是100万条高深莫测的计算机软件代码……很典型地由军事汇报员简化为60~100张幻灯片……在一个小时左右的时间里展现给几位有资格听这个汇报的……高级美国官员"。能在几小时内摧毁世界的武器装备和程序原来也不过如此！

20世纪60年代末，随着数千枚全天候针对苏联地面和海上的导弹弹头的出现，战略空军司令部的载人轰炸机在国防中的作用逐渐减弱。

这种重点转换背后的另一个因素是越南战争。越南第一次在作战中遭遇到B-52轰炸机，尽管美军主要是用它来阻击通讯线，而不是原来计划的"战略性地"对付敌人。这些轰炸机从一开始的威慑苏联的任务最终转向次战区，这一事实已经说明了一切。更重要的是，战争、与之伴随的国内危机以及相当不确定的结果给美国军队特别是给空军打上了深刻的烙印。然而有点荒谬的是，这并没有促使部队开始思考如何在未来的同类冲突中取胜；相反，像鸵鸟一样，他们重新将注意力从游击战转到大规模常规战役上。

另一个使部队自欺欺人的因素是1973年10月的阿以战争。阿以战争来得正是时候，它似乎表明大规模常规战争在核时代仍然可能。战术空军司令部几十年来一直在战略空军司令部的阴影下勉强维持生存，现在终于开始崭露头角了。看一看指挥员的职业模式这个风向标也可以证实这种诠释。约翰·瑞安（John Ryan）将军于1964～1967年任战略空军司令部司令，在他之后，另一位战略空军司令部司令拉里·韦尔奇（Larry Welch）将军成为空军的总参谋长，而他在调任高位之前，只是在战略空军司令部待了不到一年的战斗机飞行员。此后，再也没有一个参谋长是从轰炸机飞行员开始起步的。当然，绝大部分其他国家几乎不再有轰炸机飞行员剩下了。

结果，一个新条令——空地一体作战——在20世纪80年代早期正式被采用。这是空军地面部队应用理事会的智慧结晶，该理事会是由空军的战术司令部和陆军新近成立的训练和条令司令部为了特定目的而设立的一个联合机构。结果它们出了一本大部头的书——《野战手册105》，简称《野战100-5》，旨在取代1976年的早期版本。新手册指出，使用战术空中力量的最佳方式不是前线——那里敌人势力最强，并且集中了大部分防空防御力量；相反，空中力量应当深入地部署在敌人后方，以对付苏联的通信设施以及赶来增援第一批进入西德的苏联援军。一个师级指挥官现在应该留意离前线50英里的后方，而不要集中在敌人前线；而军级指挥官相对应的数据是100英里。从那条线一直延伸到前线的地区中，战术空中力量应当利用最新的指挥、控制和通信技术，实现与地面部队的完全融合及同步。

描述了所有这些条令的术语（"空地一体作战"）是由训练和条令司令部司令官唐恩·斯达瑞（Donn Starry）将军创造的。从飞行员的角度来看，空地一体战的优势在于，它不要求他们提供直接战场支援——这项任务自"一战"以来一直被他们认为是一种诅咒。事实上，空军是如此讨厌这一任务，以至于用于这项任务的指定飞机A-10——速度慢但存活率高——也被涂上了有别于其他战机的颜色。在新的安排下，不仅损失没那么严重，而且飞行员们长期以来的这一担忧也有所缓解：他们担心空军会再次失去对原来隶属的组织的独立性。从陆军的角度来看，空地一体战的好处仅次于拥有自己的战术空军。在两个军种都接受了它的要求之后，《野战100-5》被大肆宣传为接受了某种新的革命性概念。当然，事实上这仅仅是对德国瓦尔特·韦佛（Walther Wever）将军及其同事在20世纪30年代所提倡的理念的回归，1943～1945年间美国自己的战术空军也在意大利和法国成功地实践过。

由于第三次世界大战并未发生，该条令是否能经得起现实的检验不得而知。美国空军条令发展的下一个重要步骤发生在6年后，发起人是一位杰出的军官约翰·沃登（John Warden）。1985～1986年，当时任上校的沃登在华盛顿特区的国家战争学院学习，有一份还算不错但并不出众的职业。他的著作《空中战役》（*The Air Campaign*）由国家战争学院出版社在1988年出版发行。和杜黑一样，但比他结局要好得多，约翰·沃登最后遭遇了通常为那些捣乱的人准备的结局——在五角大楼待了一段时间后，他被送去负责麦克斯韦尔参谋学院，最终也没有升为准将。然而，他被称作"也许是在现代关于空中力量使用的概念发展上最具影响力的个人"。作为权威，爱德华·卢特瓦克（Edward Luttwak）相当准确地评价说：沃登"复兴了战略性智能瞄准的艺术"，在战略空军司令部准备用兆吨级武器摧毁一半世界的时代，这种艺术早已被束之高阁了。沃登的著作是自20世纪20年代杜黑以来关于这一主题的最具独创性的著作，仅此一点就值得我们详细讨论。

　　自杜黑后，空中力量的倡导者一直在寻找一种方式，使得他们选择的装备通过这种方式能够只靠自己或仅在陆军和海军最低程度的帮助下赢得战争。空中力量的第一要务总是获得制空权，即友军能够飞行而敌军不能的局面；一旦获得制空权，就无须考虑侦察、运输等领域，它能使自己的影响力以三种方法中的一种被感受到：它能向敌军扫射，1914～1918年，这被称为"战壕飞行"；它能集中于通讯，也包括预备役的通讯；它还能通过对敌人的非军事"软"后方进行直接袭击以实施"战略"打击。所有这三种方法到"一战"最后几年都已经在使用。此后，尽管飞机变得越来越强大，但无论怎样依然基本保持着当时的样子。

　　现在，沃登写道，技术发展已经经历了一些根本性的变化。一方面，各种传感器和卫星图像使目标勘测达到了迄今为止难以想象的精细程度。另一方面，20世纪70年代后半期引入了精确制导武器，从而有可能准确袭击目标而不同时摧毁方圆几英里内的一切。换言之，正是这一点代表了沃登观点的真正核心，精确制导武器远比之前的所有空对地武器更为精确，从而消除了（或无论如何能够消除）战略目标和战术目标的区别。为了迫使对手屈服，没有必要像杜黑、特伦查德和其他"轰炸机将军们"提议的那样，或像德军、英军和美军在"二战"当中试图去做和实际做的那样——大规模摧毁对手的工厂和城市。相反，可以通过对敌人神经中枢的精确攻击来实现"战略瘫痪"。

　　后来，继这个观点，沃登发展了他的五环模型。第一环，即最核心的一环，是敌军指挥官和接收报告、颁布命令的机构；第二环是后勤供应，为对方武装部队提供生存和作战所需的一切——在高强度的现代战争条件下，每个师每天也许需要大约1500吨物资；第三环包括巨大的道路、铁路、管道网络，以及物品供应必须从其上或其中通过的设施；在之前的模型中，对这两者的袭击一直以"封锁"的名义被联系在一起；第四环由指挥控制敌人通讯区域的人员组成；第五环由坦克、枪、车辆和部队等武装力量组成。

纵观历史，武装力量只能由外向内对付敌人——为了得到软的果肉，必须先打破坚硬的外壳。对比之下，现代空军，依靠传感器和精确制导武器以及二者间的数据连接，能够由内向外对付敌人。从较内部的环开始，不考虑个别目标，而考虑摧毁这些目标可能给敌人整体造成的影响，如果有必要的话，向外继续推进。然而，如果运气不错的话，这样做也许没有必要了；敌人失去了指挥与控制系统，已经变成了聋子和瞎子，不用再费什么周折就可能会崩溃。

"空地一体作战"概念和《空中战役》都是在冷战期间出现的，很大程度上也是冷战的一部分，两者都主要是为了对付苏联的欧洲部分，意在对抗可能的自东德向西德推进的闪电战进攻。他们直接遭遇到这一事实：毕竟，苏联是地球上第二大核大国。成千上万枚各种规格的核弹头日夜准备着通过各种大炮、战斗机、短程和中程弹道导弹以及巡航导弹发射到这个战区。而且，似乎是为了把北约从它可能抱有的幻想中解救出来，苏联很早就对战争是可以控制的、而冲突升级是可以阻止的这一点表示怀疑，但许多西方分析人士却似乎正是这么认为的。美国本土也有人与苏联持相同观点。然而，空地一体作战和沃登都坚决地对这个问题视而不见。前者做得很含蓄，它指出双方的武装部队由史上两个最强大的盟军构成，每一方都有成千上万人，能进行像"二战"那样的军事行动，深入敌后，侧翼包抄，互相包围和互相毁灭，而不需要使用威力最为强大的武器。沃登却做得很明确。事实上，通过要求对敌人战斗阵列的核心（通常位于最重要城市的城市当中或附近）发动攻击，他将自己逼入了别无选择的绝境。

然而，空地一体作战和《空中战役》都只是冰山一角。成百上千——如果不是成千上万——的书籍和文章致力于解释在"中央战区"中战争总体（特别是空中战争）将会怎样，或者提出如何制胜的建议。以《速度的竞赛》（*Race to the Swift*）为例，它是这类书中较有思想的一本，由英国的理查德·辛普金（Richard Simpkin）将军撰写，空地一体作战的发起者斯达瑞本人作序。斯达瑞在序言中和辛普金在正文中都清楚地写道，他们的目标是将核武器从他们即将呈现的图景中排除掉。对于前者，这样做是必需的，因为，考虑到苏联的核力量已经发展得十分强大，北约威胁使用这种武器来阻止苏联袭击西欧已"不再可信"（自20世纪50年代初苏联开始建造自己的核军工厂以来，似乎就一直如此）。对于后者，可能是因为"20年前许多需要用到核武器才能产生的效果现在都能由高爆炸药达到……现在常规火力也能保证和核打击达到同样的毁灭效果"。

以这种方式描好他即将着色的轮廓后，辛普金开始继续书写，仿佛广岛和长崎的核爆炸从未发生过。在他看来，由技术推动的现代军事史每隔约50年就有一次跨越式发展。即将开始的下一次跨越将由直升机以及由此引发的机动性的突飞猛进带来。如果战争爆发，苏联肯定会紧接着发动袭击，然后首先会由红军空军战斗轰炸机和战术导弹发动大规模袭击，不但针对前线而且深入北约后方的"软"目标（他把后者表现得似乎是某个伟大的革命性的发明）。接下来，苏联可能用运输机将整个大部队运往后方，目标是夺取关键点，如桥梁、军火库、燃料库和指挥中心。最重要的是，他们会占领机场以便随后降落更多部队和补给。在这一点上，辛普金对阿纳姆的"灾难"记忆犹新，似乎有些怀疑这一切是否真的可行。他给想象刹了一下车，想知道无须机场的直升机是否并不会更好。

致力于对付苏联的进攻，北约战斗轰炸机实施了一种所谓的"深度打击"战术，其准则与空地一体作战十分相似，以至于辛普金很难将两者区分开来。深度打击由欧洲盟军总司令、美国的伯纳德·罗杰斯（Bernard Rogers）将军提出，它也是专为常规武器设计的，排除了核武器的使用。如果战争确实爆发，并假定北约的机场不会立即成为战术核导弹的目标（这些导弹将使机场无法使用），那么成百上千架北约飞机就能够起飞。这些飞机飞得很低以避开雷达，它们将深入苏联后方打击目标，目标在于遏制红军的前进，如果不是使其完全停止的话。要这样做，它们还需要获得当时尚处于开发阶段的遥控飞行器、战术弹道导弹、远程炮弹和密集的电子战的支援。

所有这些都不意味着斯达瑞、沃登、辛普金、罗杰斯以及各国（无论大小）的武装部队、国防部和学术界中不那么重要的冷战斗士们不是当时最博学的专家。然而，这意味着他们努力要做的——即找到利用空中力量的方式，可以遏止苏联对西欧的大规模入侵，而又不一定引爆整个世界——是一项不可能的任务。正如我们所看到的，其中一些人也差不多承认了这一点。最著名的罗杰斯本人几次公开表明观点，声称"中央战区"的作战将会在很短时间内就发展到规模极大的地步，北约是否诉诸核武器将不得不在冲突最初几天内就决定。即使不是为了阻止苏联，也会为了防止北约自己的核武器被缴获而不得不这么做。使用核武器还是损失核武器？一旦决定使用，空中力量——事实上几乎任何其他力量——就无关紧要了。

专业人员显然不能在"正经"文献（包括被正式采纳为条令的文献和未被采纳的）中做不可能的事情，但这没有阻止其他人以他们自己的方式这样做。这种尝试的一种最受欢迎的形式是军事小说。这些著作有很长的历史，可以追溯到19世纪最初几年。广岛和长崎遭受核爆炸后，将它们呈现出来阅读并加以讨论就成为某种近乎国家性的执着。撰写这些书和杂志文章的绝大部分人是平民，其中有些相当著名。还有一些作家——例如路易斯·赖德诺尔（Louis Ridenour），曾写过一出关于该主题的戏剧，在《财富》杂志上发表——实际上是对事业失去了信心的核科学家，他们拼命想将魔鬼关回瓶内。

正如所预期的，这些人对核战争在空中或其他地方发展的确切方式关心得相对较少，也很少提及。相反，小说——如奥尔德斯·赫胥黎（Aldous Huxley）的《猿与本质》（*Ape and Essence，1948*）、内维尔·舒特（Nevil Shute）的《海滩上》（*On the Beach，1957*）和沃尔特·米勒（Walter Miller）的《莱博维兹的赞歌》（*A Canticle for Leibowitz，1959*）将我们直接带到了战后世界，试图描绘核战争引起的有组织社会的崩溃。这些小说在细节上有所差别，《猿与本质》和《海滩上》假设一部分文明的残余能在南半球幸存下来，《莱博维兹的赞歌》开篇描述了被炸回中世纪早期的北美大陆。这三部小说都认为，只要人类还能相互打斗，他们就会用棍子和石头武装起来交战。雷·布拉德伯里（Ray Bradbury）在《百万年的野餐》（*The Million-Year Picnic, 1946*）中从一群逃到火星的幸存者的视角处理了这个主题，和他其他的书一样，这本书仍在出版。

从20世纪70年代末到80年代中期，着手这一主题的男性作家——没有多少女性作家会费心去写军事小说——转向了另一个方向。这是核裁军的呼声传遍美国和西欧的年代。在西欧，这些作家甚至成功地在国家政治上留下了一笔。还有什么更好的方法来让他们缄口不言呢？——把超级大国间的战争表现为是可以获胜的，并且一定十分有趣，哪怕不一定令人愉快。此外，军事技术从1945年起迅猛发展，其中有一部分就在书中有所涉及。然而，这同时也是受挫的时期：许多武器和武器系统投入了大量人力和财力却从未用于对抗对手，也没有用于意图让其完成的任务中。因此，作者的目的是通过展示新研制的武器和武器系统来吸引读者。

此类书中较为著名的一本为1985年出版的《第三次世界大战》（*The Third World War*），由前英国副总参谋长约翰·哈克特将军（John Hackett，1910～1997）撰写。这本书最开始的一些章节详细描述了美国的F-15战机和德国飞到东德执行任务并袭击飞机场的"龙卷风"（Tornado）战斗机。8架飞机"以超音速在哈尔茨山上方60米盘旋"。随着"火力压制和防御武器的联合发射"，导航员"透过薄雾瞥见了飞机场，对袭击的精确性胸有成竹"。"返程途中，他们掠过树梢时，发现上方有许多'米格'战机，但这些苏联战斗机的二代枪炮和导弹无法瞄准贴着地面快速飞行的'旋风'。从这第一手证据看来，超低空作战模式似乎一定会在深入敌人空防严密的战斗中获益。毫无疑问，当敌人有了对策时事情会变得更为艰难，但至少到目前为止还算不错。"

此书接下来的内容以类似的风格继续。在"大西洋战争"一章中，苏联"北方舰队最高司令官"派出40架"图"–22"逆火"（Backfire）战机袭击往欧洲运送战争物资的美国护航舰船。"'逆火'的接近没有被及时发现，因而护航飞机没有进行有效的空中防御部署……当支援小组赶到护航的主体位置，7艘运输船被击中，其中4艘即刻沉没，死亡人数骇人听闻。'逆火'发射的80枚AS–6导弹中，射程从220千米到160千米不等，至少有30枚击中了目标。"另一些章节描写了"内部空间战争"、"英国和东大西洋空中防御"和"中央战区的空战"。在"中央战区的空战"中，华沙条约飞机尽管设法"在战争头一个星期获得了大量制空权"，但由于"来自F–16的坚决抵抗"而无法给他们的地面行进部队提供"完全的空中支援"。到这里，读者大概已经明白了。

在发起进攻15天后，苏联最远抵达了距德国—荷兰边境不远的克雷费尔德（Krefeld）市，却被迫中止并开始向东退缩。克里姆林宫的人在一番深思熟虑后（这里无须多谈），决定通过转向核武器来扩大战争。在"（8月20日）10点24分时数字显示屏突然显示出威胁，（英军）追踪雷达接收到（苏联）导弹冲出了地球大气层进入了太空。计算机立即计算出导弹是在亚轨道飞行，将在353秒后撞击"。"10时30分SS–17导弹在温森格林（Winson Green）监狱3500米上方引爆核弹头，在不到一秒的时间内形成直径超过2000米的火球，温度接近太阳的温度。"几分钟后，在"彻底毁灭的伯明翰市"升起一朵15千米高的"巨大的蘑菇云"。作为回应，西方投下一枚核弹毁灭了明斯克（这次没有讲述细节），苏联解体了，战争也戛然而止。

其他差不多同一时期的军事小说情节大致一样，结局也差不多。以汤姆·克兰西（Tom Clancy，1947～）的书为例。克兰西的个人背景和哈克特将军完全不同，他比哈克特将军年轻40岁，他一开始希望在美国军队服役，但由于视力太差而被拒绝。他在1984年出版的《红色十月猎杀》（*The Hunt for Red October*）畅销之前，从事着保险推销员和商人的职业。在这里，我主要讨论他的第二本书《红色风暴》（*Red Storm Rising, 1986*）。和《第三次世界大战》一样，《红色风暴》以苏联为了克服石油短缺而决定袭击波斯湾开篇。随着战争的扩大，克里姆林宫将注意力转向西边的北约。这次，最初的战争行动同时在德国和冰岛展开。苏联利用远程空中力量和一个团的伞兵入侵了冰岛，占领了它并将其变成空军基地，这确实是北约的一个重大损失。接下来，必不可少的"图"-22"逆火"出现了，它们攻击了在大西洋中部的北约航母群，击沉了法国航母"福熙号"（*Foch*）和美国的两栖航母"塞班号"（*Saipan*），另外两艘美国航母也因遭受严重破坏而丧失了战斗力。

同时，在德国，对北约来说，事情进展得要顺利一些。道格拉斯·埃灵顿（Douglas Ellington）上校一只手握着F-19A"幽灵骑士"（Ghostrider）攻击战斗机的驾驶杆，同时另一只手放在驾驶舱壁的油门上。在北约其他战机支援下的美国隐形战斗机袭击了苏联的空军基地以及桥梁设施和人员，这对于像德国这种河流遍布的国家的所有进攻而言都至关重要。特别是，"200多架苏联全天候战斗机"在27分钟内被摧毁。战斗变成了一场消耗战，苏联由于资源更丰富，看起来胜算更大。然而，这时北约利用潜艇发射巡航导弹，导致苏联的海军的空中力量瘫痪。在冰岛附近，4架美国"鬼怪"向一些"米格"-29发射了8枚"麻雀"（Sparrow）导弹，迫使"米格"-29逃之夭夭。这些空战使得从美国往欧洲运输援军的护航得以恢复。同时，一名苏联战俘告诉北约指挥官红军缺少燃料，于是那些指挥官集中力量空袭苏联的燃料库，使坦克无法正常运转。仅在一次袭击中，足够苏联两个师使用的25万加仑柴油就化为灰烬。苏联政治局不顾一切想重新获得主动权，他们考虑使用战术核武器。这时，集团内"好的共产党人"对"坏的共产党人"发动了一场政变，战争被迫结束——尽管书中并没有告诉读者它是如何结束的。

和《第三次世界大战》一样，《红色风暴》也反映并利用了军内外无数人对现代武器细节的痴迷：它们的名字、构造和性能等。这些武器中每一款飞机、导弹和巡航导弹都十分突出，其中一些还很新，从未在战争中检验过，有几种则仅仅存在于作者的想象中。尽管克兰西是军事爱好者，但并不专业。据说他的文章包含一些技术性错误，但总体而言他为我们很好地展示了一种现代战争展开的方式。后来克兰西成了被大力宣传的美国军方的常客。他的书稍作修改就能用作参谋训练的基础，这些训练旨在获得保卫世界各地防止苏联入侵的最佳方式。实际上，我清晰地记得1987年从华盛顿特区飞往洛杉矶的一次航班上，乘坐的恰好有许多国防承包商，每个人似乎都在读克兰西的书。和《第三次世界大战》一样，《红色风暴》本质上是对"二战"的重复，只是与不同但同样邪恶并且更为强大的对手交战，时间也压缩得更短。最后，最重要的是，在当时的背景下，克兰西和哈克特一样，他杜撰的奇闻逸事几乎在核武器刚出现时就已告结束，尽管对世界来说幸运的是，这时职业士兵已经认识到在城市被摧毁前使用核武器的疯狂。

　　《第三次世界大战》和《红色风暴》都是畅销书，而我想在接下来讨论的第三本既非畅销书也不值得成为畅销书。我指的是2007年出版的《太空战：第三次世界大战的头六个小时》（*The Space Wars: The First Six Hous of Wourld War Ⅲ*），该书由威廉·斯科特（William Scott）、迈克尔·库马托斯（Michael Coumatos）和威廉·贝尼斯（William Birnes）撰写，乔治·卢瑞（George Noory）作序——他们似乎全都同时具备军队和新闻业的背景。这次故事发生在2010年，美国由一位懦弱、天真的民主党总统（尽管任何地方都没有明说）统治，他接任了伟大的政治家乔治·布什。为他工作的是国家安全委员会的一群令人作呕的两面派"弄臣"，表现得像"自负的小癞蛤蟆"。行动开始于美国日常生活所依赖的通信卫星停止运作时。军队组织了一次军事演习（和克兰西的书一样，这本书中所有的美国军事人员都爱国、率直、勤劳而且勇敢），发现麻烦出在塔吉克斯坦（Tajikistan）。进一步的空中侦察重点放在一间看上去普普通通的温室中，正是在这里，一名无赖俄罗斯科学家和他的女儿在一名"胖胖的"拉美毒贩的控制下操作着微波激射武器。他们使太空飞船上的电子设备失效，并杀害了飞船上的5名宇航员。

一队英勇的美国突击队队员乘坐CV-22"鱼鹰"倾斜翼直升机出发，成功抓获了三人组和科学家的夫人，但这并没有解决问题。在俄罗斯科学家和拉美毒贩背后的是邪恶至极的伊朗人，他们背信弃义地杀害了一名派来和他们谈判的"胸部丰满的"加拿大女性谈判者。一名美国准将在参观以色列北部时被真主党恐怖分子抓获（这个桥段表明作者很不熟悉以色列陆军）。美国空军公布了一种能从所剩无几的B-70轰炸机上发射的单人航天飞机，它之前甚至对国防部部长都是保密的。它被用于将一些新卫星送入轨道，取代旧的卫星，使通讯重新运转。美国黑客在指导伊朗防空防御的计算机系统中植入病毒，但被伊朗发现，未能完成任务。伊朗向美国驻意大利南部阿维亚诺（Aviano）的空军基地发射了一枚"谢哈布"（Shihab）核武导弹。它"以一声雷鸣般的咆哮跃入夜空，尾部拖曳着由威力强大的火箭发动机喷发出的五彩缤纷的火花"。幸运的是，它错过了目标，在亚得里亚海爆炸，没有造成任何破坏，这一事实也是书中主要疑点之一。作为回应，美国的一种无法追踪的超级武器（完成任务后不留下任何痕迹）被用来摧毁位于巴什的伊朗核反应堆。由于伊朗的制导技术源于法国，美国派出两架F-15C战斗机发射反卫星导弹，摧毁了两枚欧洲伽利略卫星。世界安全了，至少暂时如此。

与《第三次世界大战》和《红色风暴》一样，《太空战》中满是飞行员的行话："煤气管，控制。通知：'鹰式'战机刚刚得分。"它比之前两本更集中地描写武器和武器系统（其中有些是真实的，有些是想象的）及其不可思议的性能。这些作者不仅堆叠了一个接一个的缩略词——我们看到有STRATCOM、POTUS、SIVTRIX、DEADSAT、AFFTC、ASAT、BOYD、ASM-135A、ASM-135C、MKV、CTF，等等——甚至还自己发明了一些新词。一个字母表（就像该领域最"正经"著作的一个重要部分那样）必不可少，它可能有助于无辜的读者在这堆混乱的词语中找到他的武器和位置。与哈克特和克兰西的著作一样，作为对"西方"可能发生的事作出的警告，《太空战》可以一读，实际上是必须要读，对美国而言更是如此，因为美国这个民族及其不敢说真话的软骨头政客尚未觉醒过来对抗潜伏在角落中的可怕危险。

最后，尽管标题中有"第三次世界大战"，事实上《太空战》描述了由相对较小的国家——伊朗——策划的一系列相对较小的事件。现实中，美国的人均GDP超过伊朗8倍（＄47000对＄5787）。现在，美国能在命令下达几分钟内将伊朗从地图上抹掉。作为回应，伊朗能做的只有在波斯湾挑起事端，让真主党的游击队骚扰以色列。难怪伊朗的统治者——其中一个关键人物哈桑（Hassan Rafjani）被形容为"明显的精神病、危险的反复无常"——所做的不外乎是设法雇用一些外国科学家，给一些外国恐怖分子钱，绑架将军，杀死公使，只发射一枚核武器弹道导弹还错过了目标。这里不存在大量陆军和海军相互作战、上百万或至少成千上万的人死于非命、整个国家沦为一片废墟的问题。相反，"第三次世界大战"表现为一系列小烦恼，就像作者们自己指出的，大多数美国人只是模糊地意识到它正在发生，真正吸引他们注意力的是在丹佛商场进行的自杀式爆炸。原因和之前两本书一样：对核武器的极端恐惧，如果果真使用核武器，将很快带来世界末日。在作者看来，更糟的是，由于不存在真正的防御，交战国间也就没有真正的互动，这样一来，核武器的引入将使人们不可能设想出任何明智的解决计划。

由于篇幅所限，本书无法详细讨论其他无数试图描述过去几十年中一般战争尤其是空战的小说、电影、电视剧和战争游戏。克兰西的书在这方面相当成功，引出了许多令人目眩的续集，作者也成为百万富翁。由于克兰西的作品是给成人而非儿童阅读的，我们不禁好奇，就购买这些书籍的人的心态而言，这种成功意味着什么。从库布里克（Kubrick）的《奇爱博士》（1964）到约翰·班德汉姆（John Badham）的《战争游戏》（*WarGames, 1983*），有关超级大国间重大战争的电影全都笼罩在核武器能够及很可能将会造成的可怕破坏这一阴影之下。《奇爱博士》在B-52投下第一颗氢弹时结束，《战争游戏》则以明确的警告结束：获胜的唯一方式是不首先使用核武器。顺便说一句，这部电影的顾问之一彼得·施瓦茨（Peter Schwarz）是一位经济学家，曾在五角大楼的国防部部长办公室协助起草威胁方案。一些电影代表着向20世纪50年代试图对刚经历核战争的世界进行描绘的回归，如在美国电视上首演的尼古拉斯·梅耶（Nicholas Meyer）的《明日》（*The Day After*，1983）。还有一部分主题为空中力量的电影则通过让英雄式的美国飞行员与一些无名的但据估计没有核武器的敌人进行战斗来避开这个问题，如托尼·斯科特（Tony Scott）的《壮志凌云》（*Top Gun*，1986）。

不论在空中还是在地上和海上，在小说中还是在现实中，人们对核武器是如此恐惧、给核武器施加的限制是如此之多，以至于由强国发动的大规模军事行动的日子似乎多少是结束了。然而，1945年开始进行的扩散过程很不均衡。它在一些地方很快就发挥作用，在另外一些地方起作用的时间却慢得多，甚至根本不起作用，从而给国家及常规部队随心所欲地互相作战留下了很大的空间。因此，现在是必须转向这个星球上的"小型战争"的时候了。

第四部分
小型战争：1945 ~ 2010

　　在写作本书的2010年，共有9个国家拥有核武器，约180个国家没有核武器，其中有30或40个国家（主要在北美、欧洲、东亚和澳大拉西亚①）拥有完整的核设备，如果愿意就能较快地制造核武器，其他国家（主要在拉美、中东和东南亚）也许还需要持续努力多年才能制造出核武器，还有一些国家甚至缺乏基本的设备、技术人员和经济手段，在几十年内不可能迈入核门槛（如果他们确有此打算的话）。当然，这种高度不平衡的发展状态并不意味着任何一个非核国家都不自觉地受着少数几个核国家的控制，但另一方面，它确实是下述事实的一个很重要的原因，即为何自广岛核爆炸以来许多国家间的战争（其中有些是相当血腥的大型战争）仍在继续发生。这些战争要么发生在非核国家之间，要么针对非核国家，而空中力量往往在其中起着十分重要的作用。

---

①澳大拉西亚（*Australasia*）一般指大洋洲的地区，如澳大利亚、新西兰和邻近的太平洋岛屿。——编者注

第十三章　海军航空的黄昏

　　许多年前，那种专营人们相互间开玩笑的题材的书店往往会摆出一本题为《四十岁以后的性生活》的书。打开它，读者将会"惊讶"地看到，除了空白页以外什么也没有。1945年以来，海上空战的情形与此十分类似。海上空战虽然尚未完全消失，但其规模及作战的重要性却在急剧衰落。最重要的是，60多年中，舰载飞机一次都没有与同类型的飞机发生过交锋。随着更多国家获得核武器，海军空中力量的成本也日益高入云霄，这种衰落看来很有可能会继续下去。

　　当然，这一衰落进程并非由于缺乏计划、投资、准备和训练。整个"二战"期间，海军航空在大西洋和地中海的海上战争中发挥了关键作用，在太平洋和印度洋也是如此。那些不具备发达空军力量的海军（如德国和意大利）处于严重的劣势。事后回顾，人们有时会感叹这些国家是如何敢于先启战端的。如果没有舰载航空或陆基航空提供空中掩护，根本不可能进行大型海面军事行动。那些没有航空力量支撑其潜水艇的国家发现自己面临着严重的缺陷。日本投降后，美国禁止日本再制造航母，使航母的重要性进一步增加。此后美国海军主要依靠航母控制了世界的各大洋和海域。只有美国海军能够想去哪儿就去哪儿，并且，如有必要，它会阻止其他国家的海军也具备同样的能力。

　　美国之所以能在该领域获得支配地位，成本是一个很重要的原因。一艘一级航母是人类制造出的最大、也是迄今为止最复杂的机器之一。"尼米兹"（Nimitz）号航母空载时排水量达7.8万吨，满载时更是超过10万吨。每制造一艘这样的"利维坦"需要耗资45亿美元，每年运行成本还需花费1.6亿美元。这还不包括与之匹配的85架飞机和大量为航母提供护航、保卫和补给的船只。作为第一艘新一代航母，"杰拉尔德·福特"（Gerald R.Ford）号的规模与此类似，其制造成本将达90亿美元。设计者声称，自动化设计将减少对人力的需求和相应的运行成本，但其是否属实还有待验证。

正如陆上经常发生的情况那样，人们试图通过引入短距起降（STOL）和垂直起降（VTOL）飞机来降低基地的成本。但考虑到复杂性的增加和性能的降低，为此付出的代价也很大，因此结果始终不尽如人意。的确，其中最著名的英国"鹞"（Harrier）式战斗机（也曾用于美国海军陆战队）能够完成其他任何飞机都无法实现的有趣动作，它能停在半空、以自身为轴旋转甚至逆飞，令观察者目瞪口呆；尽管如此，即使都装备上高级电子设施，它还是无法与F–16或其他国外的类似飞机相媲美。

总体而言，现代航母的局限性与1939～1945年的情况类似。虽然拥有核发动机的航母理论上能够无限期地停留在水面上，但它能携带的军火和燃料量是有限的，因此需要进行频繁补给。飞机本身也变得更大、更重，因此最大的航母能承载的飞机数量一直保持不变，甚至还略有下降。由于既要节省空间，还要具备短距起降能力，舰载飞机一直比陆基飞机更为复杂。这对性能产生了影响：直到1955年，第一架舰载机才超过音速，而陆基飞机几年前就已超过音速。

并且，即使是最大的航母（比如只有美国拥有的那些型号）也不能承载比双引擎战斗轰炸机重很多的飞机。只要战争仍旧是传统战争（实际上的确如此），这一事实就会限制航母能运载的火力数量，使其只能执行近距离运输和拦截任务。另一个限制因素是要求拦截机能够抵御敌军的轰炸机和直升机，以实施反潜战，结果导致各种攻击机仅占每艘航母上飞机数量的大约三分之一。20世纪90年代，一艘完全由人驾驶的航母需要5000名工作人员，这还不包括各种护卫舰与补给舰上的另外几千人。船上飞行员约有300人，而任一时刻实际向敌军开火的仅有几十人。所有这些都使舰载空中力量比陆上空中力量更加昂贵。

在这些限制条件下，舰载航空力量与陆基飞机的发展大致同步。这些进展中最重要的是从活塞发动机飞机转变为喷气式飞机。随着后者的出现，产生了涡轮螺旋桨发动机，它先是用来为一些轻型运输机，后来也为装有机载预警与控制系统（AWACS）的飞机提供动力；其次是直翼亚音速飞机[如格鲁曼公司的F-9"美洲豹"（Panther）]被掠翼超音速飞机[如F-9"美洲狮"（Cougar）和F-8"十字军"（Crusader）]取代；然后出现了三角翼飞机，如A-4"空中之鹰"（Skyhawk）轻型轰炸机和F-4超音速"鬼怪"（Phantom）战斗轰炸机。后者是一种双发动机的双座远程飞机，能运载极重的军火，它声名赫赫，不仅为美国空军采用，也为其他多国空军采用。20世纪70年代，第三代三角翼飞机被F-14掠翼机和F-18薄翼机取代，美国海军的这两种飞机分别与空军的F-15和F-16相对应。和陆地飞机一样，后继的每一代海上飞机都配备了更先进的雷达设备和其他电子设备。同样和陆地飞机一样，虽然从20世纪60年代开始枪炮逐渐被空对空导弹取代，但后来枪炮重又出现小规模返潮，时至今日海军的飞机中仍携带有一部分枪炮。

1945年以后几十年中，不论其他国家在海上进展如何，在舰载航空领域没有一个国家堪比美国。20世纪50年代和60年代，苏联海军指挥官无疑相信，一旦爆发核战争，航母的唯一用途就是立即被当时的空中发射导弹或潜艇发射导弹击沉。无独有偶，美国的氢弹之父爱德华·特勒（Edward Teller）对此也表示支持，他注意到航母将成为"引人注目的目标"。因此，苏联集中精力于制造少量能够运载直升机和垂直起降/短距起降飞机的小型航母，并打算为海上军力的发射提供掩护，就像他们1975～1976年在安哥拉海岸对面所做的那样。直到20世纪70年代，苏联高层海军军官才对能运载传统飞机的航母表现出某种兴趣。为此，首先要修正现有的信条，并假设核战争不一定会很快结束。

苏联负责该事务的领导人是谢尔盖·戈尔什科夫（Sergey Gorshkov）上将，他在1967年写道，航母正经历着"不可避免的衰落"，这一声明可能既是意在为苏联在该领域的发展劣势提供辩护，也反映了"客观的"事实。5年后，在一篇题为《战争与和平中的海军》（*Navies in War and Peace*）的5万字的论述中，他并未重复这一声明。20世纪70年代，苏联的其他海军评论员一致认为航母应当成为所有海军组织中的关键部分，但这一观点直到1982年马岛战争（Falklands war）时才受到重视。然而，1975～1985年，苏联下水的航母数量远低于美国，苏联航母运载的飞机和直升机数量大约只有美国的一半。即使这样，该领域的发展也未能持续下去。1985年米哈伊尔·戈尔巴乔夫（Mikhail Gorbachev）掌权后，明显认为戈尔什科夫与美国争夺制海权的方案太过野心勃勃，并开始逐步削弱该方案。他削减了经费并最终取消了工程。海军航空力量从1991年的1354架飞机、312架直升机下降到1996年的396架飞机和250架直升机。到2010年，苏联曾经下过水的8艘航母中只有"库兹涅佐夫海军上将"号（Admiral Kuznetsov）仍在服役。

其他几个国家要么自己制造航母，要么试图通过购买并改装别国用过的航母来建设自己的海上航空力量。英国和法国都采取了第一种方案，但它们的航母在数量、规格以及能运载的飞机数量和质量上都无法与美国媲美。到2010年，英国和法国分别还有两艘和一艘航母在服役。如果把时间界定在1945年以后，其他曾经购买过国外航母或目前正在自行研制航母的国家包括阿根廷、澳大利亚、巴西、加拿大、中国、德国、印度、意大利、日本、荷兰、西班牙和泰国。比如，2004年，印度海军购买了苏联的"戈尔什科夫"号（Gorshkov），并耗资25亿美元加以翻新。巴西海军使用的航母是法国之前的"福熙"号（Foch），它运载的飞机是几架购自科威特的三手机，即升级型"空中之鹰"。虽然该航母曾经为了支持巴西在大西洋上享有捕捞权这一声明而启航过，但迄今为止这些飞机从未向任何人或任何目标发射过一发子弹或投掷过一枚炸弹。上述11个国家中，有些国家已经退出竞赛，因此到2010年时，仅有5个国家还在从事与航母有关的工作。

和其他许多领域一样，该领域中最有趣的海军是中国海军。500年前中国的船只远航至东非，并运回了新奇的货物，但除了这次孤立的航海经验以外，中国的历史上没有任何关于在近海以外炫耀武力或试图扩张海军势力的记载。直到20世纪90年代，北京方面从俄国购买了两艘旧船，这一苗头才略见端倪。然而，这两艘船都早已退役，其中一艘据说已经成为某游乐园的一部分。此后有不少报道声称中国正在试图建设一支蓝水海军，它将有能力与美国在太平洋上一决雌雄。作为该计划的一部分，中国正在秘密制造一艘全新的航母。如果传闻属实，这艘航母将于何时建成，它将运载何种飞机，仍是不解之谜。而中国似乎尚未制成适于航母使用的一流战斗机，则进一步增加了对此问题的疑问。

技术细节无疑是有趣的，但我们这里所研究的航母有何用处？第二次世界大战中，不少水面舰艇相互作战，其中也包括航母在内。航母还在两栖作战中提供火力，护卫舰队，并在反潜艇战争中发挥了极为重要的作用。如果没有护卫航母，特别是大西洋战争也许就会失败。从1945年开始，几乎所有航母都在衰落。航母、航母航空，事实上整个海军航空力量几乎完全用于打击三流或四流的交战方，或用在这些交战方之间的战争中。这些交战方往往并非国家，而仅是不同的组织。实际上，这一时期首先在战争中使用航母的是法国。法国没有自己的航母，而是从英国和美国租了几艘旧船，并为它们配备了"二战"中留下的战斗机。1947年开始，法国沿越南东海岸水域巡航的航母开始向越南独立同盟会（Viet Minh）发射飞机。除了不时遭遇到的密集的防空火力以外，这些航母几乎不受阻碍，更不用说遭到敌方（他们没有任何一种飞机）的反击。

在1945年以后的所有战争中，海军航空发挥了最关键作用的一场也许是朝鲜战争。战争初期，美国和英国的航母被当作机场（朝鲜总是缺乏机场）。后来在半岛战争中双方的航母都得到了广泛的应用。飞机进行侦察，为釜山周边部队提供近距离支援，袭击前线后方的通信线路，并封锁了北朝鲜从海上进出的通道。舰载机在这些行动中具有优势：F-4U"海盗船"（Corsair）和A-1"空中袭击者"（Skyraider）能比空军的P-51"野马"（Mustang）和F-80"流星"（Shooting Star）携带重得多的军火，战争后期海军直升机也参与进来，执行扫雷和搜救任务。航母发挥最大作用的场合也许是1950年9月掩护仁川登陆。从仁川到釜山约有200英里，因此就近拥有航母是一个很大的优势，但那时北朝鲜（包括空军）已经几乎衰落到极限了。

此后，航母的作用开始下降。中国加入战争之后，英美海军的飞机常常与敌方的喷气战斗机发生冲突，但却发现F-9F"美洲豹"（Panther）远非"米格-15"（MiG）的对手（对美国人来说，幸运的是，飞行员的高素质大大弥补了飞机的缺陷）。美国海军飞机负责处理北朝鲜的——由中国人驾驶的——Po-2飞机，这些20年代的老式双翼机飞行速度太慢，空军很难操纵，并且由于总是前来骚扰，被美国大兵称为"飞行的闹钟"。据传其中有一部分飞机由女性驾驶（苏联女性在1941～1945年期间确实驾驶过飞机），但似乎并无根据。海军还有一部分飞机偶尔为B-29提供护航，这又是一项大多数陆基飞机因为飞得太快而无法执行的任务。有一次，从"福吉谷"（Valley Forge）号航母起飞的美国F-4U"海盗船"战斗机击落了一架独自飞行的苏联"图波列夫"（Tupolev）轰炸机，后者可能正在执行侦察任务。除少数例外，这些任务中几乎没有不能由空军飞机从日本或南朝鲜的陆上基地执行的，事实上也几乎全都执行过。某种程度上，这两种说法是等同的，正如事实所证明的，有一次飞机被用于投掷鱼雷，其目标并不是海上的舰船，而是围绕水库的大坝。

　　海军航空经历的下一场战争是美国在越南的战争，此时螺旋桨驱动飞机已经完成向动力大得多的喷气机的转变。约在1950年后，下水的航母已经拥有斜角甲板，这一设计使航母能同时发射和接收飞机，从而减少甚至消除了航母无力抵御袭击的危险期。1966年7月，前以色列参谋长、即将成为国防部部长的摩西·达扬（Moshe Dayan）被带去参观当时在东亚服役的最大航母"星座"号（Constellation）。这艘船能免遭"空中、海上、地面、太空和水下"的袭击，使他"叹为观止"。在震耳欲聋的喷火和噪音中，战斗机每隔90分钟就开始起飞并袭击越南的目标。飞回更加壮观，但也经常发生事故。然而，值得注意的是，当达扬要求其东道主说明袭击目标的确切性质时，后者拒绝回答他的问题。

　　和在朝鲜一样，海军飞机在这里也执行多种不同的军事任务，包括侦察和封锁。它们还向海防港（Haiphong Harbor）投掷地雷，封锁它与苏联间的航运；和在朝鲜一样，它们偶尔也会遭遇敌机——这回是"米格"-21，一个很难对付而又十分灵活的对手；和在朝鲜一样，舰载机执行的任务和陆基飞机负责的任务往往几乎没有区别。这次更是如此，因为空军发现他们的F-105"雷公"（Thunderchief，这种20世纪50年代的战斗轰炸机原本用于运输战术核武器）很难适应传统战争，因此必须购买海军的F-4"鬼怪"飞机，也使得这两个军种更加类似。最后，和在朝鲜一样，海军空战最显著的特征也许是，尽管敌人部署了强大的防空力量，航母并未遭受过一次袭击。确实，在这个意义上它几乎无法称得上是一场战争。航母代表着工厂，其产品就是火力，难怪会出现这样一种趋势：以出击次数和投掷的炸弹吨位而非军事影响力来衡量性能。

　　海军航空后来参与的战争（如1991年的海湾战争、2001年对阿富汗的侵略战争和2003年的第二次海湾战争[①]）再次重复了这一模式。

①指2003年伊拉克战争。——编者注

我们简直无须提醒这一事实：这三场战争中敌方都没有核武器。如果萨达姆·侯赛因（Saddam Hussein）有核武器，几乎可以肯定不会发生针对他的战争。并且，这三场战争中敌方的力量从传统的角度来看都极为弱小（或将变得极为弱小）。我们将从这三场战争中的第二场开始进行分析。几乎无须指出，阿富汗塔利班甚至没有一架飞机。如果说他们有导弹，那也是美国自己在80年代提供给他们的"刺针"（Stringer）近程防空导弹。这些导弹后来情况如何尚不清楚，但它们似乎没有对战争发挥任何影响。塔利班基本上是一支非正规军，不能指挥连以上的军力，也几乎不具备专业技能，他们只有单人武器、迫击炮和机枪，此外还拥有少量缴获的陈旧的轻型防空炮。这种局面使美国的航空母舰（已经占领了巴基斯坦沿岸阵地）几乎可以为所欲为，而丝毫不用担心遭到反击。

阿富汗战争中，巴基斯坦拒绝为美国提供基地，这意味着美国的空中战术力量只能从航母上打击敌军[从遥远的英国迪戈加西亚岛（Diego Garcia）上起飞的轰炸机不算在内]。另外两场针对伊拉克的战争情况有所不同，美国很容易地在沙特阿拉伯等海湾国家和土耳其（只在第一场战争中）获得空军基地。但伊拉克并非塔利班。1991年，萨达姆·侯赛因不仅拥有一支空军力量——能集结约600架战斗机，其中许多是现代化战机——还拥有空对海导弹，这种导弹与阿根廷九年前在马岛战争中使用的导弹类似，后者当时给英国造成了严重的破坏。

就海军航空而言，影响伊拉克战争的关键事实在于，伊拉克通往海洋的唯一出口位于印度洋长长的喉咙口波斯湾。美国海军不愿拿价格不菲的航母在这种狭窄的水域中冒险，因此他们在海湾内部署了三艘，在海湾外的红海部署了三艘。战争前几周内，即使这三艘停驻在海湾内的航母距离目标也有300英里远，整场战争中没有一艘航母航行到200英里以内。那些红海内的航母则被部署在700英里以外，飞机每次从航母上起飞执行任务平均要花3.7小时。从300英里和700英里外起飞的飞机都需要空中加油，前者只需单程加油，后者则往返都要加油。也就是说，美军使用航母的前提是，它们必须安全地位于伊拉克空军的打击范围以外，但为此就必须用飞机为航母加油，而这些飞机只能是陆基飞机。整个过程十分复杂和昂贵。如果伊拉克空军更强大一些，或更具冒险精神一些，美军也就不会采用这种方法。

总体算来，舰载机占的比例尚不足美国飞机总量的1/4和联军飞机总量的1/5。整场战争中，每艘航母上平均每架飞机每天出动不到一架次。这些出动架次中，仅有1/4确实用于打击伊拉克陆地目标，其余都在执行从空中对抗（占28%）到一般保障在内的各种其他任务。每艘航母平均每天仅发射49吨军火，那些从未离开红海的航母发射军火的数量远高于该平均数，而那些直到战争结束才敢接近伊拉克海岸的航母则又远低于该平均数。飞机不作远程飞行，原因之一是没有一艘航母能24小时工作。相反它们都要周期性地中止行动，有些中止时间较短，有些则较长，补给次数明显超出了必要的数量。总之，海军飞机和空军飞机一起搜寻并袭击可疑的"飞毛腿"（Scud）导弹基地（虽然没有击中一枚飞毛腿导弹），可疑的化学、生物和核设施、雷达站、指挥中心，等等。但海军出动的所有飞机架次中只有6%是针对海上目标的，其余的任务可以由陆基飞机完成得一样出色，甚至更加出色；事实上，有些海军飞机并未从航母上起飞，而是从沙特海岸的简易飞机跑道上起飞的。

有些观察员走得更远，其中最有趣的或许是斯蒂芬·拉姆斯德尔（Steven Ramsdell）上校（一位被派去报道这场战争的海军历史学家）的评论：

多名高级军官在与我交谈时指出，"沙漠风暴"不适合进行航母作战。在他们看来航母适合进行与1986年利比亚军事行动类似的单次袭击。这一观点在航母舰队中为人们广泛接受。它无视……这一事实，我们在航母上的巨大投资是不能用如此有限的效用进行衡量的。实际上，这种态度暗示了航母只是政治工具，而不是真正的战争设备。

到2003年，萨达姆的军队已经因为总是被击败和遭受多年制裁而极度衰落，但仍在苟延残喘。此时美国高级指挥部判断，敌方的力量已经很微弱，可以把四艘参战航母——"亚伯拉罕·林肯"（Abraham Lincoln）、"星座"（Constellation）、"哈瑞·杜鲁门"（Harry Truman）和"小鹰"（Kitty Hawk）——中的两艘送回海湾。这些航母运载的"大黄蜂"（Hornet）、"入侵者"（Intruder）和"鹞式"在伊拉克战争期间偶尔会击中军事目标，包括敌军总部、通信站、防空导弹基地、预警雷达基地，等等。它们还为一部分小规模两栖登陆作战提供掩护——并不意味着伊拉克飞机曾试图袭击——并为一些海军部队提供近距离支援，由于伊拉克表面诈降而实际上继续战斗，对这些海军部队构成了很大威胁。多亏互联网的发展，每天800页的空中任务指令（ATO）无须人力传送即能以电子方式传达到航母上，使航母与空军的合作远比1991年顺利。海军也不再像以往那样缺乏精确制导武器。但他们仍然存在一些问题。因为航母只能发射相对较小且航程有限的机载预警与控制系统飞机，海军的战斗轰炸机或是不得不依赖空军实现这一目标，或者不采用机载预警与控制系统飞机。海军显然倾向于后者，一位评论员把2003年在伊拉克的军事任务称为"基本上是'大黄蜂'（F-18s）的狂欢"。

海军航空在海上、反潜艇作战和打击对方的海军航空力量中都表现平平。事实上，尽管有一些小型冲突，偶尔也会发生一两次交锋，但自1945年以来，海军军事力量（不论是陆基还是海基）极少在一场真正的战争中被用于对付能够回应并且愿意回应的真正的敌人。阿根廷和英国的马岛战争是个例外。与1945年以来的多数传统战争一样，这场冲突被核武器这一决定性的因素遮蔽了。实际上，有理由相信阿根廷（他们在20世纪70年代曾经积极发展过一个大型核项目）是故意放弃战争的，因为他们正在考虑获得——在他们看来是重获——岛屿的方法。相反，如果阿根廷总统莱奥波尔多·加尔铁里（Leopoldo Galtieri）在1982年拥有核武器，几乎可以肯定，担心事态恶化将使他不会首先表示出敌意；

或者我们至少可以从这一事实中推出该结论：自1945年以来，任意两个核国家之间都没有发生过战争。

据说参加这场战争的一部分英国海军舰船携带有核武器。即使情况属实，也不会带来任何不同，因为敌对行动仍然是纯传统式的。首先，由美国（其远征军正不远万里赶来）慷慨提供的卫星侦察支持明显有助于英国侦察岛屿和定位目标。其次，几架虽然过时但仍在服役的"火神"（Vulcan）轰炸机利用空中加油技术从阿森松岛（Ascension Island）一直飞到斯坦利，并在斯坦利机场上投掷炸弹，成功地使阿根廷人的轰炸机无法以该机场为基地（但运输机和其他飞机还能继续使用）。英国海军特遣部队要从朴次茅斯（Portsmouth）起飞并夺回马岛，其核心力量由"竞技神"号（Hermes）和"无敌"号（Invincible）两艘航母构成，装载后排水量分别仅为2.8万吨和2.1万吨，接近"二战"初期美国和日本的航母，但运载的飞机数量却少得多。这两艘航母运载的飞机包括英国皇家海军和皇家空军的"鹞式"垂直起落机以及装有反潜艇设施的直升机，其他直升机则用护卫舰和补给船运载。

再次重申，"鹞式"战斗机并非世界上最好的战斗机。为了实现垂直起降/短程起降能力，以便能用英国小型航母运载，"鹞式"战斗机牺牲了太多性能。结果，英国航母必须在距离岛东边很远的地方行动（因为太贵而不能冒险），以便停留在阿根廷飞机的射程之外，这些飞机包括法国制造的"幻影"（Mirage）、"大鹰"（Nesher，"米格"飞机的以色列型号，生产于1970~1973年）、"空中之鹰"轻型轰炸机和"超级军旗"（Super Etendard）战斗机，其中后两种拟用航母运载。实际上阿根廷确有一艘2万吨级航母"五月二十五日"号（Veinticinco de Mayo）。它先是作为一艘英国货船诞生于1942年，1943年被改造成护卫航母，1946年移交给荷兰，一直服役到1968年在一次开火中几乎被彻底摧毁。由阿根廷海军购得以后，这艘船又得以修复。1982年5月1日，这艘航母计划向英国特遣部队（当时正准备包围马岛）发动5架

"空中之鹰"（阿根廷海军派出了该型号作战机的全部数量），但巨大的海浪导致飞机无法起飞。第二天，一艘英国潜艇击沉了阿根廷航母"贝尔格拉诺将军"号（General Belgrano），引起大量伤亡。由于担忧"五月二十五日"号遭遇同样的厄运，指挥官们明智地决定将其撤回港口。

英国特遣部队的指挥官是海军上将桑迪·伍德沃德（Sandy Woodward）。他预计，攻破阿根廷以两艘航母为靠山的抵抗之前，海上和空中行动还将持续大约两周才能为两栖登陆铺平道路。战斗实际上持续了三周，虽然规模不大却很激烈。在此期间，英国航母发射的飞机和海对空导弹"标枪"（Dart）与"海狼"（Seawolf）挡住了阿根廷陆军基地发起的反舰进攻。阿根廷战斗机虽然并非世界上同类飞机中最先进的，但除了比较陈旧和低速的"空中之鹰"外，其他飞机比"鹞式"战斗机先进得多。高空中尤其如此，此时"鹞式"战斗机更高的机动性能意义不大，而"米格"、"大鹰"和"超级军旗"更快的速度和更好的爬升能力显得更为重要。但由于阿根廷的任务是打击地面目标，飞行员不得不低空飞行，而不论这么做在战术上是否合理。

大多数阿根廷飞机携带的是非制导炸弹，完全是依靠飞行员的训练和勇敢来打击目标。只有5架"超级军旗"装备了法国制造的空对海"飞鱼"（Exocet）尖端导弹。这些导弹极为有效，成为英国海军的噩梦，其中有些人竟患上"飞鱼恐惧症"（Exocetitis）。但阿根廷飞机在其他方面一开始就处于不利地位，其任务性质意味着它们必须同时携带打击海上目标和进行空中作战的装备，这降低了机动性和速度，更成问题的是这些飞机都要以极限航程飞行。阿根廷在火地岛（Tierra del Fuego）的陆上基地和马岛之间相隔500多英里。阿根廷的"空中之鹰"能在空中加油——当然是由陆基飞机——但必须以减少运载的炸弹为代价。即使这样飞机也只能在目标上空停留几分钟，其他飞机则完全不具备空中加油能力。

阿根廷海军从冲突中撤军，英国凭借更好的空对空导弹和飞行员训练胜过了阿根廷空军，但这也仅是险胜。如果阿根廷能够如他们曾宣称已经实现的那样，成功地击沉英国的一艘航母，那么，缺乏空中掩护将迫使伍德沃德结束战争；如果英国再多损失一艘补给船，作战行动也必须停止。即便如此，英国也损失惨重：有两艘护卫舰、两艘驱逐舰和一艘"大西洋运送者"号（Atlantic Conveyor）补给船被击沉，最后一艘船上还包括运载的直升机。另外几艘船也遭到了破坏，导致大量人员死亡。

比尔·坎宁（Bill Canning）上校是一名参与了这些事件的英国军官，负责指挥"大刀"（Broadsword）护卫舰。他如此描述遭遇空袭时的情形：

第一对（阿根廷"空中之鹰号"）直接飞向我们……飞机飞得很低，以至于我们的一些观察员能在水面上看到它们的喷气尾流——但"海狼"（舰对空导弹）能打到那儿。系统一如既往自动发出预警……但系统未能在最佳射程处——五至六千米——开火，很可能是因为这两个目标——两架飞机的尾翼——干扰了系统。我们手忙脚乱地调整到一个可行的操作模式，为此花了约三秒钟，但两秒钟都嫌太久……等我们最终确定下来时，飞机已经在我们头顶上空。

共有四枚炸弹，三枚未能击中，一枚击中了。击中的那一枚跳离海面，穿过高出水面五英尺的船尾右舷，并且在弹跳后的上升中穿出飞行甲板，在此过程中击中了"山猫"（Lynx，直升机），又落入另一侧海面。另三枚炸弹的下落点非常接近——一枚在我们眼前，两枚在我们头上。一位观察员说，如果他站直了，都能碰到其中之一。

实际上，阿根廷在这场战役中投掷的炸弹中有60%未能爆炸。

阿根廷空军一再试图阻碍英国飞机着陆，为此他们付出了高昂的代价。到5月25日，阿根廷损失21架飞机，英国损失3架（全都出于非战斗原因），阿根廷已经耗尽了资源。英国得以自由地利用飞机和直升机为登陆提供掩护、进行直接支援——由于阿根廷驻兵占领了固定阵地，岛上几乎没有任何通信线路——以及军队运输、伤员疏散，等等。"火神"再次参与战斗，这次是打击斯坦利（Stanley）市附近的阿根廷阵地。当然，双方的飞机都远比1939～1945年复杂（虽然"火神"携带的仍是H2S目标雷达，后者最初用于在"二战"时期轰炸德国城市），但除了在空对空、地对空和空对地任务中导弹取代了一部分火炮和铁制炸弹以外，几乎没有什么武器是"二战"时期的海军指挥官[如英国的达德利·庞德（Dudley Pound）、日本的山本五十六（Isoroku Yamamoto）和美国的切斯特·尼米兹（Chester Nimitz）]不认识的。或许会使他们感到惊讶的是，这场"了不起的小型战争"的规模是如此之小：仅有5000名士兵确实登陆上岸，而1945年2月在硫磺岛（Iwo Jima）的人数是这一数量的6倍，同年4月在冲绳岛（Okinawa）的人数则是12倍。

我们无法确定，世上是否还会再次出现像福克兰岛[①]那样的以这种方式大规模地使用海军航空力量，这场战争中双方都给自己和对方带来了严重损失。但几乎可以肯定，如果这样的战争果真爆发，它必将发生在非核国家或一个核国家与一个非核国家之间；否则，考虑到现代海军的典型特点（即舰船数量很少，一旦被击毁损失又极大），战争升级的风险太大。这些本身就足以保证，至少一方、很可能双方都只会部署二流甚至三流的海军和飞机。这种情况下，每一方都很可能只投入几十架飞机（如果不是更少）参加战争，而参与任一次单独的作战行动的飞机数量更将少得多。

除美国以外，目前还有三个国家正在制造航母，以加入已经拥有航母的五个国家。这八个国家中有部分国家拥有核武器，或者能较快地制造核武器，但它们的航母规格都不大。大部分服役或在建航母的排水

---

①即马岛战争中所指的福克兰群岛。福克兰群岛战争（Falklands war），又称马尔维纳斯群岛战争（Malvinas War），简称马岛战争。——译者注。

量约在3万至4万吨之间，有些还要小得多；此外，目前法国是除美国以外唯一拥有核动力航母的国家。小型航母意味着相应的空中装备也要较小，而且/或者也不会采用最先进的飞机型号。其他条件相同的情况下，它还意味着有限的海上续航时间和军事行动航程。比如，印度的"维克兰特"（Vikrant，梵语意为"勇敢"）航母能携带约30架国产现代战机——由印度斯坦航空公司研制的"光辉"号（Hal Tejas）。澳大利亚预计2012年服役的"堪培拉"（Canberra）将只运载直升机。泰国的西班牙制造航母"查克里·纳吕贝特"（Chakri Naruebet）能携带6架老式"鹞式"飞机和同样多的"海狼"轻型直升机。中国的第一艘航母据说正在积极筹划中，运载的飞机将不会超过15架。总之，在航母和舰载航空方面，没有一个国家能在哪怕很小的程度上与美国匹敌。所有努力都必将需要惊人的经济资源和几十年的工作。甚至美国的航母数量也在减少：与"二战"结束时的26艘相比，2010年美国只剩下11艘航母，另有一艘在建。

大型航母价格昂贵，较小的航母又无法运载大量功能最强大但也很昂贵的飞机，难怪许多国家的海军以空军和陆军为榜样，把注意力转移到无人驾驶设备（巡航导弹和无人驾驶飞机）上。尽管面临海军航空协会的强烈反对（他们担心这将削弱自身的地位），20世纪80年代的水面舰艇还是开始装备了巡航导弹，如"鱼叉"（Harpoon）和"战斧"（Tomahawk）。这些导弹首次应用是在1986年与利比亚的冲突中，1991年海湾战争中则得到了更大规模的应用。其打击对象是空防设施和其他对人工驾驶飞机来说太过危险的军事设施（如总指挥部和通信中心等）。技术上，它们似乎基本满足了设计者的期望，但"战斧"不能重复使用，性价比很低（当然，它们原来一直是用来携带核弹头的）。因此，在空投到伊拉克的军火总量中，发射的导弹数量仅占很小一部分。

1983年年末贝鲁特港口沿岸发生的一桩事件加速了无人驾驶飞机在海军中的应用。那年9月，"二战"时期的战列舰"新泽西号"

（New Jersey，此前已转入现役并重新编队）抵达了该地区，目的在于轰炸由大量隐蔽的黎巴嫩民兵组织占领的阵地，后者对美国航母出现在他们的国家十分不满。然而，事实证明，美国的9门16英寸巨型火炮的开火极不精确，几乎未能实现任何目标，顺便说一句，4.5万吨舰船及无人机的出场也未能阻止这些民兵组织把两卡车炸弹拉到美军驻扎在贝鲁特的海军陆战队总指挥部，并在那里引爆，导致299名美国军人死亡。1986～1987年，旨在提供火力指挥的无人机在"新泽西号"的姐妹舰"依阿华"（Iowa）舰上进行了一系列试验，这些无人机经历了早期的困难之后（有几架早期模型试验失败了），表现得非常成功。随后无人机的使用也扩展到其他国家的海军中，现被用于导弹船以上的多种舰船上。

1991年战争中，一架"先锋号"（Pioneer）无人机从"威斯康星"（Wisconsin）战舰上发射，并飞过科威特沿岸的费拉卡岛（Failaka）上空。无人机刚一露面，驻扎在那里的伊拉克军队就投降了，这并不是他们胆小，而是因为他们一定知道很快就会继之以一阵口径16英寸的弹雨。这架独特的飞机如今陈列在美国航空航天博物馆中。和陆上无人机一样，海上无人机日益重要的一个标志是，目前正在考虑为无人机操纵员提供独立的职业发展方向。同样和陆上无人机一样，海上无人机的主要任务包括监视与侦察。它们速度较慢、续航时间很短、运行成本低廉，因而很适合这些任务。用海军的官方语言来说，无人机提供了"操作人员据以定位相关海面设备的信息……（并且）迅速地把高质量图片传输给我们的……伙伴，从而提高了任务的整体效能"。无人机的另一个重要用途是为"超视距"反舰导弹提供目标引导；如果没有无人机，该任务只能由更昂贵、更易遭受攻击的直升机来执行。但这仅是冰山一角。原则上无人机没有任何理由不能携带武器，而且海上环境在某些方面实际上比陆地环境更适合这么做。2009年，美国海军利用"死神号"（Reaper）找到了沿非洲东海岸活动的索马里海盗，这种大型无人机的机翼有66英尺，航程超过

3000英里。①鉴于打击对象目标很小而又分布广泛，无人机无疑是适合的选择。

最后，在一本主题为空中力量的书中，似乎几乎没有必要讨论航母及其运载的海军飞机是否切实可行。而1946年在比基尼岛的一系列试验（其中一艘航母被击沉，另一艘因遭到轰炸和辐射的严重损害，不得不自沉）却对这一问题提出了质疑，但尚未得出定论试验就已结束，也许是因为美国人更愿意当鸵鸟。此后，美国和其他任何国家都没有进行过类似试验。但比基尼岛使用武器的爆炸力仅为2.1万～2.3万吨，不到苏联后来的海对海导弹弹头爆炸力的10%。1978年，在冷战最激烈的时期，美国海军作战部部长詹姆斯·霍洛威（James Holloway）上将估计，如果北约和华约之间发生一场常规战争，美国将损失30%～40%的航母，他甚至懒得去说如果战争转变为核战争（这并非不可能），这一数据将会是多少。

即使我们对航母可行性的研究仅限于传统战争，问题依然存在，特别是考虑到潜艇带来的危险时。1939～1945年期间，舰载机经常击沉潜艇，潜艇也经常击沉航母，此后类似的冲突就很少见了。一次发生于1971年11月的冲突中，从印度航母"维克兰特号"（印度目前航母的前身）上发射的飞机击沉了巴基斯坦的"甘兹号"（Ghazi）潜艇；另一次发生于1982年的冲突中，从英国"山猫"直升机上发射的"海鸥"（Suka）空对舰导弹使阿根廷的"圣塔菲"（Santa Fe）潜艇丧失了作

①的确如此，为了避免各类武器尤其是潜艇的袭击，总体而言航母（尤其是美国航母）尽可能地远离沿海水域。如果任务是袭击陆地目标，这么做意味着航母要在发射的火力数量及运载的成本上付出很大的代价。即便如此，据称中国潜艇在军事演习中已进入其鱼雷射程可以打到美国航母的区域。并且，并不一定总是需要接近，有些潜艇不仅有鱼雷一种武器，还携带了能从水下发射并打到几百英里以外目标的反舰巡航导弹。有很多人的职业生涯和上百亿美元与这件事利害攸关，而双方又都各执己见，只要尚未发生实际的战争，这一争端就不可能得以解决。我们只希望这种僵持状态能维持得更久一些。

战能力，但并未彻底摧毁后者。我们已经注意到，阿根廷航母"五月二十五日"号在潜艇的威胁下撤出战争，也许确是明智之举。

为数不多的几场实际冲突使潜艇员和海军飞行员都能争辩说，自己这一方控制了海洋，而另一则无足轻重，说得好也不过是辅助设备，说得不好则充当了目标。飞行员坚称，自1945年以来没有一个国家在战争中损失过航母，如果敌人的潜艇敢于冒险接近并向航母和航母护卫舰发射鱼雷，一定会被发现并击沉。潜艇指挥官（我曾经与其中一些人交流过）激烈地反驳这一观点。对他们来说，没有航母被击沉是因为几乎没有人试图这么做。就像20世纪20年代的比利·米切尔（Billy Mitchell）那样，他们总是声称自己能很容易地穿透防御，然后用三颗或四颗鱼雷击沉航母，或使其长期无法执行军事任务；但为各种军事训练制定规则的裁判们总是定期改变规则，以掩盖这一事实。

第十四章 从朝鲜到西奈

尽管朝鲜战争并非"二战"以后第一场见证空中力量参战的常规战争，但它是第一场见证其大规模应用的战争。朝鲜战争还是到那时为止最现代化的一场战争，双方在战争中都使用了喷气机。另一项重要革新是直升机，美军在观察、联络、伤员疏散等军事任务中使用了大量直升机。因此，关于1945年以后空战的所有记载中都不可能忽略这场战争。

1950年6月27日战争爆发时，北朝鲜已经拥有一支羽翼未丰的空军力量。这支力量在战前四年内建立起来，据说拥有约200架飞机（其中有132架战斗机），包括Yak-3、Yak-7B、Yak-9和La-7战斗机和Il-10地面攻击机，全是1941～1944年间引进的首批螺旋桨驱动机。以西方的标准来看，这些飞机有些原始，但正是这种原始使朝鲜得以生产几千架飞机，并且无须大规模基础设施就能运行。更重要的是，他们确实这么做了。飞行员中有许多（如果不是绝大多数的话）是苏联人，总体而言，苏联人的确构成了空军力量的基础。对手南朝鲜只有8架小型"派珀幼狐"（Piper Cub）通信联络机（原本有9架，但1949年5月因飞行员叛逃北朝鲜而损失一架）和3架T-6"得克萨斯"（Texas）教练机。另有7架T-6在第一次进攻时被击毁。当时美国尚未在朝鲜驻军，事实上，就在战争爆发的前一天，华盛顿的参谋长联席会议还发布了其著名声明，宣称朝鲜半岛对美国防御来说毫不重要。

北朝鲜空军掌握了战争的主动权——南朝鲜几乎没有任何防空设施——这些飞机为行军的装甲部队提供近距离支援，帮助后者占领首尔，并迫使敌人向南方撤退。但成功很短暂。早在6月26日，美国的P-51"野马"战斗机、F-82"双野马"（Twin Mustang）战斗机和F-80"流星"战斗机——F-80是喷气式——就已经与北朝鲜发生了冲突。美军很快展现出技术优势，这里仅指出最明显的事实："双野马"每小时能达480英里，"流星"达600英里，而当时北朝鲜没有一架飞机时速能超过420英里。美国几乎可以随意发起或终止战争，朝鲜的飞机被从空中击落；到8月末，幸存的飞机只剩下一个用途——作为抵抗美国及其盟军的象征。相反，美国在空中的优势使仁川登陆和随后的挺进鸭绿江大为受益。到10月末，北朝鲜已经失去十分之九的领土，陆军处于崩溃边缘，空军则再也未能恢复元气，虽然补充了新飞机，但直到1953年6月战争结束，都未能形成一支战备力量。有些观察者认为朝鲜是故意保存自己的军力，宁愿让中国和苏联与美国战斗到流尽最后一滴血。

中国的反攻始于1950年11月25日，并很快扭转了局面。然而，部分因为斯大林拒绝支持，部分因为中国空军尚未准备好，中国一开始是在没有空中掩护的条件下对抗美国及盟军飞机的各种举动的。直到1951年9月，中国的地面进攻早已精疲力竭，由一部分苏联飞行员支援的中国空军才投入战争。后者带来一种优越的新式飞机：喷气式后掠翼"米格"-15。这种飞机没有弹射座椅，但它在其他诸多方面却性能卓越：速度、爬高、机动性、开火能轻易胜过美国空军所有的作战飞机。"米格"几乎终止了B-29的日间袭击，而之前B-29飞行时几乎所向无敌。对美国人来说，"米格"的出现是一个打击，他们只是无法想象，任何一个国家——特别是一个信奉共产主义无神论的国家——能在被他们日益视为是美国的地盘中胜出。事实上，美国受苏联飞机的影响是如此之深，以至于他们在北朝鲜投下了一百万张传单，许诺向每位投诚的飞行员提供5万美元的奖励和政治庇护。这一招没有效——1953年9月有一名飞行员投降美国，但那时战争已经结束。

为了回应"米格"，美国派出三支F-86"佩刀"（Sabre）战斗机中队，这是他们当时拥有的唯一一种后掠翼战斗机。但即使是"佩刀"也不能解决问题。美国和苏联的飞机都有好几种型号，但总体而言，"米格"的性能比"佩刀"更好一些。"米格"飞机更小，推力重量比要大得多，转弯半径超过3.3万英尺，装备包括2支21毫米的枪和1支37毫米的枪，远远胜过"佩刀"的6支12.7毫米机枪。"佩刀"的优势在于转弯半径较小（不到2.6万英尺），能更快启动，雷达测距瞄准仪性能更好；另一个重要优势在于透明圆罩，使飞行员能够具备全周视野，比"米格"的"可口可乐瓶视野"要好得多。但战争结束之后的分析指出，真正影响战争的并非各个独立参数，而是迅速从一个参数转向另一个参数的能力。20世纪60年代和70年代，这一思想由上面提到的约翰·博伊德（John Boyd）发展成为一整套理论的基础，该理论后来声称不仅能解释战争的成功，也能解释人类生活的所有其他方面的成功。

博伊德是一名初级战斗机飞行员，战争结束前三个月才抵达朝鲜，当他离开朝鲜时就已击毁一架"米格"。后来他加入并任教于战斗机武器学校。空军开设的这种课程是海军"最佳驾驶员"（Top Gun）[①]课程的前身。在那里，他因为惯于用40美元打赌自己能在模拟空战中以不到40秒的时间击败所有挑战者而又总能获胜而闻名，后来，他从乔治亚理工大学毕业，成为空战理论家。根据他的理论，空战的成功不依赖于某一方面的优势，而取决于双方飞行员能达到的相对速度，即后来他所谓的OODA链（观察、调整、决策、行动）。在这方面，拥有透明圆罩的"佩刀"战机要优越得多。

---

①TOP GUN是一个美国空战训练课程的代号，是海军战斗机武器学校的前身。在TOP GUN担任教官的都是优中选优的精英，他们的主要任务是组成一支精锐的"假想敌"部队，海军将他们编为第126中队，为受训的海军飞行员们提供逼真的训练。海军成立TOP GUN的目的是训练海军飞行员毕业后的空中格斗技能。学校课程包括1个礼拜的空对地射击训练，3个礼拜空对空作战训练。每位学员的空对空作战训练包含75小时的研究课程和25项实机演练。——译者注

美国战斗机在朝鲜有多成功？根据美国方面的数据，"佩刀"击落了792架"米格"，己方仅损失78架，比值为10∶1。如果把各种飞机都计算在内，据说比值将达到14∶1。尽管后来"米格"和"佩刀"的损坏数量分别被修正为379架和103架，得到的比值为3.7∶1，远没有之前那么惊人，但也相当可观。苏联方面几乎无法获得资料，但可以预期必将构成一幅很不相同的图景。中国虽然承认有较多的"米格"被"佩刀"击落而非相反，但他们指出，整场战争中美国仅赢得了1.142∶1的优势。俄罗斯的资料认为"共产主义者"击落的飞机不少于1368架，与之相比，共产主义一方共损失556架飞机，尽管不能确定其中有多少架是在空对空战斗中被击落的。既然战争的第一个受害者永远是真相，辨明哪一方的说法更离谱也许不太现实，这种情况下尤为如此，因为几乎可以肯定双方的数据都有错误，并且，这些数据无论如何不是严格地可比较的。

真正的问题不在于双方各得了几分，而在于空中力量整体对战争施加了何种影响。自1950年7月至1953年3月，美国空军约损失飞机2000架，海军和海军陆战队损失1200架。这些损失中约有一半源于敌方的行动。飞机的损失和有关机组人员的牺牲使美国和盟国虽然从未完全获得对北朝鲜的制空权，但却得以将其逐步扩大。共产主义一方的空中力量几乎全部由拦截机构成，这使得它们的任务基本上是防御性质的。此外，正如美国的飞机从未（好吧，是几乎从未）穿过鸭绿江，共产主义一方的飞机也礼尚往来，始终停在三八线以北。因此，从1951年春天开始到战争结束两年多以后，盟军在南朝鲜的通信线路几乎没有遭到袭击，连接南朝鲜与日本的关键的海上通信线路也是如此，而如果没有这些线路，战争根本不可能发生。

如果根据约定俗成的分法，把空中行动分为战略轰炸、封锁和近距离支援三类，那么朝鲜自己几乎没有任何工业和战略目标可言。1952年7~8月，对平壤的大规模轰炸袭击（出动1254次架次）导致了大量伤亡和巨大的破坏。尽管李梅（LeMay）后来吹嘘美国战略空军司令部

（SAC）"烧毁了北朝鲜和南朝鲜的几乎每座城市"（并在此过程中杀害了100万朝鲜人），它对北朝鲜的战争决心与能力至多也只产生了有限的影响。与德国和日本不一样，北朝鲜不可能因为轰炸而回到石器时代，因为它已经是石器时代。最后一招是袭击北朝鲜的大约20个水库，这些水库控制着用于灌溉北朝鲜水稻种植地的75%的水量。1953年5月，美国飞机袭击并摧毁了5个水库，导致洪水泛滥。然而，他们也无法确定这类袭击（战争早期也实施过）是否真能使北朝鲜投降。朝鲜领导人作为回应，很可能降低其他水库的水位线（他们的确这么做了）并请求中国盟友运来更多食物。

因此，战略轰炸的有效性取决于美国是否愿意袭击中国东北（与北朝鲜接壤的中国各省）的目标。但杜鲁门禁止轰炸中国东北，艾森豪威尔后来也贯彻了这项禁令。与后来在越南十分类似，美国空军指挥官总是抱怨说，他们的飞行员就算能看到"米格"－15就在鸭绿江对面的机场起飞，也无力阻止。但即使有政策的改变又是否会带来不同？假如袭击中国机场，威胁显然仍将继续存在，只不过向后推移了一些。就像1937～1945年发生的情况那样，空间对中国来说十分有利。除非使用核武器（美国似乎一直在考虑，幸运的是从未被批准），美国绝无可能迫使中国屈服，后者自1949年以后一直处于这一个世纪以来最为有效的政府管理之下。简言之，把战线拉长到东北只会扩大战争，把美国拖进远比后来的越南战争更深的泥潭。对参谋长联席会议来说，这种行为方式无疑是"匹夫之勇"。

部分由于涉及的风险，部分出于体制原因，首先是美国陆军航空部队，然后是美国空军，对于为地面部队提供近距离支援都始终兴趣寥寥。"二战"最后十个月在法国和德国战场上或许是他们最接近陆军的经历，战争结束前，德国国防军的空防力量十分薄弱，同盟国的战斗轰炸机几乎可以为所欲为。然而，随着轰炸机将领在战后几年内重新掌权，近距离支援的艺术很快就被遗忘了。此外，飞行员无法与下面的军队进行无线电通信，只能靠涂在地上的彩色标记确定投弹线。尤其在战斗刚开始时，美国空军的枪林弹雨落在美国地面部队的头上，往往会带来灾难性的后果。与南朝鲜军队共事的一名美国军官声称，他曾在一天之内遭到五次袭击。

这就使封锁成为空军影响战争的主要方式。最明显的目标是跨越鸭绿江的17座桥，它们决定了中国和苏联向朝鲜运输军队和物资的能力。由于没有其他目标，以日本为基地的B-29经常用来执行这一任务，有时甚至用来打击随机的目标（就算真能打到，这也是对资源的极大浪费）。然而，这些桥梁的防御很牢靠。到1951年，共产主义者们将整整75%的防空力量用在交通线路而非前线上。由于担心遭受损失，美国轰炸机只能在1.8万英尺以上的高空飞行，在这样的高空不仅无法精确地完成打击任务，还很容易被"米格"打到。地面上，中国和北朝鲜人民实现了维修的奇迹，即使那些确实遭受轰炸的桥也大多很快就能恢复使用，他们还靠浮桥（冬天则靠冰）来代替这些桥。

除B-29以外，美国在封锁战役后期出动的主力战机是F-84"雷电喷气"（Thunderjet），这种第一代直翼机能运载两吨火箭和炸弹。顶着"铁雪橇"、"土拨鼠"这类不雅头衔，"雷电喷气"在高空不如速度更快、机动性更好的"米格"，这使它只能维持在相对较低的高度。在朝鲜，这意味着飞行员的视线经常受到山脉及其投影的限制。光是目标定位就经常成为一个大问题，即使找到目标，也有不少（如桥梁和隧道）位于狭窄而又蜿蜒的山谷中，而要打到这些目标（如果真能打到的话）就要求飞行员做出复杂的、有时是危险的飞行特技。目标往往是隐蔽的，并受到防空机枪的可靠防护。对联军来说，最糟糕的一点是他们几乎完全不具备夜视能力。可以肯定，在战斗轰炸机的威胁下生存和作战十分危险，但中国和北朝鲜把行动调整到夜间进行（就像1943～1945年德国人在意大利那样），以维持生存和作战。

下面几项数据将表明试图封锁北朝鲜供应线而面临的困难程度。据美国统计，飞机在夜间行动时平均每出动1架次击中的运输工具不到0.262辆——数量是如此之少，以至于我们只能说这是资源的极大浪费。日间行动效果要好一些，但在地面炮火和敌军喷气式战斗机的进攻下损失也更大。除参加大型战斗以外，中国或北朝鲜的一个师每天需要的补给似乎还不到40～50吨。总共约60个师的军力所需补给仅为2400吨——仅为"二战"最后一年中同样数量的美国步兵师所需补给量的十分之一。

战争结束后，美国的空军将领们声称，他们中断了整个北朝鲜几乎4%或5%的铁路交通，但不幸的是，剩下的部分才是关键。1951年7月～1953年6月期间，远东空军司令奥托·P.韦兰（Otto P. Weyland）将军使中国和北朝鲜损失了7.5万机动车、1000辆柴油机车和1.6万节铁路车厢，另外还有2000座桥、2.7万个铁轨路堑、600艘驳船和小船、300辆坦克、1.2万个机枪阵地、1.5万个掩体和2.8万多名军人。此外，停战协定签订时，持续的轰炸已经使北朝鲜所有能起飞喷气机的机场无法使用。但即使我们假定这些数据是可靠的（往往并非如此），事实仍是，1950～1951年间中国在面临美国无所不用其极的进攻下，不依靠空中力量的支援而实现了最伟大的进攻。

作为当时最先进、装备最好、训练最完善的空军，美国后来又实施了大规模封锁，但这些密集而又往往是大型的封锁并未减弱对方地面部队的作战意志。当然，敌人（他们现在重又部署在与战前差不多的战线处）遭受了损失。由于战争最终转为僵持战，他们发动大规模进攻的能力被削弱了，但并未被击垮。据说毛泽东使人们确信军事航空力量对地面作战的影响被夸大了。地形特点、空中战术力量无法在夜间找到目标、基于地面的有效空防、维修人员的出色工作和军队（主要依靠双脚行军和作战）相对较小的后勤需求都与这一结果有关。

总之，决定封锁效能的因素自"二战"以来基本没有变化。出于同一原因——即它们并未带来多少全新的东西——无须再详细说明20世纪50和60年代中其他几场常规的空中战争。这类战争基本包括两场：其一是1956年以色列、法国和英国针对埃及的战争；其二是9年后印度和巴基斯坦间的战争。就常规战争而言，苏伊士战争见证了螺旋桨战斗机最后一次参战。它们或从航母上起飞，如法国的"海盗"（Corsairs）和英国的"飞龙"（Wyverns）；或从地面基地起飞，如以色列的"野马"和"蚊式"（Mosquitoes）。作为行动的开端，以色列派出了几架"野马"，用连在飞机钢索上的钩子切断埃及的电报线路。钢索放下时，飞行员利用螺旋桨甚至机翼来执行其任务，当然，这种举动近于鲁莽，但它确实实现了延迟埃及回应时间的目的。这场空战的另一个显著特征是伞兵的出场——法国和英国各空降了一个营的兵力，以色列也空降了一个营。这三次空降中，人和装备四散在地上，降低了效率。此外英国还发动了一次小规模的海对地直升机突袭。

面临以色列的进攻，埃及的"米格"-15在西奈对以色列纵队进行了低空扫射，取得了一定成效，Il-28轻型轰炸机试图轰炸特拉维夫，但没有成功。以色列方面则采用了英国制造的"流星"（Meteors）和法国制造的"飓风"（Ouragans）和"神秘四代"（Mystère Ivs）。前两种飞机对付"米格"有点困难——以色列一名驾驶"飓风"的飞行员抱怨道："加油，达索[①]，再给我来2000磅推力！"——但最后一种飞机则不然。由受过良好训练且意志坚定的飞行员驾驶，这些飞机或许是所有参战飞机中表现最好的：仅有一架"神秘四代"被击落，并且还是因为地面开火而非空中作战。由于埃及的空军基地遭到法国和英国的袭击，埃及空军几乎停止了行动，最后大约损失400架飞机，其中有三分之二是在地面上损失的。以色列仅花6天就占领了西奈半岛的大部分领土，实现了所有军事目标。面临美国的压力，在运河西部行动的法国和英国被迫停止战斗，未能实现任何目标。但是，即使他们得以继续行动，歼灭埃及空军这一成就也不会给他们带来什么好处。战争目标（即推翻纳赛尔政府，并重新占领运河区）只能通过地面作战来实现，而他们并无此意向——事实上，从战争开始到结束，法国和英国死亡人数分

[①]达索飞机制造公司（Dassault Aviation），总部位于法国巴黎，是法国第二大飞机制造公司。——译者注。

别只有10名和16名。

1965年，巴基斯坦采用了英国制造的"堪培拉"和美国的F-86及F-104，而其对手印度拥有的装备则是个古怪的大杂烩：包括英国制造的"猎鹰"（Hawker Hunter）和"吸血鬼"（de Havilland Vampire）、法国制造的"神秘四代"以及"米格"-21。与公认的和平主义者印度人不同，巴基斯坦号称是一个"好战的民族"，他们首先发动了一场战争，希望对沿印度边境的军用机场发动一场德国空军式的毁灭性突然袭击。由于印度没有精密雷达，突袭者取得了胜利，击毁了地上的35架飞机。但他们并未摧毁印度空军的意志，更不用说使后者丧失战斗能力。在后来几场战斗中，双方都宣称自己取得了胜利。巴基斯坦声称以104:19领先，印度则声称以73:35胜出，并且损失率（以每次突击计算）远远低于巴基斯坦。并不意外，巴基斯坦的F-104拦截机（用于击落取道北极靠近美国的轰炸机）对付印度战斗机成效不大，至少有一架F-104在典型的低空近距离作战中被"神秘四代"击落。出人意料的是，英国生产的小型直翼高机动次音速"蚊式"（Folland Gnats）教练机击落了巴基斯坦的几架"佩刀"，尽管双方又在指责对方谎报数据，它仍以"佩刀"杀手而闻名。

战争初期，印度飞机数量是巴基斯坦的三倍。结果，继巴基斯坦试图在一开始发动制胜一击的努力失败之后，其目的（从根本上削弱印度，使其无法反击）明显未能实现。印度并未如巴基斯坦预计的那样集中军力于克什米尔，而是在更远的南方开辟了第二条战线。当时双方飞机水平接近，大都不太适合地面进攻。即使巴基斯坦的F-86也只能运载两吨军械，印度的"神秘四代"和"米格"-21的运载能力更是小得多。交战双方在发动大规模传统战争上都毫无经验，最终两者在空中或地面上都没有取得多大进展。双方也都没有值得一提的军事工业，并且都认为自己已经耗尽了资源。巴基斯坦确实已经求助其他伊斯兰国家，要求他们提供备用飞机。最终的结果是达成了所谓的《塔什干宣言》，这份在苏联城市签订的和平协议不过是使两个国家拥有了一开始就属于他们自己的东西。

回顾这三场战争，很明显空中力量并未对任何一场战争产生决定性的影响。在朝鲜战争和1965年印巴战争中，主要因为首次突袭未能实现预期目标（这一说法对朝鲜战争而言仅在很小的程度上是正确的）而导致消耗战。在消耗战中，空中力量起到了重要的、但远非决定性的作用。区别在于，朝鲜战争中交战双方能投入和损失几千架飞机，并还能继续进行战斗，而印度和巴基斯坦都不可能倾其所有发动一场空中消耗战。双方资源消耗殆尽之后，战争以平局告终。以色列在1956年的表现要好得多。针对理论上比自己强的对手，他们发动了一场突然袭击，由于在首次出击中使用了伞兵，他们迅速确立起空中优势（如果说不是主导权的话），并依靠空军支援地面部队。这方面尤其重要的是，空中力量在地面部队占领沙姆沙耶赫（Sharm el-Sheik）的加固阵地（位于西奈半岛的南端）之前，对该阵地进行了猛烈的轰炸和扫射。再后来，事实证明埃及飞行员不敌以色列。但以色列的成功有很大一部分并非因为他们自己的努力，而是由于埃及（特别是空军）后方遭到了法国和英国的袭击。反过来，不论空中力量能否做到某些事，即使政治环境允许这两个国家继续战争，它们也很可能无法实现其战争目标。

1967年6月的战争（或如以色列所称的六日战争）情况很不一样。苏伊士战争增强了以色列的自信。用后来的总理和总统西蒙·佩雷斯（Shimon Peres）的话来说，他们相信，子孙后代将来会把他们的功绩与汉尼拔和成吉思汗相提并论。他们热情地从事这一事业，几乎没有一个国家在增强军力（特别是空军）上付出过如此巨大的努力。正如当时任空军指挥官（那是一个人们还不考虑政治正确性的时代）的埃泽尔·魏茨曼（Ezer Weizman）所说："好男当飞行员，好女嫁飞行员。"

以色列在1956年战争前十分贫穷，以至于有些飞机是从废品中购得的，并拆卸了其中的10架以组装成1架。以西方的标准来看，他们后来仍极度贫穷。尽管如此，空军仍全部废弃了螺旋桨驱动战斗机并换上新式装备，包括法国制造的"超级黄蜂"（Super-Frelon）直升机、"北诺拉特拉"（Nord Noratlas）运输机和前面提到的"超级神秘"（Super-Mystère）战斗机、"秃鹰"（Vautour）轻型轰炸机，1964年他们还获得了一部分美国制造的"鹰"（Hawk）防空导弹。在1967年，这样的战斗序列虽不能说是出众，却也相当现代化了。其中最顶级的是达索的"幻影三代"（Dassault Mirage III）。已经有人指出，法国战斗机的设计趋势是"有着猫的曲线，以流线构成平滑的复合曲线"，以色列也很快迷上了法国人的"美人儿"——速度达两马赫的战斗机，以至于竟有人为其谱写颂歌。

当时中东还没有核武器，这意味着缺乏最重要的制约因素。以色列空军面临的主要地理政治环境与20世纪30年代纳粹德国空军十分类似。和德国一样，以色列相信如果一对一的话他们比任何敌人都更优越，但在数量和后劲上比不上敌人力量的总和；和德国一样，他们希望在内线以各个击破的方式解决问题；和德国一样，他们选择的方法是发动一场旨在从地面上摧毁敌人空军的突袭。出于同一原因，魏茨曼坚持给"幻影"装上大炮，而不是法国原来采用的空对空导弹。通过这种方法，以色列获得了空中优势，空军得以自由地参与地面战斗，以封锁为主要作战方式，必要且时机适合时也提供近距离支援。结果以色列建成了一支精益——仅有200架左右战斗机——的战术空军，其中最大的战斗机就是轻型双发动机轰炸机，并且几乎不具备战略能力。其目标就是在短时间内运输尽可能多的军火，而不是从事持久的消耗战。

以色列花了好几年时间计划和准备旨在摧毁埃及空军的"焦点计划"[Operation Moked（Focus）]，为此就必须搜集情报并执行大量侦察任务。据说战争爆发时，以色列知道埃及所有飞行员和他们的女友的姓名。更重要的是，他们知道能在哪里找到埃及各空军中队，还掌握了后者的行动程序。以色列新建了跑道，使必要数量的飞机能同时起飞，他们还进行了大量军事演习，其中有些是模拟接近敌人，以便确定各种飞机针对目标能运载的燃油和军火的最佳组合；有些是模拟相互进攻，或针对埃及的雷达确保飞行员具备充分的低飞技能以避开雷达；另一些是训练地面人员，使他们达到最高效率——仅需10分钟就能给返回的飞机加油、重新武装并使其重返战场。与1956年相比，每天每架飞机的出动架次增加了5倍，可用性从30%~40%增至近100%。特殊的炸弹被研制出来，用于封锁机场跑道和阻止敌机起飞并反击袭击者，这种炸弹因为降落伞而降低了下落速度，但后来又用火箭加速，使其在爆炸前能沉入地下。

当时埃及空军拥有各类飞机约500架，其中最先进的是"米格"-21战斗机、"苏霍伊"-7（Sukhoi-7）战斗轰炸机和"图"-16（Tu-16）轰炸机。这些飞机分布在23个机场中，其中有些机场位于以色列边界附近的西奈，另一些在距离边界很远的运河西边。所有机场都用防空火炮和/或苏联提供的"萨姆"-2（SA-2）导弹加以防御。这些导弹在1960年曾经击落了美国的U-2侦察机，但用来对付以色列却毫无用处。埃及至少有82个相互连接的雷达装置，它们具有（或本应具有）预警功能，但在以色列的电子化作战攻势下彻底失效了。

6月5日清晨，以色列以常规的清晨巡逻骗过敌人之后，战斗机于6点45分起飞，7点45分（埃及时间8点45分）发动第一波袭击，飞机飞得极低，一直停留在海面和陆地上空50英尺的高度，直到最后一刻才升上高空。这些飞机同时到达10个机场。埃及措手不及，他们的飞机竟还整齐地停在跑道上，成为理想的攻击对象。以色列空军在第一次飞行任务中投下了特制炸弹，把机场跑道炸得弹痕累累，无法使用。其他炸弹装上了延时引信，使敌人无法迅速维修。埃及几乎没有一架飞机起飞，防空火力也是零星的、无组织的和无效果的。根据剩余燃料量的不同，以色列大部分进攻飞机能够再执行一次或两次飞行任务，并用大炮进行扫射。以色列的一名飞行员后来写道，他瞄准的目标西开罗"看起来真像是一个地狱。高大的烟柱和上空密布的'超低空飞机'投下的阴影，在远处看来就像是一个巨大的黑色丛林……炉火烧得通红，黑色和白色的气球在锻造车间的怒吼声中升向天空"。到了9点，第一波袭击完成了任务。凭借严密的计划和近乎完美的执行，以色列摧毁了敌人地面上的195架飞机，另外还在空中作战中击落9架飞机。

第二波袭击始于9点15分，以色列袭击了几个在第一波中没有打到的较远的机场。埃及尚未从震惊中恢复过来，又有100架飞机被摧毁，并且几乎全在地上。形势对以色列十分有利，以至于他们发现自己拥有的飞机数量多于执行任务所需要的。正如一位埃及飞行员所写的："（第二波）飞机没有开火。它们只是在上空盘旋，飞行员惊讶于基地已经被彻底摧毁了，一个敌人都不剩。"毫无防御能力的埃及人唯一能做的就是四散躲开，试图寻找掩体并用手枪回击。在长达几年的准备时期，以色列最担忧的就是没有足够的飞机完成任务，实际情况远非如此，他们甚至能把几架飞机转移到其他战线作战。10点35分，第二波袭击的飞机也返回基地。在总司令部，人们正听到魏茨曼[当时他是伊扎克·拉宾（Yitzhak Rabin）的副总参谋长]对着电话大吼，告诉他的妻子战争打赢了。

遭到突然袭击的不仅有埃及军队，还有国防部部长。他在要求属下不要打扰之后很快睡熟了。纳赛尔总统的副总统、空军指挥官和一批高级官员当时都在视察途中，无法联络。他们返回时乘坐的两架飞机中有一架被以色列击落。所有事情中最糟糕的是谎言——埃及宣称其击落的以色列飞机不少于86架，另外还击落一架美国飞机，而己方仅损失两架。纳赛尔本人显然被蒙在鼓里。一个谎言滋生出另一个谎言，埃及人很快就告诉同盟国约旦和其他国家，说美国和英国的飞机也参与了袭击。正如20世纪早期德国总参谋长阿尔弗雷德·冯·施里芬（Alfred von Schlieffen）所写的，要想赢得一场真正伟大的胜利，胜负双方必须以各自的方式密切配合。如果说果真有军事行动满足这个条件，"焦点行动"很显然就是其中之一。

以色列在当天的行动中损失了16架飞机，比战斗序列的十分之一略少一点。多数损失不是因为空中战斗而是由于地面炮火。后者之所以能表现得相对较好，主要因为以色列的飞行员往往要在每个袭击基地的上空往返飞越好几次，这使埃及的炮手能从最初的震惊中恢复过来。以色列在大幅摧毁埃及空军之后，转而攻击其他敌人。第一个受害者是叙利亚。为了响应埃及的紧急求救，叙利亚出动了几架飞机进攻以色列位于海法（Haifa）的石油炼制厂——一个极为重要的战略目标。以色列防御力量很弱，由于全力以赴进攻埃及，国内仅剩下12架战斗机，"鹰"导弹被部署在距南方很远的地方，保护位于迪莫纳（Dimona）的核反应堆，所有其他防空设施都很过时。幸运的是，叙利亚飞行员因训练不足不能胜任该项任务，因此没有给以色列造成严重的损失。

6月5日12点，以色列发动了反击。他们的目标是大马士革国际机场和其他四个从南方与东方守卫这座城市的机场。以色列发起了两次进攻，每次持续两个小时，中间暂停两个小时。虽然叙利亚有许多飞机在地面上被摧毁，但事实证明他们比埃及更难对付。与其盟国不同，叙利亚没有地对空导弹，但他们拥有一组密集而相当有效的防空火炮和一个识别并跟踪来袭敌机的功能系统。因此，以色列的进攻不像在南方那么顺利。以色列进攻大马士革国际机场时遭遇了猛烈的炮火，飞行员只得撤退，他们在黎巴嫩重新集合，并发起第二次袭击。 他们还被迫中止了对另一个机场的袭击，直到派来4架"幻影"来对付防空力量。到18点时，叙利亚有53架飞机被摧毁，约为其全部空中力量的一半，以色列则损失了2架飞机。叙利亚有一个机场无法使用，另外4个机场遭致严重的破坏。

10点，一直被纳赛尔的谎言蒙在鼓里的约旦国王侯赛因（Hussein）也卷入战争轰炸耶路撒冷。他出动了35架"猎手"中的16架来打击以色列目标，其中包括特拉维夫北边的机场，他们在那儿从地面上摧毁了一架运输机。一架伊拉克的"图"-16加入约旦空军，其目标明显是袭击位于厄斯垂伊伦山谷（Valley of Esdraelon）的以色列空军基地，但未能击中，因此转而轰炸了一个平民基地。它们在返回时被击落，坠落在一个军用基地上，导致16名以色列军人死亡。作为回应，以色列对约旦的几个机场和伊拉克的一个机场实施了猛烈的攻击。侯赛因的飞行员的训练水平远远高于其他阿拉伯国家的飞行员。然而，军力水平差距实在太远，这支弱小的约旦空军虽然进行了猛烈的回击并击落2架以色列飞机，但仍被彻底消灭。对以色列来说，大部分伊拉克基地都超出其飞机的航程，他们还要几年时间才能具备空中加油技术。H-3在伊拉克西部对最近的机场发动了一场进攻，摧毁了10架伊拉克飞机，但机场本身并未失去效能。

以色列以200架战斗机出动了约1000次架次，其中有750次针对埃及，剩下的都是针对叙利亚、约旦和伊拉克的。由于空军平均每架飞机上的飞行员仅略多于一名，许多飞行员在一天以内必须起飞并作战5次之多。这些令人震惊的数据是以色列成功的主要因素，由于已接近战斗机和战斗轰炸机在"二战"中的最高水平，它们还解释了为何纳赛尔和侯赛因都明显相信西方飞机也参与了袭击。以色列惊人的速度之所以可能，部分因为飞行员自身的耐力和积极性，部分因为地面人员的卓越技能，还有部分是有关的距离常常（虽然绝非总是）很短。

第二天一早，以色列在几乎彻底掌握制空权之后，转而为迅速行进的地面部队提供支援。埃及守卫西奈的最重要的防线[即分别位于前线北边的拉菲（Raffia）和前线中央的阿布阿盖拉（Abu Agheila）]此时已经沦陷。在占领前一个防线时，以色列的装甲纵队获得了被仓促装上机枪和火箭的"富加教师"（Fouga Magister）训练机的支援。地面部队的行军速度是如此之快，以至于原来在阿瑞什镇（El Arish）空投降落伞的计划也取消了。以色列袭击阿布阿盖拉时得到了直升机营的支援，后者在防线西边着陆，并切断了防线。尽管规模不大，但这是1945年以后为数不多的几次垂直包围中的一次，由于埃及空军无法进行干扰，这次行动得以圆满完成目标。

以色列飞机在行动中几乎所向披靡，它们摧毁了一个正去往支援耶路撒冷的约旦装甲旅，然后又击败了约旦的另一个旅——后者当时正在纳布卢斯（Nablus）附近破坏掩体，试图发动一场反击。这场战争最重要的一次空中支援行动是，运输机向一支装甲旅空降燃料，该装甲旅已经抵达西奈南部的米特拉通道（Mitla Pass），并封锁了该通道。埃及人试图奋力打开一条通往运河的通路，却使自己暴露在空旷的沙漠中，遭到了在头顶上方轰鸣的战斗机和轰炸机的屠杀。6月9日，以色列展开对戈兰高地（Golan Heights）的袭击，这次仍以战斗轰炸机的多轮出击开场，向西奈阵地投下大约200吨军火——这在当时是一个巨大的数字。第二天一早，直升机把另一个伞兵营运到高地南部，却发现该地区已经没有敌人了。因此，飞机在以色列作战并获胜的这三个前线阵地中都起到了关键的（虽然不是唯一的）作用。在这场战争中，以色列自己的损失也有所增加——有37架飞机被摧毁，另外19架飞机无法使用，军力削减至开始时的四分之三。

读者很可能会疑惑本章为何如此关注这场战争。毕竟此次战争中，战斗虽然密集但规模仍相对较小，并且也很短暂。此时以色列仅仅拥有三流（如果不是四流的话）的军力，阿拉伯的敌人更是如此。交战方都没有值得一提的航空工业，这导致双方都必须完全依赖于国外支援者提供各种主要设备。虽然以色列的"幻影"和埃及的"米格"–21在当时堪称先进，但双方都有许多飞机是即将淘汰的型号，还有一部分则已经淘汰。当然，以色列依赖电子战成功地避开了埃及的雷达，但到那时为止双方都不具备任何一种机载预警与控制系统飞机。战斗轰炸机大多数情况下都独立行动，缺乏大量护航飞机（由其他类型的飞机构成，后来成为惯例）的保护。技术上，以色列的军队是如此落后，以至于其最不重要的军种海军甚至没有自己的雷达设备（这一事实明显是美国"自由号"事件的主要因素，当时以色列轰炸机误袭了一艘美国的情报船）。回到主题，双方空军都装备了空对空导弹，这意味着空中战斗一如既往地是近距离战斗。飞行员在雷达的引导下接近敌人，然后靠肉眼识别敌人。由于中东尚未采用刚研制出的计算机轰炸瞄准器，地对空袭击很不精确，而只能靠飞行员冒险低飞来实现，中东交战国和任何其他国家都不具备夜间执行这类任务的有效能力。虽然双方都配备了地对空导弹，但以色列的导弹从未参与战争，埃及的导弹（这些导弹无法移动，本来是用于击落高空飞机的）也派不上用场。

但这个故事还有另外一面。1945～1967年期间发生了大量武装冲突，但只在少数几次战争中空中力量被用于传统的国家间战争。在那些超出小规模冲突的战争（如经常发生在中东其他地区的冲突）中，1967年空战是除朝鲜战争以外规模最大的战争。但朝鲜战争和1965年印巴战争以僵持战告终，而六日战争却获得了惊人的胜利。它被专家视为典范，表明了一支经充分组织、准备和指挥的空军在机会来临时能做到什么。并且，它几乎完全是一场战术/作战上的胜利，针对的是战场上另一方的军队；以色列并未试图在后方打击平民目标，而且也不具备以任何规模实施这种打击的条件。随后几十年中，还会有几场空战获胜，但没有一场战争针对的敌人具备大致相当的实力，也没有一场战争比它更迅速、更具决定性。

事后看来，以色列的表现似乎代表着在一个业已衰落的时代中的天鹅的挽歌。这个时代始于1939年9月1日，那一天空中力量完全成熟，它在一场即将成为史上第一场闪电战的战争中证明了自身的价值。后来，战斗轰炸机连同坦克和无线通信及在两者之间建立联系的前线观察员结合起来，成为所有计划在陆地上发动一场决定性进攻战役的指挥官们最有力的手段。几十年内，赶上并超越（如有可能）德国国防军，几乎成为世界上所有现代化军队最热切的目标。为了实施或阻止该目标，花费了数不清的金钱，编写了数不清的脚本。然而，整个时代中，几个最重要的国家因为拥有核军备而被禁止参与到这场游戏当中。

在这样的环境下，加上核军备当时尚未引入中东，以色列国防军和空军很可能是唯一的成功者。不仅在空中，而且在地面上，1967年战争在诸多方面看起来就像是由某个直接取材于"二战"早期经历的时间机器生产出来的。但这种表面的相似只是一个幻觉，用丘吉尔在阿拉曼战争中的格言来说，这场战争在所有方面都既标志着开始的结束，也标志着结束的开始。

第十五章　从西奈到德黑兰

　　尽管1967年以色列取得了对阿拉伯国家的巨大胜利，却并未终结中东的战争。双方有陆军（也包括空军）参与的边境冲突很频繁，以色列先在约旦，然后在黎巴嫩对恐怖主义目标实施的空中打击也很频繁。其中大部分是微不足道的小型战争，不值得在本章讨论。但所谓的消耗战却并非如此，这场战争由纳赛尔于1969年3月发动，直到第二年8月结束，持续了16个月。

　　在这场发生在距苏伊士运河约100英里的战斗中，双方军力极不对称。西边是拥有大量（但质量不高）地面部队的埃及，主要军力是苏联提供的1000个火炮筒。东边是少量以色列军队，数量不足埃及的十分之一。以色列为弥补不足出动了空军，但我们将会看到，这并没有带来多大好处。以色列由于被胜利冲昏了头脑而低估了敌人的决心；同时还不得不节约使用军力，因为法国总统夏尔·戴高乐（Charles de Gaulle）拒绝向他们发送已经付款的50架"幻影五代"战斗轰炸机。出于这两个原因，以色列的大多数军事行动在一开始都困难重重。以色列现在有一部分基地位于西奈，距离埃及比以往近得多，从而能深入敌后进行飞行侦察。他们还出动飞机骚扰开罗，并用直升机对选定的埃及目标进行袭击。大多数袭击在战术上很成功，但并未终止来自运河对岸的密集火炮轰炸。

与此同时，苏联正在迅速重建埃及空军。除新式飞机以外，他们还带来一批人对埃及人进行教导与训练。后者从错误中学到了经验，把飞机隐藏在地下掩体中。1969年7月，运河上空爆发了自1967年以来的第一场空中战争。此时，以色列的作战力量由于引入美国制造的A-4"空中之鹰"而得以增强。这是一种轻型轰炸机，在远距离运载大量军火方面比之前所有飞机的性能都更优越。通过对一架旧式C-54高空运输机加以改造，以色列甚至还具备了空中加油能力。1969年年底，第一批F-4"鬼怪"加盟"空中之鹰"，飞行速度达提高了一倍，功能也更强大。以色列还利用窃得的设计图研制自己的"幻影五代"型号，但当这些飞机加入作战序列时，消耗战已告结束。

与这些飞机以及老式"幻影"、"超神秘"和"秃鹰"对抗的是"米格"-21的改进型号。双方现在主要都靠空对空导弹进行空战，但都没有重蹈美国试图只用导弹不用大炮的覆辙。实际上，正是因为担心遭致火炮袭击，以色列空军指挥官曾一度禁止"鬼怪"上的飞行员与机动性能更好的"米格"短兵相接。但在谨慎权衡敌方的优劣势之后，以色列在空中战斗中的表现比以往更好，他们击落18架飞机，己方仅损失1架，而1967年该比值为3：1。为了使新飞机物尽其用，他们还向埃及阵地投掷了大量炸弹。埃及人伤亡惨重，每月死亡人数高达数千，却并未停止战斗。

但对越南人来说（关于越南战争，后面将有更详细的描述），苏伊士运河上空的空战是到那时为止历史上最先进的战争。空中战斗的所有性质都开始逐步发生变化。双方都使用了精密雷达，地面上的高级指挥官能在整场任务中跟踪己方和敌方飞机。这也就意味着空战不再是近距离格斗，整个飞机机群都要面对对方，并形成（或应当形成）一个高度协调的团队。一些以色列飞机充当诱饵，另一些飞机则在西奈西边的山下低空飞行，以避开埃及雷达的探测，并埋伏在那里等待恰当的时机。甚至战斗开始后也可以把一些飞机派往战场。"枪手"——战斗机和战斗轰炸机——与侦察机及电子战飞机保持紧密合作，由此发展出现代化的"混编攻击机群"（strike package）。

　　随着集中指挥与控制职能的增长，飞行员失去了一部分独立性。总体而言这些变化有利于以色列，因为其飞行员的训练水平要高得多。并且他们一直在强调战争的这一方面，比如，从美国接受新飞机时，他们坚持给每架飞机安装两个而非一个无线电设备，哪怕为此放弃其他设施。另一方面，埃及还在因为缺乏合格的飞行员而饱受其苦。虽然他们有上千万人口，但社会、经济、文化水平极为低下，导致这一问题很难解决（现在可能仍未解决）。另一个困难在于埃及人倾向于夸大自己取得的成就，毕竟，即使最好的系统也不过就是流过其中的信息。

　　苏联的资料标明，1969年下半年，埃及有41架飞机毁于以色列之手，另有29架飞机毁于事故。以色列损失多少飞机尚不明确，但他们在埃及空军和防空力量的全力反抗下，还是明显获得了制空权。一周又一周，那些守卫运河上的防御工事的部队因为炮火和突袭而伤亡。他们几乎陷入绝望，打算从战术袭击转为深入埃及后方进行战略进攻。"鬼怪"的加盟为此提供了必要的条件，它能运载的军火比中东目前任何一种战斗轰炸机都要多得多。他们现在的目标是"把战争带到埃及人民家中"，或者迫使纳赛尔中止战争或干脆推翻他。尽管以色列的确袭击了工业加工厂和空军补给仓库，还有一次因定位失误袭击了一所学校，但最终证明这个主意是愚蠢而危险的。愚蠢是因为，和之前许多次一样，以色列大大低估了行动要能发挥效果而需要的努力和时间，事实上，一开始他们能用来进攻的所有飞机就是4架F-4。危险是因为，纳赛尔并未屈服，他往往能在局势恶化时表现出最佳状态。事实上，他从苏联援请了远比以往多的支援军力。

　　埃及的防空系统包括几千门防空火炮，口径从12.5毫米到100毫米不等，此外还有大量"萨姆"-2炮组。到那时为止，以色列一直能够成功地对付埃及人。1969年9月，以色列人取得了更辉煌的战绩：几名直升机步兵成功地缴获、拆卸并带回一台复杂的P-12苏联雷达设备。以色列及其美国支持者都想近距离看看这台设备。埃及长期以来一直有苏联"顾问"，但这些顾问在1970年1月才正式介入战争。苏联的军官负责指挥，其他人员则被编入埃及的营队，因此，埃及军队最终达到2万人。与这些人员一同前来的还有新式武器和武器系统。尽管苏联拒绝向埃及提供轰炸机（很可能是因为担心美国的反应），但还是送来了几组"萨姆"-3移动导弹用于中等高度的袭击——这些导弹之前只部署在莫斯科附近。埃及一夜之间多了八组导弹。到春天时，沿运河的苏联—埃及防空设施已经成为世上最强大的防御体系，并且还在日益增强。到战争结束时，以色列人发现自己甚至要对抗"萨姆"-6新式导弹，这些导弹还是第一次用于苏联以外的战场。

与苏联防空设备一起来的还有一部分苏联飞行员，他们很快就开始在运河区上方执行巡逻任务。和在韩国一样，他们被要求在不幸被俘时禁止泄漏身份。由于缺乏战斗经验，他们很容易成为以色列人的牺牲品，比如有一次就有5名飞行员被击落。但在政治上，苏联可能大规模介入战争的前景把以色列人吓得魂飞魄散。事实上，考虑苏联方面的反应这一要求自始至终都主导着战争。以色列这时已经利用先进的电子对抗设备（部分由美国提供，部分是国产设备）来跟踪并打击导弹。一部分设备装在战斗轰炸机的机翼下方，剩下的装在改进的运输机和直升机上，目的在于警告飞行员他们处于被跟踪状态，并干扰从埃及的雷达设备和通信系统中发出的电磁辐射信号。战争结束时，以色列还获得了美国原计划用于越南的地对空导弹。

飞行员先用激光照亮目标，然后借助装在驾驶舱内的小摇杆把导弹引导到该目标上。根据飞行员飞行高度的不同，他至少必须使导弹保持在视线内长达一分钟之久，这大大降低了他的各种机动能力。在越南，导弹一直用来打击固定目标，如建筑物、桥梁和机枪发射井。美国飞行员对此大唱赞歌。但这些沿运河部署（对方的防空系统在此部署了类似的武器，并且密集得多）的导弹对操作员来说很危险，最后不得不退役。这时美国的武器储备中已经拥有更先进的反辐射自动寻的导弹，但华盛顿拒绝出售给以色列。由于没有更好的武器，以色列只得尽最大努力继续战斗。尽管电子战和规避机动性使埃及导弹的命中率仅为百分之一，但以色列承认，从1969年11月到1970年8月先后损失了5架"鬼怪"。当然，埃及方面的数据要大得多。正如以色列的报告所指出的，鉴于他们出动了几千架次飞机，这个损失不算太大。然而，空战使以色列和美国的顾问都江郎才尽，不知如何找到对付日益改进的防御方法。

在运河沿岸战斗中遭遇的损失、普遍的精疲力竭之感、来自华盛顿和莫斯科的压力，这些因素——很难说其中哪个因素更为重要——最终导致双方在1970年8月7日接受了停火协定。一方面，以色列没有被打败，另一方面，与1967年形成了尖锐的对比，曾被许多人视为世界上最好的空军未能击败最强大的空防力量。正如魏茨曼将军后来所写的："导弹折断了飞机的翅膀。"某种程度上，这一结果并不意外。毕竟，双方都能利用（并且确实在越来越多地利用）电子战。把导弹从空中引向地面的技术也能够用来（并且已经用来）引导另一方从地上击落空中目标，这两种技术几乎完全一样。双方也都能通过干扰对方通信和误导对方雷达等方式实施电子战。

除了一直在持续的越南战争以外，接下来三年中，1971年发生在印度和巴基斯坦之间的战争是飞机在其中扮演了重要角色的唯一一场大规模战争。除关于克什米尔的旧有争论以外，这场战争背后的一个主要原因是巴基斯坦对东巴基斯坦（后来成为孟加拉共和国）的镇压。由于几百万难民穿过边境涌入印度，发生了一场动乱。印度把战争看成1965年战争的重演，巴基斯坦则把它看成印度故意要瓦解其国家的尝试（该尝试最终取得了成功）。

双方沿印度和孟加拉边境打了几场之后，重心转移到了西边。与在1965年一样，巴基斯坦以袭击印度机场拉开了战争的序幕，但双方军力对比与以往有所不同。巴基斯坦采用的仍是F-104拦截机和现已过时的F-86战斗轰炸机，印度增加了由最新的"米格"-21组成的6支中队，作战力量得以增强。巴基斯坦又一次未能瓦解印度空军——后者大多部署在前者无法打到的后方很远处。印度声称，几架"佩刀"再次被

"蚋式"击落，他们还声称，在有案可查的"米格"-21与F-104间的四次战斗中，前者的表现优于后者，原因之一是印度驾驶的飞机有原始的机载预警与控制系统，巴基斯坦则没有。印度空军无疑为入侵东巴基斯坦的地面军队提供了支援，但常规作战还不如民众的大规模叛乱以及寡不敌众的巴基斯坦人无法同时两线作战对战争的影响大。此外，印度空军从巴基斯坦最初的进攻中幸存下来，进一步获得了对西巴基斯坦的制空权，并用大炮和火箭弹再次为地面军队提供支援。据说双方损耗率之差比1965年还大，尽管如此，印度的地面进攻仍然缓慢而犹疑，也未能大幅深入。

最后，东巴基斯坦获得独立，成立了孟加拉共和国，但印度空军在这场运动中发挥的作用很小。西边的战争最终和6年前一样打成了平局。尽管印度在某种程度上否认这一点，但促使印度从已经为其陆军占领的弹丸之地西巴基斯坦撤军的很可能是这一事实：美国"企业号"（Enterprise）航母以及与之配套的可携带核武器的飞机出现在孟加拉湾。从战术和作战上说，空中力量的确在战争中发挥了作用，但其重要性不应被过分夸大。巴基斯坦不论在空中还是在地面上都未能击败印度这个比他们强大得多的对手，对他们而言，更糟糕的是同时还要压制东部上千万人民的动乱。

事后看来，这场战争最重要的结果在于双方都决定发展核武器，并且都成功地实现了这一目标。印度于1974年进行了第一次"和平核爆炸"，巴基斯坦起步于较不发达的工业—科学基础，因而花的时间更长，大约在20世纪80年代中后期拥有了自己的核炸弹。结果与世界上其他地方类似，尽管双方相互仇恨，但两者间的大规模战争（包括大规模空中战争）就此结束。1999年，印度利用空军驱逐了一支在巴基斯坦支持下穿越边境的非正规军，但作战规模很小。此后，印度和巴基斯坦双方都紧跟其他核国家的步伐，先是研制出弹道导弹以取代人工的驾驶飞机来运载核武器，然后又开始生产或购买巡航导弹和无人机。

1973年10月，第四次（或第五次，取决于如何计算）阿拉伯—以色列战争爆发。此时美国已从越南撤军，军方热切地希望把注意力转移到"现实"（即常规战争）当中。所谓的赎罪日战争（Yom Kippur War）为他们提供了一个很好的机遇——尽管并未直接参战。在消耗战中，美国尽管的确向以色列提供了"空中之鹰"和"鬼怪"战斗轰炸机，但保留了一部分最先进的地面进攻武器。1970年8月停火协定签订以后，美国改变了态度，而且，以色列自己现在也正在生产越来越多的先进武器，如"蜻蜓"（Shafrir）空对空导弹。苏联一方则向埃及和叙利亚提供"萨姆"-6导弹，进一步增强了后者本就很难攻破的防御。结果发生了一场迄今为止历史上最现代化的空中战争——其背后则是世界各国的专家。

这回轮到以色列遭遇突然袭击。通过飞机侦察等方式，以色列情报部门在戈兰高地和苏伊士运河上发现了大量来自叙利亚和埃及的军事集结力量。但他们不相信战争会爆发。他们声称，没有一个阿拉伯领导人会在确定军队能获得对以色列的空中优势之前就发动战争。直到10月6日早晨，阿拉伯再过几个小时就将发动进攻，以色列才意识到他们的"理念"（如人们后来所了解的）一直以来都是错误的，战争已迫在眉睫。以色列军队中包括大量预备役军人，军方总是计划先用空军拖住进攻者，直到预备役军人被动员起来并赶到前线。为实现这一目的，就有必要在空中保持行动自由。以色列空军对在消耗战中遭遇的困难记忆犹新，因此一直计划对叙利亚和埃及发动先发制人的大规模袭击。从军事的角度来看，这种经过谨慎准备与演练的突然袭击是正确的方式。最详尽地记载了此事的学者（他本人是"鬼怪"的前飞行员和空军中队长）声称，这次行动本应该获得巨大的成功，并且本应还能空出80架"空中之鹰"参加地面作战。

随着10月5~6日夜间更多情报抵达以色列，双方在两条战线上的地面军力比均为10∶1。以色列显然无法决定先打叙利亚还是埃及，也无法决定他们应当像1967年那样首先袭击飞机场，还是首先袭击防空导弹力量。空军指挥官不知道，早在10月5日早晨，戈尔达·梅厄（Golda

Meir）总理就已向华盛顿承诺不会实施先发制人的袭击。但这一消息直到准备袭击前四个小时才传到前方。结果导致空军无事可做，只得放弃一切训练条例，改变计划，集中力量支援地面部队尤其是北边前线的地面部队——那里的危险看来更大也更为紧迫。

叙利亚和埃及都以大规模空袭发起进攻。前者的目标是有限的，叙利亚意识到不可能获得空中优势，因此在袭击的前几个小时内全力进行近距离支援和拦截，以发挥突袭优势。但除了在一次直升机行动中占领了以色列位于赫尔蒙山（Mount Hermon）的一个重要观察哨以外，叙利亚总体上并不成功。以色列方面的资料宣称，叙利亚用来进攻或为进攻提供掩护的58架飞机只摧毁了几辆车，杀死了2名士兵，另外打伤了6名士兵。叙利亚的一架"米格"-21被以色列的一架"幻影"击落，另一架则被己方的防空火力击落。叙利亚空军明显感觉到已经竭尽全力，此后只在这场战争中发挥了很小的作用。它在本土领空执行常规巡逻任务，但很少涉入以色列的地面行动。

埃及的计划更具野心，在某些方面与以色列在1967年的计划类似。由于不能在地下掩体中击中敌方飞机，他们集中袭击了以色列的军事机场、防空设备和西奈半岛上的所有指挥、控制和通信设备。除一枚"鲑鱼"（Kelt）空对地导弹（它从特拉维夫发射，但未能抵达目的地）以外，所有目标都位于西奈。与此同时，埃及直升机被派去为沿西奈主道的突击队提供着陆，以拖延以色列援军。有些直升机被以色列飞机在空中拦截了；另一些虽然安全着陆并运送了人员，但这些人大多被敌方地面部队侦测到并加以包围和歼灭。在这个意义上，垂直包围的老概念又一次受到冲击。

针对以色列空军基地，埃及对其机场跑道和其他军事设施发动了多次袭击。这些确确实实从天而降的袭击引发了严重的混乱，并导致以色列在一开始表现出并不常见的不协调反应。飞行员仓促起飞，试图拦截任何能拦截的目标。防空导弹组指挥官被要求击落一切出现在雷达屏上的目标而无须等待上面的命令。但第二天早晨大部分破坏都得以修复。此后埃及空军在战斗中只起到了很小的作用。后来事实证明叙利亚和埃及都没有入侵以色列的打算。叙利亚计划在西岸防空导弹的掩护下守在运河附近，而埃及的意图只是收复戈兰高地。

但当时以色列并不知道这些。结果他们在战争初期不断改变目标：一会儿把敌人的地面部队作为主要目标，一会儿又把他们的导弹防御作为主要目标；一会儿把力量集中在北边战线，试图阻止疑似入侵以色列的行动，一会儿又集中在南边战线，以埃及运河上的桥梁为目标。在两条战线上他们都袭击了敌人的防空导弹，但两边的作战行动都没有贯彻到底。每当有一次行动略为显露出成功的迹象，就被执行其他似乎更紧迫任务的要求打断。另一个困难是高度机动的"萨姆"–6导弹在两条战线上的意外出现——以色列用来对付这些导弹的战斗轰炸机抵达战场时，导弹往往已经离开，只得重新部署飞机。光是寻找导弹就已需要付出极大代价，更不用说在被击落之前提供地面支援。飞行员仍对1967年的经历记忆犹新，他们试图低飞以躲避地对空导弹，却陷入由雷达引导的四联装ZSU–23高炮火力。这种火炮每分钟发射4000发炮弹，确确实实是粉碎了以色列的飞机。

一名被派去在西奈西部袭击埃及空军的以色列飞行员后来回忆道：

空中全是（我们的）飞机，以很低的高度飞往苏伊士运河的西南方……我略为拉起飞机升至200英尺上方，看到了下面地面上的战争：各种坦克和装甲车四散奔袭、开火、发射导弹，并在空中留下冷光的轨迹……这一定十分拥挤和喧闹，然而对我们这些无法听到任何声音的人来说，它看起来就像一场无声的电影……我只有几秒钟时间寻找目标。它在那里……密集的防空火力从各个方向甚至从后面袭来。埃及人很擅长于此……拉起操纵杆，把补燃器打到4.5G，机头朝上，水平线消失了，一切都是蓝色……摁下按钮发射炸弹。砰！"鬼怪"飞出去。现在炸弹在飞向目标的途中……我侧翻下来并俯冲向地面，猛烈地左右摇摆以躲避高射炮火……我们越过运河……防空火力没那么密集了。我们现在逃出了危险区。

空军在击退叙利亚人的进攻上的确发挥了关键作用，尤其是在戈兰高地南部——那里一度几乎没有防御空军的地面部队，但代价也很高。到10月7日晚上，战争开始时的390架战斗机中有28架（7%）被摧毁，另有47架被破坏——其中仅有25架还能修复。很明显这种损失比率无以为继，接下来几天内，空军减缓了行动的步调来自我疗伤和审时度势。

继一名前空军参谋长被任命指挥北边的军事行动之后，以色列空军被有效地分为两部分。这一安排破坏了军力集中的原则，但它的确实现了目的：空军不再无法贯彻执行军事行动，许多中队也不会总是因为总参谋部无法决定应该首先在哪条战线上部署而失败。但抵御叙利亚的仍然主要是地面部队（现在有越来越多的地面部队抵达前线），这些部队后来又深入大马士革15英里，并驻扎在那里。以色列飞机在戈兰高地执行地面支援任务时必须飞得很高，因此效能要低得多。即便如此，整场战争中飞机仍在不断损失。西奈的情况更糟。10月8日，以色列在该战线上发动第一次反击（后来中途夭折）时，只能在没有空军支援的情况下进行，因为空军指挥部中有人坚持地面部队行军时空中指挥官应置身事外。

在战争剩下的时间内（一直持续到10月24日），以色列空军轰炸了叙利亚拉塔基亚（Latakia）港和首都大马士革这两处目标。但埃及10月13日再次发起袭击时，对抗其行动的是阿里尔·沙龙（Ariel Sharon）指挥的以色列坦克而非空军。同一天在更南方，埃及人坚硬的防空导弹的封锁被打破，这一次以色列空军的确实施了有效的干预。整场战争期间，埃及防空系统一直保持完好无损，直到战争最后几天，以色列越过运河的地面部队才终于突破这个系统。战争最后几天，埃及空军也重返战争。因为以色列威胁要包围运河以东最南边的两支埃及军队，埃及战

制空权时代

以躲避高射炮火……我们越过运河……防空火力没那么密集了。我们现在逃出了危险区。

斗轰炸机以近乎自杀性的方式提供支援，导致大量飞机被恢复活力的以色列军队击落。

以下数据将使我们对这场战斗的规模有所了解。1970年埃及拥有27个地对空导弹组，1973年部署的导弹组数量不少于146个，叙利亚相应的数量则分别为6个和36个。1973年以色列拥有390架战斗机，埃及和叙利亚有1410架。在最开始的关键30个小时内，以色列飞机出动的飞机架次中有78%用于支援地面部队，16%用于打击防空防御，仅有4%用于袭击机场。在为期19天的战争当中，以色列击落277架敌机。埃及和叙利亚在战争结束时仍剩余好几百架战斗机，它们的空军在战争中仅发挥了很小的作用，这使以色列尽管在数量上处于严重的劣势，仍能获得制空权。当然这些数据并不能反映以色列空军的所有活动。它还为地面部队提供空中掩护，袭击敌方地面目标，执行大量侦察任务，并充分利用了直升机和运输机。以色列直升机突击队在叙利亚着陆，炸毁了从巴格达到大马士革途中的几座桥，拖延了6万多名伊拉克远征军的行动。还有一些直升机军队袭击了运河东部的埃及通信系统。但总体而言，埃及导弹防御直到战争将近结束时才被攻破，叙利亚的防御则很大程度上未遭破坏——以色列空军对战争的影响不如1967年大。

这场战争利用空中力量的另一个显著特征是，有两个超级大国组织了大规模的空运，协助它们各自的客户。显然，苏联派出的是新一代地对空导弹，其中大部分被送至叙利亚而非埃及。美国则送来了以色列急需的"幽灵"——需要中途加油，以色列依靠自己的力量把它运回了本国——和"空中之鹰"的备件、C-53直升机、军火、比以色列已有导弹更先进的地面对水面导弹和为了证明实力而派出的一对M-60坦克及155毫米榴弹炮。这些支援有一部分（特别是地面对水面导弹）及时抵达目的地，并在战争最后几天发挥了重要作用；正如克里辛格（C.J.Krisinger）以一手资料证明的，这极大地鼓舞了以色列的士气。

是什么因素促使埃及和叙利亚寻求援助而苏联也提供了援助，关于这一点我们几乎一无所知。对以色列来说，显然他们在战争一开始就已近于绝望。国外情报后来宣称他们已经威胁或准备使用核武器。很可能这些精心的准备正是为了引起美国注意。也就是说，真正促进美国提供支援的并非战争进程本身，而是以色列并不隐晦的核威胁；这个幕后主导因素以这种方式再次证明了它的主导地位。不用说，美国和苏联两国的运输机都能抵达目的地，因为任何一方都不敢朝他们开火，尤其是已经几乎完全掌握制空权的以色列（他们位于前线后方）。

即便如此，仅仅依靠空运也不能充分供应以色列及其敌人。因此，美苏两个超级大国都利用海运运输了大量物品，以补充空运的不足。根据为数不多的可靠数据，苏联运到叙利亚的7.5万吨左右补给中，仅有1.2万吨到1.5万吨是空运的。美国的数据则分别为3.3万吨和2.2万吨，但可用数据仅统计到10月30日，即空运中断的那一天，因此这也就排除了从那天以后好几个月内通过海运抵达以色列的补给。通过把大量补给空运到前所未有的距离以外，"五分钱救援行动"（Operation Nickel Grass）表明了空运在速度、灵活性和航程上能达到的极高水准。最大负载仅为80吨的C-5"银河"（Galaxy）表现尤为突出。但它也表明空运的数量很有限，且成本的确很高。

关于1982年发生于黎巴嫩的下一场阿拉伯—以色列战争，前面已有所提及。这里我们将集中关注20世纪80年代的主要冲突：伊朗—伊拉克战争。这一说法实际上并不确切，实际上是伊拉克进攻伊朗，而非相反。1980年，伊拉克拥有332架战斗机，伊朗有445架。但1979年伊斯兰革命之后，伊朗处于半混乱状态。伊拉克的侯赛因·萨达姆希望以此为契机，以1967年的以色列为榜样，在1980年9月23日用"米格"-23和"米格"-21袭击了伊朗远至德黑兰的大量机场，以这场空袭拉开了战争的序幕。事实上，这两种飞机原本用于拦截和高空侦察，都不太适合地面袭击。伊拉克军官在一个月内对这两种飞机特别是对"米格"-23怨声载道。伊拉克的炸弹击中了一部分机场跑道和燃料库，但有许多未能爆炸。伊朗大部分飞机放在加固的机库中，因而躲过了袭击。短短几个小时内，阿亚图拉·霍梅尼（Ayatollah Khomeini）的战斗轰炸机相继起飞，目标则是深入打击伊拉克国内距巴格达不远的目标。

伊拉克在空中军力的支援下向伊朗推进了50英里，但在11月初陷入困境。1982年6月，伊拉克军队在伊朗的一次反击之后撤回国际边界线。此后，空中战斗和地面战斗都转为消耗战。尽管这场战争持续的时间远比"一战"长，但在许多方面和"一战"很类似。双方都建立了巨大的加强堑壕系统。为了攻破对方的防御或避免自己的防御被破坏，他们不时发动人海战术进攻和/或进行大规模火炮轰炸；伊拉克还使用了毒气。一开始，空中优势似乎位于伊朗一方，他们的主要武器是第四代可变形飞机F-14"雄猫"（Tomcat）。该武器最初由美国海军研制，后来被伊朗国王购得，因为它是当时能获得的最复杂的战斗机。这种飞机装备了空对空导弹，特别是拥有一个能在60英里范围内同时跟踪八个目标的雷达装置，远比伊拉克的任何武器都更先进。

此外，伊朗还拥有F-4"幽灵"战斗轰炸机、F-5轻型战斗机和一些老式苏联飞机。他们凭借空中加油能力，在距最近基地远达500英里的地方袭击了伊拉克的机场和油田。伊朗飞行员（有些刚从监狱释放）表现出令人吃惊的能力。受益于美国的训练（包括在越南战争中的教训），他们发现伊拉克的"萨姆"-2和"萨姆"-3很容易对付，但新式的"萨姆"-6还成问题。真正把伊朗拖垮的是禁运：该国处于禁运政策之下；并且，作为一个自称要输出革命的伊斯兰国家，伊朗不得不在某种程度上主动给自己施加禁运政策。随着备件供应的枯竭，伊朗空军逐步瘫痪。战争发展至一半时，伊朗仅剩下70架飞机，而伊拉克却有500架。

伊拉克无法终止战争，转而袭击伊朗的油田设备和海湾的船只。一开始伊朗的油田产量至少剧减50%，但与此同时油价的上涨使伊朗并未陷入绝境，对伊拉克来说当然也一样。后来情况有所变化。双方都加入了所谓的空中加油机战争，该场战争断断续续一直持续到1987年。伊拉克的主要设备包括约40架法国制造的"幻影"F-1战斗轰炸机。这些飞机最恰当的叫法是三代半飞机，它们非常有效——尤其在携带现在已经很普遍的"飞鱼"导弹方面。伊朗一方则收到了中国制造的空对海导弹"蚕"（Silkworm），但伊朗空军力量的薄弱限制了飞机的能力。战争七年期间，几百艘挂着各国国旗的船只被击中，约有3000名船员丧生，其中大部分死于伊拉克的飞机。从海湾运出的油量下降了25%。但伊拉克的行动也受到了限制，他们的盟军沙特阿拉伯和海湾国家（在资助战争上发挥了很大作用）不断要求他们不要使冲突升级。这使空中加油机战争的影响很有限，表现之一就是油价自1982年以后又开始持续下跌。

由于政治上处于隔绝状态，又无法进口新设备，伊朗越来越落后。与之对比，伊拉克不断收到来源稳定的飞机、使飞机能持续飞行的备件和飞机上配备的复杂军械。结果，伊拉克能深入伊朗城内实施打击，伊朗则不能。为了对抗伊朗的地面袭击，伊拉克还大量使用武装直升机从战线后方发射导弹。由于萨达姆·侯赛因的地面部队大部分时期内保持防御姿态，空军尽管能够自由行动，也无法击败伊朗这个远比伊拉克大、人口也是其三倍的国家。伊拉克袭击伊朗的油田设施，的确减少了后者的石油输出，但伊朗能够转移到更南边的石油集散地，因此，产量也从未下降到岌岌可危的地步。

战争中双方都使用了苏联制造的"飞毛腿"导弹——一种中程弹道导弹，源于"二战"时德国的V-2导弹——发动临时袭击。但战争几年内发动袭击的次数很少。从1982年到1987年，伊朗总共袭击117次，也就是说每年不足20次。伊拉克发射了约160枚导弹，不仅在数量上太少，无法产生实质性的影响，而且也不精确，这意味着导弹只能偶尔击中真正重要的目标。1988年早期，伊拉克引进了一种改进的"飞毛腿"导弹，即"侯赛因"导弹，局面才略有转变。和它的前身不同，"侯赛因"能打到德黑兰和科姆（Khom，阿亚图拉·霍梅尼教书的地方，毛拉①的权力中心）。为了实现这一目标，伊拉克工程师必须把导弹弹头

①毛拉，mullah，精通伊斯兰神学和伊斯兰宗教法律的穆斯林，伊斯兰教国家对老师、先生、学者的敬称。——译者注。

减至约500～1000磅，仅为V–2弹头的1/4～1/2。和父亲"飞毛腿"及祖父V–2一样，"侯赛因"很不精确也很不稳定。

1988年春天，约有200枚这种可疑的新发明袭击了大德黑兰，杀死约2000人。该比例远远高于任何其他使用了地对地导弹的战争（比如，1991年袭击以色列的39枚类似导弹仅杀死三个人），这一事实很好地说明了伊朗首都的建筑质量和毛拉民防组织的效率；结果导致多达30%的城市人口即600万人沦为难民。落在大德黑兰的炸药总量仅占1943年袭击汉堡这座更小城市时炸药量的很小一部分，而汉堡那次死亡人数达上万人。此外，伊拉克的进攻至少持续了七周。这些事实使人怀疑，伊朗是否果真如一些评论家所想的那样（并且显然至今仍这么想），做好了从容赴死的准备。伊朗的伤亡人数和全国人口的比例也能使我们得出同一结论。

4月20日，双方宣布停战，并结束了所谓的城市战争，但战争又持续了三个月。这段时期，距前线750英里的南边和中部发生了几场主要战争，包括所谓的不毛之地（Majnun，意指"光秃秃的"）之战（以战争发生的岛命名）。伊拉克采取攻势并大量使用化学武器击败了敌人。

一开始双方都以为战争将主要发生在空中，并在空中决定胜负。实际上并非如此。伊拉克虽然抢占了先机，并以一场对敌方空军的空袭拉开战争的序幕，但并未实现决定性胜利。战争开始五个月后，伊拉克在世界上许多国家的支持和援助下，在前线和伊朗国内都获得了很大的空中优势，并集中袭击了伊朗的油田设施。但他们仍不得不打一场长期而昂贵的消耗战，这场战争在1982～1983年期间把他们拖至战败的边缘。1982年以后，伊朗对伊拉克的战略打击演变为小打小闹的袭击。伊拉克对伊朗的目标的袭击更为有效，但政治的考虑又使他们不能把战争推至能产生关键性结果的程度。伊拉克在冲突最后几个月内发射在德黑兰的地对地导弹加剧了城市居民士气的瓦解，但有一些证据表明，早在更早的时候士气就已经很低落了。无论如何，决定战争的并非导弹，而是那些使伊拉克地面部队越过沙特阿拉伯（隔开两国的河流）并进入伊朗领土的战斗。尽管空中力量在这些战斗中发挥了作用，但很难说作用有多大。

由于本章处理的时间段为1973～1988年，应当在结束之前简单提及另两次行动。这两次行动虽然规模很小，却成为世界上的重大事件，并引人注目地证明了空中力量的能力。第一次行动发生于1976年7月，由以色列发起，营救了105名以色列和犹太人人质，当时他们位于一架遭恐怖主义者劫持而迫降在乌干达恩德培（Entebbe，Uganda）的法国航空班机上。这次行动的指挥地点位于距以色列边境2500英里处，参与行动的有以色列空军的4架C-130"大力神"（Hercules）中型运输机。这些C-130如同超人一般降落在恩德培，解除了恐怖主义行动组的武装，并把他们连同人质一起用飞机带走。另外还有两架"波音"-707参与了行动：一架作为飞行的指挥站，另一架则停靠在肯尼亚的内罗毕（Nairobi，Kenya）提供药物补给。回程途中C-130也在内罗毕着陆并加油。整个过程中，关键问题仍是以色列如何成功地避开了乌干达的雷达侦测，从而避免敌方派出"米格"战斗机或是封锁机场跑道。很有可能因为以色列空军长期以来一直在全力发展电子战（他们将于1982年在黎巴嫩展示其努力的效果），干扰乌干达的雷达对他们来说并不太困难。

第二次行动也由以色列发起。20世纪70年代，法国援助萨达姆·侯赛因建立了一个核反应堆。早在伊朗—伊拉克战争期间，伊朗的F-4飞机就轰炸过这个核反应堆，但没有成功。以色列将其视为对本国安全的一个重要威胁，于1981年6月再次发动袭击。这一次空中力量包括8架F-16和6架掩护它们的F-15。飞机从南方港口城市埃拉特（Elat）附近起飞，并以30～60英尺的高度掠过沙特领土。他们把无线电设定为严格的静音状态，明显使用了电子战手段以躲避该地区众多雷达的监测。接近目标时飞机爬升到约1500～2000英尺高空，直到位于目标上方才再次俯冲下来，以实现最高精度。那段时期风传着种种关于以色列使用了复杂的空对地导弹的谣言，但事实似乎是，他们依靠的是铁制炸弹和飞行员的投弹训练。结果投掷的16枚炸弹全都直接命中。返程的飞机前脚刚迈进高空，防空火力后脚就已追来，但已鞭长莫及。

　　这两场行动都完美地证明了空中力量的优势：即它特有的在高速条件下打击远距离目标而无须考虑地理因素的能力（并且现在还能具备很高的精度）。这两次行动中，飞机都如同从天而降的霹雳，这很可能是它们如此成功的最重要原因。无论是乌干达还是伊拉克都未能在以色列飞机着陆或投弹之前拦截它们。恩德培行动53分钟就告结束，巴格达行动则正好两小时结束。两次行动结束以后，对手都无法以同样方式（或其他任何方式）回应。正如前文无数案例所表明的，评价空中行动的影响时，我们经常不得不将其作为一个大得多的复合体的一部分，作为一项困难的往往几乎是不可能的事业的一部分。但这两个案例都完全独立地取得了成功，用最流行的表达方式来说，它们是外科手术式的行动。然而，不消说，即使在这种情况下也绝对不能确保成功。1980年4月，美国试图营救德黑兰人质的失败就为这一点提供了充分的证明。空中与其他任何地方一样，人为的失误或一个小小的坏运气都可能使筹划最完备的外科手术行动变成一场灾难。

第十六章　虚假的胜利？

1990～1991年前后，一场巨变席卷了战争——这场巨变已经酝酿了一段时间，但现在才彻底向所有人展现出它的力量，并且，它在很多方面仍在发展，现在评价其全面影响尚为时过早。很可能最重要的相关因素是冷战结束和苏联解体。由于失去了值得对抗的对手，那些最强大的西方国家开始质疑军队存在的理由。面临自身的存在理由受到质疑，作战指令也在减少，这些国家的军队开始寻求可以执行的新任务，包括在世界上其他国家充当远征军、非军事行动、维和、维护反毒品政策和其他各种多少带有暴力色彩的、之前被他们认为有失尊严的行动。毫无例外，所有这些行动的共同特征是针对不具备核武器的对手——也就是说，那些不会威胁到某国生存而仅影响其利益的对手。更经常地，即使这些行动他们也不能执行。

这导致了态度的根本转变。战争传统上是这样一种活动，双方都尽量去消灭对获胜来说必要的敌人（军人，往往也包括平民）数量。他们经常以杀死的人数远多于为了获胜而必须杀死的人数而自豪，因此他们自己也预期着杀人或被杀，有时候胜利方的死亡人数和失败方相差不远。而现在，如何尽可能减少双方的死亡人数在历史上第一次成为一个问题。部分原因是所有最发达的国家中出生率都在急剧下降。这使人们远比以前更不乐意自己的子孙牺牲（另一方面，由于几乎没有危险，他们比以往更乐意让女性参军，包括空军在内）。但更重要的原因是，由于人的生存受到核军备的保护，威胁减小到不复存在。引起大量伤亡或杀死大量敌人不再具有道德上的正当性和政治上的合理性，并且，媒体在战场上或战场附近出现的频率越高，情况越是如此。

在这种情况下，空中力量成为人们在冷战后的冲突中选择的手段。这有几个原因。第一，空中力量能迅速部署到遥远的国家（世界上最强大的军事国家中很多人甚至很难在地图上找到这些国家）。第二，空军的尾齿比远高于其他军种，几乎不会使己方士兵处于危险之中。即使这少数士兵也可以使用多数无核国家（更不用说各种游击队和叛乱分子）不具备的极为复杂的技术来参战。第三，由于1970年以来雷达、激光、GPS导航武器和红外夜视设备的发展，空中力量现在24小时都能以很高精度击中目标（至少空军指挥官们一直在如此宣传，而政治家与公众也开始相信这一点）。有必要指出，20世纪80年代和90年代的飞机实际上并不比"二战"时期的战斗轰炸机更精确。新式"精确制导"武器真正实现的是从比以往高得多的高空击中较小的目标，从而满足使我军伤亡降至最低（如果不是降至为零的话）的要求。

第一个尝到所谓的后现代战争的苦头的国家是伊拉克。有三个因素使这场实验成为可能：第一个也是最重要的一个原因是，萨达姆·侯赛因1990年8月入侵科威特时，人们已经了解到他没有核武器。否则很难想象会发生这场针对他的战争。第二，他的行动虽然威胁到邻国，并触犯了更远的国家的利益，但还远不能对后者构成任何威胁。矛盾的一点在于，作为为抵制萨达姆而成立的盟军领袖，美国远离战场，比任何国家都更不容易遭到任何形式的军事打击。第三，为了威慑苏联并在必要时予以打击，西方在几十年内建立起来的大规模海、陆、空军事力量还没有瓦解。萨达姆慷慨地在所有这些方面给了敌人一个理想的机会，使他们得以试验军队和武器，而如果冷战还在继续，他们就只能为这种试验做做准备，制定条例，或加以幻想。

下面几个事实将说明这场战争的情况。一方是伊拉克，一个拥有

2400万人口的第三世界国家，刚与东边的大国打了一场持久而耗资不菲的战争。更糟糕的是，伊拉克人口中有四分之一并非伊拉克人，他们在过去30年内一直在近乎公开地反对伊拉克。伊拉克的对手一方则是一个包含了世上诸多最强大的国家的联盟，拥有约4.5亿的总人口以及与之相应的经济实力。盟军得到了中东几乎所有其他国家的支持，而伊拉克没有一个盟友，此外还不得不提防伊朗。军事上，双方在陆地上重要地区（即波斯湾北部和巴格达之间的区域）的实力差距要小得多，空中是多国部队真正拥有最大优势的场所，多国部队和伊拉克的战斗机数量分别为1800架和600架，由于多国部队还享有压倒性的技术优势，双方真正的力量不平衡远比人们仅从飞机列表中能看到的更大。

虽然技术优势在本书描写的许多空战中都发挥了作用，但很可能它在任何一场战争中都不如在这一场中的作用更为显著。"一战"和"二战"的旷日持久说明，两次战争中交战国一开始都大致实力相当。但这也是事实："二战"临近结束时，日本发现越来越难以为继。美国空军在朝鲜很可能确实具有技术优势，但这种优势尚不足以使空中战争赢得一场迅速的决定性胜利，或使空中力量对地面战争造成决定性的影响。以色列—阿拉伯和印度—巴基斯坦的几次战争中，双方空军都使用了购自发达国家的军备，理论上说，他们的实力十分接近。确实，以色列在1967年喜欢吹嘘说，如果他们使用"米格"，对手使用"幻影"，结果仍将一样。所有这些战争中，如果说确实存在技术优势，它也仅是众多影响因素之一，并且往往并非最重要的一个。

1990～1991年海湾战争中，情况很不一样。在这一时期，伊拉克的人均GDP约为其主要敌人美国的十分之一。工业、技术和科学实力的差距更是明显。美国拥有能对雷达隐身的F-117隐形飞机，伊拉克没有；美国拥有能从几千英里以外的基地运输大量军火的B-52重型轰炸机，伊拉克没有；美国拥有能从空中、陆地和海上发射的巡航导弹，伊拉克没有；美国拥有"爱国者"反弹道导弹（尽管不太好用），伊拉克没有；美国拥有大量侦察与通信卫星，伊拉克没有；美国拥有能进行导航和为炸弹及导弹打击目标提供精确引导的GPS，伊拉克没有；美国拥有能在空中和地上监视己方和敌方行动的JSTAR指挥与控制飞机，伊拉克没有。这张列表还可以无限扩展。陆地上（伊拉克几乎没有一支海军）的技术差距不像空中这么大，但也相当可观。

实际上，这场战争前15年中的技术进展是如此重大，以至于许多评论家声称发生了一场堪比1939～1940年间的"军事变革"（当时出现了坦克和飞机）。萨达姆·侯赛因发现自己在这场革命的浪潮中站在了错误的一边。尽管花费了大量石油收入，但他的某些举动只能说是很可怜的。比如，他从苏联获得了50年代加长射程的"侯赛因"导弹，但制作十分粗劣，其中许多都未能击中目标而在中途炸裂。回顾过去几个世纪，除了发生在装备有现代化欧式武器的国家和欧洲以外的敌人之间的殖民战争以外，很难找到任何类似这样一场一方对另一方拥有如此巨大的质的优势的战争。回到我们的论点，萨达姆决定以传统的方式应对有史以来最强大的武装力量，只能被形容为是自杀性的行为。

"二战"时期，几乎所有的军队和装备都通过海运从一个洲部署到另一个洲，到1991年，仍有大量（84%）补给和装备采用海运运输，但几乎所有国家都已利用空运运输军队。其中许多飞机是民航客机，这也有力地证明了伊拉克不能或不愿干扰这些飞机。轻型运输机和直升机在战场上也援助运输军队和装备。但根据一位空军历史学家的记载，从东边运到西边以执行诺曼·施瓦茨科普夫（Norman Schwarzkopf）将军的"圣母马利亚"（Hail Mary）演习的20万军队中，只有14万人（和9000吨装备）采用空运的方式运送。下面这件事也许能最好地说明地面运输和空中运输的相对作用：美国的G-4（即军需官）想穿过沙特边境附近的一条作为补给要道的高速公路，不得不利用直升机。也就是说，空运对人员运输来说更有优势，特别是在把人员运到距离前线很远因而能安全避开敌军干预的机场时；但在运输数量很大的货物时，空运仍然无法与缓慢得多但也更为便宜和安全的海运和陆运相比。

事实显示，这场战争中的第一次空中行动由7架B-52轰炸机发起。

它们从路易斯安那起飞，飞往伊拉克之前在大西洋上方花了两个小时加油。然而，美国在英国和迪戈加西亚岛（Diego Garcia）就有更接近战场的基地，因此轰炸机执行这一任务很大程度上只是一种象征性的姿态，意在表明一种早已存在多年却不幸从未应用于战场的冷战时代的能力。轰炸机携带有空中、陆地和海上发射的巡航导弹。配合这些设备，美军谨慎地出动了成千上万架次的飞机，包括各式直升机、攻击机、电子战机和支援飞机。

美国航空指挥官是查尔斯·霍纳尔（Charles Horner）将军。出于某种原因，他拒绝让最具原创性的空军理论家约翰·沃登（John Warden）上校留在他的总部。沃登刚一抵达战场就被霍纳尔送回五角大楼，但沃登的几名参谋得以留下，并辅助制订了作战计划的进程。美军借助卫星照片和其他识别电子信号的技术手段（多数目标会产生这种信号）选出目标。进攻者基本遵循沃登的"五环"学说（见第12章），几乎无视伊拉克军队对科威特的占领，而是把注意力集中在指挥控制与通信中心、机场和防空设备上。伊拉克空军形势不利，他们与波兰空军在"二战"初期遭到纳粹德国空军袭击时面临的处境一样，几乎无力反击。最开始几天，很大程度上由于地面的指挥与控制系统被敌方摧毁，伊拉克有35架飞机在空战中被击落，剩下的也都落荒而逃。试图反击，面临着被全歼的命运；原地不动，同样面临被空对地导弹（这些导弹能摧毁他们的地下掩体）全歼的命运。萨达姆的解决办法——很可能是这种情况下唯一合理的方法——是安排大约112名飞行员驾驶飞机飞往伊朗，最终，这些飞行员在那里遭到拘禁。其余飞机在战争中也未能进一步发挥作用。到战争结束时，伊拉克仅有大约300架飞机还能使用。

据估计，伊拉克的防空装备大概包括7000门大炮，7000枚雷达制导导弹和9000枚热寻的导弹。依靠一套强有力的雷达设备和密集的光纤通信网，伊拉克的空防本应很难突破，但其实际表现却远不如预期。有些设备被F-117隐形飞机击中，因为伊拉克的雷达无法侦测到这些从沙特阿拉伯和土耳其起飞的飞机。F-117飞机不仅没有采用"混编攻击机

群"保护自己,而且直到飞机开始发射导弹时才被发现。也许更重要的
一点在于,正如以色列在1982年已经证明的,苏联的老式"萨姆"-2、
"萨姆"-3和"萨姆"-6此时已众所周知,伊拉克的法—德制造"罗
兰"(Roland)地空导弹和美国制造的部分"鹰"导弹更是如此,后者
在科威特被俘获,据萨达姆的工程师们宣称,它们在敌对行动开始前就
已全面投入军事行动。伊拉克的电子设备有可能遭到从电子干扰到电子
欺骗的各种攻击——从而说明,现代空对地和地对空战争中,任何一方
的新发明的功效都可能被另一方抵消。伊拉克的防空火炮和肩扛"萨
姆"-7无法起作用,因为敌人飞得太高,无法击中。事实上,一名美
国飞行员事后解释说,在防御最严密的巴格达,高射炮只能打到3000~
4000英尺的高度。实际上,整场战争中多国部队仅有10架飞机被地面火
力击落。

多国部队为了彻底利用制空权,还试图瞄准疑似的"飞毛腿"导
弹基地。尽管萨达姆"飞毛腿"的军事价值无足轻重,但其心理影响却
不容忽视。毕竟,有必要阻止"飞毛腿"导弹打向以色列,以免以色列
作为回应可能会引发多国联盟(为了抵制伊拉克,该联盟克服重重困难
才得以成立)的崩溃。美国空军历史学家声称,飞机为了寻歼"飞毛
腿"导弹,总共出动架次还不到2500次。如果情况属实,它们仅占总数
的百分之二多一点。然而,施瓦茨科普夫将军在回忆录中写道:"在每
天为了进行战略空战而制定的两千多次战斗和支援任务中,我们……安
排了整整三分之一来寻歼'飞毛腿'。"无论真相如何,后来的调查表
明,没有一个可移动的"飞毛腿"发射装置被击中。最多可以说,由于
多国部队飞机的出现,这些发射器发射导弹要困难得多。

由于空中力量被摧毁或被抵消,萨达姆决定把战斗转移到双方军
力不那么悬殊的地面上,事实证明,这个决定和他对战争的整体指挥一
样是自杀性的。伊拉克1月末袭击海夫吉(Khafji)的三个旅时被JSTAR
检测到(这是JSTAR首次证明自己的价值),随后几乎立即遭到美国空
军的B-52、A-10和AC-130,美国海军的F-18和A-6,以及英国的"鹞

式"和"美洲豹"的袭击。此外还有美国、英国和法国武装直升机铺天盖地的导弹火力。面对这支令人生畏的编队,伊拉克束手无策。事实上,鉴于战场很小,而战场上空日夜飞行的多国部队战斗飞机群又极为庞大,真正令人吃惊的是,这些飞机在这场战斗中仅造成己方地面部队7人伤亡。

此时,多国部队彻底掌握了制空权——伊拉克甚至没有监测到从东往西沿伊拉克和沙特阿拉伯之间的边境线行进的整整两个军。空中战役一开始预计将持续30天,主要由于糟糕的飞行气候,实际上延长至39天。越临近地面部队参战(G-day)的倒计时阶段,多国部队的空军指挥官越是把注意力转移到倒霉的伊拉克地面部队上。他们对补给站、掩体、车辆、大炮部件和坦克实施了打击。由于科威特和伊拉克南部的沙漠地区位于地球上最平坦也最没有特征的地域,伊拉克人没有任何办法躲开空中袭来的枪林弹雨。截至2月24日多国部队入侵伊拉克和科威特时,萨达姆仅剩下2000辆坦克和差不多数量的其他装甲车;而战斗人员已彻底丧失抵抗的意志。结果,地面战争并没有像施瓦茨科普夫预期的那样需要三周才能结束,而仅仅持续了100个小时。

在战争开始的几个月和几周内,西方许多指挥官和评论家大为夸大了伊拉克军队的能力和击败他们可能会牺牲的伤亡人数。当这些预测被事实证明完全不符合实际时,他们大多换了另一种说法。为了庆祝多国部队的成就,他们发明了上述的"军事革命"和"超级战争"(hyperwar)等术语。"超级"这个词某种意义上是恰当的。多国部队的飞机在卫星和机载预警与控制系统的引导下打向目标,并真正利用了精确制导武器,在以最小的成本成功地结束战争这一点上确实起到了关键的作用。事实上,他们近于实现了杜黑绘就的几乎完全利用空中力量获胜的图景。他们还为以下这一事实提供了新的证明(如果需要证明的话):如果没有适当的空中掩护,大规模的传统地面作战注定会迅速失败。由于20世纪80年代侦察机和战斗机采用了FLIR(前视、红外)新技术,这一事实在夜间也同样成立,正如它在白昼时久已如此那样。

也许更重要的事实在于，人们不再随机地袭击目标，而是基于沃登的"五环"理论以一种智能的方式选择目标。精确制导武器不再试图打击敌人的装甲弹或使对方的城市沦为燃烧的废墟，而为集中打击敌人脆弱的神经系统提供了可能。几天之内萨达姆的指挥部就又聋又哑。与1939～1945年和1950～1953年投在德国、日本和朝鲜的大量TNT相比，攻打伊拉克花费的军火数量确实很少，并且，大多数破坏工作还是由其中十分之一的"精确"制导武器完成的。

所有这些都是空中力量引以为傲的非凡成就，但这同样可能被过分夸大。正如霍纳尔后来承认的，如果没有可供他随意调遣的巨大资源，情况可能与现在很不一样。尤其应当注意的是，多国部队在摧毁伊拉克的地对地导弹发射装置时几乎彻底失败了，在导弹日益增多的情况下，这绝不是一个好兆头。从更广阔的视角来看，海湾战争在诸多方面与其说是空中力量的伟大胜利，不如说更像是一头大象踩扁了激怒它的虫子。战争大部分时间内，只有一方在"战斗"这一事实使这个解释甚至更为可信。作为比较，1991年多国部队用来袭击伊拉克的飞机数量是1967年以色列决定性地击败埃及所采用的飞机数量的9倍。地面上，萨达姆前线上每英里的军队数量还不如埃及，他们分布极为稀疏，甚至密集火力也几乎不能产生任何影响，因为这就像把上百万枚锋利的钉子钉入大面积区域中。

关于萨达姆的伊拉克究竟是强是弱，评论家们或许会意见不一。但关于1999年的塞尔维亚问题，类似的争论是不可能的。和伊拉克一样，塞尔维亚既没有核武器，也不具备哪怕是较短距离地运输核武器的能力，否则战争当然无论如何也不会发生。但伊拉克是一个拥有17万平方英里陆地面积和2400万人口的国家，而塞尔维亚（包括即将分裂出去的门的内哥罗）的相应数据分别为4万平方英里和1000万人口。该国人均收入与伊拉克接近，但没有石油。1991年，伊拉克军队据说是世界上第五大军队，8年后，作为一度令人自豪的南斯拉夫军队的残余力量，并刚刚从与波斯尼亚冲突后的虚弱中恢复，塞尔维亚排名仅为第35。

塞尔维亚确实拥有238架战斗机，但除15架"米格"-29外，所有飞机都即将过时或已经过时。他们还拥有俄国制造的"萨姆"-2、"萨姆"-3、"萨姆"-6和"萨姆"-9导弹，但全是20世纪70年代或更早的武器。这些导弹事实上是专门用来与ZSU 23-4配合使用的，后者已经由于越南战争和1973年10月战争（指第四次中东战争，编者注）而为人熟知。操纵防空设备的人员专业而称职，他们或许更新了一部分设备的电子器件，但关于这一问题几乎无法获得资料。除此以外，塞尔维亚唯一算得上现代化的防空导弹就是"萨姆"-13，它可以进行目测瞄准、光学/红外制导，并具有高度的机动性，是一种低空（1万英尺）短程导弹系统。因此，只要飞得足够高就能轻易避开它。

这就是这个国家，这就是他们的空军/空防体系，而他们将与堪称史上最强大的联盟对抗。和8年前在伊拉克一样，联盟选择空中力量作为实现其壮举的工具。由于塞尔维亚没有对边界以外的任何事或任何人造成威胁，克林顿总统和参谋长联席会议比他们的前任更担心出现伤亡。他们始终不允许美国地面军队承担任务——后来他们显然试图把这一过失归咎于陆军总参谋长。多国部队还拥有武装直升机，这种目前能获得的最强大的武器之一耗费了大量资金来制造，并通过不断的训练加以磨炼，却从未参加过战争。然而，在当时的情况下，该决策很可能是正确的。如果"阿帕奇"（Apache）参与战争，考虑到北约无法找到隐藏在科索沃山中和森林里的塞尔维亚地面部队，可能有一些（也许有很多）直升机会被击落。由于诸如此类的种种原因，美国的北约盟国也很乐意效法美国。

当一切准备就绪后，空中战斗于3月24日拉开帷幕，此时北约参与战斗的飞机数量还不到400架，其中多数已经为人熟悉，但这支令人生畏的编队中也包括了新成员：B-1——攻打萨达姆·侯赛因时一直作为预备武器——和B-2隐形轰炸机。后者是一种雷达无法侦测到的形似蝙蝠的隐形飞机，这两种飞机都是第一次参加战斗。北约有许多飞机从意大利基地起飞，其他飞机则从远至德国、法国、西班牙、英国（必不可少的B-52就从这里起飞）和美国（B-2）的基地起飞实施军事任务。所有这些都远非武器力量薄弱的塞尔维亚所能及，甚至附近的意大利机场也从未遭受过袭击。北约仍不满足于在数量与质量上的已有优势，还从美国的水面舰艇和美国及英国的潜艇上发射巡航导弹进行袭击。

北约的指挥官们预期战斗将迅速而容易，秘书长哈维尔·索拉纳（Javier Solana）曾私下许诺，战争将持续"几天，而不是几个月"。由于北约方面没有伤亡，事实证明，战争的确很容易，但绝不迅速。塞尔维亚空军在战争刚开始几天内就损失了3架珍贵的"米格"-29，几乎放弃了与具有压倒性优势的对手的对抗。但他们在防空方面的表现要好得多，他们玩着一种猫和老鼠的游戏，通过从一个阵地转到另一个阵地和频繁开关雷达设备而击落北约的2架飞机——其中之一是F-117隐形战斗轰炸机，它本应无法被雷达监测出，但正如事实，显然并非如此。更重要的是，塞尔维亚迫使北约飞行员停留在1.5万英尺上空，从而大大降低了其侦察目标的能力。北约指挥官如想近距离观察，只得依靠无人机。恶劣的飞行气候、覆盖以茂密森林的复杂地形，加上必须就每一个目标与北约所有参战国的国防部部长进行协调，都增加了局面的困难程度。在最开始72个小时内，北约成功地摧毁了塞尔维亚的大量固定军事目标，包括机场和营房（但后来发现都是空的）。但总体而言他们在塞尔维亚战争中造成的破坏力很小：既未严重削弱塞尔维亚军队的战斗力，也未能阻止塞尔维亚总统斯洛博丹·米洛舍维奇（Slobodan Milosevic）发动一场把穆斯林人口从科索沃清洗出去的战斗。

敌对行动开始仅仅三天以后，北约就已经打完严格意义上的军事目标：于是北约接着授命美国指挥官韦斯利·克拉克（Wesley Clark）将军袭击其他目标。这些目标多为通信线路，包括铁路、铁路货运调车场和各种仓库。部分出于这一原因，在战斗最开始的九天内，北约平均每天出动的飞机仅为0.75架次，其中仅有15%执行攻击性任务。随着目标范围不断扩大，事实证明塞尔维亚这个有着长期军事传统的骄傲的民族是一个顽强而狡猾的对手。与软弱的伊拉克一样，他们几乎无法回击；但不同的是，他们证明了自己在疏散和伪装地面部队、设置假目标上的高超手段。此外，他们还经常用电话杆伪装成防空导弹，然后眼看着北约的飞机对它们加以袭击。当然，地形环境不是由沙漠构成也起到了辅助作用。

或许因为参与这次行动的军队规模一开始就小得多，或许出于其他原因，落在塞尔维亚的军火数量远远少于8年前的伊拉克。与此同时，参战的北约飞机数量却逐步增多，直至最终达到1000架。由于牢记着他们在世界上其他地方还有任务，甚至克拉克在五角大楼的上级也为他的请求规模之大而震惊，但他们最终还是勉强批准了他的请求，这意味着北约必须要拥有使用匈牙利和土耳其更多机场的权利。克拉克仍不满足，他要求"企业"号航母加入已经参战的"艾森豪威尔"号。经历一番争执，他如愿以偿，尽管该航母上多达72支的空军联队从未真正派上用场。北约十分绝望，最后竟决定对"指挥目标"不再客气，这个"指挥目标"指米洛舍维奇的私人别墅。别墅被如愿摧毁，但塞尔维亚仍在负隅顽抗。

战争开始一个月以后，所有成为北约飞机袭击的固定目标中有80%已经至少被打击一次。虽然遭致不同国家的反对——比如法国不愿意对发电站加以沉重的打击，而德国唯恐在贝尔格莱德（Blegrade）市中心的袭击会使人们联想起1941年4月纳粹德国空军在那里的所作所为——但目标范围还是在不断地扩大。一旦重工业等基础设施目标受到攻击，塞尔维亚的经济就开始遭到损失。但部分由于科索沃几乎没有战略目标，部分由于北约担心袭击科索沃的目标可能会杀死北约保护的某些人，科索沃仍在继续进行种族清洗，就像北约根本不存在一样。最重要的是，塞尔维亚的大部分地面部队安全地隐藏在森林中，支持那些忙着把穆斯林驱逐出境的特种部队，他们虽然受到B-52轰炸机和其他飞机的狂轰滥炸，但仍然几乎毫发无伤。

尽管我们无法获得精确的数据，但可以肯定，北约指挥官一开始声称的关于塞尔维亚遭受破坏的数据存在着很大的夸张成分。如果不是那么可悲的话，看着这些数据不断减少会很好笑。比如，北约的一名发言人曾经声称，米洛舍维奇平均每天损失50辆坦克（如果情况属实，这意味着他总共损失4000辆坦克，远远超过他实际拥有的坦克总数），然而战争彻底结束后，地面上刚好有14辆被毁坏的坦克。运输兵员的装甲车和炮组的情况也差不多。实际上直到战争最后几天，塞尔维亚的部队才从隐蔽处走出，对付越过边境的阿尔巴尼亚团伙，但也没有遭受多大损失。至少所谓的科索沃自由军有胆量尝试，而不像北约：后者从未试图发动一场可能导致伤亡——上帝保佑不要有伤亡——的地面战斗。

十多年后，关于米洛舍维奇为何在78天后终于投降的疑问仍然悬而未决。不论答案如何，从北约没有陆军或海军参加行动这一角度来说，空军的确在这场古怪的战争中证明了自己的决定性力量。用一位不那么倾向于过分夸大美军的评论员的话来说，"对塞尔维亚的空战在军事行动部署方面有力地证明了制空能力"。即便如此，这仍然值得怀疑。北约平均每架飞机的出动架次为何如此之少？既然北约大约仅有三分之一的炸弹和导弹制导，情况是否果真如一位美国将军所说，有99.6%都击中了目标？既然塞尔维亚人能用改进的70年代技术成功地击落一架隐形飞机（一架F-117），其他人是不是也能如此？鉴于B-2花了30个小时往返大西洋上空运输了微不足道的（大约12吨）弹药，是否果真值得他们为每趟运输花费5亿美元？即使在所谓的"联合作战行动"（Operation Allied Force）中，B-2也是由电子战飞机护卫的，这导致了这种飞机的缺乏，并使B-2丧失了最受吹捧的优势——无须"混编攻击机群"执行任务的能力。但诸如此类的许多问题都因为这一事实而变得无足轻重：甚至比8年前在伊拉克更加极端，由世界上最强大的国家组成了世界上最强大的空军联盟，轰炸并袭击了一个不幸国家的不幸军队，这个国家既没有也绝不可能有回击的能力。即便如此，与迫使萨达姆屈服相比，盟军还是花了近两倍的时间来使米洛舍维奇屈服。

本章我们要讨论的最后一场战争是2003年美国及其盟军打击伊拉克的战争。这里需要简要介绍几句相关背景。1991年的海湾战争似乎终于使美国克服了所谓的"越南症"，自1975年以来该症状一直在削弱军队的自信心，并影响着他们的行动。尽管科索沃的经历引人深思，五角大楼依然充斥着"防御变革"和"军事革命"的言论。未来的战争与以往的甚至最近的战争都很不一样。战争应当短期而具决定性，依靠已有部队而无须动员，它们应在开始之前就已结束。大规模陆地军队的地位应当被规模较小的空军取代。依靠高技术传感器和精确制导武器的结合，空军将能直接击中沃登所设想的较小的要害目标。这种效果被乔治W.布什总统的国防部部长唐纳德·拉姆斯菲尔德（Donald Rumsfeld）称为"震慑"战，它将迅速地整个击垮那些仅拥有很少一部分地面支持力量的国家。

2001～2003年间，美国决定对伊拉克试验这一理论。伊拉克至多是一个半工业化国家。截至2003年，伊拉克已经经历了13年的经济制裁。对萨达姆来说，更糟糕的是，整个90年代石油价格在不断下跌。大部分石油收入并没有落到他手上，而流到了联合国手中。人均收入大约缩减至1990年的四分之一——不考虑通货膨胀的话。美国仅国防预算一项就为4500亿美元，而伊拉克的全部GDP据估计大概只有155亿美元。1991年萨达姆参战时拥有600架现代战斗机，战争结束时拥有300架，现在则仅剩约235架。虽然他不能像对手那样更新飞机，但这些飞机中仍有许多是相当先进的。更成问题的是，多年制裁使他们缺乏备件，导致飞机不能很好地处于战备状态。另外还有一个问题是大面积"禁飞区"引起的缺乏训练（联军强行在伊拉克设定了禁飞区，并对其实施警戒）。有一部分飞行员每年飞行60～120个小时，但大多数飞行员只飞行20个小时。

伊拉克空军在1991年战争中没有大规模投入战争，因而保留了不少空对空和地对空武器。但他们唯一的新武器只有一些法国制造的"马特拉魔法2"（Matra Magic 2），这种短程空空导弹在战争结束不久后引入本国。由于未能击落哪怕一架美国或英国的飞机（这些飞机曾迫使伊拉克的某些地区在过去10年内被划定为"禁飞区"），伊拉克的防空体系已经沦为废墟。剩下为数不多的几枚高空地对空导弹也已过时。最先进的可用低空导弹是曾在科索沃战争中风光无限的苏联造"萨姆"–13导弹，但即使这些导弹也能追溯到1991年之前。总体而言，我们不得不同意在中东事务方面最重要的美国专家所写的："在广义的层面……伊拉克（空）军是过时的或即将过时的，他们从未从海湾战争中恢复，且又在1992～2003年遭受到进一步打击。"

为了打败这支杂牌军，由乔治·W.布什总统创建的联盟再次派出有史以来最先进的空军。冷战结束后，整个90年代中，所有先进国家的飞机数量和战斗序列都在持续减少（自1945年开始就已稳步减少）。部分由于这一原因，部分由于伊拉克空军已不如12年前，这次用来对付伊拉克的战斗机数量也少得多，仅为786架，是萨达姆拥有飞机数量的三倍。多国部队飞机总数为1400架，比施瓦茨科普夫在1991年能获得的飞机数量的一半略多一点。战斗最开始的三个星期内，多国部队共发动41404次出击，其中约有一半由战斗机执行。尽管由于飞机数量不断变化，计算有些粗略，但每天每架飞机平均出动架次略多于一次。而伊拉克空军没有发动一次出击。战争结束后，人们发现了他们的一部分拆卸并掩埋在沙土内的飞机。这无疑是一种高度创新的利用空中力量的方式，很难想象还有什么能比它更有力地证明军力的真正悬殊。

与1991年一样，大量补给在战争开始前通过飞机运输到海湾。至于空运占多大比例尚不清楚，可能略高于1991年。主要的区别在于，伊拉克变得十分衰弱，人们不再担心它的军队试图对科威特或沙特阿拉伯发动先发制人的袭击以获得先发优势。和1991年一样，战争以巡航导弹的大规模袭击拉开序幕——1000多枚导弹从空中、水面舰艇和潜艇中发射出去。同样和1991年一样，伊拉克没有对巡航导弹实施反击——他们也不能作出任何反击。但打击的对象则相当不同，主要表现为以下三个事实：第一，伊拉克空军1991年已呈现出衰弱迹象，不再成为一个有影响力的因素。因此，为了获得并维持空中优势，仅需投入7%的出击等量（sortie equivalent）——美国空军采用的一种衡量方式，用于计算不同飞机的不同能力及其打击多种目标的能力。第二，地面作战被安排为和空中作战同时进行，而不是在空战很久之后进行，这使联军一开始就把重点放在伊拉克地面部队（包括共和国卫队）上，而不是更晚才如此。第三，伊拉克的基础设施几乎没有成为攻击目标——因为联军决定一路开车进入巴格达，希望保持这些基础设施的完整性，以便为己所用。

由于伊拉克空军丧失了战斗力，美国得以用15架巨型C-17在巴殊尔（Bashur，伊拉克北部的一个村庄和机场）空降1000名伞兵，这是自"二战"以来美国在同类行动中规模最大的一次。除事故以外，联军空军的损失全都源自防空火力和导弹。据说整场战争中伊拉克的防空大炮共开火1224次，发射防空导弹1660次，其中有436次在伊拉克的雷达发射器试图锁定联军飞机时发射。鉴于联军出动的飞机架次超过4万次，伊拉克发射的导弹数量并不算多。但即使这些抵抗行动也分散在21天内进行，且面积跨度达17.1万平方英里。许多空中防御目标在战争开始前就已被击垮——从2001年6月到2003年3月19日，共有349个这类目标遭到袭击，其中很大一部分被摧毁。事实上，萨达姆的防空力量十分薄弱，除巴格达和几处重要的石油产区以外，全国大部分地区没有任何防备。

美国和伊拉克都没有像其他某些国家那样把军用直升机编入空军，而是编进了各自的陆军。然而，为了全面认识，不应略去以下这一事件：由于施瓦茨科普夫的疏忽，1991年战争后确立的禁飞区所限制的飞机当中，并没有包括伊拉克的武装直升机。这使它们在帮助萨达姆镇压库尔德和什叶派的起义时发挥了关键作用。12年后，萨达姆仍拥有约100架直升机，但这些直升机和他的其他军力一样，都已年代久远，并面临严重的缺乏备件的危险。由于对手的飞机数量仅为三倍多一点，伊拉克在这方面的劣势不主要是数量上的；真正的问题在于，由于联军拥有无可争议的制空权，伊拉克无法像和伊朗作战那样利用直升机。

我将很快说一下这个故事的剩余部分。理论上伊拉克依然拥有令人印象深刻的陆军，包括35万名士兵、坦克、其他装甲车和炮组。实际上陆军面临的问题与空军一样。他们的大部分装备即将过时或已经过时。比如，1991年战争确凿无疑地证明：伊拉克的苏联制造坦克不是美国的"阿布拉姆斯"（Abrams）坦克的对手——后者拥有120毫米火炮、激光火控系统和用贫铀取代一般钨钢制成的炸弹。美国在2003年仅损失了3辆"阿布拉姆斯"，它们全都毁于"短号"（Kornet）反坦克导弹之手。陆军缺乏备件，又导致缺乏训练，反过来使伊拉克久已失去任何联合作战的能力。最后，人们很快就将发现，士气低落使许多士兵拒绝战斗，甚至扔掉了他们的武器。

这就是伊拉克军队，他们发现自己同时遭到来自空中（敌人拥有制空权）和地面两方面的袭击。联军飞机通过卫星和JSTAR飞机的引导，并利用最先进的装备，发射了大量空地导弹，同时还用大炮实施了猛烈的炮轰。这种情况下，并不奇怪伊拉克只能进行零星的抵抗。下述事实很好地反映了情况的严重性：美国地面部队指挥官威廉·华莱士（William Wallace）中将一度关注过一个海军连（这个连似乎遭到伊拉克军队的封锁）的命运。指挥官本应思考平衡的问题，旅长才该考虑连的问题，但这里我们这位指挥10万大军的军官做的事却和旅长一样。最后，伊拉克气候条件极差，不断发生沙尘暴并几乎中止战争，加上供应线很长，从科威特一直延伸到巴格达（1945年以后的战争中最长的一条供应线），这两个因素在控制行军速度从而控制战争的持续时间上所起到的作用和敌方的影响因素一样大。

回顾对伊拉克的第二次战争中传统的一部分，结论不言自明。再次重申：如果一头大象踩在一条虫子上，虫子必定被踩扁，尤其是它已经被踩扁过一次。并且，这条毫无竞争力的虫子为联军的技术创造了一位分析家所说的"纵容性"环境，该环境是任何一个经验更为丰富的对手都会尽力避免的。从朝鲜战争到伊朗—伊拉克战争，我们前三章中讨论的小规模战争中都发生在即使不总是势均力敌、无论如何也相互构成了真正威胁的对手之间。但本章讨论的战争则不然。三场战争中，最后一场毫无疑问是最站不住脚也最不必要的，简单地说，是最愚蠢的。考虑到双方军力在质和量上的不平衡，也许从中能学到的全部经验就是，当克劳塞维茨说"最好的战略就是始终保持强大"时，他明白自己在说什么；然而萨达姆·侯赛因和米洛舍维奇（Milosevic）都显然没有领会其中之义。1999年和2003年他们这么做是违背意愿的，因为在袭击面前别无选择，但1991年萨达姆这么做则纯粹出于傲慢。

用布什总统的话来说，由于"大型作战行动的终结"，2003年战争比以往呈现出更为根本的重要性，正如一位评论者所指出的，美国空军真正地"统治了天空"。据说美国的卫星即使在云、烟、雨、雾的情况下也能辨识出汽车牌照，而他们的轰炸机和战斗轰炸机能把GPS引导的导弹和炸弹发射到距预期目标一英尺的范围以内。然而，联军实现的全部成就也只是推翻萨达姆的政府。虽然该政府的倒台很难令人同情，但它迅速引发了公共秩序的崩溃。叛乱者们（事实证明有许多）不得不四散逃走，他们先是躲藏着，然后又自行组织起来，很快就发起一场持续几年之久的"人民战争"，其艰难与血腥超出了华盛顿所有人的预期。与在其他同类战斗中一样，空中力量在那场战斗中几乎完全没有发挥类似于它在这三场战争中所起的作用。

第五部分
人民战争: 1908 ~ 2010

至少自德国1939年袭击波兰以来,在很多方面甚至自杜黑1921年出版其著作以来,空军力量的所有支持者一致同意,空军力量的第一要务是对付敌方空军。而首选方式则是在敌方空军从地面起飞之前袭击其基地,如不可能,则应尝试通过空战掌握制空权。与之相比,本书这一部分讨论的冲突有一个共同点,即几乎在所有情况下,敌人都不具备任何形式的空中力量。如果说敌人能作出任何回应,也仅是从地面开火,而正如我们将看到的,他们往往甚至连这一点也做不到。

如果空中力量果真如某些人声称的那样具主导性地位,那么结果将总是迅速而彻底地击败叛乱者、游击队、土匪、恐怖主义者、爱国者、自由斗士、武装抗敌分子(或其他任何称呼和自称)。但实际情况却相当不同。本书这一部分中,我将把空中力量的利用追溯到我在另一本著作中称为"非三位一体"(non-trinitarian)的战争中。这种战争最显著的特征正在于,它并不由常规军队在"战场"上发动,而发生在"人民当中"。为了隐蔽自己,某一方会故意采用人民战争。这种情况下,战斗人员与非战斗人员往往很难区分(如果不是不可能区分的话),而他们确实可能迅速相互转化。与双方的期望和宣传相反,空中力量在人民战争中的利用几乎一直是失败的。

第十七章　最初四十年

在16世纪早期到19世纪晚期这一段长长的殖民扩张时期，所有国家的陆军和海军自然都没有空军。远距离机动性几乎完全依靠船只，作战机动性和战术机动性则靠步行，并辅之以驮畜，时不时还有极少量的骑兵。战斗所需的情报大多源于自愿或被迫应征入伍的当地居民。火力发射几乎完全依赖小型武器：先是滑膛枪，19世纪50年代开始有了后膛装填枪、连发枪和少数机枪。此外偶尔还有一部分轻型火炮，由征服者们用炮舰从海上运来，或吃力地从大部分是无路可走的陆地上运来。不用说，列强几乎完全不具备空中力量，但这几乎从未阻碍他们赢得我们所讨论的战争。事实上，大部分时间内，特别在1876～1914年间，他们能以很低的伤亡率实现目标，简直可以说毫无竞争，从而得以扩充领地达几百万平方公里。

最早利用空中力量（只是一个气球）的殖民战争之一是1898年的西班牙—美国战争。读者将会记起，关于气球在圣胡安山所起的作用是有争议的：一部分人称赞它打开了美国通往战争胜利的道路，另一部分人则声称气球招来了火，所以还不如不用。无可置疑的是，西班牙常规军刚一停止战斗，战争性质就发生了转变，成为一场游击战。随着作战行动的继续，在开阔的平地实施空中侦察（尽管效率不高）明显比在植被覆盖的多山地区容易得多，而后者正是游击队在任何时候和任何地方都偏爱的类型。

1900～1910年期间，英国士兵特别是新闻记者经常想效仿拿破仑，利用空中力量使"数量众多的土著铭记欧洲的优势"。事实上，该方向上的第一次尝试表现得几乎和波拿巴一样令人失望。正如我们看到的，意大利的飞机和人员抵达利比亚已为时太晚——未能参与轰炸和占领最重要的沿海城市。然而，飞机出场以后最开始的几周内（当时大多数战斗仍集中在这些城市的周边地区），在侦察尤其是火炮射击方面非常有用。后来事情变得更为困难，尽管空中力量也许是意大利获取可靠情报的唯一来源，但仅靠它还完全不够。

很大一部分原因是利比亚面积太大。虽然每名飞行员都既勇敢又忠诚，但可用的几架原始的飞机绝对不可能覆盖这个国家。该地带几乎完全没有植被，但很大一部分地区地形极为复杂，有大量陡峭的山脉（有些山脉受风力影响形似蘑菇）和大多数没有水的深谷，因而为战斗者提供了大量藏身之地。阿拉伯人很快就不再对意大利的空中力量感到恐惧，他们学会了分散和自我伪装，只在夜间行动，并伺机向进攻者发起火力回击。1912年年末，战争正式停止，但这与意大利在利比亚的空军关系不大，与意大利在利比亚部署的几架飞机关系就更小。

不止于此。通过占领利比亚，意大利把该国人民从土耳其的控制下解放了出来，后者的衰落已经有很长一段时间。在远离海岸处，主要由塞努西（Senoussi）的部落成员发起了深入昔兰尼加（Cyrenaica）和费赞（Fezzan）省内的游击战，并且几乎没有中断过。意大利加入"一战"后对利比亚的关注有所转移，但1922年后战斗加剧，到1928年已经几乎升级为一场公开的战争。对任何一位熟悉后来的反叛乱历史的人来说，结果都并不令人意外。意大利当时的指挥官彼得罗·巴多格里奥（Pietro Badoglio）将军被明升暗降，接替他的鲁道夫·格拉齐亚尼（Rodolfo Graziani）将军获得了墨索里尼的许可，可以采用任何他认为适合的手段。但他还是直到1934年才最终结束游击战。

不用说，战斗持续的这23年中，叛乱者在空中的劣势更甚于地面。他们不仅绝不可能出动哪怕一架飞机，防空力量也只有互不协调的步枪火力。叛军的弱小使意大利空军几乎能随心所欲，来去自如。毫不奇怪，它就是这么做的。除侦察（侦察始终是空军在反叛乱战斗中的王牌）外，意大利空军还执行了联络、为孤立纵队和岗哨提供再补给和医疗疏散等任务。但它最重要的贡献可能就是对手无寸铁的塞努西居民和他们可怜的茅舍和帐篷实施轰炸（包括使用毒气）。

正如我们看到的，墨索里尼对军事航空表现出热切的兴趣，因此有许多法西斯飞行员因为从事上述光辉行动而得到他的鼓励。但墨索里尼的指挥官们发现，和游击队（他们现在已经完全熟悉飞机和应对这些飞机的方式）作战时，空中力量很大程度上没有用处。飞机只能找到很少几名部落成员，并且就算找到也往往无法实施打击。他们隐蔽在复杂的地形中或是四散逃开。意大利飞行员无法区分战斗人员和非战斗人员——这并不意味着他们曾试图努力加以区分——经常误打到非战斗人员。最后，格拉齐亚尼（Graziani）通过把10万人（三分之一人口）驱赶到集中营而赢得胜利，成千上万人在那里死于饥饿与疾病。不用说，他靠的主要是大量地面部队，也就是说，4万人对付4000人，且后者仅有一半人拥有现代化的步枪。格拉齐亚尼本人则赢得了"费赞的屠夫"这一头衔。

意大利试图利用空中力量平定利比亚叛乱已经差不多为人遗忘，但英国"空中治安"的方式则不然。事实上，它经常被作为一个典范，说明英国缄口不言并利用宣传来掩饰装备不足的非凡能力。"一战"刚刚结束，面临着军人复员和经济缩减这一背景，欧洲再次发动一场大规模战争的前景似乎还很遥远。年轻的皇家空军被大幅削减，指挥官——我们的老熟人特伦查德（Trenchard）开始认真地担忧它有可能再次被陆军和海军收编。为避免这一可怕的前景，他和下属们首先提出了"空中治安"这一建议。

"空中治安"的基本思想是，管理帝国不同地区的叛乱人员时应从空中实施扫射和轰炸，这远比地面部队进行艰苦而往往是徒劳的讨伐更容易，成本也更低。这一观念在政治上最重要的支持者是温斯顿·丘吉尔，他曾在20世纪20年代的不同时期任空军大臣、殖民地事务部大臣和财政大臣，正是支持皇家空军的理想人选。该政策的一个试点是西北边疆（今天的巴基斯坦和阿富汗之间的边境地区），但它在维和方面并不比以往的方法更成功；另一个试点是英属索马里，主要由于沙漠地形地势平坦且树木稀少，索马里的效果要好得多。

索马里的成功鼓励了伦敦当局，他们委托皇家空军负责在中东新征服的广大领土上维护安全，即现在的以色列、（约旦河）西岸、约旦和伊拉克。后来，通过在亚丁（早已由英国管治）的行动，皇家空军也接管了也门。在所有这些地区，皇家空军的飞机（一开始是"一战"遗留的飞机，但后来服役的飞机日益先进）都经常要越过很远的距离进行侦察、轰炸、射击和提供联络。另外，"维克斯·维多利亚"（Vickers Victoria，首先用于战争的飞机）轻型运输机还执行了从战区运输人员的任务。用一位历史学家的话说："在减少英国的人员与财产损失上，这种新方法取得了极为惊人的成功。"他指出，据战争部评估，由陆军平息美索不达米亚叛乱需花费2000万英镑。而皇家空军仅需800万英镑，到20世纪30年代，治理伊拉克的费用降至每年仅需区区65万英镑。在这些分布广泛的地区实施空中治安的最初13年中，皇家空军仅牺牲了26人。与陆军作战行动相比，皇家空军的行动还使敌方的伤亡大幅降低（或者如特伦查德根据其飞行员的报告所宣称的那样）。他甚至附和吉卜林（Kipling），指出"空军的影响是这些国家所见过的最文明的一种"，并建议也应当在爱尔兰和英格兰本土采用类似的方法。

然而，并非所有人都以如此乐观的态度看待这些结果。陆军和海军就抵制特伦查德试图掌握控制权的企图，而他们在捍卫印度和新加坡等大型殖民地上终于如愿以偿。陆军元帅、前皇家总参谋长亨利·威尔逊（Henry Wilson）就是批评者之一。他不仅在印度、缅甸和南非执行过军事行动，而且"一战"刚结束时就负责指挥北爱尔兰军队，在打击恐怖主义者和游击队方面，很难找到比他更有经验的军官。正是他曾经写道，飞机"天知道从哪里出现，对着天知道是什么的目标投下炸弹，又飞往天知道哪里去了"。[①]另一些人走得更远。一位海军军官在1923年写下的内容至今仍然在理：

在美索不达米亚，由于阿拉伯人的游牧习惯、铁路和公路不断被破坏以及观察的一般困难，侦察工作十分困难。针对顽固部落的进攻漫不经心，而针对懦弱敌人的行动又很短暂。事实证明最有效的任务是追踪、制作地图、相互通信和物资运输。在瓦济里斯坦（Waziristan），由于很难杀死敌人，也就是说很难通过暴力展示出一种视觉上的证明（这是山顶部落人员能真正理解的少数几件事之一），飞机在削弱士气上的影响令人失望。村庄只提供了很少几个目标，战术侦察和夜间飞行都极为困难。在索马里兰（Somaliland，是索马里北部一个未获得承认的国家，编者注），飞机的作战行动则要成功得多……

在所有这些小型战争行动中，对我们来说最持久的限制包括：主要由于飞机只能在空中短暂停留，导致飞机攻击的影响也很短暂；飞机缺乏占领混乱地区的能力；很难为飞机提供着陆地点；对敌我、对女人、孩子和军人不加区别地屠杀。这种屠杀行为与英国的传统不相协调，并且在伦理上一再被证明为不合理。

"'不文明'的非欧洲人只能理解武力"——这一想法在当时有许多追随者。哈里斯（Harris）本人也曾说过很多这一类的话，而这当然在采用"空中控制"政策上发挥了作用。另一方面，这个词在某种程度上是有误导性的。除执行侦察任务以外（有时甚至执行侦察任务也是如此），空中力量并不独立行动。相反，"空中控制"仅仅意味着总控制权在皇家空军而非陆军手中。几乎在所有情况下，都有一部分地面部队（包括步兵、骑步兵、工程兵和装甲车）由空军中将指挥，主要就是因为他们了解如何飞行、战斗和管理飞机。这样一个体系无法高效运行是不足为奇的。即便如此，我们将会看到，通常能产生效果的是空军和地面部队联合作战而非空军单独行动。

这个问题在巴勒斯坦时（当时由英国委托管理）到了紧要关头。约旦西部的巴勒斯坦是一个国土面积仅为1.1万平方英里的小国，大部分地区起伏多山，部分由于气候较好，部分由于犹太复国主义者早期在这里成立了一些企业，它比中东其他地方更为城市化。这使被丘吉尔募为顾问之一的"阿拉伯"专家劳伦斯（T.E.Lawrence）开始质疑，巴勒斯坦是否——比如说，比爱尔兰和不列颠——更适合实施空中控制。事实很快证明他是正确的。当1920～1921年巴勒斯坦发生叛乱时，飞机在恢复农村秩序上表现得非常有效，但在镇压城市中规模更大的骚乱时则用处不大：飞机要么太晚，在破坏已经完成后才抵达现场；要么对在狭窄而弯曲的小巷中游荡的暴民无能为力。最后，英国高级长官赫伯特·塞缪尔（Herbert Samuel）爵士不得不要求陆军和海军[皇家海军在雅法（Jaffa）登陆]完成这项任务。英国当局在处理叛乱时（特别在制空方面）表现得如此之差，以至于犹太人声称，他们将来只能依靠自己进行防御。

20世纪20年代后期，一种稳定的模式逐渐呈现。由于地形特征（几乎全是沙漠），英国在外约旦（Transjordan）镇压反叛部落的空中行动中表现得相当成功。即便如此，皇家空军也极少独立行动，它先是受到了所谓的机动部队的地面支持，然后又获得了高效的阿拉伯军团的支持。但它在人口更多的西部国家则不然，某种程度上这应当归咎于其他人。1919年，在印度阿姆利则（Amritsar），陆军因为杀死400名、打伤1200名手无寸铁的示威者而掀起了一场轩然大波。空军部（Air Ministry）因而禁止飞机参与城市反叛乱行动。因此，当1929年8月巴勒斯坦爆发另一轮叛乱时，皇家空军只被允许在农村地区行动，并且即使在那里也要遵循严格的规定——旨在防止过度伤亡，限制其可能的作为。而在城市，皇家空军再次见证了规模最大的叛乱，但它几乎完全没有参与。十天后当地秩序才得以恢复。

回到白厅（Whitehall，英国政府所在地）后，他们并未无视空中控制在处理骚乱上的失败。他们成立了一个调查委员会。为了防范取消皇家空军的可能性，特伦查德派空军中将休·道丁（Hugh Dowding）调查发生的事实，后者后来成为不列颠战役（Battle of Britain）的战斗机司令部司令。他还让他的人发布了一系列备忘录，旨在表明皇家空军从来都不认为能够只靠空军保卫国家安全。他的观点被接受了：局势刚稳定，巴勒斯坦就加强了陆军力量。巴勒斯坦当局现在部署了整整两个步兵营和两个装甲车班，但总责任权仍在皇家空军手中。

1936年4月，雅法又在酝酿下一场起义，皇家空军发现自己又处于一种类似的境地。所谓的阿拉伯暴动（Arab Revolt）几天之内就传播到其他城市和郊外，而飞机之前不允许以任何规模参与战争。此后，皇家空军在恢复秩序上起到了十分积极的作用：飞机在边境上空巡逻，寻找试图越境的逃亡者，并在国境线内上空飞行寻找闹事人员；阿拉伯暴乱分子设置路障和射击遇到的车辆时，飞机被派去提供空中护卫；找到叛乱者时，飞机被派去实施射击和轰炸；另外一些飞机用于联络，还有一些则帮助从埃及和外约旦运来更多军队。要想所有这些成为可能，必须首先建设基础设施——其中大部分后来落入以色列之手。然而，飞机在战斗中往往并不成功。由于阿拉伯人学会了白天隐蔽起来，只在夜间行动，飞机试图阻止更多战斗人员涌入巴勒斯坦的努力落空了。飞机在被派去在特定地点打击叛乱者时，经常到得太晚。在撒马利亚（Samaria）和犹太（Judea）山区对付游击队时，飞机很难击中隐蔽在山谷内、橄榄树丛中和岩石丛中的叛军。

1929年，叛乱者一直很畏惧英国的飞机，一旦战场上出现一两架飞机，他们就立即落荒而逃，但到1936年时，他们对这些飞机在自己的国土上空飞行早已司空见惯。他们经常用步枪反击——城外的成年人几乎人手一支。偶尔会击中飞机，迫使飞行员和其他人员（多数飞机有两个座位，携带一名脸朝机尾的枪手）紧急降落，或者打伤或杀死他们。甚至空中力量的最大优势之一速度也经常成为一个问题。飞机抵达战场后，经常用机枪开火或投掷炸弹，然后返回基地，因而导致逃亡者在陆军发动更强的火力之前就散开了——我们后面将会看到，这个问题在20世纪30年代绝不仅限于巴勒斯坦。

如果禁止飞机轰炸村庄（经常如此），游击队就会利用村庄作为掩护；如果飞机果真朝村庄投弹，就将导致大量非战斗人员伤亡。一个折中的方法（也经常被其他人使用）是散发传单，警告居民即将发动攻击。然而，由于这意味着飞机到来时几乎没有人会在村庄周围，这个方法也不太令人满意。后来，英国清楚地意识到，过多平民死亡产生的效果适得其反。事实上，是否应当允许飞机轰炸村庄迅速成为皇家空军（他们的飞行员表现得就像威尔逊形容的那样）和陆军（他们看到了地面上的结果）争论的焦点。这次尤为如此，因为英国必须考虑阿拉伯邻国的民意。这些问题是如此难以解决，以至于早在6月5日，暴动爆发后不到两个月，像空军参谋长、空军上将爱德华·埃林顿（Edward Ellington）这样的重要人物就开始质疑巴勒斯坦是否是那种能有效地实施空中控制的国家。

一旦伦敦的空军总参谋长开始质疑起自身组织的能力，政府的干预就只是一个时间问题了。在巴勒斯坦，1936年7月相对平静，但8月第二周再度爆发了一场规模更大的恐怖主义活动，特别是在几乎没有道路的加利利（Galilee）山区。9月2日，内阁召开会议，撤销了皇家空军对巴勒斯坦的安全责任，并将其转派给陆军，这当然也就意味着总权力从航空部（Ministry of Aviation）落入陆军部（War Office）手中。大批地面部队很快抵达战场，最终数量达2万人，并辅之以大炮和装甲车，甚至还有几辆坦克。作为政府对此事重视程度的一个证明，负责指挥地面部队的两名军官约翰·迪尔（John Dill）将军和伯纳德·蒙哥马利（Bernard Montgomery）将军后来都擢升为帝国总参谋长。

当时，甚至空军准将查尔斯·波特尔（Charles Portal）（"二战"大部分时期负责指挥皇家空军）也开始认为，在像巴勒斯坦这样的国家中，应当主要由陆军负责治安工作，而空军在此事上最多只应充当次要的合作者。1939年夏天，英国在杀死5000多人（其中多数由陆军造成，尽管空军经常援助陆军），打伤1.5万多人，摧毁了成千上万户人家（包括雅法古城的许多人家），并几乎使该国经济陷于停顿之后，终于平息了阿拉伯暴动。然而，很难说这是任何一种军事力量的胜利。相反，政府同意了叛军的大多数政治要求，包括严禁犹太人移民和定居，并承诺他们在10年内"走向独立"。结果，几年后英国就面临了一场将他们驱逐出这个国家的犹太暴动。

两次世界大战期间，似乎没有其他国家像英国那样，全权赋予空军维护某一殖民地安全的责任。诚然，有些国家即便想如此也不行，因为它们的空军是其他军种的一部分。比如，20世纪20年代，尼加拉瓜成为美国海军陆战队的落脚点，后者发现自己要与奥古斯托·桑地诺（Augusto Sandino）的左翼支持者、所谓的桑地诺分子（Sandinistas）作战。尼加拉瓜是一个相对较小的国家，国土面积仅为由意大利统治的利比亚的十分之一，但东部地区的多山地形和道路缺乏使大部分地区人迹罕至。这种情况下，空中力量在侦察、联络、再补给和医疗疏散方面至关重要。各小分队和据点分散于全国大部分地区，如果不能得到空中支援就不可能生存。与美国陆军相比，海军陆战队的优势在于人数很少，对大规模战争、从而对战略性空中作战行动的兴趣要小得多。相反，他们准备全力支援地面部队——如有必要，也执行近距离空中支援这一最令人讨厌的任务。

在这种情况下，空中力量在阻止游击战从第二阶段——用毛泽东思想的术语来说——发展为第三阶段（即公开的常规战争）上能发挥重要的作用。有几次，桑地诺分子在野外集结攻击某个城镇时，海军陆战队的飞机从天而降并立即摧毁了他们。当叛军占领防御工事并试图阻止所有入侵者时，也发生了同样的情况。因此，海军陆战队再次证明了空中力量的最大优势——航程、速度、突袭能力和向指定的敌人集中开火的能力。然而，发生在尼加拉瓜的情况与利比亚和巴勒斯坦类似，游击队员们不久就认识到其空中对手不能做什么。通过分散、伪装、只在夜间谨慎行动等，他们又维持了几年，甚至还有所发展壮大。在前作战部部长和未来的作战部部长亨利·史汀生（Henry Stimson）的努力下，冲突才告结束。1927年，史汀生被卡尔文·柯立芝（Calvin Coolidge）总统派往该地区，经五年会谈后，成功地促成双方达成一项协议。1933年年初，最后一支海军陆战队分队离开了该国。

　　与海军陆战队在尼加拉瓜利用飞机几乎同时，西班牙和法国军队也在利用飞机镇压摩洛哥的里夫（Riff）叛乱。和利比亚一样，摩洛哥有许多地区是荒无人烟的沙漠，但比利比亚更甚；摩洛哥许多地方不仅地形复杂，而且满是人迹罕至的荒山，带有深深的岩石山谷。除了有许多缺乏植被覆盖的光秃秃的山坡以外，很难找到比这里更适合发动游击战的场所。在20世纪20年代早期的鼎盛时期，在一个名为阿卜杜勒—克里姆（Abd el-Krim）的人（他曾在西班牙殖民军队担任教师）的得力指挥下，里夫的军力很可能拥有3万名装备精良的常规军——尽管"装备精良"也不过意味着他们拥有现代化的步枪，后来又从敌人那里获得了少量机枪——和两倍多的部族士兵。

　　为了打击里夫暴乱，西班牙和法国的军力增至30万人，这些庞大的军队配有火炮、轻坦克、装甲车、机动补给纵队——在沙漠中，马匹带来的麻烦比好处还多——当然，还有空中力量。"一战"刚结束几年，由于欧洲没有发生新的冲突，可用飞机的数量极为庞大。诚然，在技术进步层出不穷的背景下，它们很快就将过时。其中绝大部分当然绝不可能用于现代化国家间的大型战争，但当用来对付缺乏空中力量、只拥有极少量重型武器的前现代化的对手时，这些飞机表现得相当不错；而阿卜杜勒—克里姆当然一架飞机都没有。

　　并不奇怪，里夫事件的模式在某种程度上与利比亚事件近似。如果执行的军事任务与情报、联络、补给和医疗疏散有关，空中力量（包括约150架各类飞机）表现得极为有效。飞机还用于向村庄投弹以威胁平民。另一方面，由于这类轰炸很不精确，且往往击中那些一心只想过平静生活的人，它们是否弊大于利这一问题再次呈现出来（此问题后来也经常出现）。同时，和在利比亚一样，针对游击队的飞行任务本身很少能达到人们期望的成效。里夫的那些顽强而勇敢的战士熟悉地形，他们不难在岩石山上找到隐蔽。他们不仅伤亡不大，而且还毫不犹豫地向空中的袭击者实施火力回击。大批地面部队进行了为期四年的大规模地面作战才最终压制了叛乱，阿卜杜勒—克里姆本人也被俘获并流放。空中力量在整场冲突中发挥了重要作用，但它更多是作为一种辅助力量而非其他。

"二战"结束以后的几十年中，许多反暴动战斗的失败经常被归咎于掌权的文官或军官不愿意采取必要的残酷手段。因而，很有必要指出这一点：未能在里夫实现迅速胜利并不是因为法国和西班牙方面的怯懦。事实上，这两个国家的指挥官利用各自的外籍军团——他们那时尚未获得"白色不锈钢"（the White SS）这一称号——实施了大量残忍的暴行，包括摧毁整个村庄。《日内瓦第三公约》①尚未签订，海牙国际法庭也还没有成立。与英国一样，法国和西班牙视殖民地人民为野蛮人，对后者做任何事几乎都能被允许和接受。

"二战"时德国的占领军更是如此。如我们所看到的，德国空军在德国军队一开始的胜利中起到了极为重要的作用。西边被占领国家的抵抗从未达到须德国投入空中力量的程度，东边，即苏联，与东南边，即南斯拉夫和希腊的局势则完全不同。在这些地方，被德国人称为土匪的一帮人几乎立即与对手展开游击战，并很快演变为有数万甚至数十万武装分子和自由战士参与的大规模行动。的确，与德国侵占的广袤国土（尤其是苏联）相比，德国能投入到反武装斗争中的资源数量非常有

---

①《日内瓦(四)公约》包括1949年8月12日在日内瓦重新缔结的四部基本的国际人道法，为国际法中的人道主义定下了标准。它们主要有关战争受难者、战俘和战时平民的待遇。《日内瓦第一公约》旨在保护战地武装部队的伤者、病者，是对1929年日内瓦公约的修订和发展。《日内瓦第二公约》旨在保护海上武装部队伤者、病者及遇船难者，是对1907年海牙公约的修订和发展。《日内瓦第三公约》旨在保护战俘，是对1929年日内瓦公约的修订和发展。《日内瓦第四公约》旨在保护平民。另外，这四部公约包含了一个有关保护非国际性武装冲突受难者的共同条款。

限。只说在地面上，平均每个安全部门都要负责4500平方英里，有些则要负责1.2万平方英里甚至更大的面积。此外，德国空军此时已完全被一场世界大战占据，他们为打这场战争投入了绝大部分资源。比如，1944年3月以后，在南斯拉夫的德国空军仅余下一些侦察机和轻型轰炸机。这些事实也解释了为何战后写就的大量关于德国空军的历史中，几乎从不提及它在平叛行动中的作用。

正如人们可能预料的，执行"剿匪"行动时，空中力量发挥最重要作用的场合是监视和侦察，包括空中照相侦察。行动规模越大，地形越难以接近，就越是如此。尤其在苏联时，较大规模的作战行动中或许还使用了大炮，用于侦察的飞机在这里又派上了用场。结果总体而言有好有坏，德国杀死的大量人员与缴获的少量武器（这意味着大多数伤亡是平民）之间存在着巨大的落差。很多行动效率相对较低的一个原因是，空中侦察是把双刃剑，出现在头顶上方的德国空军的机器可能向叛乱者明确地发出了警告：某些事即将发生。另一个原因是，白俄罗斯的沼泽和林地与南斯拉夫中部和南部的山区都不是空中侦察能发挥最大优势的地形。事实上，据说最成功的行动（尤其在南斯拉夫）都规模较小。许多这类小规模行动都是对付数量很少的叛军，空中力量根本没有参与。

一旦空中侦察和其他方式的情报搜集完成了分内的任务，开车或步行的军队就开始在地面上展开作战行动。他们的目标总是包围叛军并消灭他们，但由于叛军比德国人更了解地形，很多人都逃跑了。早在1943年4月，最高统帅部（OKW, Oberkommando der Wehrmacht）就提出对南斯拉夫叛军使用伞兵的设想。同年12月，继又一场大规模扫荡（所谓的弹雨，Kugelblitz）失败之后，希特勒亲自要求该行动的指挥官、他的首席战略顾问阿尔弗雷德·约德尔（Alfred Jodl）将军关注这一可能性。他希望为南斯拉夫的每个安全部门提供一个伞兵营，在他看来，这些伞兵的任务是在正确的时刻降落到正确的地点以封锁逃脱路线。但这时战争资源极为紧张，结果希特勒的设想只实现了一次。

这次行动被称为"骑士行动"（Rösselsprung），发生于1944年

5～9月，目标是通过直接袭击约瑟普·铁托（Josip Tito）元帅位于西波斯尼亚德瓦尔（Drvar）的总部来粉碎敌人。德军首先出动轰炸机来杀死和摧毁敌人，并使他们无法对后续行动作出回应。与轰炸机的出击相配合，运输机从远至法国赶来集结，空投下伞兵，并把滑翔机运到该地区。德国军队（空降或从陆路抵达战场）约为3500人，其中有像武装党卫队（Waffen-SS）这样的精英编队，也有勃兰登堡突击分队。他们获得了从塞尔维亚和克罗地亚当地招募的几千名民兵的支援。结果这场行动泄密了（这在人民战争中很难避免，现在仍是如此），多数叛军及时离开了城镇；约有60名叛军留下来拖住德军，以使铁托和在他总部中的外国友人得以逃跑。

5月25日，德国空军在行动的第一天至少出动了440架次飞机提供支援，但此后几乎从空中消失了。盟军飞机在意大利南部机场（这里几十年后为北约飞机进攻塞尔维亚提供了场地）展开行动，从而迫使克罗地亚的德国空军指挥官禁止飞行员起飞。大多数情况下，各类叛乱的一个显著特征是叛军只能在没有任何空中设备的条件下指挥行动。这一次却有所不同，他们不仅享有空中掩护，还能依靠空中力量提供一部分补给。英国用飞机为武装分子提供了武器、装备和药品。与这些补给一同前来的还有国外专家，后者负责联络和向铁托提出建议。这年夏末，叛军力量大为加强，以至于除名分以外，该场行动已转变为常规战争。

回到"骑士行动"，它在第一步失败后就堕落为一系列混乱的枪战。德国的记录（关于他们自己行动的记录，这些记录很可能是可靠的）表明，德国约有1000人伤亡。这比1941年击败多达80万人的南斯拉夫军队并占领该国的伤亡人数还多。和以往一样，双方都指出对方伤亡人数要多得多，虽然不清楚多多少。和以往一样，南斯拉夫死亡的人当中有许多（也许大多数）是非战斗人员。从德国的角度看来，从空中或采用任何其他方式杀死大量人员或许能在威慑其他人上起到一些作用。然而，在三年多间歇性的"防匪"行动之后，尽管非战斗人员伤亡数量很大，却并未给人们留下深刻印象。无论怎样，德国既没有实现俘获或杀死铁托这一最重要的目标，也没有实现更大的目标，即至少局部击败叛军。短短几个月之后，德国就从南斯拉夫全面撤军，南斯拉夫因而成为欧洲唯一一个不用等待西方或苏联盟军而获得解放的国家。

今天空中力量的支持者们无疑会说，与后来出现的飞机相比，参与这些反叛乱战斗的飞机很小、很不可靠而又明显很原始。这些都很正确，不仅这次战争如此，而且纳粹时期的德国空军也是如此。直到1942年年末，叛军的行动组织都非常小，以至于空中力量和他们战斗时无法发挥重要作用。后来，戈林（Goering）不堪重负的指挥官们已经不能在东部和东南部前线使用最先进的飞机，甚至部署到这两处前线的军队也很少把反叛乱战斗视为主要任务，他们在组织和训练时并不考虑这一目标。但同样正确的是，与后来的飞机相比，1945年前的型号拥有一些重要的优势。它们简单、造价低廉、机动性极强——在攻击经常隐蔽在复杂地形中的游击队时，这是一个重要的品质——并易于在野外条件下维护和修理。

尽管飞机航程很短，但在进行"没有前线的战争"时这一因素却影响不大。尽管飞机运载量相对较小，但同一架飞机一天内能多次起飞并执行任务。消耗的军火大多为机枪子弹和小型非制导炸弹，也不存在对庞大后勤的需要、管理和技术团队运转和维护大型空军基地的问题，也就是说，维护一个游击队或一个恐怖主义团体的花费与对抗它的飞机所需花费的不平衡还没有后来的喷气时代那么大。甚至飞机的慢速度也对行动有所助益而非阻碍。那些1945年后与游击队作战的空军并不是没有意识到这些优势。直到越南战争，美国空军尽管拥有最先进的可用技术，且军力领先世界，但仍在使用一部分活塞式发动机飞机。

总之，一开始——如果算上美国用在古巴的极为有限的"空中力量"，甚至是在开始之前——飞机在反叛乱中的表现就不如常规战争。值得注意的是，即使除南斯拉夫以外没有一支叛军获得过任何形式的空中力量的保护，并且抵抗（如果说有抵抗的话）也只表现为或主动或被动的地面形式，情况也依然如此。尽管我们讨论的各国情况有所不同，但这些国家的规模大小、各国游击队都偏爱的地形性质以及从空中找到游击队的困难全都造成了这一结果。另外一些重要因素是飞机自身的局限性：一开始是无法在空中和地面通信，这常常迫使飞行员只能在着陆后发送或接受信息；此外还不具备在战场上空缓慢飞行的能力；不具备携带军火瞄准目标的能力。最严重的因素也许是几乎完全不具备夜间侦察和战斗的能力。即使这些问题能够克服，空中力量也不能守卫阵地。正如意大利人发现的，在20世纪30年代后期单翼机取代双翼机之前，参与反游击行动的飞机甚至对地面步枪火力的抵抗力也很微弱。

在所有这些1919～1939年由世界各国不同军队发动的反叛乱战役中，飞机表现得最为有用的一次很可能是在尼加拉瓜。其原因在于，这场战争中，桑地诺分子在某些场合下把游击战变成了（或试图转变成）对城市的常规进攻战。为此他们必须集中军力，而集中时就很容易成为有利的靶子。因而海军陆战队的飞机（被用于支持地面上的战友，而并不像杜黑所说的那样深入敌后跟踪目标，这种目标在反暴动战役中几乎不存在）能最有效地介入战争。但是，大多数情况下暴动从未达到这种程度。毋庸置疑，巴勒斯坦叛军能在耶路撒冷、雅法或那布鲁斯甩开英国人，苏联或南斯拉夫叛军也能在任何一个被占领的市镇甩开德国人，无疑有一部分原因在于那些空中力量泄露了他们的行踪。另一方面，空中力量本身也很难镇压叛乱，事实上，这一任务往往在敌对行动持续几年以后主要由地面部队完成。

到1945年时，早已形成这样一种局面：不论在陆地还是海上，面临敌方的空中力量，没有人会发动一场大型军事行动。但这一点不适用于多数非常规的行动（不论这些行动被称为什么）。空中力量的应用在这些情况下很成问题，影响也不太大。在1945年以后的几十年中，随着飞机日益强大和复杂，空中力量在这两种不同形式的战争中所发挥作用的差距也变得更大。确实，随后几十年内，空中力量将在构造世界方面发挥极为重要的作用。

第十八章　失败与离开

尽管德国的反叛乱行动表明，与对抗常规力量相比，空中力量在这类战争中效率很低，但人们似乎并未从中吸取教训。相反，胜利者——失败者则一如既往地对此没有发言权——倾向于把德国未能镇压各场叛乱归咎于占领行为的异常残忍，他们声称，这只会使抵抗加剧。因此双方都夸耀自己及盟国的英雄主义，然后继续把对方作为最重要的敌人。结果空中与其他地方一样，出现了当时大国间的一场技术竞赛。再次说明，1945年以后的20年里，战斗机的最高速度已从不到1马赫增至2马赫以上。然而，由于机动性和停留在目标上方的能力相对降低，总体而言它们比1911～1945年的飞机更不适合处理暴动行为。

"二战"以后第一次使用空中力量的大规模叛乱是希腊内战。德国—意大利1941年入侵以前，希腊就积弱已久。四年占领期间，希腊与世隔绝，人口减至极度匮乏的地步。这些年中最重要的抵抗运动是希腊民族解放军（ELAS）。共产党满怀热情，目标明确，又感到遭到战后成立的右翼政府的排挤，于是发动了一场游击战。希腊的多山地形也非常适合这类游击战的开展。似乎为了强调这一事实，1946年3月30日他们发动了一场对奥林匹斯山上某驻地的袭击，被普遍认为是战斗开始的标志。虽然他们的确获得了南斯拉夫的支援，但这种支援显然不包括任何空中力量。与之相对比，政府先是受到英国然后又受到美国的支持，其利用飞机的规模日益增长。

希腊空军在"二战"和占领时期中才刚刚成长起来，一开始几乎不能支持反叛乱行动。这意味着英国必须承担起主要任务。和"二战"中在缅甸一样，飞机与从地面深入敌后的突击队保持联系，为他们提供再补给并疏散伤员。希腊皇家空军由英国加以训练，并获得了一部分"哈佛"（Harvard）轻型训练机（用于侦察），"喷火"（Spitfire）战斗机和C-47运输机。这些飞机一段时间后在对敌行动中发挥了越来越重要的作用。但与此同时，叛军的力量也在不断增长。1947年1月，或许感到事态于己不利，英国突然决定撤离实际参战行动，此后只满足于向他们的客户提供再补给、训练和建议。他们干预的程度越小，希腊充分利用空中力量的压力就越大。伦敦参谋长委员会声称，这表明了"英国高层关于反游击战思想的重要转变"。

此后不久，美国就接管了此事。美国的财力充足得多，他们扩大了希腊军队（包括空军）的规模，并为其提供了新装备。美国为希腊空军提供了最好的地面支持飞机：一支"柯蒂斯SB-2C地狱使者"（Curtiss SB-2C Helldiver）空军中队。这种原打算用于航母并被称为"野兽"的飞机最高时速只有300英里。在曾担任希腊总司令的亚历山大·帕帕戈斯（Alexander Papagos）的领导下，一种新战略被制定出来，其核心就是一步步夺回国家，并通过把人民转移到营地来保护它。最后至少有80万或许有100万人遭迁移命运。与在利比亚一样，反暴动一方的主要力量包括大量地面军力，顶峰时期人数达17万，另外还有一个军、大炮以及装甲车。常规军与游击队的比值约为7:1。与在利比亚一样，常规军获得了空中力量的支援。

一开始希腊空军最重要的任务是提供情报和后期支援。后来，在逐渐取代英国专家的美国专家的建议下，情况有所变化。力量加强的希腊空军增加了直接火力支援和封锁——隔离战场以阻止敌人逃跑——任务。它还针对游击队目标独立执行任务。然而，希腊军队（当然也包括空军）最终获胜的真正原因完全不是因为这一点。首先，希腊民主军

（GDA，现在自称为希腊人民解放军）高估了自己。1948年夏天它试图把游击战转为传统战争，这为皇家陆军和空军提供了靶子，并导致自己在格拉莫斯山（Mount Gramos）等地遭致一系列重创。第二个更重要的原因是，在斯大林与铁托发生冲突时，希腊民主军领导人不明智得决定支持前者，结果，来自南斯拉夫的武器与装备供应很快枯竭，其和希腊之间的边境也被封锁。在这一背景下帕帕戈斯的军队最终结束了战争，这个过程中空军起到了重要的但远非决定性的作用。

希腊国内战争是一场名副其实的国内战争。失败者当然撤离了国家，并把它留给敌对方。集中营内住满了人——最后还包括了10名前希腊民主军成员及其支持者。后来在20世纪50年代中发生的大量殖民冲突的情况与此完全不同：在所有这些冲突中，那些误认为1945年以后的情况与1939年前一样的欧洲国家一开始都打算按兵不动，但它们的意图毫无例外都落空了。所有叛乱者都不具备任何空中力量这一事实也未能改变这种局面。反叛乱一方所使用的空中力量最多也只能延缓失败。

英国在马来亚遭遇的失败是其中最著名的一次。正如我们看到的，没有一个国家像英国那样在两次大战之间对空中治安如此重视，这种治安有时成功有时失败。但即使在那些成功的场合，飞机也很少在没有地面军队的支持下独立行动。甚至某些皇家空军军官也承认这一事实。正如一名空军上校1946年所写的："既然占领的本质是军队出现在对方领土上，空军能做的最大贡献很可能就是把陆军运到这个国家。通过这种方式，也许能把空军的速度和穿透力与地面部队的区别性行动结合起来。"飞机还能为地面部队提供补给。

从1942年到1945年，马来西亚共产党（MCP）针对日本的侵占发动了一场游击战。1948年在英国撤离后重又发起战斗，虽然参与这场战斗的人主要限于占人口20%左右的华侨，但也并不完全如此。马来亚是一个国土面积略少于13万平方英里的国家，约有2/3的领土覆盖着丛林，与世界上任何丛林一样难以通过。1948年，与从北至南的中央山脊西边的通信状况相当不错，但与东边的通信则几乎没有。对皇家空军来说，尤其糟糕的是，大部分主要基地位于马来半岛的最南方即新加坡岛上。光是到达叛军所在地就要花费不少燃料和飞行时间。

英国在马来亚的战略或许可以被最恰当地描述为一种三方面的努力。第一个方面是美国后来在越南执行的所谓的搜索与摧毁式任务，然而，很大程度上由于资源不够充足，这方面的努力很有限；第二个方面是包围所有村庄，并把人民驱赶到营地中，以使游击队无法获得粮食和藏身之处；第三个方面是政治改革，意在使人们更接受政府。当然，空中力量只能支持第一个方面的任务，这基本上分为间接和直接两种。间接行动包括常规的监视和侦察飞行，以及把伞兵或其他空中机动分队安插到丛林中（后者在丛林中追逐游击队，或埋伏在那里试图发动突然袭击），此外还包括在必要的时候或在任务完成时疏散并解救伤员。

直接支持任务经常应这些分队的要求加以援助，包括轰炸或炮击真正的或可疑的游击队目标。在对战争进行分析时，英国骄傲地声称，与其他军队相比，他们只使用了很少火力。诚然如此，但同样正确的是，他们在使用最强大的飞机上也毫不迟疑：即重型活塞发动机式（该型号的最后一种）"阿弗罗·林肯"（Avro Lincoln）轰炸机，于1944年开始服役。每架飞机能携带的炸弹都超过6吨。一位历史学家声称，在上面提到的直接和间接两种任务中，前者更为有效。空中力量为地面部队提供了机动性，并使他们的战斗时间比仅由地面补给要长得多，充当了力量倍增器的作用。另一方面，英国军官在那时也认识到丛林不适合直接支持。不仅由于地形和植被使他们几乎不可能确定打中了多少叛军（如果说确实打中了的话），而且因为英国地面部队由于己方的炸弹而遭致大量事故。不止一名军官感到空中力量的直接运用带来的问题比它解决的还多。飞机飞得越快——在马来亚喷气机是第一次参与反叛乱行动——困难也就越大，与后来的其他追随者一样，英国发现最适合袭击任务的飞机是更老更慢的螺旋桨式飞机。

然而，局势不断恶化。1951年10月6日，马来亚的第一任英国指挥官哈罗德·布里格斯（Harold Briggs）将军被[一个月前，地方上与他相应的人物——高级专员亨利·格尼（Henry Gurney）在一场伏击中被杀害]替换。转折点的来临与任何军事力量都无关。早在1950年，工党政府就已确定无法维持英国在马来亚的地位。一年后，1951年10月25日举行了一次选举，由温斯顿·丘吉尔领导的保守党重获政权。不久英国政府就赋予华人少数派与马来亚多数派同等的权利，从而消解了双方争论的一个大问题。杰拉尔德·坦普勒（Gerald Templer）将军（后成为陆军元帅勋爵）取代了布里格斯和格尼来管控这场转变。此后双方军事行动都开始减少，毕竟，如果结局已定，谁还会战斗并牺牲？皇家空军的行动仍在继续，编制（在1951～1953年的顶峰时期包括约200架飞机）则逐步减少。到1957年，马来亚独立（后更名为马来西亚）并加入英联邦，英国的地面与空中行动都几乎终止。因此，哪怕是胜利（如果这算是一场胜利的话）也无法改变入侵者失败并离开这一模式。

在更远的东边，法国不具备一位像丘吉尔这样强势而聪明的领袖，情况要糟糕得多。和在马来亚一样，越南的推动力量也是共产党，他们先与日本作战，然后又在法国回来时继续与法国作战。这两个国家不仅地形几乎完全一样，而且都拥有大量山脉和丛林（尽管它们在越南覆盖的国土面积比例比在马来西亚小）。但两者的区别也很重要。马来亚是一个伸入印度洋的半岛，而越南与几个西边的邻居接壤，并与中国接壤。虽然有几个不错的港口，但陆地运输系统很不发达。这些事实注定会在随后的斗争中起到重要作用。

越南在法国的统治下是一个统一的国家，首都位于东北的河内。把越南分为南北两个部分的提议由法国于1948年首次提出，但胡志明领导的越南政府并不愿意接受。后来，共产党高估了自己的力量，试图在北部发动一场传统进攻来击败法国。一次，有1200人甚至还试图通过发动一场突袭占领河内，但很快就被击败。他们并没有放弃，转而进行游击战，旨在通过劝说或武力控制农村（约有90%人口在农村生活）。用当时一部名著作者的话来说，结果是"整条街道愁云惨淡"：国家南部还相对平静，但在北部和中央地区，法国前哨遭到攻击和占领，船队也遭到射击，这也是法国为何试图尽可能利用空中力量进行运输的一个原因；法国指派的官员也被暗杀。此外游击队还多次进行了重点针对城市的轰炸，杀死并伤害了无辜的人民，也证明了法国不再能够提供安全保障。

到1947年年初，"二战"结束不到两年后，法国在印度支那已经拥有近11.5万军队，最终人数至少有60万，其中约有三分之二多是从当地招募的后备军。在山的另一边，胡志明政府的人数从未达到此数量的一半。一开始法国只有几架"二战"留下来的旧式Ju-52德国运输机，后来获得了先进得多的美国C-47和C-119[所谓的飞行车厢（Flying Boxcar），除其他用途以外，还用于向胡志明政府投掷凝固汽油弹]以及侦察机和F8F战斗机。为了打消他们的疑虑，美国参谋长联席会议甚至同意把已经飞往韩国的21架轻型双发动机B-26轰炸机调来支援法国。后来数量增至47架，最多的一次法国使用了275架飞机。这比英国在马来亚使用的飞机多得多，几乎是他们全部空中力量的一半。所有飞机中有三分之二多由美国制造，此外，美国还提供了一些部件以便维修。

和以往一样，最重要的飞行任务仍是侦察、提供战略机动性、近距离支援、联络和医疗疏散。有一两次法国飞机甚至轰炸了自己下辖的首都河内以消灭深入城市的游击队——尽管这类行动从未大规模实施。但飞机的能力受到了严格的限制。自从空中力量第一次用于反暴动以来，指挥官们总是抱怨可用军力不足——历史上又有哪位指挥官拥有了足够的军力？天气并不总那么合作，胡志明政府的游击队在山上对地形和植被的利用是如此有效，以至于很少被从空中击中。多数被获悉在村庄内和村庄附近生存和活动的人可能被击中并确实被击中了，但考虑到平民的大量伤亡，结果常常有害无益。

1950年10月，美国大使唐纳德·希思（Donald Heath）向长官报告说，胡志明政府很快就将具备对北越的人口稠密区"发动由坦克引导和飞机掩护的攻击的能力"，但此预期从未实现。直到1953年，胡志明政府都没有防空炮，甚至后来法国记载到有几次飞机受到了袭击，他们仍不认为防空炮是一个重要问题，直到事实证明并非如此。除了尽可能进行回击以外，胡志明政府很快领悟到窍门，即大量利用伪装，并尽可能把行动限定在夜间。每天晚上都有上万人不眠不休地推着自行车前进。他们还建造了不可能从空中检测到的巨大的地下设施，用于存储补给品。一位名为黄禅（Hoang Tram）的厨师甚至因为发明了一种能不产生泄密的烟来加热食物的炉子而成为民族英雄。虽然作出了最大努力，法国空军和地面军队仍然无法阻止由战略大师武元甲（Vo Nguyen Giap）领导的敌人在越南北部扩大传统军力。

这些年里，大西洋两岸对一切"空中"之物的热情达到了顶峰。突击队和伞兵（他们能很容易通过其贝雷帽的颜色区分开）尤其激发起军队和公众的想象力，正如这首歌所唱的："战斗的士兵从天而降/勇敢的人们跳下又死亡。"法国也是如此，通过那些首先在印度支那亮相、后来又在阿尔及利亚战争中发挥了关键作用的人们的表现，"神奇的伞兵"（Mythe Para）对法国产生了魔咒般的影响力，人们迅速对伞兵产生了兴趣。这很可能是法国试图以一种不同的方式、并比其他国家更大规模地利用伞兵的一个原因，甚至是一个相当重要的原因。德国在南斯拉夫利用伞兵封锁铁托武装分子的逃跑路线，英国在马来西亚向游击队密集的地区安插空中突击队并为他们提供空中供应，而法国则选择采用整个空军营甚至空军团。

伞兵主要采取突袭的方式，深入敌后并降落在预定的战略位置。他们在那里迅速建立起全面防御，等待胡志明政府的袭击。一旦袭击开始，他们就以地面上或空中的更强的火力实施打击，而不担心后来所谓的平民伤亡。尽管有一些伞兵在空中降落时遭遇不测，但系统总体而言似乎是可行的。它确实发挥了作用的一次（或印度支那的法国高级指挥官认为它发挥了作用的一次）是1952年年末在那产（Na San），一个伞兵团落在河内西侧，随后击退了所有试图把它赶走的努力。即便如此，由于1953年8月对那产进行了疏散，法国达成了什么目的并不明确。一个由总司令派去评估这一局势的和平组织（CINCPAC）说它是"一场发生在一片多山的荒漠中的没有结果的战斗"。

虽然如此，很明显法国从未能够阻止武元甲的军队从中国获得补给。战争看来了无止境，法国的士气开始低落。没有什么比这一事实更能反映这一点：1945年以后的最初7年中，法国至少更换了7名总司令，其中有好几名都拥有耀眼的贵族头衔。似乎所有人盼着的就是等待他的任期结束，并在名声不可挽回地遭到破坏之前退休回家。当然这不仅仅是他们的错。这些年中巴黎至少有19个不同的政府掌权，又被迫放弃。第七位总司令亨利·纳瓦拉（Henri Navarre）于1953年任命以后，他唯一的感觉就是绝望。他决心改变这一状况，决定在奠边府（Dien Bien Phu）这一荒凉之地再次发动一场空中行动——这是所有活动中规模最大的一场。

到1953年年末，武元甲的军事力量已经足以入侵老挝。这一事实本身就是对法国军力未能阻止（地面和空中都是如此）游击队力量增长的一个强有力的证明，要知道，后者不到10年前还只是组织散乱、装备落后的乌合之众。所谓的蓖麻行动（Operation Castor）开始于11月20日。60架C-47相继起飞，光第一天就降下3000名伞兵。工程师们利用一辆推土机修复了日本在该地区修建的一个机场跑道，使那些因为易碎而不能投掷的补给品也能运过来。最终最高指挥部调遣到战斗中的总人数达1.6万人，另外还有大炮和10辆轻型坦克。他们建造了一些堡垒，全部以女人命名，预备防卫一块直径约30英里的地区。

法国的对手越南独立同盟会的人数是他们的4倍。后者在严格的中央控制下，以师级编制行动。这场战斗与那产战争的不同之处在于，它在高地上进行，这个高地不那么具有奠边府的典型特征——一个四面环山的山谷。面临法国无所不用其极的空中力量，武元甲的军队夜间把火炮拖入山中，安装在阵地上，并小心地加以伪装，使敌人无法从地上或空中认出它们。1954年3月13日，双方开火了。旨在隔离并攻占单个堡垒的步兵袭击也紧随其后。法国使用的由日本建造的机场跑道首先遭到攻占，他们的多种空中补给渠道也随之失效。接下来，防空火力又干涉了他们试图通过伞兵为驻地提供补给的努力。几架飞机被击落,其他飞机被迫从以往的2000英尺高飞到8000英尺。法国还不得不采取规避方式行动,导致投掷运载物的方位很不精确,其中许多还落入武元甲手中。比如,5月6日,25架C-119中有19架运载的货物最终也未能抵达目的地。

法国最重要的机场都位于远离战场的东京三角洲(Tonkin Delta),它们遭到了游击队的袭击,至少有78架飞机被摧毁——大部分是运输机。与此同时,在奠边府,随着阵地逐个陷落,防御边界越来越小。一度曾有谣言说美国将派遣100架B-29。但本该指挥这场行动的美国空军将领约瑟夫·卡尔达拉(Joseph Caldara)声称,该地区不存在"B-29的真正目标",最后艾森豪威尔总统对此缄口不言。几周激战(其中有几场是肉搏战)之后,1.1万名幸存者投降了,其中有一半受伤,且弹尽粮绝。

法国在奠边府的惨败成为一场噩梦。从那时起到现在,虽然人们从未停止谈论垂直包围和空中机动性的优势,但没有一个军队敢于发动一场此等规模的空中行动——不论是处理叛乱,还是为了其他任何目的。据说,如果下属胆敢提出正式采用这种战术,美国在越南的最后一名指挥官克赖顿·艾布拉姆斯(Creighton Abrams)将军不论何时就总是大发脾气。这场战争无论如何不能被归类为"人民战争",相反,它是一场发生在人口稀疏地区的常规战争,双方都是大型编队的常规军(双方军力各约为1个和4个师),越南一方更拥有大量重型武器。但把它列入本章讨论,是因为它是人民战争这种长期冲突中的最后一场。

回顾这场战争,其底线在于,法国尽管有无数缺点,但他们拥有空中力量,而对方没有。还在加入奠边府战争之前,空中力量就无法阻止战争从毛泽东所说的第二阶段转为第三阶段。虽然武元甲在这个方面的某些努力(其中最重要的是那产战争)失败了,但他最终还是成功地实现了这一转变。当然,部分原因是该国地形极为复杂,实际上,中国和北约的边境已不复存在,物资几乎能不受阻碍地流通。然而,如果法国封锁了武元甲的供应线，难道就能迫使他停留在第二阶段吗？根据1945年后几乎所有同类型的战争来判断，法国不论有没有空中力量的支援，仍将无法迫使敌人放弃。随后必将是更持久的冲突，并且几乎可以肯定最终结果会很接近现在的结果。美国的官员们早在1952年就得出了这一结论（他们报道别人的行动时，比他们自己后来在同一个国家作战时要更明智一些）。

法国刚失去印度支那，就又投入到另一场距离本国近得多的殖民斗争中。在美国进入越南之前世界各地发生的大量反殖民战争中，阿尔及利亚战争是迄今为止规模最大的一次。由于双方都十分坚决，它也是最激烈的一场战争。大规模暴力行动首先爆发于1945年5月8日，当时正在庆祝欧洲胜利日（VE day）。发生于阿尔及尔东部的塞蒂夫（Sétif）骚乱导致104名殖民地居民（colons，也被称为pieds-noirs）死亡，其中有许多妇女和儿童。这时后现代战争还远未出现并取代原有的战争形式。法国的回应很残忍，由此导致的死亡人数在1020（法国的说法）~4.5万人（据阿尔及利亚人所说），但6000人很可能是更合理的估计。其中大量死亡由美国提供的三架道格拉斯"无畏式"（Douglas Dauntless）俯冲轰炸机造成，这些飞机被用来对该地区的约40个村庄实施轰炸。表面上局势重归平静，但不安的潜流仍在暗涌。经历了许多复杂的政治斗争（这里无须关注）之后，阿尔及利亚民族解放阵线（Front de Libération Nationale，FLN）成立了，它导致阿尔及利亚在1954年11月1日陷入即将进入全面叛乱的局面中。

阿尔及利亚是一个很大的国家，领土面积超过93万平方英里，其中约有80万平方英里是几乎无人居住的沙漠，因此并不太适合游击战。但沿地中海自东往西有人居住的狭长地带（据估计有11.5万平方英里）已经足以发动游击战。这块区域的地理环境包括山坡、高山、山谷和高原。其中有一部分覆盖着森林，还有一部分被能提供大量掩护的深深的河谷截断，另外一些则是文明的都市化地区。西边是摩洛哥，东边是突尼斯，两国都于1956年独立。尤其是突尼斯，成为从埃及到阿尔及利亚武器走私的一个主要场所。正如我们将看到的，在这场持续至1962年的战争中，空中力量的一个主要任务就是试图阻止武器流入。阿尔及利亚冲突与其他殖民冲突的一个主要区别在于，尽管只有居住在阿尔及利亚的法国人（pieds-noirs）在法国议会中拥有代表席位，但阿尔及利亚法律上是法国的一部分，这也就意味着法国不仅可以往那里派遣志愿兵，而且可以派遣义务兵。

阿尔及利亚民族解放阵线虽然规模不大，但通过一系列今天将被称为恐怖主义袭击的行动打响了独立战争。这些袭击一开始针对的对象是军事人员和军事设施，但形势很快发生变化。1955年8月20日，武装部队突然袭击菲利普维尔（Philippeville）和临近几个村镇的居民，并不分老幼地屠杀了130人。法国军队抵达后立即展开报复，所到之处大开杀戒，杀死的阿尔及利亚人约在1300名（据法国所说）到1.2万名（据阿尔及利亚民族解放阵线所说）之间。此后，一切都偏离了轨道。阿尔及利亚民族解放阵线开始袭击基础设施——电线杆、油管和桥梁，并以咖啡馆、商店和公共广场等平民见面或聚集的场所为目标。就像其他地方经常发生的那样，为法国工作并拒绝离开岗位或拒绝与阿尔及利亚民族解放阵线合作的阿尔及利亚公民受到威胁，如果他们无视这些威胁，就会被残忍地打伤或暗杀。

由于叛乱分子缺乏经验，一开始的许多袭击都不成功，只造成了很少的伤亡或几乎没有造成任何伤亡。这一结果误使当权者产生了一种不正确的安全感。然而，事态非但没有停止，反而扩大并日益频繁，迫使法国增强军力。1958年，法国部队增至40万人，并在此后一直维持在这个水平。连续6年内，与其他军事活动（也包括与北约有关的活动）相比，法国在阿尔及利亚的战斗被赋予绝对的优先性。与在印度支那一样，法国也利用了所谓的"哈奇"（harki，当地援军）力量，最后，哈奇数量至少达17万人。另一方面，全职游击队战士（fellagha）人数很可能从未超过3万～4万。多数文献认为，阿尔及利亚民族解放阵线本来可以从900万穆斯林人中招募到更多人员，但他们没有足够的武器为这些人提供装备。不论何时，游击队队员中大约只有50%～60%的人在阿尔及利亚内活动，其他人则在邻国训练或休整。

随同法国部队前来的还有他们的空军。法国此时迅速从"二战"的战败和被占领中恢复元气，其航空工业正在蓬勃发展，再加上临近阿尔及利亚，法国得以在那里建立大量空军分队。法国空军吸取了在印度支那的教训，这次以分散的方式行动。沿海一带，由三个战术指挥部实施控制，各指挥部与该地区的陆军保持一致，但并不从属于陆军，另外两个空军指挥部在撒哈拉进行指挥，那里几乎没有法国陆军。飞机的数量在1955年年初还不到155架，三年以后增长到至少686架。注意，其中约有200架并不是由空军而是由陆军驾驶的。飞机包括当时能获得的最先进的战斗机和战斗轰炸机，即前面不止一次提到的超音速F-86"佩刀"和达索的"神秘四代"。但法国很快认识到这些飞机并不适合他们的目的。还不如采用老式的、更慢的、机动性更好的飞机，即T-6和T-28训练机、P-47战斗机、A-1（Douglas Skyraider，道格拉斯"空中袭击者"）地面袭击机和B-26轻型轰炸机，并辅以适于侦察、火炮侦察、联络和运输的轻型机，即过时的Ju-52、必不可少的C-47和较大的诺拉特拉斯飞机（Noratlase）。这些飞机全是活塞发动机，并且，除诺拉特拉斯以外，其他飞机都是"二战"时期的。

最终，法国空军达到30万人。要维持这样一支军队就需要对地面设施进行巨大的投资。因此，法军建立了庞大的基础设施，至少包括30个机场和700个适于轻型飞机的简易机场，此外还有指挥与控制设施、定位出试图彼此通信的叛军团伙的无线电定向站和后勤中心。航空燃油消耗量从1954年的40万加仑增至1956年的100万加仑。结果，法军仅在1958～1959年间就发动了约25万次突袭，其中约有三分之一用于侦察。一方面，法国所有情报中有75%是空中侦察的结果。如果没有空中侦察，他们将又聋又瞎；另一方面，这些情报中只有三分之二是准确而有用的，飞行员的错误和相片解译员的失误经常使指望他们的军队白费功夫。另一个问题在于，人们很快认识到如何与侦察机打交道。他们不再像一开始那样躲避，而是继续正常活动，这就使飞行员和观察员不可能得出任何有用的结论，甚至许多本应发挥作用的精确情报也未能发挥作用。法国拥有的所有高级技术和空中力量往往都无法尽快地完成OODA（观察、定位、决策、行动）链——用约翰·博伊德的术语来说。很可能原因之一在于大多数反游击战行动与陆军有关，空中侦察很大程度上是法国陆军的职责，后来，美国在南越行动时也遇到了类似的问题。

即使情报准确而及时，其后空军力量的使用也经常会产生其他问题。与越南独立同盟会（Viet Minh）不同，阿尔及利亚民族解放阵线始终没有部署防空火炮的能力。这一事实使游击战士无以抵御袭击他们的战斗机；但他们能利用而且确实也利用小型武器向敌人的轻型飞机和直升机射击，偶尔也能打下其中一架。和在其他地方一样，在阿尔及利亚，每一个这样的功绩都能增强叛军的士气。当法国陆军成功地把敌人困在地面上时，他们往往会要求空军支援以完成围攻。抵达战场后，飞行员常常会要求陆军竖起标志，标出他们的位置以避免友军伤亡，结果，这些标志也使游击队队员能看到敌人在哪儿。最糟糕的或许是，他们较大规模地利用轰炸机空中力量来袭击疑似藏匿游击队队员的村庄，这种袭击一如以往很不精确。据说，整场冲突中，没有一场军事行动比1958年2月8日袭击突尼斯的沙基特村庄更大程度地激起人们对法国的憎恨，从而有利于阿尔及利亚民族解放阵线，这场行动杀死了约80名平民。但沙基特只是冰山一角，法国几乎自始至终都采用"整体责任"原则，也就是说，他们通常会派出飞机轰炸那些据说是恐怖主义源头的村庄。

不仅是空军，海军也在战斗中起到了作用。和空军一样，海军也主要依靠"二战"时代的活塞发动机飞机，其中有美国制造的"卡塔利娜"（Catalina）飞船，康维尔飞机公司的"私掠者"（Consolidated-Vultee Privateer）中型轰炸机，格鲁曼"复仇者"（Grumman Avenger）鱼雷机和格鲁曼"鹅"（Grumman Goose）轻型运输机——最后一种配备有强大的雷达设施——以及英国制造的"兰卡斯特"（Avro Lancaster）轰炸机。这些飞机在1958年以后加入战争，后来大多被洛克希德公司生产的更先进的螺旋桨驱动飞机"海王星"（Neptune）P-2取代——后者原本用于反潜艇战争。海军空中力量最重要的任务大多是进行海上侦察，以阻止人员和武器从海路运到阿尔及利亚民族解放阵线。由于海洋环境比陆地简单得多，并且周围没有麻烦的平民，海军的飞机能相当成功地执行这一任务。仅"阿托斯"（Athos）一艘船就被发现运载了72门迫击炮、40架机枪、74支自动步枪、240支半自动枪、2300支步枪、2900发迫击炮子弹和60万个弹药筒。据说，整场冲突中并没有大量补给直接通过海路抵达阿尔及利亚，而是由陆路从邻国运输过来。

这场战争所见证的所有革新中，没有一种比直升机数量的增长更鼓舞人心。英国在马来西亚、法国在印度支那都采用了直升机。和在常规行动中一样，直升机在反叛乱行动中也比其他飞机更昂贵和脆弱。此时服役的直升机规模较小，能力较为不足，也比较原始。虽然它们在观察、联络、小规模陆军运输、再补给和伤亡疏散等方面极为有效，但可用数量终究太少，以致无法产生多大影响。随着直升机的生产能力于20世纪50年代中后期开始增长，直升机本身也更加强大，许多国家的军队希望以"人民"战争的方式使用它们，这种战争方式现在几乎已经成为世界上许多国家的标准。德国一名前军官在1941～1944年占领苏联期间是反叛乱专家，他甚至声称，假如他和战友当时拥有直升机，他们就能够并且一定会打败游击队队员。

1957～1960年期间，法国在阿尔及利亚的直升机从82架增至400架，有些由空军操纵，有些由陆军操纵，还有一些仍由海军操纵。这些飞机包括西科斯基（Sikorsky）S-55、S-58和贝尔（Bell）-13轻型运输机以及双旋翼比亚赛奇（Piaceski）H-21"飞行香蕉"，全部由美国制造。另外也使用了法国自己的轻型"百灵鸟"（Alouette）二代机，这是一种机动性能极佳的双座飞机，在飞机中的性能堪比当时的雪铁龙双马（Citroën Deux Chevaux）汽车。很明显，在法国发动的这一类战斗中，固定翼飞机的用途正在减小，旋转翼飞机更是如此。轻型直升机被用于联络、观察、疏散伤亡人员和作为空中指挥哨所。中型直升机用于在战斗和战术上运输军队。每六架直升机中就有一架配有轻型大炮或火箭用作武装直升机，这是直升机第一次在战争中派此用场。

这一发展的一个结果是伞兵显著减少，而他们曾在印度支那战争中发挥过重要作用。由雅克·马苏（Jacques Massu）将军和比雅尔（Marcel Bigeard）少校这样的人——两人后来都成为让·拉特吉（Jean Lartéguy）在1960年的小说《正义勇士》（*The Centurions*）中的原型——指挥，阿尔及利亚的法国伞兵在军事效率和勇猛方面都赢得了很高声誉。他们站岗、行军、战斗、屠杀和施刑——但他们确实没有从飞机上跳下来投入战斗。战争中，只有一次计划让伞兵降落在摩洛哥领土上，但该行动在最后一刻被取消。据一名年轻伞兵的回忆录来判断，几乎所有行军都借助卡车或艰苦的步行。伞兵偶尔也和其他陆军一样由直升机运往目的地。直升机能以集中得多的方式运输伞兵，并且也比飞机精确得多。

在所有方面——指挥与控制、投入资源的数量和使用的飞机及直升机的数量——法国在阿尔及利亚的空中力量都是迄今为止的反叛乱行动中最强大的，此后也几乎没有勘与之相比的。战争的初期阶段，游击队队员和支持他们的平民还不习惯与空中力量打交道，空中力量似乎发挥了特别重要的作用，1958年后在战争的最后几年内也是如此。也许成功的最大原因在于，武元甲和越南独立同盟会能够逐步建立完整的陆军师，而阿尔及利亚民族解放阵线几乎无法集结起比连更大的单位。叛军也从未能够获得并使用重武器，在这方面无法与法国经常用来对付他们的武器相比。

从地理上来说，空中力量最有优势的地区是海洋和撒哈拉沙漠（那里几乎没有游击队队员）。在通往东部的开阔地域，阿尔及利亚与突尼斯之间的边境横贯于此，空中力量的表现也相当不错。法国精心建立了一个屏障，包括一道加固栅栏、一些扫射巡逻道、地雷和大量相互通信的观察站。其目的在于切断增援，并使阿尔及利亚民族解放阵线无法获得急需的庇护。所有平民都被疏散了，整个地区被宣布为自由开火区，每天24小时有人巡逻，其中空中力量发挥了主要的作用。他们有时会抓到并歼灭试图从两侧穿过屏障的游击队团伙。虽然这个屏障并没有像美国在越南所做的那样完全把作战区与外界隔离开来，但仍在很大程度上实现了这一目的。

1956年10月，在出色的情报、巧妙的欺骗和对国际法极度无视等因素的结合下，法国空军指挥官在阿尔及利亚意外地大获全胜。由于上级睁一只眼闭一只眼，他们往地中海派出了战斗机，拦截了一架飞往突尼斯的摩洛哥DC-3客机，迫使它在阿尔及利亚着陆。飞机中有5名阿尔及利亚民族解放阵线主要领导人，其中最重要的人物是艾哈迈德·本·贝拉（Ahmed Ben Bella），此举类似于美国在越南一举俘获胡志明、武元甲和政治局其他成员。然而，战斗并未因此而停止。一个非常重要的原因是，空中力量在城市中作战时，几乎完全没有用处。它在城市里无法找到、捕捉或杀死在街道上（更不用说在旧城区经常有屋顶覆盖的蜿蜒小巷中）活动的恐怖分子。这些伞兵是否如人们经常说的那样赢得了阿尔及尔之战，这里不予讨论。这场战役是否本会使战争实现某种决定性的胜利（如果法国舆论对冲突不那么反感，而政客们没有绝望地认输）也并不重要。要点在于，马苏（Massu）的人在战斗时，几乎没有空中力量的帮助，最后帮助他们的是施以酷刑的警方而非任何一种飞机。

也许总结本章的最好方式是转向大卫·格鲁拉（David Galula，1919-1967年）。格鲁拉1939年毕业于法国圣西尔（Saint-Cyr）军事学院，"二战"时曾与戴高乐并肩作战。1945～1949年，他待在法国驻北京大使馆，目睹了毛泽东和共产主义者打倒蒋介石力量的那场战争。被指派到阿尔及利亚后，他先担任连长，然后任副营长，最终升至中校军衔。1963年和1964年，他和其他许多人一样（也包括马苏）出版了两本关于自己经历的书，但和他们不一样的是，他没有被人们遗忘。21世纪第一个10年，美国在阿富汗和伊拉克的战役重新点燃了人们对格鲁拉及其方法的兴趣。事实上，人们的兴趣是如此浓厚，以至于关于美国恐怖主义的一流专家、兰德公司的布鲁斯·霍夫曼（Bruce Hoffman）在《平定阿尔及利亚》（*Pacification in Algeria*）一书中写道，格鲁拉两本书中的第二本在出版50年后仍有"一种不同寻常的、近乎永恒的反响。"

与所有研究现代反叛乱史的人一样，格鲁拉对这一事实感到困惑：法国虽然拥有"对叛军极为巨大的物质优势"，最终仍以失败地离开这个国家而告终。他意识到了法国犯的错误，并为我们提供了许多重要经验。其中有几章论及如何控制平民和以最佳方式获得他们的支持，有几章论及战略、法国缺乏合适的反叛乱行动条例、战区级别的作战行动、军方与应控制和安抚的平民之间的联系。其他几章讨论如何肃清游击队出没的地区、如何动员自卫平民、如何处理罪犯和嫌疑犯（他认为应好好对待他们，以便吸引他们的同志也投降过来）。甚至还有一章讨论如何利用阿尔及利亚人对占人口50%的女性的歧视和虐待。从头到尾，这本书的目的都在于保护平民，把他们与叛军隔离开来，控制他们，并把他们引导到所需要的政治方向上。

《平定阿尔及利亚》以两个列表结尾："阿尔及利亚战争的主要因素"和"反叛乱战争的基本原则"。然而，空中力量的应用既没有遵守这本书中的原则，也没有遵守这本书的姊妹篇中的原则。

第十九章　一场太遥远的战争

法国与阿尔及利亚激战正酣时，另一场同类型的战争也在酝酿之中。法国在奠边府战败后，决定撤离战场。随后，于1954年5～7月在日内瓦举行的一场国际会议——该会议决定暂把越南分为南北两部分——把整个国家的自由选举一直推迟到1956年7月。结果这样的选举从未实现，而是出现了两个独立的政府：其中一个是由胡志明领导的北越共产党政府，另一个是由吴庭艳领导的所谓的自由和民主的南越政府。胡志明和他南方的支持者们试图把国家重新统一在共产党的领导下，共同发动了一场20世纪同类型战争中规模最大的斗争。

自从日本于1945年撤离以后，美国军民都曾参与过法国与越南的战争。随着战争的扩大，他们向法国提供的资金、后勤支援、武器和建议也日益增多。他们还发回一系列报告，常常是对法国所作所为作出的尖锐批判。1954年，空军大学的工作人员研究了这场战争，他们得出结论说，空中力量几乎没有为法国提供助益。美国牢牢控制着战略空军司令部和轰炸机的将领，他们没有耐心在一个像越南这样既小又远的国家打一场够不上传统战争级别的战争。一些指挥官（包括华盛顿的空军副总参谋长）甚至可能认为，只要扔下几枚核武器就能解决问题，尽管他们也承认，如果这样的话，有必要先警告美国的盟军。此外，这是20世纪50年代：多数国家仍在努力弥补"二战"带来的损害，而美国却日益强大，似乎拥有无限的资源和权力。

法国在控制南越的最后几年中曾经试图建立某种军队，包括一支初步发展的空军。后来美国承诺，确保南越不会像北越那样沦为共产主义的领地。根据当时流行的多米诺效应理论，这将导致首先"失去"印度支那的其他地区，然后是泰国和缅甸，最终会失去印度。美国顾问抵达南越，帮助他们成立了南越军队（the Army of South Vietnam），并为其提供训练和装备。他们还帮助一支空军迅速从"婴儿"成长为"青年"。这支空军最后能够操纵多种当时的飞机，包括用于观察、联络和训练的轻型飞机（O-1、O-2、T-6和U-17），轻型和中型运输机（C-7、C-47、C-119、C-123和C-130），轻型轰炸机（B-57），轻型和中型直升机（H-19、H-34、CH-34、CH-47和法国的"百灵鸟"）以及轻型战斗机（A-1、A-37、F8F和T-28）。

除战斗机（其中有些来自"二战"时期，另一些由训练机改装而来）以外，所有这些飞机在当时都是相当先进的。1961年，美国的一名将军甚至指出改进的A-1拥有"了不起的火力"。他说，A-1能为南越地面部队提供大量机动性高而且精确的支持。这支空军十分自信（姑且不说狂妄），一开始竟试图仅仅通过驾驶几架飞机越过越共头顶来威吓他们。另一方面，尽管美国人在增强南越空军的后勤和技术能力方面做了不少工作，但在整场冲突中，他们仍敏锐地意识到其盟友在这些方面的局限。因此，越南从未得到最先进的喷气作战飞机（如战斗机和轰炸机），但这些飞机在反叛乱战争中反正也派不上用场。因此，南越拥有的唯一一种喷气机就是与其他发展中国家喷气机类似的F-5轻型战斗机。

与以往这类斗争一样，这些力量所针对的一方（这里是越共）根本没有空军。起先他们也没有防空设施，因为几年来的敌对行动决定了越共的正常形态。越共在北方的支持和怂恿下，从很小的事开始——这里散发一些传单，那里进行一次破坏——对各类军民目标发动"打了就跑"的袭击，旨在证明政府无力保护和控制人民，并促使它的崩溃。到1958年，据估计有20%村民遇难。而西贡对此的反应则是扩大武力，到

1964年，西贡与越共的军力比很可能已达到了10:1。这些军力用于包围各种关键设施，搜集情报，反击不论何时何地发现的游击队。正如自意大利—土耳其战争以来经常表现出来的那样，空军在这些行动中发挥了重要作用。他们执行了无数侦察任务，把陆军运到需要的处所，扫射并轰炸越共目标，并提供联络和医疗疏散等服务。

在艾森豪威尔总统治下，美国介入越南的程度仍很有限。但这并不意味着如果是他面临1961年以后日益增长的叛乱，他最后就不会像他的继任者那样做。对于约翰·肯尼迪来说也存在同样的争议：如果他活着，他会像林登·约翰逊（Lyndon Johnson）那样扩大美国在越南的行动，还是眼看越南落入越共和胡志明手中，仍然是个疑问。可以确定的是，艾森豪威尔离职时投入的军力仅为2000人，而约翰逊在1963年年末任职时军力已增至1.65万人。其中，约3000名为空军人员，包括飞行员、技术人员、前方观察员等。空军一开始认为，承担越南的任务会分走一部分最先进的轰炸机和战斗机资源，因此尽可能拒绝承担该任务。后来，在肯尼迪的压力下，并且担忧总统转而转向陆军，空军增强（或假装增强）了发动级别低于非传统战争的能力。为实现这一目标，空军成立了一支空中突击队，并以一支"二战"中在东南亚抵抗日本的空军小分队命名。这支突击队装备的飞机与法国采用的飞机大致相同，在1961年年底部署到越南之前，学习的任务包括扫射、发射火箭和投掷凝固汽油弹。

他们一开始的任务是为南越空军提供训练、帮助和咨询，但不久之后，不论长官是否允许，他们都开始参与战斗。他们驾驶着涂上了越南飞机色彩的飞机，或是与越南人一起，或是日益独自承担侦察和近距离支持任务。不仅如此，早在1962年春，第一批F-102三角翼"匕首"（Dagger）截击机就抵达了越南。在中立的观察员看来，派遣超音速战斗机打击武装分子看起来或许是一个奇怪的想法。然而，鉴于对资源的争夺始终存在，这是美国军队各部门竭尽全力为自己争取地位的典型方式。飞机宣称自己的使命是拦截可能从柬埔寨和老挝飞往北越的IL-28轻型轰炸机，后来也承担发射空地火箭这一十分适合的任务。开始，他们假装是由南越飞行员执行这些任务，但很少有人上当。直到今天，人们还不清楚IL-28飞机是确有其事——明显没有一架飞机被击落——还是只是雷达操作员的凭空想象。但以下这件事绝非凭空想象：1963年11月1日，越共发动了一场对西贡附近的边和（Bien Hoa）空军基地的袭击，摧毁了美国和南越的许多飞机，包括13架B-57和6架A-18。

尽管面临包括上述事件在内的许多挫折，美国在南越的空军仍在持续扩大。算上空军和陆军特种部队，他们仅1963年一年就出动了30万架次。这一庞大的数量还不包括规模不大但正在扩张的南越空军。然而，战争形势继续恶化。甚至"牧场手行动"（Operation Ranch Hand）也似乎没有效果，在这场始于1962年的行动中，飞机往下喷洒有毒化学物质，毁掉了大片丛林的树叶，破坏了那些被认为有利于越共的作物。这件事表明了一件事实，即敌人防空能力的增强。到1963年年底，共有114架美国飞机（包括54架直升机）被击落，此外还有许多飞机被损坏。

按照惯例，飞行员对防空火力的反应是在高空飞行，但这是以降低目标定位和目标打击的能力为代价的。国防部部长罗伯特·麦克纳马拉（Robert McNamara），国务卿迪安·腊斯克（Dean Rusk）及其负责远东事务的助手埃夫里尔·哈里曼（Averell Harriman）都试图说服空军：战争就其本质而言主要是政治性的，造成大量平民伤亡只会适得其反，毫无用处。但实际发生的情况正好相反：1964年年初，空中支援的限制被放宽了，以便允许使用更大规模的火力。正如1963年11月继肯尼迪之后担任总统的约翰逊后来所抱怨的，空军将领们在整场冲突中对轰炸失败的一个反应似乎就是要求实施更多的轰炸。空军越来越努力，其工作之一便是逐步淘汰空军突击队的老式螺旋桨驱动飞机。这些飞机即将退役，并且无法满足所有要求，取而代之的是速度更快、机动性较差，因而也不那么精确的F-100和F-105。

过去整整半个世纪中，几乎每当空中力量用于打击叛乱时，指挥官们都在抱怨缺乏飞机、飞行员以及从机场到燃料和弹药在内的各种资源。美国指挥官们在越南战争中同样如此，但他们的抱怨是没有理由的。肯尼迪和约翰逊领导下的美国既不是1945年后的英国，也不是法兰西第四共和国甚至第五共和国，而是有史以来最富有、经济上最成功的国家，其工业实力处于巅峰状态，任何一个国家都无法望其项背。1965～1969年期间投入东南亚战场的军事资源比1945年以来任何一个国家在任何一场武装冲突中部署的资源都要多。美军在东南亚战场上人数最多时达55万人。包括南越军队在内，打击、试图打击或假装打击越共和北越军队的总人数则超过150万人——这使他们与敌人的比例为四比一。

在我们所说的资源中，成千上万的飞机和维护操作这些飞机并使其免遭游击队攻击所需的庞大的基础设施是十分重要的。据说整场战争中，空中作战行动（不论由空军、陆军还是海军执行）耗资五百多亿美元。但军种之间又有所不同。空军和海军很大程度上依赖于固定翼飞机，海军陆战队则并不如此，他们也使用直升机，而陆军则差不多只使用直升机。1963～1975年期间投掷在东南亚战场上的弹药中，空军约占80%。考虑到前面已经对海军作战行动有所提及，并且几乎没有什么是海军能做而其他军种不能做的，因此，似乎可以不用考虑空军。强调这一点也很重要：1964～1975年期间美国及其盟国在印度支那投下的约800万吨炸弹中，只有约64.3万吨袭击北越，其他都用于打击南越、柬埔寨和老挝。在这个意义上，在"人民战争"这一标题下讨论这场冲突似乎是合理的。

自美国陆军师甚至整个军——最终有3个军——从1964年中期开始陆续抵达南越以来，直升机在冲突中发挥了更大的作用。20世纪50年代，直升机与其他所有飞机一样备受赞誉，被称为是未来的大势所趋。陆军和海军陆战队都靠它来指挥、控制——如同垃圾桶吸引苍蝇，每次交火都会引来指挥官的直升机，这一趋势现已臭名昭著——侦察、运输、医疗疏散，并越来越频繁地把它用作武装直升机。最壮观的是第一空军骑兵师（the First Air Cavalry Division）的杰作，它一开始的目的是在由核武器主导的战场上进行常规战争，但自从1965年7月参与行动之后，就被部署到越南。由于该编队拥有几百架直升机，成为世界上主要依靠直升机实现战术和作战机动性的最大机构。

由一套复杂的电子通信网连接起来，直升机为美国和南越地面部队提供了一种全新的机动性。这是因为它们能把陆军和装备——有些甚至能携带轻型车辆和大炮——准确地着陆在目标位置处，并且，同样重要的是，在陆军完成任务以后能把他们接走。理论上说来（一定程度上从实践上说来），直升机能够充当军力倍增器，用直升机把步兵运到目的地当然比让他们在常常是路况艰难、人迹罕至、敌军出没的地形中步行要更好。直升机配有机枪，冲突快结束时还配备了反坦克制导武器（ATGWs），被用作武装直升机——由于相对较小的速度、极高的机动性和在原地盘旋的能力，直升机很适合这一职责，并且日渐取代了固定翼飞机。

一开始这种新设备的前景似乎非常好。用摩西·达扬（Moshe Dayan）[麦克纳马拉（McNamara）曾亲自授予他能够看"所有东西"的权利]的话来说：空军师可以在发布命令之后的四个小时之内把整个营着陆在地面上。"不可思议！"他继续说道——"没有任何限制。他们着陆在山顶上、陡峭的山坡上和其他任何地方。"如果有必要他们甚至还携带有小型推土机。其行动的特点是某种程度的非正规性，使执行任务的所有人都能很容易登上一架可用的飞机并迅速离开。驾驶并操纵飞机的飞行员技能只能以令人钦佩来形容，空军师在迅速部署和利用武器上的效率也是如此。

然而，直升机并不比曾经的固定翼飞机表现得更为成功，一个很重要的原因就是缺乏情报。空军骑兵师发动的出击常常扑一场空，有时一架耗资几十万美元的直升机忙着追逐一名穿着凉鞋的年轻人，而后者的装备只有一支突击步枪。另一个问题是越共采取了靠近植被覆盖的地区的战术。直升机抵达时，已受到噪音预警（直升机到达之前通常会有一场猛烈的空中或大炮轰炸，目的是在丛林中开辟出着陆区域）的敌人早就逃走了。要不是有严格的纪律维持，任何一次离机或登机都可能变成一场混乱，因为人们互相推搡，都试图第一个出来或进去。当所有部队安全着陆后，他们会走进树木线寻找敌人。如果敌人并未选择简单地逃跑，结果几乎肯定是一场遭遇战，美国及其南越盟友在这方面没有丝毫优势，并且由于发生的是近距离战斗，他们也无法利用火力优势。

虽然直升机确实提供了机动性，也确实充当了力量倍增器，但也为此付出了高昂的代价。空军骑兵师需要有1500人执行维护任务，还要有1000人守卫基地，这就已经永久性地失去了一部分相当可观的军力。最糟糕的是，这支军队所需的所有物资（包括水）都由空运提供，而每次后续出击都给了越共又一个击落直升机的机会。除非飞得很高或很低，直升机对任何地面炮火的抵抗力都极为脆弱，其中尤为危险的是肩扛防空导弹，而最危险的则是12.7毫米的重型机枪。试图起飞或降落的直升机也可能被反坦克火箭（RPGs）击中。由于直升机发出的噪音，除非看见炮口的火焰，飞行员甚至经常在被击中之前都不知道自己正处于火力打击之下。被防空导弹或反坦克火箭击中通常是致命的，但即使是突击步枪发射的一枚幸运的子弹也可能打穿燃料或液压油管道，迫使飞行员退出行动，并且（或者）实施紧急着陆。转子（其复杂的机构和刀片是直升机最脆弱的部分）被击中也往往是致命的。在越南服役的直升机总数约有1.2万架，其中有5086架损失于战斗或事故。直升机至少被击中2.2万次。除了刚刚提到的那种防空火力，损失几乎全都发生在完全受美国及其盟友控制的领空。任何一个国家、民族和武装力量损失的飞机数量在可以预见的未来都不可能赶上这次。

就像在反叛乱战役中经常发生的那样，这场战争中的美国指挥官把未能赢得战争归咎于边境外的国家北越。他们声称（无疑是正确的），后者向越共提供了大量部队和各种战争物资。为了拦截人员和物资流入，使北越停止敌对行动，美国在1965年2月启动了"滚雷行动"（Operation Rolling Thunder）。自始至终这都是一次纯粹的空中行动——虽然华盛顿经常讨论辅之以地面入侵的可能性，但这个主意始终没有实现。如果它果真成为现实，几乎可以肯定，结果将是规模更大、更难以控制的叛乱。一开始预计"滚雷行动"将延续八个星期，但它持续了三年半，从而成为美国空军史上持续最久的一次行动。

当时流行的战略理论建议，应当把军事力量（包括空中力量）作为一种向对手表明自己政治意图的工具。部分出于这一原因，部分出于一种相当真实并且很有根据的担忧（即中国会像在朝鲜那样实施干预），"滚雷行动"在北越从未对关键目标实施过一次有力的打击，而是采用了一种零散和渐进的方式。在这场战争中没有比这更能引发争议的决策了。从那时起，很多人抱怨说约翰逊和麦克纳马拉以及少数几个坐镇每周二在白宫碰头的目标团的成员试图遥控指挥战争。一名飞行员感到他和战友们"令人绝望地遭受到误导和限制……可悲地被僵化的高层……领导圈滥用，该领导圈没有胆量在他们无法控制其细节的战争中作战"。在最初列有94个目标的清单中，大部分是桥梁、铁路调度站、码头（北越通过海路从苏联接受了大量补给）、军营和参谋长联席会议准备的供应站。这些目标只有很少一部分被批准，即使这些被批准的目标也仅限于19纬度线以南的区域[这意味着河内和海防（Haiphong）港仍是禁区]，并且每个目标都必须由国防部部长亲自授权。

这在很大程度上是正确的——但同样正确的是空军指挥官们正乐此不疲地利用由技术实现的最新通信功能，他们严格控制飞行员的倾向并不弱于约翰逊和麦克纳马拉，并且也不一定更乐意倾听那些从事实际战斗的下属们所说的话。一个更重要的问题很可能在于，往往缺乏可以衡量飞机表现的标准，因此出现了一种强烈的倾向，评估时计算的是飞机的发动架次和消耗的弹药吨数，而不是它们可能导致的敌方损失。结果就形成了一种以功能和输出而非相对于敌人的效能来看待战争的管理风气，人们花了几十年才摆脱这种风气。

一开始发动的攻击中大部分针对的是北越南部的狭长地带，那正是南越边境所在区域。然而，还有许多区域覆盖着茂密的丛林，它们为运输车队（有些用卡车，其他的用自行车）提供了所需要的一切遮蔽；美国用于定位的各种技术设备（包括一些专门为此目的而研制的设备）都只获得了部分的成功。如果对该区域的攻击变得过于密集，北越总是可以选择把供应线向西转移到老挝和柬埔寨。他们正是通过这么做而形成了庞大的丛林道路网，即所谓的胡志明小道（Ho Chi Minh Trail）。由于攻击运输目标未能实现预期效果，美国转而袭击汽油和润滑油（POL），并破坏了主要的存储设施。然而，由于北越有所防备，他们把汽油和润滑油供应线装在50加仑的油桶中并分开储存，这对他们的战争行动只产生了很小的影响。袭击与能源有关的目标（如电力发电厂和电网）的情况也基本如此。北越的工业力量很薄弱，这时还根本算不上是那种袭击这类目标能带来很多好处的国家。

无论如何，渐进的方式（即试图影响敌人的行为而不是像美国空军的传统条例所规定的那样摧毁敌人的意志）只是"滚雷行动"的许多失误之一。用一名极富经验的飞行员的话说："（非制导铁制炸弹击中目标的）概率不高。有数不清的基本失误会干扰到……系统。针对某一对象发射炸弹的落点会受到无法预测的风力、自然的弹道轰炸偏差（natural ballistic bomb dispersion）、雷达跟踪固有的不精确性、我精确驾驶喷气机的能力限制、地图错误、计算机稳定时间、我对空投按钮的反应时间、地球自转和重力的影响。"随着美国由于缺乏固定目标（这些目标多数被摧毁或是被分散和伪装起来）而转向体积更小、机动性更强的目标，这个问题变得愈益糟糕。在一种所谓的"武装侦察"程序下，小型的飞机编队在公路、铁路和河流上方巡逻，同时寻找打击目标的机会。最终，以这种形式出动的飞机架次在总轰炸次数中占了四分之三。考虑到飞机是如此庞大和昂贵，而目标又是如此渺小和难以追踪，很难想象还有什么对空中力量的利用方式比这效率更低。

另一个问题是采用的复杂指挥系统。飞机发动出击时多从西边即泰国起飞，由第七和第十三空军师共同承担控制任务，另外一部分飞机从东边即从沿着北越海岸巡航的航母上起飞，由美国太平洋司令部总司令（CINCPAC, commander in chief, Pacific Command）夏普（U.S.Sharp）负责指挥，总部则远在夏威夷。作为越南军事援助司令部（MACV, Military Assistance Command Vietnam）的领袖，陆军上将威廉·威斯特摩兰（William Westmoreland）对可能有助于他开展工作的空军战役不具备任何影响力。正如亨利·基辛格后来所说，这是五角大楼以离奇的方式运作的一个完美例子。

空军当时的主要战斗轰炸机是F-105"雷公"。它能达到2马赫，本是为了在低空运输战术核武器而设计的。然而，它击中目标的精度和（更为重要的）在战斗中自我防御的能力都很成问题。后来大规模取代"雷公"的F-4"鬼怪"和F-111"土豚"（Ardwark）有所改善，但也遇到了类似的问题。与F-105一样，这两种飞机都功能强大、速度很快、相对较重且难以操纵。F-111能携带14吨炸药，处于最适于轰炸的低速度时很难控制，在这一点上它并不比"鬼怪"好多少。美国及其盟军的喷气机（如果不是较慢的飞机和直升机的话）只要是在南越上空行动就还是相当安全的，但在北越上空情况就不一样了，敌人很快变得越来越危险，远远超出了华盛顿的预期。

几乎在"滚雷行动"刚开始，北越的战斗机（起初是"米格"-17，后来则是速度更快但几乎同样敏捷的"米格"-21）就参与了与美军的作战。多亏以色列的摩萨德（Mossad）把一名伊拉克飞行员诱入沙漠，美国空军获得了一次近距离观察后者的飞机的机会，然而，空军还未做好与"米格"-21进行遭遇战的准备。当时的美国战斗机飞行员受着严格的纪律约束，被禁止与任何不同于他们自己驾驶的飞机进行空中作战。因此，他们并不试图击落轻型F-5——这是美国飞机中与"米格"-21最接近的飞机，而是用F-4"打"F-4，用F-111"打"F-111。在加利福尼亚州死亡谷进行的训练演习中，两架类似的飞机从相反方向迎面冲来，就像挥舞着长矛的中世纪骑士，发射导弹，然后又转身飞走。也许目的在于平息约翰·博伊德等批评者的声音，这些人当时声称苏联战斗机比美国的更好。这样的程序几乎无益于（如果不是完全无益的话）飞行员为即将面临的考验做准备；抵达越南后，有些飞机被"米格""突然袭击"，还在不明所以时就被击落。更糟糕的是，"米格"-17和"米格"-21都为美国战斗机的雷达设备提供了小目标，但"米格"-17机尾尾翼位置很高，使红外导弹很难从传统位置（上方或后方）击中它。实施"滚雷行动"时期，双方在空战中的损失大致相等，但北越认为这个比例是可以接受的（考虑到他们使敌人未能彻底获得制空权），而美国则并不这么认为。

杜黑和其他人（包括美国自己的轰炸机将领）一直以来都认为，在空战中，进攻本质上比防御更优越。然而，在北越发生的事件很快表明未必如此。美国的战斗机装备的是"响尾蛇"（Sidewinder）、"麻雀"（Sparrow）和"猎鹰"（Falcon）空对空导弹，而"米格"携带的是大量枪支。这些飞机从不会遭到袭击的中国机场起飞，并且凭借更高的机动性接近敌人，处于明显的优势地位。到1965年圣诞节时，"滚雷行动"出动的飞机架次接近5.4万次，投掷炸弹超过4万吨。与以往一样，如果以出动架次计算，海军飞机（大多数目标靠近北越东海岸）的贡献不如空军的大。代价是损失了170架美国飞机和少量南越飞机。但并无迹象表明，这场战役对北越继续战斗的意志和能力产生了多大影响。

更糟的还在后头。"滚雷行动"刚开始时，据说北越的防御力量有1500门防空火炮，一年以内，其火炮数量增长至原来的三倍。北越也获得了"萨姆"-2和"萨姆"-3导弹，虽然它们都不是特别好——装有警告装置的飞机发现，避开体积较大、机动性较差的"萨姆"-2并不很困难——但它们迫使美国人飞得更高，并采取回避行动。美国人要么无法击中目标，要么把所有负载扔掉以保护自己。天公也不作美；一年中有8个月，东南亚的气候对飞行来说极为糟糕，使飞行员很难定位目标。从关岛起飞的B-52装有雷达，在一定程度上或许解决了这个问题，但当时只在北越最南部使用这种飞机。决定以这种方式限制他们，部分是出于政治的考虑，也有部分是因为空军自己担心可能的损失。

在地面上，北越采取了大量或积极或消极的措施来减少战斗的影响，表现出惊人的智慧和决心。各种补给和装备被分散开来并加以伪装，一部分人口被从城镇疏散到农村，其他人则被要求挖掘避难所，一旦警报拉响就尽快躲进去。有效的医疗组织、民防组织和民间援助组织全都全力以赴，帮助伤员和流离失所的人们。这些措施基本上没有什么新内容，但由于越南的大部分地区是农村，它们比在其他地方更为有效。

据估计，在"滚雷行动"中遇难的北越平民在5.2万～18万人之间，引起的物质损失更是不计其数。然而，1967～1968年间，尽管仍然没有迹象表明该行动将会迫使北越停止或减少援助南越游击队，行动的性质却发生了变化。除河内和海防仍是禁区以外，参谋长联席会议起初计划的大部分目标都已经被摧毁。由于只剩下不多几个目标，行动现在集中于拦截道路和继续沿道路前进的供给车辆。不过，正如战术上存在问题而战略上具决定性的"春节攻势"（Tet offensive）所表明的，美国距赢得战争尚路途遥远。

截至约翰逊1968年11月正式停止"滚雷行动"时，美国的空军、海军和海军陆战队至少对北越出动飞机30万架次。与这场可怕战争的其他许多方面一样，这个数字在今天是完全无法想象的。该行动中不仅采用了成千上万架最强大的飞机（尤其是F-4），而且引入了一整套后来成为标准的新技术，包括以常规方式使用的B-52重型轰炸机、以空前绝后的速度运输军火的改装运输机、多种空对空和空对地弹道、各种用于干扰敌方雷达的电子对抗设备（ECMs）、格鲁曼的E-1和E-2机载预警与控制系统飞机、无人驾驶飞机、卫星通信（很有用，因为海军的飞机和B-52都是从十分遥远的总部加以控制的）和用于在丛林中识别和定位目标的空投传感器。确实，人们可以说，越南战争最后几年中已经出现了1991年用来对付伊拉克的大部分技术，至少也已初具雏形。当然，不同之处在于，伊拉克的地形对于发动空战来说十分理想，越南则完全不然。如果说有什么使北约免遭失败，那就是丛林和他们为了自己的方便而利用丛林的非凡能力。

尼克松1969年1月接管白宫之后，战争的性质发生变化。此前的目标一直是迫使越共终止战斗，并使北约停止援助。现在，随着美国军队陆续撤走，目标就转为使撤退尽可能保持体面。到1972年4月，战场上仅剩下6.9万人，美国飞机（包括战斗轰炸机和B-52）继续在南越、北越南部、柬埔寨和老挝行动。老挝成为历史上继南越之后遭到轰炸最严重的国家。浪费只能用令人震惊来形容，在一项典型任务中，为了对付一个隐藏在丛林中的可疑的卡车停靠点和供给品存储点，可能会动用16架F-4（12架用于投掷炸弹，4架保护它们免遭"米格"袭击），8架F-105"野鼬"（Wild Weasel）以压制敌人的防空火力，外加一架配有摄像机的F-4，总共25架飞机。尽管如此，现有的证据表明这类袭击往往不能实现他们的目的。传感器在极端复杂地形中的表现令人失望，夜视技术也不能令人满意。事实上，越共和北越经常把一个金属桶装满油放在燃料里浸泡，然后再点燃，用这种方式误导美国人，诱使他们过来兴师问罪。

直到1969年，越共在南越几乎完全以游击模式行动。现在，随着美国出现在战场上的军力迅速弱化，这一局面也日益发生变化。北越常规军队加入后，越共在南越的行动转变为传统战争。为了给军队提供补给并加强军力，北越境内的全天候道路由1965年的1070公里增长至1972年的8倍之多，这本身就是封锁战已然失败的一个明证。配备以大炮和坦克的越共陆军师开始在南越占领阵地。1972年3月，武元甲认为其军力已经足以发动一场对南越的大型入侵。就参与战争的军队人数而言，这是自朝鲜战争以来规模最大的一场行动。此时美国空军在南越的飞机已经只剩下76架——其中有四分之三是F-4，其他都是可靠的老式T-37，另外还有约100架喷气战斗机在泰国以外活动，B-52则继续停驻在关岛基地。由于尼克松的越南化政策，南越空军拥有的战斗机和直升机比美军多得多，但他们仍为缺乏技术能力和战斗士气而困扰。

1972年3月29日，北越三个师携带着多达200辆坦克终于实现了美国一直阻碍他们做的事：全力准备发动一场大型进攻行动。他们进入南越后，立即遭到南越陆军，但还是轻易击败了后者。后来，北越军力得以增强，发展至14个师、600辆坦克，而这还不包括越共的军队。这时美国已经几乎没有任何地面部队留在战场上，他们能做的只有提供更多的飞机，而他们也确实这么做了。然而，面临如此庞大的目标，旧有的习惯很难打破。空军将领们第一次向尼克松展示所谓的"第一阶段后卫行动"（Operation Linebacker Ⅰ）时，尼克松认为他们太过胆怯。为了解决这个问题，他向时任国家安全部副助理的陆军将领亚历山大·黑格（Alexander Haig）征求意见。黑格提出的建议正是总统认为自己所需要的。这里的迹象很可能表明，鉴于人们对麦克纳马拉的渐进式策略及其不良影响的抱怨，空军指挥官们自己也并不总是如后来所声称的那样，做好了说话算话的准备。

1972年5月底，F-4撤回南越和泰国。关岛的B-52数量则增至210架，这是这种飞机聚集在同一个基地中数量最多的一次。仅轰炸机能发射的炸弹数量就是李梅在四分之一个世纪前用来摧毁东京的炸弹的近三倍。这时，美国已经能获得更多激光制导炸弹，而这些导弹以相对较低的成本摧毁桥梁等关键目标的能力很快就将成为传奇。事实上，关于这些武器的宣传有些误导的成分。它们真正的独特之处并不在于摧毁一座桥梁、一个储油罐或类似目标所需出动的飞机架次比"二战"时期更少，而在于这一事实：由于有了激光制导，飞行员现在能在较高位置完成这一任务，而不必过分担忧首次遇到的"萨姆"-7"斯特雷拉"（Strella）肩射热寻的导弹。不论怎样，正如1973年10月的战争即将证明给全世界看的那样，飞机和防空力量之间的竞争远未结束。

尽管无法获得关于投掷弹药总量的完整数据，但它显然十分惊人。仅袭击北越的弹药量就达15万吨，而向南越境内的北越陆军投掷的弹药量更使该数据增加了数万吨。海防港在战争中首次布上了水雷，以阻止苏联运载补给品的船只驶入。据后来的估计，北约所有地方的进口量到9月都减少了三分之一到一半。北越有数百座桥梁被摧毁，数百条道路被切断。美国经常以这种方式选择目标：炸弹引起山体滑坡，使道路（其中许多道路贯穿着这个多山的国家）很难修复。油库和汽车修理店等目标也遭致袭击。美国共损失134架飞机——考虑到飞机出动架次的庞大数量，这个损失量尚可接受。美国方面的消息来源声称，北越损失的数量约为一半——包括一些被B-52的尾炮手击落下来的飞机。虽然这些数据也许大致正确，但他们忽略了这一事实，美国飞机的花费远高于"米格"飞机。据当时的一位分析家阿兰·昂托旺（Alain Enthoven）估计，"滚雷行动"每给北越带来1美元损失，美国就得为此支付10美元。

"第一阶段后卫行动"于1972年10月下旬结束，它破灭了河内试图把游击战转变为大规模常规战争的所有努力。然而，它既没有平息南越境内的敌对行动——北越部队只不过像以往经常做的那样逃散到丛林中——也未能迫使北越领导人签署当时在巴黎制定的和平协议。与此同时，国会正准备立法敦促美国撤离战争。尼克松意识到时日无多，下令"第二阶段后卫行动"（Operation Linebacker Ⅱ）于12月18日启动，打击对象包括已二度布上水雷的海防港、河内周围的机场和仓库以及铁路调度站（尽管已经难以确定还有多少调度站能从刚刚受到的重击中幸存下来）。这次行动一开始计划只延续三天，并且真正的目标在于威慑。

1972年的圣诞节来临时，仍然没有迹象表明这次行动取得了预期的政治效果。在"第一阶段后卫行动"中，美国的飞机大多白天出动，其主要的威胁来自为交锋而来的"米格"飞机。但随着美国改变战术并开始在夜间飞行时（就像在"第二阶段后卫行动"中那样），越南改进的导弹防御系统又破坏了迄今为止几乎坚不可摧的重型轰炸机。美国下定决心不惜一切代价掌握制空权，转而袭击导弹组。F–111、F–4和海军的A–6"入侵者"全都参与了这场行动，他们采用了新战术，向地面的雷达设备和地空导弹（SAM）发射自动寻的和激光制导炸弹。到这次行动结束时（行动开始11天后），北越最重要的军用机场已沦为数堆瓦砾，最大的防空导弹装配厂也被炸毁。武元甲在战争中第一次没有导弹可用，这意味着载有30吨军火的巨型轰炸机差不多可以为所欲为，包括摧毁北越赖以养活人口的水坝；然而，这一举动是否能产生预期的效果（因为在朝鲜摧毁了一些水坝并未产生效果）仍是未知数。第20纬度线以外的轰炸行动停止了，但在距南方更远的地区轰炸又持续了几天，直到1973年1月9日基辛格和北越的乐德甫（Le Duc Tho）签署了一项和平协议后才得以停止。美国这场为期最长的战争终于结束了，而它一开始只是为了对付几个头戴可笑的尖顶帽、脚穿用旧轮胎做成的"胡志明"

凉鞋的游击队队员。

　　美国在东南亚的空战被称为是该国发动的最奢侈的战争，而这是有充分根据的。从1965年到1972年，美国飞机作战出击总架次达340万次。不算意外事故，美国在战争中有3034名飞行员死亡或失踪，2257架飞机被摧毁。在操作层面，"第一阶段后卫行动"和"第二阶段后卫行动"显示出空中力量最可怕的一面。美国表现出此前往往缺乏的某种坚定决心——如果人们相信尼克松的话，这并非空军将领们的功劳——投下了密集如雨的炸弹。这一次，发动"人民战争"或反游击战、反叛乱战争没有引发质疑。尽管美军执行任务时实际采用的规则与杜黑等人建议的有所不同，但本质上这是一个关于摧毁某个很强大的防空防御体系（如果有的话）、然后粉碎一切被认为与北越军事行动有关的目标的问题。精确制导武器（其中有许多首次应用于战场）在这一行动中发挥了关键作用。尤其令人印象深刻的是1972年5月袭击清化大桥（Thanh Hoa Bridge）——似乎所有人都引述了此事——这一次，14架战斗轰炸机完成了之前871次出击都未能完成的事。即便如此，真正发生的与其说是一场革命，不如说是一种技术上的调整。它在许多方面使空中防御和地面防御之间的平衡恢复到"二战"最后几年的状态，尽管通过利用复杂得多也昂贵得多的飞机和弹药才实现了这一点。此外，如果说空中力量的倡导者在宣称精确制导武器对战争结果作出了决定性的贡献上是正确的，那么，同样正确的是，出于当时还无法获得这些武器这一简单原因，不可能比实际时刻更早启动第一阶段和第二阶段后卫行动。

　　"第一阶段后卫行动"和"第二阶段后卫行动"在军事行动上和政治上完成了两件事。第一，它们破坏了河内通过发动一场传统的进攻行动来结束战争的努力。在这个意义上，它们再次证明了一个老教训——它自1939年以来被反复强调，已经成为不言自明的教训——直接面对掌握制空权的敌人时，任何大规模的传统战争都不可行。由于武元甲无法干扰美国在南越的空中作战行动（他的防空导弹组是固定的，不能跟随野战军），这一切对他来说都并不意外。也许，他的游击队已经学会了对付空中力量能做到的一切事，经历那些岁月以后，他忘记了这种战争和常规作战之间的区别；也有可能他只是假设，既然美国的大部分飞机已经离开越南，他终于能自由地为所欲为了。第二，它们表明，如果以前所未有的规模单独使用空中力量，能够实现政治效果——尽管只是针对一个归根结底很小、很不发达的国家，并且只是在一场——正如国会投票和后来的事所证明的那样——多年以前就已经失败、并且无论如何也会失败的战争中。由于美国已经让河内知道，美国不会督促后者的军力离开南越，并且，由于协议也要求美国从该国撤军，巴黎协议的真正功绩就是为华盛顿及其客户提供了一个休养生息的机会。因此，我们必须同意那些声称空中力量并未破坏北越意志的人。相反，一直以来意志力被摧毁的一方都是美国；早在1968年年初，"春节攻势"之前以及之后的几天、几周和几个月内，他们的意志力就已被摧毁，使尼克松得以把空中力量作为在美国看来花费最少的武装力量加以试验，并掩盖了这一事实而获得了最佳条件。

另一方面，从1964年到1972年春天，美国投在南越的大量弹药及其使用并损失的成千上万的直升机对它在这个不幸的国家中赢得游击战几乎没有任何助益。越共以小规模的分散群体行动，他们很可能每天只需要100吨补给——只要50辆卡车就能运输，以及最重要的，美国飞行员几乎完全无法区分战斗人员和非战斗人员，全都促成了这一结果。无论是以直接模式还是间接模式利用空中力量，都能阻止游击队从毛泽东的第二阶段转到第三阶段。事实上，空中力量的这一能力在1968年已经得到了证明，当时它以一次猛烈的轰炸摧毁了正试图占领溪山（Khe Sanh）的越共和北越军力。然而，这也几乎就是它能做到的全部。一些观察家认为，以不加区别的方式在南越使用空中力量，产生的结果弊多利少。尽管空中力量自20世纪初形成以来业已发生了巨大的量变和质变，但在许多方面，越南战争只不过重复了几乎自它第一天被用于战争以来就一直在稳步积累的教训。然而，这是一个并未被吸取，并且在很大程度上，至今也尚未被吸取的教训。

第二十章　越南战争之后

　　似乎为了证明已故历史学家芭芭拉·塔奇曼（Barbara Tuchman）在《愚蠢的进军》（*The March of Folly, 1985*）中的论述，越南战争中使用空中力量带来的几乎难以估量的花费，以及它最终未能带来人们希望的决定性结果，都使其并未阻止其他人试图染指这一游戏。诚然，就规模庞大这一点而言，以后再也没有发生、而且今后也不可能发生像越南战争这等规模的战争。但这并不是说，继美国在1961～1975年的表现之后，其他人在空中力量到底能实现什么这一问题上就更清醒。

　　我们在这一背景下将讨论的第一场战斗最终导致了英国的南罗得西亚转变为今天的津巴布韦。从规模上看，它与前几章描述的战争相比只是规模最小的战斗。由于罗得西亚的白人居民人口数量刚过20万，并且没有任何形式的重工业，该国统治者能够组织的平叛行动规模受到了严格的限制。然而，主要归功于这场斗争并不是一种外人控制当地人的尝试，而发生在两个不同的人口群体（双方同样忠于并熟悉这个国家）之间，它在同类型运动中运作得最好，在战术上和作战上也最为成功。

　　战争始于1964年7月，背景是占人口5%的白人拒绝与占人口95%的黑人以一人一票为基础共享权力。1965～1966年期间，南罗得西亚单方面宣称从英国独立之后，战争升级了。主要涉及的有两个游击队组织：津巴布韦人民革命军（ZIPRA）和津巴布韦非洲民族解放军

（ZANLA）。一开始津巴布韦人民革命军是两者中规模较大的组织，但后来津巴布韦非洲民族解放军在领袖穆加贝（Robert Mugabe）的领导下发挥了主要作用，并在国家独立后实现了统治。两个组织都在邻国（主要是莫桑比克）建立了基地。赞比亚虽然已经独立，但该国大部分电力和铁路（通过铁路出口主要产品铜）仍然依赖于罗得西亚，因而绝不会向叛乱分子提供大量援助。

津巴布韦人民革命军和津巴布韦非洲民族解放军都试图通过把人员和设备渗透到罗得西亚来展开敌对行动。数年来，大部分渗透者都劳而无功地返回基地，要么就是被抓获、杀害或向当局投降。少数免遭上述失败的人则谋杀偏远农场的平民、试图破坏各种设备、致力于向黑人灌输造反的思想并煽动他们造反。一开始，津巴布韦人民革命军和津巴布韦非洲民族解放军的组织成员仅有区区几百人；经费十分有限，以至领导人甚至无法支付电话账单，叛乱分子既没有组织也缺乏军事经验——他们必须学会这些技艺，而这往往要付出昂贵的血的代价。

1964年，罗得西亚的部队（不包括警察）有两个小型旅编制，包括大约3600名常规军，此外还有6500名左右预备役军人，后者能作为地方性军队维护各省安全，但不能用于全国性的机动作战。罗得西亚军队在为这场冲突做准备时，原本设想发动一场常规战争。他们担心英国有可能在索尔兹伯里（Salisbury）实施空中轰炸以撤回罗得西亚单方面宣称的独立，还担忧某一个或某几个邻国会在共产主义者的煽动下发动武装入侵。因此，他们计划建立一支常规军，并为之配备大炮和轻坦克。然而，对他们而言幸运的是，他们缺乏必要的人力资源、财力资源和后勤基础设施。因此，他们没有购买在反叛乱战争中基本派不上用场的先进重武器，而是尽可能使有限的资产发挥最大的效用。

南罗得西亚的国土面积约为15万平方英里，比马来西亚和越南都更大。由于安全部队规模很小，空中力量不可避免地在这场冲突中发挥了很大作用。与英国和法国相比，他们使用的军力是微不足道的。其全部设备就只有一个C-47运输机中队，以及"百灵鸟"（Alouette III，阿尔及利亚战争中著名的Alouette II的规格更大的后继者）和Bell-205（UH-1的民用型号）直升机。有一部分直升机配备了20毫米火炮，并改装为武装直升机，后来还装备了对抗设备（热诱弹）以抵御"斯特雷拉"防空导弹，此外还有一种活塞发动机的轻型通用飞机"塞斯纳空中霸王"（Cessna Skymaster），配备有机枪、火箭和凝固汽油弹。最后，三个中队的轻型"吸血鬼"和"猎鹰"喷气战斗机外加一个中队的"堪培拉"构成了空中力量的全部图景。

这些更轻、更慢的飞机远比美军频繁用于越南作战中的更重、更快的喷气式飞机更适合反叛乱行动。罗得西亚的飞行员不仅十分积极，而且极为训练有素。由于飞行员数量很少，他们尽可能驾驶多种类型飞机的能力就特别受到重视。当地地形十分多样，包括村庄、灌木丛和覆盖着巨型石块的地区，不过其中大部分地区还是干燥、平整和开阔的，这些特点使游击队队员难以行进和躲藏。反过来，对于眼下的任务来说，空军几乎是理想的选择，如果说有所不足，那就是这一事实：罗得西亚的空军和陆军一样，正遭到1966年加诸该国的国际经济制裁。随着时间的推移，获得备用部件和更换陈旧设备变得日益困难。

一开始，可用的唯一空降力量就是一个连的特别空勤部队（SAS，以令人敬畏的英国突击队为蓝本）。后来，罗得西亚用于作战的主要军力就是所谓的"火军"（Fire Force），也被称为"超人"（Incredibles）或"圣徒"（Saints）。他们扩展为一个完整的营，包括从许多讲英语的国家招募而来作为轻步兵加以训练和装备的人员。自1974年以来，这些军队在效率和效能上都达到了巅峰状态。报告游击队出现的通常是警察和地面陆军部队，到20世纪70年代初，当地的（黑人）村民也开始报告，很明显他们对叛乱分子的恐惧更甚于对安全部队。随后，装备有自动步枪、轻机枪和肩扛式反坦克武器的突击队被C-47和直升机空运到现场。他们利用各种手段（如隐藏在山脊背后、逆风飞行）尽可能久地掩盖飞机的出现。最先到场的总是载有突击队和武器的直升机，接下来是载有步兵的飞机。根据情报，如果条件允许，就放下飞行员（罗得西亚伞兵就像运动员那样训练，即自由下落后再打开自己的降落伞，使落地大为精确），或者，多数情况下以小队包围游击队。随着空中轰炸和扫射迫使游击队四散分开，他们就直接冲向周围的罗得西亚人。如果地形比较开阔，后者逃跑的机会是很渺茫的。

要不是空中力量为安全部队提供了机动性，并且充当了一种真正的力量倍增器，后者也许永远不会遭遇到敌人。交换比例——双方在这些行动中的遇难人数——总是对罗得西亚极为有利。此外，游击队总是在远离基地的地方行动，如果受伤或耗尽补给时只能被迫投降，而这些限制却不会影响到反叛乱的一方。罗得西亚人仍不满足，有几次他们利用空中力量轰炸并袭击了位于赞比亚和莫桑比克的游击队基地。这些行动（真的是字面意义上的从天而降）非常成功；入侵者杀害了几百名敌人，己方仅损失数名人员。

罗得西亚的空中力量在某些情况下当然也会杀害平民。然而，完美的训练以及使用相对较轻、机动性极好、高度精确的飞机和武器有助于减少平民的伤亡率。许多游击队出没的地区的居民被疏散到保护区。虽然这一举措并未使人民喜爱当权者，但至少也有助于减少伤亡数量。最后，导致白人少数群体失败的是1974年葡萄牙推翻独裁者马塞洛·卡埃塔诺（Marcelo Caetano）的政变，该政变引起了葡萄牙在莫桑比克的统治的崩溃。由于游击队在800英里边境线的另一边公开地自由行动，安全部队无法阻止多达1.2万名的人口穿过边境。游击队在道路上布雷、从事破坏活动并暗杀白人和黑人村民。他们偶尔还会击落罗得西亚的直升机和飞机，其中包括一架载满乘客的民用机。随着战争的进展，虽然游击队从未得以深入城市，但事故次数有所增多。与此同时，从罗得西亚移民出境的白人增至每月2000人，严重地损害了国家本就很有限的人力资源和经济。换句话说，罗得西亚人以被游击队淹没而告终，而后者在质量上从未能够与之匹敌。在这方面，他们与发生在印度支那、阿尔及利亚、越南以及后来被西方占领的伊拉克和阿富汗反叛乱很不一样，这些地方反叛乱行动全都拥有相当大的数量优势。

1979年12月不仅标志着罗得西亚的停火，还见证了一场最终演变为苏联试图打击阿富汗游击队的为期9年的战斗的开端。阿富汗是一个占地24.9万平方英里的大国。大部分地区都是山脉，其中很大一部分地区是任何一种机械运输实际上都无法进入的。应亲苏总统阿明（Hafizullah Amin，他从前任手中获取了权力，但无法平定叛乱）的要求，苏联的一个近卫空降师被派去占领喀布尔（Kabul）。这个师首先在附近的两个机场空投了一个伞兵营，很快其余军力也相继跟上。成功部分归功于突袭，部分是由于不存在任何有组织的反抗。苏联掌握了所有关键设施之后，约计5.2万人的第40军兵分两路，分别往该国行进，形成了一个包围阿富汗大部分地区的环，直至会合于南部的坎大哈（Kandahar）。历史上还很少有这样一个大国这么快就被占领。

当时苏联红军的力量达到了顶峰，被很多人认为是世上最强大的战斗机器。入侵阿富汗时，红军带来了几百辆坦克、几千辆装甲运兵车、大炮甚至用于对付压根儿不存在的阿富汗空军的防空部队。然而，随后几十年中仅有小规模冲突（如1977～1978年间发生在索马里的冲突）对和平造成了一些破坏。只有很少指挥官和军队拥有实战经验，更不用说与游击队作战所需的特殊经验。下令入侵的勃列日涅夫（Leonid Brezhnew）治下的苏联并不是一个民主国家。他和他的武士们既无须考虑公众的意见，也不用像美国那样在攻打越南时也许会觉得受到许多道德限制，哪怕这意味着对确定或疑似窝藏圣战者（mujahideen）的村庄加以无情的轰炸，哪怕这意味着杀死数十万人，并使几百万人沦为难民。

然而，短短几个月内，苏联就发现自己在徒劳地试图处理一场规模渐增也日益危险的起义。叛乱分子在混杂着爱国主义和宗教热情的驱动下，完美地利用了复杂的地形，又由美国通过巴基斯坦提供补给和装备，确实是顽固而狡诈的对手。除了向苏联的各种设施发起火箭袭击外，他们还以一种特殊的方式对公路的运输车队发起袭击：通常让先遣的装甲车先通过，然后再向跟随其后的后勤支援车辆开火。一方面，他

第五部分 人民战争：1908～2010

· 333 ·

们从未学会如何以比营更大的规模行动。另一方面，与其他同类战士类似，他们拥有几乎能随时融入平民这一不可估量的优势。这种能力在城市中也许比在乡村更重要，因为苏联禁止在城市中使用任何空中力量。确实，与此前和之后的许多场起义一样，空中力量在这场起义中的一个主要弱点是无法在复杂和拥挤的城市环境中行动。

苏联驻阿富汗军队顶峰时期有12万人。由于地面运输即将变得十分危险，其中很多人都以空运的方式抵达阿富汗并在该国的各省之间转移。据说任一时刻最多都能获得500架飞机和直升机，而曾经参战的飞机数量一定大得多。由于国家的幅员和地形性质，空中力量不可避免地从一开始就在反叛乱行动中发挥了很大作用。一如以往，它最重要的任务总是侦察。虽然从空中搜集情报总体而言比其他任何方式都更迅速，风险也更小，但空中侦察也不无问题。其次是为地面部队提供空中支援，可以用Mi-8和M-24直升机或Su-25战斗轰炸机来实现这一任务。苏联在美国介入越南15年以后进入阿富汗，他们的装备中不再有老式的螺旋桨飞机，但装甲坚固、飞得较低较慢的Su-25显然十分适合这一目标。

空军或陆军航空兵执行的其他任务还包括：利用直升机或降落伞（相对较少）使部队在圣战者组织或阵地附近或周围着陆；把少量部队安插在敌后区伏击敌方车队、搜集情报和捕获战俘；保障苏联计划让车队先行通过的山路。由于圣战者精通山地战，最后一种任务尤为重要。苏联的一个独特之处是利用低空飞行的直升机从空中投下大量杀伤性地雷（其他国家很少这么做），其目的在于阻挠圣战者行进，然而大量平民也不可避免地因此遭到伤亡。不用说，这种方式很难赢得人们的心意。

苏联空降兵——其中特种部队（Spetnatz）占了很高比例——的装备比陆军好得多。特别值得注意的是BMD-1，一种履带式轻型装甲侦察车。设计该车时的一个特定意图是空中机动性，因此为它配备了一门强大的73毫米自动炮。苏联的许多直升机比美国同级别的直升机尺寸更

制空权时代

大、功能也更强，它们虽然必须在多山的地形行动——那里稀薄的空气降低了转子能够提供的上升力，但仍然不仅能运载部队，还能运载车辆。美国空降兵着陆后总是步行，相比之下，苏联空降军经常乘车行进，因此能在距敌人一定距离以外着陆，这也就意味着更不容易暴露，伤亡率也更低。

一开始，圣战者用以抵御苏联空中力量的全部装备就是从巴基斯坦走私到本国的重型机枪和一部分20毫米速射炮。后来，这一图景有所变化。苏联和其他国家一样也采用了热诱弹来误导热寻的防空导弹[如"红眼"（Redeye）]。但圣战者在20世纪80年代初获得的"毒刺"（Stinger）则是一种完全不同的武器，它们同时配备有红外和紫外导引头，要难对付得多。"毒刺"能由一个士兵发射——正式场合下需要两个人——并且在从600英尺到12500英尺之间的任何高度都能有效，这对直升机来说极为危险。苏联/俄国关于阿富汗战争的权威著述承认，这些导弹迫使指挥官"严格限制"了直升机的使用，尤其是在白天。但"毒刺"似乎并没有显著地增大损失，它们所做的是使飞行员采取更谨慎的战术，而这往往是以降低有效性为代价的。

并不令人惊讶，苏联发现他们的航空设备（不论是固定翼还是旋转翼）在起飞和着陆时都特别脆弱。因此，圣战者最喜欢的一个战术就是设置"空中伏兵"：由一小队躲避起来的战士占领空军基地附近的位置。最佳位置是位于跑道末端，或者（如果地形允许的话）位于高地上俯视跑道。和在越南一样，保护基地免遭各种形式的地面袭击（从火箭到步行潜入基地的人）极大地损耗了人力资源，这在某种程度上抵消了空中力量作为军力倍增器的能力。

苏联官方公布己方在这场10年战争中的死亡人数是1.3万人，但实际数据可能是其两倍。最近的消息来源指出，这场战争还使苏联至少损失了118架固定翼飞机和338架直升机，从而再次证明直升机在一场没有前线的战争中（它们不能在后方相对安全地飞行）是多么脆弱。在服役的许多不同机型中，几乎每种都有一架出现在损失列表上，甚至还包括一架单独的"米格"–23，这种可变翼高空战斗机能在一分钟内爬升到4.7万英尺，最高速度达2.4马赫。然而，正如伊拉克人也认识到的，这架"鞭挞者"（Flogger）——用北约的代号来说——很难适应地面攻击这一角色，而它最不适应的就是打击行踪不定的小规模游击队目标。因此人们只能假定它当时是在执行侦察任务，一项至少从1967年以来它就一直在执行的任务。

当苏联在阿富汗的战争中走向失败时，美国正在介入萨尔瓦多的一场规模小得多的反叛乱行动。1989年，战争发生9年之后，政府军与游击队人数之比超过了4∶1。政府军依靠美国提供的资助、装备和训练还拥有了一支空军，包括18架"暴风雨"（Ouragan）和A–37轻型战斗机、2架AC–47武装直升机、11架O–2侦察机、8架运输机和67架直升机——当然，游击队对所有这些飞机都毫无反击之力。但这一军力（尤其是空军军力）上的优势并未阻止法拉本多马蒂民族解放阵线（FMLN）于当年11月发动一场全国范围的进攻，甚至在极盛时期使整个萨尔瓦多北部都落入其手。虽然这场进攻以被击退而告终，但多少迅速催生出一个新的威胁：叛乱分子开始接收到肩扛式地对空防空导弹。1990年，法拉本多马蒂民族解放阵线的军力造成萨尔瓦多武装部队的2000人伤亡，几乎占总伤亡率的5%。难怪政府第二年放弃了，双方同意停火并达成了一种相互妥协的和平。

正如经常发生的那样，萨尔瓦多最具争议的问题之一就是萨尔瓦多空军对平民的轰炸。在封铲（Guazapa）和查拉特南戈（Chalatenango）这类经济欠发达地区，轰炸几乎是政府向游击队施加压力的唯一途径。与以往一样，就此问题存在着相互冲突的说明。一些人大大夸大了平民死亡的数量；另一些人则更不令人信服地声称，只有很少（如果不是完全没有的话）平民在袭击中被战斗机和武装直升机杀死。真相很可能介于两者之间——因为自由开火区的平民仿效游击队的做法，并通过伪装自己的房屋、飞机一出现就躲避起来而学会了适应空袭。空袭很可能在一定程度上侵扰到了游击队，然而，由于游击队通过吸引新支持者和旁观者而获得了道德和宣传上的效益，其影响大为削弱。

苏联和美国都可以用这一想法安慰自己：与整体的军力规模相比，它们并未大量使用空中力量，它在两国支配的庞大资源中只占一个相对较小的比例。同样的说法并不适用于以色列在黎巴嫩的情况。我们上次提及以色列空军是在1982年6月9日，他们把高度创新的技术与出色的规划和执行结合起来，重击了叙利亚空军。为此他们采用了无人驾驶飞机——前面已有说明——和一些战斗机，这些战斗机是当时所有国家所能获得的最先进的飞机。以色列用机载预警与控制系统飞机来协调行动，迅速解决敌对方，宣称他们在整个喷气机时代规模最大的一场空战——双方都使用了约150架飞机——中击落敌方飞机100架，而己方仅损失1架。这场胜利表明，以色列空军很可能是世界上最好的空军。在接下来的30年中，无论是叙利亚还是任何其他阿拉伯国家的空军都不敢挑战其至高无上的地位。

当时，以色列空军的战斗序列包括大约640架飞机——F-15、F-16、"幼狮"（Kfirs）和型号较旧但尚能服役的"空中之鹰"。最后一种公认速度很慢，但其稳定性和机动性却使它们在空对地行动中至少和陆军使用的更快更先进的飞机同样有效。此外，以色列是一个很小的国家，而黎巴嫩是仅在一墙之隔的邻国。因此，虽然总是有必要对其他阿拉伯国家可能做出的行为保持警惕，但后者在这场战斗中投入的空中设备并不比在越南或阿富汗战争中多多少。一旦叙利亚的导弹组被摧毁，地面反击（以无处不在的"斯特雷拉"导弹为主）力量总是极为微弱。尽管拥有这些优势，以色列的制空权（凭着多年的集中努力，并以暴露了许多本来仍将保密的新武器和新技术为代价而获得）并没有带来地面上的胜利。

战争的第一周，空中力量的局限性就变得很明显。虽然以色列空军拥有绝对的制空权，但并不能阻止巴勒斯坦解放组织（PLO）游击队避开沿海岸朝贝鲁特（Beirut）方向行进的以色列地面部队，他们也未能成功地阻止叙利亚军队从黎巴嫩有序撤军。用一位以色列空军将领的话说，这场胜利尽管对于1973年遭到打击的骄傲感来说是一种慰藉，但并未带来显著的军事或政治利益。正如空战史上经常出现的那样，以色列飞机误袭了己方的军队并造成了人员的伤亡。地面部队抵达行程最北端贝鲁特—大马士革公路时，空军花了几周时间进行猛烈轰炸，促使巴勒斯坦解放组织最终同意从黎巴嫩首都撤退。即便如此，取得这一成就的原因中，各种国际压力和在地面包围敌人的部队一样起了重要作用。

更糟糕的还在后头，巴勒斯坦解放组织领导人阿拉法特（Yasser Arafat）和他的数千名战士撤离战场并未如以色列所希望的那样使战争结束，相反，很快就引发了一场"人民战争"，并且和任何一场人民战争一样持续很久而又影响恶劣。在许多方面，黎巴嫩有多适应这种战争，以色列在这种战争中就有多脆弱，后者在这个问题上完全缺乏经验。黎巴嫩的农村满是山区并覆以植被，其中大部分是树林，此外还有一些柑橘之类的树木。相当大一部分地区被遍布山坡的村民占领，作为理想的游击队基地；沿岸的人口更密集的巴勒斯坦难民营如果说有什么不同，那也是更适合于这一目的。以色列车队在通往贝鲁特—大马士革（位于以色列边境线以北60英里）的路上必须通过这一地区。难怪他们很快就先是遭到巴勒斯坦解放组织和一支被称为阿迈勒（Amal）的什叶派（Shiite）民兵的袭击，后来又被名称几乎家喻户晓的"真主党"（Hezbollah）袭击。

从1982年到2000年，以色列连续18年内竭尽全力与真主党作战。为了搜集情报和实施监控，他们使用了日益复杂的无人机（迄今为止以色列在该领域几乎没有对手）。这些年内出动的飞机架次高达几千（如果不是更多的话）。最先进的战斗机、战斗轰炸机和武装直升机——每一种都耗资几千万美元——也出动了无数架次以打击游击队的各种目标。以色列采用的技术比大多数国家都更先进：1991年，美国投在伊拉克的炸弹中有十分之九是老式的铁制炸弹，而当时以色列已经全面转为制导炸弹。

每次袭击之后，用以色列国防军（IDF）发言人的套话来说："我们的所有飞机都安全地返回了基地"，这句话被多次重复，以至成为一个经久不衰的笑话，飞行员们也总是"报告成功命中"。由于以色列也在地面与敌人作战，因此要依靠直升机为地面部队提供支援和补给。他们以典型的反叛乱方式行动，不时深入黎巴嫩发动直升机突袭。这些年内有一部分直升机被击中，但显然没有一架被击落。然而，尽管使用这些手段的花费与击中目标的比例往往十分荒谬，游击队行动仍在增强而并未减弱。以色列最终放弃时死亡人数为1500人，考虑到人口比例，该数据比美国同年在越南的死亡率高。

然而，2000年5月的撤退并未终止战争这一苦难，也未消除以色列空军在处理这件事上表现出的无能为力。继许多小规模战斗后，以色列—黎巴嫩边境一带的战斗于6年后再度爆发。空军再次被召回行动，并且在某种程度上表现得十分出色。7月13日，以色列空军凭借由无人机和其他设备提供的情报资源，在一场提前做好准备的行动中仅花了34分钟就找到并摧毁了由伊朗提供给真主党的远程（"远程"在这里意指600英里以上的任何距离）火箭发射器。这一成就的巨大意义因为这一事实而更得以彰显：回到1991年，霍纳（Horner）将军花了几周时间出动数千架次飞机袭击伊拉克"飞毛腿"导弹，但正如事后调查所揭示的，他们一个导弹都没有摧毁。敌对行动刚一结束，真主党领袖纳斯鲁拉（Hassan Nasrallah）就表达了他个人对这些结果的震惊和沮丧，他说，如果他知道以色列的反应如此强烈，他绝不会先启战端。

当然，这是一个非凡的功绩。它也许可以解释真主党为何从未使用剩下的"黎明"（al-Fajr）和"地震"（Zilzal）火箭。有一则文献甚至指出，以色列不仅摧毁了发射器，还摧毁了库存量约为200枚的"地震"火箭中的绝大部分。以色列空军无疑受到这一成功的鼓励，继续展开行动。整场战争中战斗机出动架次达1.2万次，总出动架次达1.9万次。但这些出击充其量只能说表现平平。对运输目标的袭击事实上并未阻止真主党从叙利亚那里接受新流入的武器。最重要的是，空军未能阻止战争的五周内每天都不断袭击以色列北部的短程火箭（4～25英里）"喀秋莎"（Katyusha）和"格勒"（Grad）的炮轰。仅8月1日和2日两天就有400支火箭着陆，其中一支一直打到特拉维夫以北40英里的哈德拉（Hadera）。这并非以色列空军的过失，而是因为"喀秋莎"体积特别小、机动性极高，数量又有好几千枚。它们和更大一点的火箭被掩藏在地下混凝土掩体中，并且几乎完全埋在植被以下。当发射命令抵达后，它们就借助液压杆被提升到地面上。从空中很难发现并击中这些目标，并且，由于飞行员要躲避真主党的地对空导弹而只能停留在高空，使这一情况更加严重。在黎巴嫩南部行动的直升机尽管表现得极为谨慎（后来证明这种谨慎是相当有道理的），情况也不比战斗机好多少。虽然它们发动了数百次袭击，并消耗了数十万枚昂贵的"地狱火"（Helfire）导弹，但对战斗的影响力小得令人失望。

公允地说，地面部队的表现也好不到哪儿去。与以色列的最佳战争模式（像1956年、1967年和1973年战争中那样）形成鲜明对比，地面部队的使用很是零散，并且没有形成一个适当的重心。首要目标是避免人员伤亡，最高指挥部有时似乎也不知道拿地面部队来干什么，它总是一会儿派出一支部队，一会儿又派出另一支部队在各个不确定的方向执行各种不确定的任务。这些部队奉命反复进入黎巴嫩又撤退，然后又被派往另一个部门或从事另一项任务。最终纯粹归功于坚持才赢得了战争的胜利（在其胜利了的意义上）。与纳斯鲁拉曾经向其追随者所允诺的正相反，以色列表明他们已做好承受伤亡并继续作战的准备。在此过程中，他们大规模出动空军，摧毁了贝鲁特真主党出没的整片地区，还破坏了黎巴嫩的许多交通设施。虽然真主党在叙利亚和黎巴嫩的帮助下能迅速重新武装，但他们似乎领会到了其中的深意，此后边境几乎完全平静下来。诚然，偶尔还有极少数火箭被发射，但每当发生这种事时，真主党（显然是担心其可能的后果）都会立即声明与此关。

下面本章即将考察最后两场"人民战争"，一场发生在阿富汗，一场发生在伊拉克。这两场战争都由极力鼓吹高科技空中力量的美国国防部部长拉姆斯菲尔德（Donald Rumsfeld）策划。由于最重要的空中力量中心与战场距离遥远，两场战争都大量使用了空中运输——就阿富汗这个内陆国家而言，如果没有空中运输，战争根本不可能发动。为了把装备运入乌兹别克斯坦，需要出动67架次的C-17。这两场战争都专为最大规模地利用有史以来最强大、最先进的空军而设计，其直接的目标是以最小的代价实现最有力的可能打击——即所谓的"威慑"，一个由分析家在1996年首次使用的术语，其长远的目标在于证明"军事变革"是确实可行的。

2001年针对阿富汗的袭击几乎全部来自空中。美国的唯一一支地面部队由几个特种部队小队构成，他们由直升机运到阿富汗，以便利用地面激光指示器帮助炸弹和导弹找到目标。首先，用卫星图像和其他类型天基传感器的方法确定目标，然后，利用现已成为惯例的飞机（由于缺少陆上基地，几乎所有B-52都必须从沿巴基斯坦海岸缓慢巡航的航母上起飞）和巡航导弹的组合，美国迅速摧毁了塔利班最重要的阵地。扫荡的任务交给了所谓的"北方联盟"（Northern Alliance），这是一个管理松散的阿富汗战士组织，为各派别的首领服务，由乌兹别克斯坦提供的苏联武器匆匆武装起来。北方联盟几乎没有遇到阻力就占领了最重要的城市。如前所述，两年后，空军力量（这次是与大约10万地面部队一起）在伊拉克击败萨达姆军队并占领巴格达中发挥了主要作用。必须再次申明，这两场战斗打击的对手都极为弱小，阿富汗的塔利班甚至根本不具备任何反击方式。

美国及其盟友最开始在这两个国家都没遇到太多困难就完成行动之后，很快就步以色列在黎巴嫩的后尘，认识到了空中力量在"人民战争"中的局限性。美国在阿富汗采取的进攻方式使大多数塔利班人都能免遭杀死或被俘，其中不仅包括普通战士，也包括最重要的领导人，如塔利班的毛拉奥马尔和基地组织的本·拉丹。后来提交给美国参议员的一份报告特别把本·拉丹的逃跑归咎于缺乏地面部队。事实上，美国所做的一切就是重复他们在越南犯的错误；1972年武元甲改变游戏规则之前，美军巨大的空中力量也曾迫使越共分散，使他们不能重返战场作战。虽然塔利班也被迫四散逃跑，但大部分人穿过了拉姆斯菲尔德为俘获他们而布下的天罗地网。他们到达了未曾遭到美国及其盟友军事打击的地方——事实上，大多数地区都是如此——之后，再次组织起来并从事阿富汗一直以来都十分擅长的游击战，就仅仅是一个时间问题。如果这么做，他们将很自然地获得这个国家自亚历山大大帝时代以来为前人提供的一切优势。

阿富汗是世界上最贫穷的国家之一。然而，很大程度上由于毒品贸易（美国及其盟军一直在徒劳地试图压制这种贸易），他们从不缺乏发动战争的钱。不论是空中力量，还是其他任何一个军种都不能阻止塔利班获得游击队常用的武器组合：小型自动武器、机枪、迫击炮、轻型反坦克和防空武器、短程火箭和地雷。他们还大量使用了易于操作但很安全的无线电设备。战争开始近10年后，他们似乎获得了所有这些武器，并且在数量上几乎不受限制。这一事实当然是空中力量未能完成其封锁职责的一个表现，但令人费解的是，塔利班没有采用"毒刺"防空导弹，一种美国自己在80年代中后期提供给圣战者的武器。很可能苏联入侵时遗留的这些武器已经全部出售给第三方，否则，美国在阿富汗的空中行动将远比实际情况艰难。

美国和其盟国在阿富汗时很大程度上以常规方式利用了空中力量。远程运输机中有许多从民用公司租得。这些飞机由于过于庞大和昂贵而不能用于冒险，因此它们经常把部队和装备运到同意合作的邻国，在那里由较小型的军用运输机接管，并经由往往十分危险的航线运到阿富汗。这些军用机回程时把伤亡人员和已经履行完职责的部队运出来。敌方情报由卫星图像和像"德国龙卷风"（German Tornado）这样的侦察机提供，战斗轰炸机后来取代了后者执行此任务——直到2009年，斯坦利·麦克里斯特尔（Stanley McChrystal）将军几乎彻底禁止使用战斗轰炸机，因为它总是会起反作用。直升机执行的是寻常的作战和战术任务，包括提供联络、充当飞行的指挥哨、运输部队和补给，它们还和一些经改装的货机一同充当武装直升机，提供火力支援。现已无处不在的无人机发挥了极为重要的作用：巨大的耐力、低廉的运行成本和承担风险的能力（如果一架无人机被击落或失踪，不必担心飞行员安危）使其特别适合情报搜集。如上所述，有些无人机还被装上导弹以执行攻击任务。在这个意义上，自动化战场的时代真正来临了。

到2010年中期，战争开始9年后，阿富汗战局仍是一团迷雾。拉姆斯菲尔德把空中力量与少数地面特种部队结合起来，赢得一场迅速而低廉的胜利的计划已经落空。相反，来自多个国家的10万多军人，在成千上万阿富汗部队的支持下，部署了迄今为止战场上使用的最先进的空中力量，正试图与绝对不到2.5万人的松散的非常规军组织作战。即使这个数字（只占联军力量的很小一部分）也很可能是2001年年末"持久自由行动"（Operation Enduring Freedom）开始时塔利班能够集结到的人数的2~5倍。显然，这些组织力量太弱，不可能使斗争升级，达到毛泽东所说的第三阶段。大多数时候，他们的行动处于第一阶段（恐怖主义）和第二阶段（游击战）的交界之间。但塔利班似乎有时间达成此事；因为他们仍然四散分开，并能在农村和城市居民中很好地隐蔽自己，似乎很难通过空中力量或其他任何现代化军事力量的方式击败他们。和在越南一样，他们选择的"退场战略"——其含义不言自明——的一个核心要素就是把阿富汗陆军从9万人增加到13.4万人；也和在越南一样，美国及其盟友的最佳做法就是离开——虽然没有完成主要任务，多少还能维护一点声誉。既然敌对行动已经扩散到邻国巴基斯坦，如果说与越南战争有何不同，那也是前景比以往更为黯淡。

到2006年夏天，伊拉克战争的情况似乎比阿富汗更加糟糕，迄今为止这两场战争中前者当然占用了更多资源。与2001年年初袭击阿富汗一样，袭击伊拉克时也大量使用了世界上唯一一个超级大国及其盟国能运用的最先进的空中力量。巴格达刚被占领，士兵和民间分析家就开始大力颂扬其成就。但我们已经看到，在执行任务量（这是军火消耗量的一个决定因素）、精确性和——经常如此——及时性上，与1934~1945年间在突尼斯、意大利、法国和德国上空徜徉的"二战"时代的战斗轰炸机机群相比，它并未实现大幅改善。结果，当主要作战行动偃旗息鼓并被恐怖主义行动代替时，人们发现了"赤裸的（或近乎赤裸）皇帝"。

虽然伊拉克北部是山区，但该地区有库尔德人居住，他们无意反对由美国领导的占领行动，因而能安处于注意力之外。农村的大部分其他地区是开阔而单调的沙漠，游击队在那里很难展开行动，双方几乎都没有打击目标。一个主要的例外是美索不达米亚，历史上所有大型城市都位于这一片从西北延伸至东南的灌溉区。由于部分地区覆盖以植被和密集的人口，它和世界上任何其他地方一样很适合恐怖主义者和游击队行动。自从英国1947年离开伊拉克后，伊拉克政府一直都高度集权，但在相对现代化的国家官僚结构下，部落和宗教仍保持着与以往一样的影响力。萨达姆和他的圣骑士刚刚离开，这些因素就形成了一个权力分散的、有时简直可以说是无政府的社会。萨达姆的武装力量（包括各种流行的民兵组织）超过了100万人，这个社会的人要么与占领军作战，要么相互作战，因此他们从不缺少武器或使用武器的知识。

尽管被多次警告，拉姆斯菲尔德似乎一直对武装抵抗力量的增长及其很快表现出的极端暴力的形式感到惊讶。和所有反叛乱战斗一样，事实很快证明，可用的飞机规格越大，功能越强，它们的作用就越小，可用飞机也就相对较少，利用这些飞机的成本也就越高。这是一个用牛刀（有些价值上千万美元）寻找并杀死小鸡的问题。实际上，F-16战斗机不止一次被用于轰炸位于巴格达心脏地区的幼发拉底河上的桥梁，这一事实表明，美国对一个它本应击败和征服的国家的控制力是多么微弱。但这些袭击和其他类似行动只构成了美国使用的空中力量的很小一部分；总体而言，伊拉克利用空中力量反叛乱的方式与其他地方在类似战斗中的利用方式几乎没有两样。

美国空军自越南战争以来拒不面对现实，他们进入这场战争时没有任何反叛乱学说可言。陆军的情况有所不同。2006年他们发布了印有戴维·彼得雷乌斯（David Petraeus）将军签名的反叛乱新手册，把空中力量编在附录中，在总共200页篇幅中仅占了5页。此外，彼得雷乌斯相信，空中力量在反叛乱行动中最好用于执行间接而非直接职能。因此，他明确建议，必须停止使用最强大的战斗机；其他类型的飞机由最熟悉状况、最能利用好它们的战术指挥官来控制。

为了满足对轻型运输机、直升机和无人机日益增长的需求，空军开始成立包括各种轻型螺旋桨驱动飞机在内的新中队。这些飞机很久以前就被认为已经过时，但现在又被匆匆购入，并装上了最新式的电子设备。由于几乎不存在地对空的反击，这些飞机当时能在整个国家上空飞行，并且直到本书写作时仍能继续如此。它们能提供联络、运输部队和物资、搜集情报、袭击地面目标和疏散伤员，尤其是无人机能够为地面车队提供护航和掩护，有助于减少导致美军大量伤亡的炸弹数量。其他无人机则极为成功地执行路线巡逻任务。

但地面部队仍然不满足于自己获得的支持。问题经常出在太迟、太少（或太多）上，空军的支持者们提出的某些看法——比如，头顶上空喷气发动机的声音是一个赢得人心的好方法——显然是荒谬的。陆军失去了耐心，在国防部部长罗伯特·盖茨的明显支持下，开始建立与空军并行的陆军航空作战单元。正如人们所预料的，此单元也包括直升机、轻型飞机和无人机，全都用最先进的传感器和通信方式联结在一起。陆军的思路是使这支部队[被称为"奥丁"（Odin）特遣队]能响应所有旅级和更低级别指挥官的号召。反叛乱行动使陆军得以把手伸到空中，空军不得不在地面做更多的工作。空军中越来越多的人开始驾驶无人机，担任前线观察员。另一些人则只是保卫空军基地免遭游击队袭击——也许该因素在常规战争中不一定要考虑，但在伊拉克这样的战争中，仅2003～2006年就发生了1500次袭击。因此，反叛乱行动——空中力量是否确如人们有时指出的那样像力量倍增器一样有效，除却这一点大可置疑以外——实际上正在消解过去几十年中人们所理解的空中部队与地面部队的区别。

美国在"伊拉克自由行动"（Operation Iraqi Freedom）传统阶段期

间作战死亡人数为137人。即使伊拉克军事力量很弱，这也确实是一个很小的数字。但到2009年年末，死亡总数上升到不少于4367人。换句话说，在各种反叛乱行动中的遇难人数比被萨达姆军队杀死的人数的32倍还多。这还不包括非军事人员：其中有些是美国人，有些是外国人。他们在受雇于五角大楼聘请的大量为国家执行各种职能的安全公司时丧生。空中力量的拥护者们显然不能两者兼得。如果以下这一点是正确的话（无疑确实如此），即成功地利用优越的空中力量作出了巨大的贡献，并且使战争开始三周中伤亡人数很少；那么同样正确的是，空中力量在反叛乱职能上的失败至少必须为随后发生的事负一部分责任。总体而言，在谨慎地考虑死亡人数的增长和反叛乱运动的重要性，以及空军在这些运动中实现和未能实现的工作之后，一些观察者开始思考为何不禁止空中力量。

结论
衰落：1945 ～ ？

我们现在已经了解空中力量来自何处，它如何发展，它在参与的许多大大小小的战争中做了些什么，然而，它将往何处去？空中力量是最年轻、并且在许多方面也是最具活力的军事力量，许多学者在全面地研究了空中力量的历史之后，相信它将前途无量，拥有一个伟大的未来。正如历史最悠久、至今仍是众多空军中最重要的力量之一的皇家空军骄傲地作为格言的一句话所说：它将"从峭壁飞往恒星"（per ardua ad astra），历经艰难而终获殊荣。

本研究一直遵循着一条不同的路径。之所以能够如此，一个原因在于它采用了比多数研究更为宽广的视野：囊括了诸如海军航空军、直升机行动、航天行动等领域，而这些领域一般并不被认为是该主题一个不可分割的部分；覆盖了传统战争、核战争和次传统战争。此外，本研究并未为空中力量迅速进步的技术和稳步增长的能力（这两个令人着迷的主题已经吸引了众多学者）而欢呼，而是试图致力于把军事效能——既与其他军种相比也与敌人相比——作为具最终重要性的一个因素。

空中力量始于非常低调的起点，然后如火箭一般腾空而飞。它经受了"一战"的考验，在1919～1939年迅速发展，并在1939～1945年间达到军事效能的巅峰状态。这种效能表现为两个主要方面：第一，从德国在波兰的战争开始，到美国有计划地入侵日本的"奥林巴斯行动"结束，这些年中没有一场大规模军事行动能在缺乏充分的空中掩护下有望获胜。尽管某些战争形势——如防御战——和某些地形——特别是山地——比较不利于空中力量，但总体而言，这一结论无论在挪威还是在北非沙漠，无论在太平洋还是在欧洲都一样成立。如果有所不同，那就是海上甚至比陆地上更是如此。第二，虽然有些学者认为空中力量的战略轰炸从未能够成功摧毁任何政府继续战斗的决心，但它彻底摧毁整个国家的能力却毋庸置疑。要相信这一点，只要看一眼汉堡、德累斯顿、柏林，当然还有东京、广岛和长崎就足够了。

即便如此，空中力量也存在而且也的确遇到了明确的限制。与某些早期拥护者设想的图景不同，陆军和海军并未消失，并且也没有任何实际证据表明它们在战争中的作用总体而言正在经历某种急剧下降。诚然，陆军和海军十分依赖空中力量，并且，如果空中力量不站在自己一边时几乎总是无力与之对抗，但同样正确的是，它们具备某些空中力量此前不具备、至今也仍不具备的特殊能力。陆军能征服敌方领土，平息该地区，并据此抵抗所有来袭者；海军能以相对合理的成本长途运输十分笨重的负载，还能无须任何陆上基地发射军事火力。统治着公海的是空中力量协助下的海军，而非相反。因此，地面部队的基础性和制海权的重要性依然一如既往。

此后，空中力量的能力不但没有增长，相反经历了一场缓慢然而稳定的衰落。无可否认，这一变化平滑而简单，它并非一场大规模的历史进程，甚至也不是一个物理气象学进程——我当然也在思考人们经常提及的全球变暖现象。1945年后很多年内，空中力量仍在某些我所说的"小型战争"（发生在尚未拥有核武器的小国之间的战争或针对这些小国的战争）中执行着"二战"式的职能。中东尤为如此，特别是1967年战争。尽管人们也许永远不会公开承认这一点，但这场战争在很多方面是1940～1941年闪电战的翻版，它就像是海因茨·古德里安将军和他的人登上了一台时光机器，然后走出来与阿拉伯国家的军队作战。

正如几乎总是如此的那样，原因与结果很难分开。然而，作为一个很好的开端，可以简单地看一下数字——因为从一开始，数量优势就始终是赢得战争的一个极为重要的因素。正如我们所看到的，"一战"时各主要交战国驾驶的飞机只有区区几百架。此后，回归曲线开始遵循一般路径，1940～1945年期间，五个最重要的交战国——美国、苏联、英国、德国和日本——共制造了78.5万多架飞机。顶峰时期是在1944年，仅美国一国就制造了约10万架飞机，完成训练并飞行作战的飞行员和机组人员也成比例地增加，穿制服的人员、基地数量、制造飞机的工业规模、飞行并袭击敌人所需的一切当然也是如此。

下面几个数据将说明从那以后发生了什么。柯蒂斯·李梅1957年离开美国战略空军司令部时，司令部有22.4万空军，近2000架重型轰炸机和近800辆坦克。50年后，仅有200架重型轰炸机和相应数量的坦克，当然，与此同时战略空军司令部本身也已被取消。从1950年到20世纪70年代初，为供美国空军或其他军种使用，总共制造了15948架战斗机——F-86、F-100、F-101、F-104、F-105、F-106和F-111。1975～2009年期间，有关数量（其中包括F-15和F-16）仅为该数据的三分之一。20世纪70年代和80年代，美国平均每年购买262架飞机。此后，该数据被削减了四分之三——尽管空军作为主要客户，一直以来高达90%的采购预算都花在飞机而非其他任何东西上。

故事还没有完。美国的初衷是购买750架F-22，并于1994年投产。然而，1990年此数量减少到648架，投产时间也推迟两年。后来又削减至442架、339架和227架，最后国防部部长罗布特·盖茨在仅制造187架后下令关闭生产线，终止了这一令人痛苦的历程。这还是国防经费为其后15个国家经费总和的美国！欧洲战斗机的命运与之类似，这些飞机制造国同意购买620架飞机10年后，在役数量仍维持在137架。似乎为了强调局面已经变得多么荒谬，飞机第一次执行"战斗"任务是在2006年2月，为都灵冬奥运的安全提供保障——鉴于"基地"组织没有空军，这对任何一架战斗机来说都是一件古怪的事。通过考察《军事力量对比》（*The Military Balance*，伦敦国际战略研究所出版的系列报告）的数据，笔者发现，1996～2008年期间，几乎所有世界领先的空军战斗序列都削减了约三分之一，甚至那些并未经历大型战争（这种战争中会损失许多战斗机）的国家也是如此。

海军航空（包括航母航空）的衰落更加严重。诚然，拥有航母的国家数量在增长（国家本身的数量也在增长）。然而，其中大部分都是"半航母"，发射"半飞机"，即短距起降/垂直起降飞机，在重量、动力、速度、弹药携带能力等特征上远逊于现代化的第四代战斗机。如果它们试图承担美国大型航母的任务，结果只能是过上短暂而激动人心的一生。美国最大的航母能携带的飞机数量几乎与"二战"时的前辈一样多，但航母本身的数量却不可避免地下降了。

最重要的是，海上战争的衰落更甚于陆上战争。航母只在1982年的马岛战争中发挥了绝对必要的作用：如果有一艘航母被击沉，将不得不放弃战斗。尽管有些舰载机被用于对付陆地目标，但这样的情况很少，并且也相对不很重要。不论在韩国、印度支那、越南还是伊拉克，它们对结果都影响不大。这使一些分析家们开始质疑，对后勤需求永无止境的巨大的美国航母是否适合持久的战争行动。至于其他国家的航母，人们也许会引用《犹太法典》（The Jewish Talmud）上的一句话：如果雪松已被大火烧尽，遑论墙上青苔？

如前所述，推动这一进程的关键因素很可能是核扩散——简单说来，就是核弹的引入，它是如此强大，以至于只需不多几枚，就能使最强大的国家沦为核辐射的不毛之地。缺乏可靠的防御也就意味着这样一个结果（该结果已经被现实条件检验了一千次，并且每次都有效）。它包括三层含义：第一，掌管核国家的男人——在一些很偶然的情况下，女人——采取了一切预防措施，确保可能爆发于核国家之间的任何一场敌对行动都维持在一定的规模之内，并且/或者由代理国发动这些敌对行动；第二，无一例外，这些国家在逐渐削弱将军们的权力——空军将领首当其冲——以确保他们不可能处于这样一种境地，即发动一场未经授权或突如其来的战争。虽然这一过程并不简单，但它不可避免的结果是战斗序列的急剧下降；第三，无核国家继续和以往一样相互作战，但对有核国家来说，战争仅仅在针对无核国家时才有可能，这些国家往往如此弱小，以至于会出现这样一个问题：究竟为何要打击它们？

另一个很重要的因素是成本。以1985年的不变美元价值计算，1954年的F-100"超级佩刀"（Super Sabre）仅花费200多万美元，1962年的F-4"幻影"花费60多万美元，而1974年的F-15"鹰"式飞机花费2500万美元。"二战"以后的35年中，维持陆军和海军年度花费增长率分别为2.9%和6.4%，空军的数据保持在7.1%。确实，约翰·博伊德的传记作者指出，他曾经计算过，要算出每架飞机的真正成本，应把原来的估计值乘以Pi（3.14）。飞机运行成本（根据每次出击计算）的增长率更大。每次成本超支都会引发——自1970年以来，几乎没有一个西方军用飞机生产项目不是如此——国债，议会则试图通过延长研制周期和削减数量来进行补偿。随着飞机数量的减少，研发成本不得不分摊到数量较少的飞机上，反过来导致每架飞机价格上升，形成恶性循环。其结果是，最终没有人知道每架飞机的"真正"成本是多少。

我们的时代被誉为是技术变革速度之快前所未有的时代，这对计算机及其他相关领域来说也许非常正确，但在军事航空领域却绝非如此。回到"一战"时期，任何超过一年的飞机都是过时的或即将过时的，因此将会被送往次要战区——在某些情况下，也包括海上的战区——履行二线或培训职责。整个20世纪20年代和30年代，飞行纪录几乎每周都被打破。把德国的Me-109从绘图板上的图纸转为系列化的生产仅需两年半时间，英国的"喷火"完成同样的事所需的时间更短。历时6年的"二战"当中，这两种飞机的型号都至少改变了9次。通过考察另一方的坠机来不断地交换经验，研究飞机的工程师们最终把发动机的输出从1000马力增加到2000马力。这是一个具有创造性的破坏过程，无数飞机由于作战或其他原因而损失，保证了创新之流永不停息。

正如一名飞行员所指出的，20世纪50年代，人们对天空的兴奋几乎每周都会带来新事物。后来情况发生了变化。先进国家十分不愿意相互作战，导致飞机的绝对损失数量和每次出击的损失数量都急剧下降；仅仅出于这一原因，这些国家的空军就倾向于延长已有飞机的寿命。仍以美国空军为例，飞机的库存从未像现在这样老旧：平均年龄为38年，远远超过了大部分驾驶这些飞机的飞行员。相反，正如一名空军参谋长曾经告诉过我的，驾驶下一代战斗机的男人（和少数女人）——人们也许会加上一句"不太可能还有下一代"——现在还在穿开裆裤。

由于生产计划的周期变得十分持久，有些型号可能尚未出生。有些飞机，特别是著名的B-52轰炸机和协助它的KC-135坦克已经服役40~50年了。目前的计划是让一部分F-15继续飞行，直至也达到类似年限。创新的步伐远非加速而是在变缓，直至几乎无法察觉。与此同时，在修飞机数量以及与之相应的不能用于作战的飞机比例则日渐增多。使一架飞机维持在适于飞行的状态是极为昂贵的，比如，一架F-15上的一个新纵梁（附着在飞机外壳上的薄金属长条）可能价值1.2万美元，安装的人力费用更有20倍之多。

空中力量的支持者无疑会反对说，虽然机身仍与以前相同或大致相同，但其中有许多通过增加新电子元件、新导弹等正在稳步提升性能。偶尔甚至还会给某架飞机装上改善性能、延长操作寿命的新发动机。的确如此，但这并不证明技术进步与过去相比实际上是在加速。纳尔逊（Nelson）1805年赢得特拉法加海战（Battle of Trafalgar）的胜利时，他的旗舰虽然已经被升级好几次（以巨大的代价），但那并不意味着其役龄未满40年。

更糟（或更好，这取决于各人的观点）的是，对核升级的恐惧普遍存在。它导致了这样一种状况：国家军队间的传统战争正在被次传统战争、不规则战争、人民战争、游击战、恐怖主义或其他任何说法的战争迅速取代。正如本章第五部分所详细阐明的，从一开始空中力量——事实上是一般的传统军力——在这种类型冲突中的使用就一直是有问题的。首先，这种冲突往往使获得并维持制空权这一所有空军的首要任务变得毫无意义，它们以这种方式使最强大、最昂贵的飞机毫无用处。其次，飞机不能在战场上空较长时间地缓慢飞行或持续开火，结果，它们对战斗的影响就如同往一个蚁丘上扔一块石头，能产生一些干扰，但很快就重归平静。往往飞机越快、越现代化，这个问题就越明显。总之，由于作战飞机速度缓慢、相对缺乏机动性和往往不能精确开火，它们经常被用来不分青红皂白一通轰炸。最后一个特点（不能精确开火）甚至发展到这种地步：空中力量在不止一次战斗中被认为起到了反作用。这并不仅仅是飞行员（他们被迫服从各种政治的人道主义的考虑，只能"一只胳膊绑在背后"作战）的问题。只要看看德国空军在南斯拉夫和苏联空军在阿富汗的表现，就会认识到情况并非如此。

在许多方面，真正的转折点一直以来都是越南战争。20世纪60年代最重要的空军的规模远小于20年前。然而，正如这场战争明确表明的，飞机的低廉价格和数目众多仍足以让其拥有者使用和损失（如果有必要的话）它们。尽管使用并损失了数以千计的飞机（人民战争中大多如此），结果却并不如人意。正是在20世纪70年代，战争序列开始真正萎缩，而当时的背景是机身、发动机、电子元件和武器的显著改善。该进程在席卷苏联之前首先在西方展开。事实上，人们也许可以说，苏联正是因为拒绝及时改变才解体了。而未能投身这一潮流的国家，如中国，则被困在大量过时的飞机中。但这是否很重要？既然中国获得了大量核武器，如果头脑清醒，没有人会认真考虑对中国发动一场严肃的战争。因此，中国战斗序列中飞机的数量和质量就像其他国家一样，在很大程度上是影响不大的。

越战（更近的海湾战争以后更是如此）以来，许多人认为现代军用飞机远比其前辈能力更强，因此只需要较少数量的飞机。该论点已被多次提及，因此这里只需重申一遍它为何错误的理由。第一，没有迹象表明，在一对一、甚至一个中队对一个中队的基础上，现代飞机比60年前甚至90年前的前辈能力更强。第二，声称今天的飞机在发射军火上远比其"二战"时期的前辈精确，这是一个有时故意为之的误导。这一说法之所以是误导，是因为它把轰炸机与战斗轰炸机相比较。比较两个时期的战斗轰炸机，结果将表明，一架"斯图卡"（Stuka）在击毁一辆"二战"时期的坦克方面的能力不逊于一架A-10"疣猪"（Warthog）击毁一辆当代坦克的能力。同样，1944～1945年的P-47"雷电"（Thunderbolt）为摧毁一座桥梁或击毁一个火车头发动的出击次数并不比一架F-16在65年后为实现这些目标而需要发动的次数更多。主要的区别在于，"斯图卡"飞得很慢，能承受坦克爆炸产生的冲击波，而F-16面对的防空防御要强大得多，它必须保持在1.5万英尺高空，否则就面临被击落的风险。万一被击落，在更换的成本方面，其损失之巨是1944～1945年的飞机无法与之相比的。

诚然，一架发射联合制导攻击武器（JDAM）的B-52即使在夜间甚至像在科索沃作战中那样穿过云层时，能做到的事也需要许多架B-17或B-29才能做到。然而，这些飞机是如此脆弱，以至于只能用在反对力量可以忽略不计或根本不存在的战场上，并且需要大量"混编攻击机群"提供援助。此外，这些飞机的购买和运作是如此昂贵，以至于它们（或类似的飞机）只为一个国家拥有，我们看不到有其他国家会取代该国拥有这些飞机。

现代信息技术能够加固"传感器"与"发射装置"之间的"杀害链"（kill chain），使空中力量更快地对战场上的事件作出反应，关于这一点已经有很多讨论。其中有许多说法都被夸大了（如果不是故意误导的话）。发动"伊拉克自由运动"之前不到一年，陆军参谋长埃里克·辛塞奇（Eric Shinseki）向国会表示，野战军必须等待25分钟才能获得空中支持，这与英国皇家空军1942年下半年在埃及的西部沙漠所需时间相比仅略有改善，并且是巴勒斯坦在1936～1939年阿拉伯暴动中所需时间的4倍！导致这一局面的原因并不难找：毫无疑问技术在稳步改善，但时效性还受到其他几个因素的影响，其中最重要的包括战区的大小和在战区上空作战的可用飞机数量、从机场到目标的距离、每架飞机每天能发动的出击次数、备战与训练状态。这四个因素的三个因素中，美国在阿富汗和伊拉克的境况并不比前人在意大利和西欧的境况更好——毋宁说是更差了。

比如，2003年4月3日，海军陆战队四旅三大队在库特（Al Kut）精心策划了一场对伊拉克的伏击，他们要求空中力量提供支持，但后者直到20分钟以后遭遇战结束时仍未抵达。就算它能抵达，在一个仅有60亩的"战场"上也很可能派不上什么用场。另一个极佳的例子是以色列军队。据说它在2006年战争中的反应时间为60～90秒，在2008年12月～2009年1月的"铸铅行动"（Operation Cast Lead）中更减少到仅仅30秒。这是否意味着一架"阿帕奇"直升机起飞、飞往加沙、调整自己的位置然后发射导弹所需的时间？虽然有关的距离很短，答案显然是否定的。或者，这一数据是否指的是已经在加沙地带飞行的直升机？如果是，需要多少直升机来维持昼夜监测？又需要多少花费？如果加沙地带占地面积为1000平方英里而非139平方英里，这一数据将如何变化？如果恐怖主义分子并不是毫无反击能力，而是拥有重型机枪和肩扛防空导弹，情况又会怎样？

这里必须指出另外两个因素。第一，许多先进的战斗机和战斗轰炸机确实能一次袭击大量目标，但反叛乱行动中对手是分散而隐蔽的，因此不太可能存在这样的目标。第二，要使飞机使用的弹药越精确，所需的情报质量就要越高，而这是一个很难满足的条件。事实上，在所谓的"战略下士"（strategic corporal）时代，存在着一个真正的风险：把新技术用在集中指挥权上。技术上，一名国家元首今天已经有可能监视每名飞行员，其结果将会减慢作战的步调，就像在越南那样。然而，相反的危险也不能被忽略，可用飞机的响应速度越快，把它们作为飞行的大炮并分散开来使用的诱惑就越大，这就否定了空中力量的最大优势，即集中力量打击单点的能力。

最严重的是，关于时效性的说法犯了所有军事失误中最严重的一种——也就是说，它注重于一方的表现，而漫不经心地忽视了敌人可能采取的任何行动。甚至具有先见之明的约翰·沃登（John Warden）在这方面也有责任。他说过的这句话被广泛引用：任何现代国家都和伊拉克一样大约包括500个目标和3000个瞄准点，因此可以通过一种与对付萨达姆的方法类似的"外科手术"式方法从空中进行袭击。如果说存在什么失误的话（很不幸这很常见），那就是看待战争的方式。这是一个西方发达国家的空军特别容易犯的错误，这些国家在过去几十年中很少（如果不是完全没有的话）与势均力敌的敌人作战。

最后，有历史根据相信这一点：质量很高加上数量很小正是军事衰落的一个典型标志，该过程的一个很好的例子是古希腊军舰的发展。正如该术语所表明的，伯里克利时期统治海洋的雅典三列桨船（trireme）两侧各有三排桨，后来增加的桨越来越多，直到某些古希腊的船上有10排甚至更多的桨。这些船是如此稀少、昂贵而又烦琐，以至永远无法在战斗中使用，在面对体积较小但数量更多的对手时势必毫无用处。有些船现已确认是以被罗马军团（不用说是陆地行军）俘获而告终。同样，到了约1525年，全套盔甲变得如此沉重、精致、昂贵，以至于只有少数骑士能负担得起，甚至这少数骑士在战斗时也不得不由步兵把他们抬起来（后者的职能在许多方面类似于今天的混编攻击机群），使盔甲变得更加昂贵和无用。到1550年，缩短、减轻和简化装甲的过程得以展开，并在200年后彻底完成，使胸甲骑兵成为仅有的仍全副武装的军队。

1860～1945年的海军史也许提供了一个更好的例子。随着蒸汽机取代风帆，船两侧都有好几排枪的舰船队列逐渐转变为现代战舰。随着战舰的发展，舰上的枪也越来越强大，它们变得越来越庞大也越来越昂贵，而数量却急剧下降。由于舰船数量的下降，舰队指挥官被各种充当侦察舰的小型舰船包围着，保护他们免遭突然出现的鱼雷、潜艇，最后是飞机的威胁。结果形成了海上的"混编攻击机群"，也被称为特别小组。到1939年，这个漂浮的钢铁城堡已经奄奄一息，接下来的6年中，双方都仅有几艘船确实是在点火离开港口前被飞机、潜艇或人控鱼雷艇击沉或摧毁的。1945年以后，它们几乎彻底消失了。

空中力量的最初几年，其倡导者们总是解释说，花在购买一艘战舰上的钱可以拥有很多架飞机。然而，现在飞机已经几乎和海军舰艇一样昂贵。成本的增加、技术创新的趋缓和在最常见的（往往也是最危险的）战争中用途的减弱，这三者的结合对未来的飞机尤其对战斗机来说是致命的。与此同时，随着这种飞机数量的减少，它们也开始被其他全新的"系统"（用一个时髦的词来说）取代。而其中最早的是空对空弹道导弹。自1955年服役以来，它们不到10年就达到很高的水平：几乎能从地表上任何一点打到另一点，如果有人意识到这么做的意义，它们本来甚至能把氢弹带到环地球轨道上。导弹数量越多、射程越远、精确度越高，对各种人工驾驶飞机的威胁就越大。

一如既往，冷战时期首先引入弹道导弹的是超级大国；先是发达国家，欠发达国家紧随其后。到20世纪最后几十年，相关的技术扩散是如此之广，以至于巴基斯坦、朝鲜和伊朗等国家不再认为有必要发展载人战斗机以发射核武器。美国的"转型"支持者经常声称要跳过整个技术阶段跨越式发展，但正是上述国家以自己的低调方式真的做到了这一点，直接迈进了导弹和巡航导弹阶段。结果形成了一支在某些——并非所有——方面能力更强、更不易被破坏的军力；更不用说节省了大量财产。

1945年以后的其他创新包括：用携带传感器的卫星代替侦察机、用无人机充当迅速发展的俗话说的"全能女佣"（maids for everything）、用直升机代替滑翔机和伞兵进行运输、着陆，特别是短程输送指挥官、部队和补给品。当然，各国的条件、要求和策略都有所不同。适用于所有国家的单一解决方案既无法想象，也没有必要。然而，以立足未来的宽广视野来看，有一点是毫无疑问的：各种卫星——不论其任务是天气预报、导航、通信、监视还是侦察——都应当和洲际弹道导弹一起被归到某个统一的空间军种中。毕竟，一个卫星发射器就是一个简化的洲际弹道导弹，反之亦然。但我们所说的这个军种果真应当是空军的一部分吗？还是应当存在一个单独的空间军种来控制远程空对空导弹，并满足空军、陆军和海军的需求？这里不乏先例；毕竟是德国陆军而非德国空军成功地制造并管理着第一枚弹道导弹。"二战"以后，苏联和当今的中国都没有采取美国的体系，即把洲际弹道导弹和卫星作为一支统一和独立的空军的一部分。

关于F-22战斗机项目终止的问题，一位学者正确地将其归因于"无人驾驶飞机的冲击"。就无人机为陆军和海军执行了各种任务而言，逻辑上说，除了那种最远程的系统——我指的是"全球鹰"（Global Hawk）和同级别的飞机——以外，所有飞机都应当由陆军和海军发展和控制。这同样也适用于直升机。它们的任务是为陆军和海军把各种负载——包括指挥官、部队、补给和伤员——从集结地运到目的地，此外还能被用作高度机动的武装直升机和反坦克平台；尽管随着坦克的消失——并且正在迅速消失——后一项任务已经在很大程度上失去了重要性。逻辑上说直升机应构成其支援军种的一部分，尤其在袭击战术或作战目标时。事实上，这一解决方案已经被世界各地的各种武装力量广泛采用，并且至今仍在采用。正如若干年前直升机被从澳大利亚皇家空军转让给澳大利亚陆军所表明的，被转让的飞机正在日益增多。

这并不包括航空运输。由于需要功能强大的大型飞机运输部队和补给，按时序来说，运输在空中力量执行的任务中排在最后。事实上，大多数最早的运输机都被改装成了轰炸机，此进程在某些国家中一直持续到20世纪70年代轰炸机开始消失时。空中运输首次使用是在"一战"之后不久，被用来为"空中警察"（air policing）行动运输部队，在西班牙内战开始几周内充分展现了潜力。此后，尽管空中运输常常被更吸引人的作战武器遮盖了光芒，其重要性仍然一直持续增长。发达国家间的战争几乎消失，这些国家大多只能背井离乡从事远征战，在这样一个时代，空中运输必不可少。在纯粹的速度及进入阿富汗和刚果等内陆国家的能力方面，空中运输的优势超过了其他所有可用的手段，这一点无可争议也无人争议。

尽管如此，仍然存在严重的问题。许多军用运输机需要大量地面设施，并且不论在飞行中还是在起飞和降落时都极为脆弱。只需想象一下，如果一架满载的C-17远程运输机及飞机上满满134名士兵被击落，将会引起多么强烈的反响；换句话说，这种飞机只能用在几乎说不上有什么敌人的场合。正如这个例子同样表明的，军事运输机运载部队的人数不能和民用客机一样多。此外还必须考虑成本问题。军用飞机标价约为2亿美元，接近于类似规格的商业客机，但前者的燃料、维修和折旧费用要高得多，因此迄今为止没有一家民间运营商购买。因此，许多空军更偏爱用民用飞机执行远程任务，如有必要再换乘较小的军用飞机或直升机来完成旅程的最后一途，这是可以理解的。

直升机和无人机是让短程和中程运输机受控于它们所服务军种的一个很好的例子。再次重申这一显而易见的结论：不存在一个能满足所有国家、所有要求的单一解决方案，甚至很可能找不到一个能满足任一国家所有要求的单一解决方案。然而，随着作战飞机（warbird）即载人战斗机明显正在走向灭亡，以及随着其他武器职能日渐增长，空军在许多方面的唯一选择很可能就是被钝刀凌迟处死。

同时，空中力量的衰落业已造成历来与之相关的文化的巨大变化。从一开始，飞行就与技能、熟练、速度以及（或许是最重要的）胆量联系在一起。空中力量横跨一方为民主国家、另一边为法西斯和共产主义独裁国家之间的差异，在许多方面成为20世纪关于现代化与进步之梦想的化身。正如特伦查德和其他许多高级指挥官深刻认识到的那样，所有这些素质都不是空军简单地发出指令就能形成的，而必须在某种条件下加以精心培育正如我在另一本书中称之为"战争的文化"，包括行为模式、制服、徽章、饰物、标准、仪式、纪念品等诸多内容。虽然很明显需要进行选择，并且从一开始就已经在这么做，但归根结底所有空军都必须依赖于那些往前迈出一步并要求被算为一员的人。现在尤为如此，因为一旦飞行员处于空中，就几乎没有任何事物能阻止他（或她）为所欲为。

正如英国爱尔兰诗人威廉·巴特勒·叶芝1919年为纪念一位女性朋友在作战中遇难的飞行员儿子时所写的：

促我战斗的

既非法律 亦非责任

既没有政客 也没有欢呼的人群

只有一种孤独的愉悦的冲动

驱使我飞到这云霄之上的喧闹长空[①]

①原诗为：

Nor law, nor duty bade me fight,

Nor public men, nor cheering crowds,

A lonely impulse of delight,

Drove to this tumult in the clouds.

人们对优秀的军事飞行员特别是战斗机飞行员的期许是，他们应当乐观、进取、自信甚至骄傲。在试图使飞机发挥最佳性能时，他们还必须做好承担适当风险的准备。部分因为飞行员的技能培训耗资不菲，并且很难取代，部分为了补偿他们承受的巨大风险和损失，飞行员在任务间歇期的纪律往往比较宽松。像汉斯—乌尔里希·鲁德尔（Hans-Ulrich Rudel）这种除了牛奶以外什么都不喝的"斯图卡"王牌飞行员（Stuka ace）是罕见的例外。结果常常导致一种沉湎酒色的堕落生活方式。恩斯特·乌德特（Ernst Udet）并不是因为意识到自己承担的风险而拒绝结婚的唯一飞行员。并不奇怪，这类事在两次世界大战中发展到极致，当时飞行人员成天与死亡正面交锋。用斯帕茨（Spaatz）将军的话、"二战"时期的名言来说："我想我们把自己看成不同品种的猫……我们在空中飞，而其他人在地上行走。就这么简单。"

20世纪80年代，情况开始发生变化。也许最重要的有关因素是人们日益认识到，随着核武器的扩散和核对峙的盛行，大规模传统战争以及为之所做的准备越来越成为一种虚假的演习。作为此进程的一部分，王牌飞行员——击落超过5架敌机的飞行员——全都消失了。事实上，早在越南战争时期，随着军内外的注意力都转移到河内希尔顿关押的囚犯身上，他们的名声就已不复如前，因此似乎不再有很多理由给飞行员（更不用说只给飞行员）以自由行动的特权。

在第四代和第五代飞机中，确定并识别威胁优先级等职能通常由与计算机相连的雷达执行。武器发射也是如此，在政治不那么正确的时代里，这有时被飞行员比作高潮。飞行员现在并不驾驶飞机，而是真正被纳入飞机。他们借助软管得以呼吸，靠电线来听和说，被安全腰带和安全肩带固定在座位上，用牛皮袜带固定腿以免左右摇摆。大多数时候，他们无法看到外部的世界，只能依靠仪器，对自己置身何处毫不知情。现在，大多数出击计划直到发动前几秒内才会做出，长期的和平使这一趋势更加明显。所有这些都大大降低了飞行以往所拥有的激动人心的自由感和控制感。由于多数情况下杀人发生在视线以外，并仅仅表现为光点在屏幕上的消失，甚至对手在空中爆炸这一"令人赏心悦目的美景"也不再像从前那样了。人们反对任何形式的表现行为——飞机价格越昂贵，数量越少，就越是如此。事实上，许多情况下飞行员已经一方面被无人机的操作员取代，另一方面被"照看发射井的沉默者"（silent silo sitter，柯蒂斯·李梅所言）取代。

然而，另一个因素是女性进入军队（也包括空军）。从一开始，就有少数女性为航空的激情所吸引而加入航空活动。20世纪20年代和30年代，各国的女性创造了大量世界纪录，但由于她们驾驶的不是那种男性操作的强大得多也危险得多的飞机，这种纪录几乎只保持在女性当中。1939～1945年，成千上万名女性在各国空军中服役，并承担了从打字到操纵探照灯在内的大量任务。一些英国和美国女性在前线后方用飞机执行运输任务，杰奎琳·科克伦（Jacqueline Cochran）正是这样一位保有大量飞行纪录的女性；她走进"轰炸机"哈里斯（Harris）的办公室时，被后者形容为"金发炸弹"。有些苏联女性甚至进行作战飞行，尽管与男性相比数量不多。原因之一是用当时的无增压飞机（这种飞机没有液压或电子的操纵控制）进行作战飞行是十分艰苦的工作。事实上，有些女性飞行员在回顾自己的经历时指出，战斗飞行不适合女人。关于对待女性的问题，纳粹德国已臭名昭著，但据我所知，德国是女性能试飞战斗机的唯一国家。

1945年后，女性几乎全部从大多数军队（也包括空军）中消失了。剩下的少数女性或是填补惯常的行政和医疗岗位，或是充当装饰性用途，如陪高级官员参加会议，等等。部分因为女权主义运动，部分因为男人越来越不愿意服役，1970年左右情况开始转变。此后，所有允许女性参军的国家中，空军招收的女性都高于正常份额，原因在于这些国家的空军与其他军种相比尾牙比要高很多（大多数女性偏爱在尾部服役，那里死亡概率要小得多）。甚至在今天，尽管美国空军人员中每6名中就有一名是女性，但每50名飞行员中才有一名女性。

即便数量很少，且大多职位较低，女性的存在仍是军队整体文化开始走向柔和，并表现得不那么放纵、也更为亲切和温和的主要原因。原来的纵酒狂欢代之以举重和节食。在美国等国家中，以往的军官俱乐部会定期举办狂野的聚会，伴以脱衣舞女和湿衫比赛。现在此等场景已无法想象。宣称受到性骚扰形成了这样一种局面：一名飞行员更有可能因为以"不适宜"的方式与"不适宜"的异性（更不用说同性）人员交谈甚至是看她们，而不是因为在战斗中被击落而被革职。那些没有意识到这一点的，比如那些不幸于1991年卷入拉斯维加斯尾钩（Tailhook）丑闻的人，不得不艰难地学习到这一点。结果据说导致了美国海军（尤其是美国空军协会）自珍珠港事件以来最糟糕的一次失败。

据一则故事所说，欧内斯特·金上将（他曾在古往今来最伟大也最激烈的战争中指挥过美国海军）曾经说过，每当敌人打到门口时，这帮狗娘养的就被派来了。现在看来，不论是好是坏，世界上大多数国家的空军中，这些狗娘养的都要回家了。

新华国际政治精品文库

新华新军事参考丛书

《一战秘史：鲜为人知的1914—1918》　　　　　　　（美）梅尔　著

《制空权时代》　　　　　　　　（以色列）马丁·范克里韦尔德　著

《反胜为败：希特勒的十大致命失误》　　　　（美）贝文·亚历山大　著

《中国力量的三面：军力、财力和智力》　　　（美）戴维·兰普顿　著

《战神凌空》　　　　　　　　　　　　　　　　　刘亚洲　著

《大空战：世界空战一百年》　　　　　　　　　　戴旭　著

《盛世狼烟》（重印）　　　　　　　　　　　　　戴旭　著

《制生权战争》　　　　　　　　　　　　　　　　郭继卫　著

新华出版社网站：

　　http://www.xinhuapub.com/

新华出版社微博：

　　@新华出版社

　　http://e.weibo.com/xinhuachuban